# 昂首登南山

## ——北京大学资深教授胡壮麟自选文集

胡壮麟　著

中国教育出版传媒集团

高等教育出版社·北京

# 序

　　为庆祝胡壮麟先生九十华诞，胡先生编撰了文集《昂首登南山——北京大学资深教授胡壮麟自选文集》，钱军教授主编了由胡先生众弟子撰写的纪念文集《语言学与外语教学——祝贺胡壮麟教授 90 诞辰学术论文集》。借此机会，我衷心祝愿先生健康、幸福，永葆学人的青春！

　　胡先生是一位我们非常尊敬的老师。1996 年 8 月，北京大学澳大利亚研究中心成立，胡先生担任中心主任后，我们经常有一些工作上的联系，对外交流合作方面的事情我经常会向先生请教，得到先生许多帮助与支持。先生对年轻人总是那样和蔼可亲，给我留下至今难忘的印象。

　　胡壮麟先生是我国改革开放后首批赴澳大利亚深造的学者之一。在澳期间，胡先生得到国际知名语言学家韩礼德先生的悉心指导，大大开阔了眼界。1981 年学成回国后，他率先为北大英语专业的学生开设了应用语言学、文学文体学、英语教学法、英语语体学、系统功能语法、历史语言学、语言学理论和流派、语义学、话语分析、语言测试等多门课程。北大外语学科的语言学课程体系，是通过他的努力逐步完善起来的。

　　胡先生也是中国最重要的澳大利亚研究专家之一。他的研究对象，涵盖了澳大利亚的语言、语言学发展史、高等教育、文化多样性、外交政策，以及中澳双边关系、澳大利亚在中美澳地缘政治方面的战略等。他陆续发表了数十篇论文，并多次在中澳两国学术界举行的高端研讨会上做主旨发言。2016 年《跨越太平洋——胡壮麟澳大利亚研究论文集》出版，集中反映了他在这个领域所取得的成果。他创立的北京大学澳大利亚研究中心不仅是国内高校最早成立的澳研中心之一，也是北大乃至国内高校最早成立的国别研究中心之一。近年来，国别与区域研究在我国快速发展，而胡先生正是开风气之先者，他所开创的模式、所积累的经验，都值得我们好好研究。

几十年来，胡壮麟先生为国家培养了大批优秀人才。由于他的突出成就和卓越贡献，2005 年，胡先生与季羡林等 25 位先生一起，当选为北京大学人文社会科学资深教授。大家公认，他不愧为我国英语语言学界一代宗师！

这些年，尽管胡先生年事已高，但仍然活跃在学术领域的第一线，多次在各种场合为我国的外语教育改革献计献策。他主持编纂的词典、教材等仍然屡屡获奖，如 2020 年 12 月，《新世纪英汉大词典》（缩印本）获"第八届高等学校科学研究优秀成果奖（人文社会科学）二等奖"；2021 年 10 月，《语言学教程》（第五版）获教育部"全国优秀教材（高等教育类）一等奖"。此外，就个人荣誉而言，2013 年他获得"中国英语教育特殊贡献奖"，2015 年获得北京外国语大学颁发的许国璋外国语言研究奖特殊贡献奖"中国外语教育终身成就奖"，2019 年获得"北京大学离退休职工学术贡献特等奖"，2020 年被评为"北京大学优秀共产党员"。

2018 年 9 月 19 日，学校举办了"北京大学离退休职工首届金婚庆典"，胡先生代表全校 913 对金婚夫妇作大会发言，他深情地说，家庭的幸福和睦，是个人事业成功的后盾，也是社会和谐的基石。2021 年 6 月 2 日，在北京大学"光荣在党 50 年"纪念章颁发仪式上，胡先生又代表全校 1 600 多名在党 50 年的老党员发言，他对党、对国家、对北大有很深的感情，也给北大的中青年学人树立了光辉榜样！

胡壮麟先生特别重视培养、鼓励青年学生。2008 年，他在北大外国语学院设立了"胡壮麟青年科研基金"，至今已资助 114 位学生参与各类科研活动；今年 3 月，他又向这个基金捐出 20 万元。此外，在澳大利亚悉尼大学，他设立了"胡壮麟基金"，资助该校语言学系和汉语中心的学生，鼓励悉尼大学的学生学习汉语、了解中国。北京师范大学建立"韩礼德—韩茹凯基金会"时，他也有慷慨捐赠。

以上列举了我所了解的胡先生的一些事迹。无论是为人还是为学，胡先生都堪称学人典范。在他九十华诞和两部文集出版之际，我们不仅仅要总结他的学术成就，更要学习他的精神，让这样的"先生之风"在北大继续发扬光大！

2022 年 4 月于燕园

# 前　言

## 一

北海桃熟三千樽，南山寿添九十春。

高等教育出版社 2012 年为我出版的《八十回眸——北京大学资深教授胡壮麟自选文集》已经与我作伴 10 年，宛如昨夜之事。当我 10 年前收集材料和整理《八十回眸》时，认为自己已经打破"人生七十古来稀"高寿不易的评语，颇为自喜，于是花了全力回顾自己 80 年的风风雨雨，特别是少年时期不成熟的诗歌，这些诗句毕竟如实地反映了我对人生的真实感受、探索和期望。

转眼间，我已成为近眺南山的年近 90 的游客了。我思想上毫无准备，我从未想到自己会走得这么远、上得这么高。倒是高等教育出版社的常少华主任早在去年第二季度就提醒我该考虑总结这 10 年的历程，出版一本"奔九十"的纪念文集了。最近，《语言研究与外语教学——祝贺胡壮麟教授 80 诞辰学术论文集》的编者钱军教授，也已开始准备再次组织同窗好友挥笔庆贺我的 90 诞辰。

应该说，压力有时也可以转化为动力。在常少华和钱军的督促下，从去年第三季度开始，只要有空余时间，我便开始整理这本喜庆自己 90 诞辰的文集。

## 二

回忆 2013 年之后的经历，说简单也不简单。就最初的思想状态而言，我思想中常有"告老还乡"之感。许多亲友也不时敲打我，"不要逞能""不要搞得太累""对校内外各种活动该回绝的就回绝"。因此，北大外国语学院科研秘书经常给我转发国家社科或教育部研究课题申报项目的信息，我都能有自知之明，不再申报。我心里明白，国家项目的要求很高，关注申请课题的战略意义，要求题材新颖、理论创新、数据确实，有时需要团队若干年合作。我已不具备这种竞争实力。

不料，高一虹教授的语言学研究队伍，受到院领导的特殊照顾，脱离英语系升格为直属北大外国语学院的"外国语言学及应用语言学研究所"。她把我也拉到所里，共同培养语言学专业的硕士生和博士生。近 10 年中，我培养了 3 名博士和 2 名硕士。直到后期我才发现语言所每年总共只能招收 3 名博士生和 7 名硕士生，也了解到所里的老师少有机会指导博士生，更了解到留在英语系的语言（学）教师也要分享这 10 个名额。这样，我在语言所的存在实际上成了阻碍中青年教师发展的拦路石，于是我赶快向所领导表示今后不再接受新学员了。不管怎样，这是我近 10 年中前半段的主要任务。

我虽然不再接受培养研究生的教学任务，由于种种原因，我还挂上许多部门的头衔，如"教育部基础教育课程教材专家咨询委员会委员""全国出国培训备选人员外语考试（BFT）专家委员会名誉主席""北京市教育委员会英语学科教材编写委员会主编"等。幸亏这些活动占时不多，压力不大。倒是另一些头衔决定了我这 10 年的走向，那就是"中国功能语言学研究会名誉会长""全国文体学研究会名誉会长""中国英汉语篇分析研究会名誉会长""北京大学澳大利亚研究中心名誉主任""中国逻辑学会符号学专业委员会名誉会长"等。尽管有了"名誉"二字，我不再为这些学会向上级报批、为举行学术会议筹集经费、为发展会员和组织会议等具体事务操劳，但每次会议提交论文是无法推托的。这导致我近 10 年仍然发表了较多论文，光是学术论文就有 60 多篇。这里，请容许我向学界朋友们吐吐苦水。我的苦处在于难以接触新的语料。我家领导管得严，不让我一个人去学校或学院的图书馆，怕我摔跤。过去我可以通过网络收集国外资料，现在上网有这样那样的困难，有的材料下载都要交费；我曾向年轻学者学习，但总是不太成功。因此，论文信息不够新颖全面，我只能依据往事，发表一些看法，质量不高。望各位学友和专家见谅。

## 三

这 10 年后半期的一个特色是国家和院校单位的重大节日较为集中地出现，因此有的写作内容是围绕这些活动进行的，或致贺词，或总结自己数十年亲身经历的外语教学经验向领导和学界汇报，如 2018 年中国改革开放 40 周年、2019 年中华人民共和国成立 70 周年、2021 年中国共产党成立 100 周年。与此同时，我还参加了 2018 年北京大学建校 120 周年、2021 年清华大学建校 110 周年、2019 年北京大学外国语学院建院 20 周年、2021 年清华大学外文系 95 周年系庆等具有学术意义的庆祝活动。2021 年 4 月我还参加了厦门大学 100 周年校庆。

除此以外，许多高校在党和教育部领导下，推行了较多面向退休教职工的极有意义的活动，如 2018 年北京大学组织退休教职工进行的"金婚庆典"，同年 12 月又组织了"老有所为"先进个人评奖活动。作为党员，作为退休教师，我很荣幸地获得了"老有所为"先进个人证书和"光荣在党 50 年"纪念章。更使我终生难忘的是当我参加金婚庆典时，与老伴陈文绮在红地毯上步入会场后，我还代表全校913 对金婚夫妇致贺词；同样，在"光荣在党 50 年"的庆典大会上，我又代表全校 1 600 多名老党员致辞表决心。在北大外国语学院的"光荣在党 50 年"大会上我带领在场老党员重温入党誓词，对党和人民庄严承诺，一字一句传递真情。2020 年 6 月，我被评为"北京大学优秀共产党员"。有些同志在言语中认为我经常获得这样那样的荣誉，我不得不耐心地解释，自己 1952 年入党后，在历次运动中总会暴露这样那样的缺点和问题，很少得奖，但党从来没有抛弃我，对我长期教育和考察，帮助我提高认识和觉悟，直到快 90 了，才评上这个一生就这一次的"优秀党员"称号。我始终认为，所有这些，是我一生，特别是入党后的最有意义的总结。即使如此，我将坚持革命到底的信念，如同我在全校老党员大会上的发言所说的：我可以自豪地说，虽然我已经年近 90，但"还是从前那个少年，没有一丝丝改变"，时至今日我仍然把我的全部精力与热情奉献给党和国家托付于我的事业。

## 四

2019 年 12 月底出现并在 2020 和 2021 年蔓延全球的"新型冠状病毒肺炎"

（COVID-19）是我有生以来从未经历过的危害全球的传染病。这个疾病给教学和科研带来了如此巨大的困难，从小学到大学，学生不能线下听课或聚集；许多高校原计划的一些学术会议也被迫暂停。

人定胜天。随着科学技术的发展，新时代的教学终于走出疫病带来的困境。学生可以通过网络在线上听课和讨论。不仅是中国学生，国外学生也是这样。我在美国亚特兰大的佐治亚州立大学计算机系就读的小孙子胡正然，就是经由网络授课和递交作业，终于完成最后两年的学业，在 2021 年底本科毕业。

我没有想到，学术界也可以利用电脑和手机，通过"腾讯会议""Zoom"等软件召开线上会议。自 2020 年以来，我参加过 10 余次线上会议。尽管我的手脚很笨，电脑操作技术很差，我能放下架子，向会议主办方的中青年教师和技术人员虚心学习，逐步掌握和熟悉操作程序，在线上或致贺词，或宣读论文。

我也没有想到，过去我在国内外一年仅参加两三次学术会议，有了线上会议后，我被邀请参加会议的次数增加了。过去外出开会既要缴纳会务费，又得花路费和住宿费。正是这个原因，我 1981 年回国后，每当国内会议结束后讨论下次会议在哪个学校举行时，我最怕会议参加人员决定由北京大学英语系承办下次会议，我既怕乱花公家经费，也不善于向巨商募捐。也是出于这个原因，我 1981 年从澳大利亚进修回国后，拖了 8 年，才在学术界朋友的劝说下，于 1989 年在北京大学临湖轩召开首次中国系统功能语法会议，规模仅 20 多人。这得益于当时的教务长王义遒，以及季羡林、许国璋、李赋宁等外语界前辈的支持，也得益于学校在 80 年代中期鼓励下属院系独立创收，减少学校财政负担。当时作为系主任的我，将举办托福班挣得的款项定期给全系人员发红包，资助教研室召开主题分别为文学、语言学和大学英语的学术研讨会。我还留出部分结余资助中青年教员购买学校新建的教师宿舍。

我更没有想到，由于线上会议和讲学次数的增加，我将会议宣读的论文和讲学内容整理后，在学术刊物上发表，科研成果增加了。如 2013 年至 2018 年期间，我每年发表学术论文 2 至 4 篇，2019 和 2020 年为 5 篇，2021 年猛增至 9 篇。为此，外国语学院语言所和英语系的秘书准备年终总结材料时，抢着要我汇报成果。我给语言所、英语系和外国语学院争光了！

# 五

在本文集中如何汇报这10年的经历和成果是我多次思考的问题。岁月不饶人，为了图个方便，整个编排格式依循《八十回眸》的体系，即分为"照片"和"文字"两大部分内容。在具体分类上则根据这10年的具体情况有较大变动。

照片部分区分为学术活动、科研机构、北大活动、亲人和科研成果五大部分。每个部分进一步细分，如科研机构有北大澳研中心和外院语言所等，北大活动有光荣在党50年纪念章颁发典礼、"老有所为"先进个人表彰、金婚庆典、北大外院建院20周年院庆、八八米寿等。

作为本文集主体的文字部分，仍保留原有的"师友情谊"和"欢呼学术繁荣"两个部分。所不同者，"师友情谊"易名为"中外学者"，即我学术上的成长受益于这些中外学者在治学上的引路和启示，把重点放在学术上。"欢呼学术繁荣"的内容全部保留，这在于我坚守自己的信念——任何学术上的进步和发展是集体的力量。当我为这些年龄比我小的学者作序时，也是我向他们学习的过程。这些中青年学者阅读量大，思路开阔，对他们的研究成果应当肯定。例如，当我为中国人民大学的杨敏教授作序时，才发现这已是她的第四部专著。最近，她又获得一个国家级的翻译项目，为我国学术科研国际化做出了贡献。

根据这10年的变化，本文集中出现了"外语政策""贺词""访谈和观点"等专题。"外语政策"在前已有交代，这是因为这10年国内有关国情和政策的讨论较为频繁，中国国家战略，包括外语教育的改革必须深入探讨。新增"贺词"和"访谈和观点"这两部分的原因与我年龄有关。许多会议主办方和出版单位，理解我年老体衰，对我的期待一般只要求出场"露露面"，说上几句话；有的，如访谈，采访者只是让我动口不动手，谈谈自己的生活、学习和教学经验，最后的文字整理工作由采访者辛苦完成。

由于篇幅所限，60多篇有关教学和学术研究的论文无法收录，但读者对2013年后增添的论文可查阅本书的附录，多半文章可从中国知网获取。

正如我在前言的起始部分所言，这10年我的自我感受发生了一定的变化。与我10年前主要考虑自己人生的归宿不同，这10年我竟然还在往前走，做了不少工作。我在附录中重新整理的"履历"可以为证。我深深感到，北大党委和校院领导看到了这一点，并给了我一生中从未敢争取的最高表扬。虽然我年近90，我不是躺在病床上虚度余生的，我也不是一步一步爬上来或被人抬上来的。我是睁大眼睛、迈开双腿自己走上来的。我感谢学校和外院的领导、学长们对我提出这样那样的要求，为我指引了方向、铺平了道路，我没有辜负他们的期望，尽力完成各项任务。我没有停止步伐，我要继续前进。为此，请理解我这个"鲐背之年"的纪念文集选取如下的标题：昂首登南山！

最后，请允许我感谢郝平校长，我 1996 年退休后，是郝平校长指导我从事澳大利亚的国别研究。在诸事繁忙之际，他又为本文集作序！

胡水辟

2022 年 4 月

# 目　录

### 第三部分

### 贺　词 / 225

# 第四部分

## 访谈和观点 / 257

# 第五部分

## 自序、前言和导读 / 353

## 第六部分

## 欢呼学术繁荣 / 395

## 附　录 / 505

# 似水流年

# 1. 学术活动

## 1.1 学术会议

1. 四川外国语大学语言哲学研究中心成立大会，四川外国语大学，2013-4-15

2. 第四届全国语言与符号学高层论坛，西北师范大学，2013-6-29

3. 韩礼德－韩茹凯语言学国际基金会成立大会暨第14届功能语言学学术研讨会，北京师范大学，2015-4-24

4. 第五届全国语言与符号学高层论坛，安徽大学，2015-6-28

5. 商务印书馆《牛津中阶英汉双解词典》（第5版）发布会，北京，2016-8-24

6. "东学西渐　文化复兴"英语教育行业年度大会，中国日报社，2018-1-12

7. 首届韩礼德研究会，中
山大学，2018-3-17

8. 不忘初心，继往开
来——中国外语教育
发展高端论坛，北京
外国语大学，2018-
12-22

9. 2018 北京大学系统功能
语言学国际论坛，北京
大学，2018-10-20

1. 学术活动

▶ 10. 2018北京大学系统功能语言学国际论坛，北京大学，2018-10-20

▶ 11. "修辞与功能"前沿理论工作坊，上海交通大学，2019-6-8

▶ 12.《中国外语》编委暨专家座谈会，高等教育出版社，2019-9-19

**中国外语教育高峰论坛暨《中国外语》创刊15周年纪念**

▼13. 中国外语教育高峰论坛，高等教育出版社，2019-9-20

▼14. 中国外语教育高峰论坛，高等教育出版社，2019-9-20

▼15. 清华大学外国语言文学系95周年系庆，清华大学，2021-4

1. 学术活动

▼ 16. 第六届中国教育语言学高端论坛，北京师范大学（线上会议），2021-11-13

▼ 17. 北京语言大学乔姆斯基研究所揭牌仪式，北京语言大学，2022-9-20

## 1.2 访谈

▼ 1.《21世纪英语教育》主编王晓珊采访，2015-2-9

2. 北京大学离退休工作部陈凯主任围绕庆祝新中国成立70周年的主题采访，2019-3-31

3. 为杭州师范大学的慕课"风从东方来：今日中国概况"进行推介，与李颖和骆蓉合影，2020-8-21

4. 作为清华大学外国语言文学系教师，为95周年系庆录制视频，2021-4

5. 为清华大学外国语言文学系95周年系庆录制的视频截图，2021-4

6. 北京大学外国语学院外国语言学及应用语言学研究所高彦梅副所长和苏祺书记等采访，2021-5-7

7. 北京大学离退休工作部陈凯主任围绕庆祝建党100周年的主题采访，拍摄制作《信仰的力量》专题片，2021-6

8. 中央民族大学娄开阳
   采访，2021-10-11

9. 北京大学出版社张冰、
   刘文静和吴宇森三位
   来访，2022-3-31

10. 高等教育出版社常少
    华来访，2023-3-16

# 2. 科研机构

## 2.1 北京大学澳大利亚研究中心

▶ 1. 中澳论坛第二次会议，
　　北京，2012-11-14

▶ 2. 第十四届中国澳大利
　　亚研究国际学术研讨
　　会，牡丹江师范学院，
　　2014-7-12

3. 澳大利亚时任教育部部长克里斯托弗·佩恩（Christopher Pyne）以"中国与澳大利亚——我们珍视的教育伙伴关系"为题发表主旨演讲，北京大学，2014-9-9

4. 第十五届中国澳大利亚研究国际学术研讨会，北京大学，2016-7-10

2. 科研机构

5. 庆祝中澳建交45周年论坛，北京大学，2017-10-31

6. 北京大学与悉尼大学2018年度论坛，北京大学，2018-10-22

7. "澳大利亚的亚洲观：历史渊源与现实悖论"工作坊，北京大学区域与国别研究院，2019-5-13

1. 高一虹，外国语言学及应用语言学研究所所长（2010—2021年），2013-5-18

2. 高彦梅，外国语言学及应用语言学研究所所长（2021年至今），2018-10-21

3. 与苏祺、高彦梅、冯硕、罗正鹏合影，2021-7-1

4. 欢送外国语言学及应用语言学研究所第一届硕士毕业生，2014-6

5. 与外国语言学及应用语言学研究所2016届硕、博士毕业生合影，2016-6-7

6. 与外国语言学及应用语言学研究所2019届硕、博士毕业生合影，2019

▼7. 与2015届硕士毕业生
李驰阳合影

▼8. 参加魏爽硕士的论文
答辩，2016-6-12

▼9. 与2016届博士毕业生
李寒冰合影

2. 科研机构

▼ 10. 参加田剪秋博士的论
文答辩，2016-12-16

▼ 11. 参加外国语言学及应
用语言学研究所举办
的学术沙龙，2017-6

▼ 12. 与博士毕业生梁波合
影，2017-7

## 2.3 中山大学韩礼德、胡壮麟语言学馆

▼ 1. 语言学馆外景

▼ 2. 语言学馆铭牌

# 3. 北大活动

## 3.1 校院领导

1. 在春节联欢会上与郝平校长合影，2018-1-23

2. 在中国共产党外语教育发展高端论坛上与宁琦、李明滨、刘曙雄合影，北京外国语大学，2021-6-10

3. 李淑静书记、陈明院
   长、吴杰伟副书记春
   节前慰访，2022-1-
   30

4. 外国语学院教师黄轶
   为胡老师庆生，2022-
   3-31

5. 教师节前夕，与李淑
   静书记合影，2022-
   9-9

宋扬

6. 教师节前夕，与宋扬副书记合影，2022-9-9

王丹

7. 教师节前夕，与王丹副院长合影，2022-9-9

▼ 8. 教师节前夕，与吴杰伟副院长合影，2022-9-9

▼ 9. 教师节前夕，与张冬梅副院长合影，2022-9-9

3. 北大活动

▶ 10. 教师节前夕，与离退休工作部陈凯合影，2022-9

## 3.2 光荣在党 50 年

▶ 1. 北京大学"光荣在党50年"纪念章颁发仪式，2021-6-2

▶ 2. 代表1 600多名老党员发言，2021-6-2

3. 北京大学外国语学院李淑静书记授"光荣在党50年"纪念章，2021-6

4. 在北京大学外国语学院"光荣在党50年"纪念章颁发仪式上带领老党员宣誓，2021-6

5. 与孙亦丽、石幼珊合影，2021-6

## 3.3 老有所为

1. 北京大学"老有所为"
先进个人表彰座谈会,
2018-12-7

▼ 2. 与陈嘉厚合影,2018-
12-7

## 3.4 金婚庆典

▼ 1. 在首届北京大学离退
休教职工金婚庆典上
代表913对金婚夫妇
发言,2018-9-19

2. 与老伴陈文绮步入会场，2018-9-19

3. 与老伴陈文绮进入会场后留影，2018-9-19

4. 作为全校913对金婚夫妇代表发言

## 3.5 外院院庆

1. 北京大学外国语学院成立20周年纪念大会，2019-11-17

2. 郝平校长致辞，2019-11-17

3. 宁琦院长致辞，2019-11-17

4. 李淑静书记致辞，2019–
11–17

## 3.6 八八米寿

1. 白家大院集体照，2021–
3–27

2. 李淑静书记致辞，2021–
3–27

▼ 3. 高一虹所长致辞，2021-3-27

▼ 4. 范文芳演唱，2021-3-27

## 3.7 学界友人

▼ 1. 与胡文仲、吴祯福合影，北京，2019-4-14

2. 与上海圣芳济中学校
   友鲍建成、何鸿基合
   影，2019-4-24

3. 与上海圣芳济中学校
   友乐兴祥（青岛大学
   附属医院骨科主任医
   师）合影，2019-7

4. 赵森夫妇（清华大学、
   北京大学），2020-11

▶ 5. 黄均和伍曼仪（北京大学），2021-10

▶ 6. 蔡海燕（方立夫人）、方珺、纪芳菲，2022-3-18

▶ 7. 2023年线上新春联欢会，2023-1-21

# 4. 亲人

## 4.1 白头偕老

1. 在香山饭店参加北京大学出版社的学术会议，2016-8

2. 在肖梦涯的"生命的沉潜——北大老教授肖像摄影展"，2018-6-10

▶ 3. 肖梦涯摄，2018-4

▶ 4. 朱晓慧摄，2020-10

▶ 5. 在上海，2021-5

6. 89 岁生日，黄轶摄，
   2022-3-31

7. 89 岁生日，北京大学
   外国语学院外国语言
   学及应用语言学研究
   所举办线上庆贺活动，
   2022-3

8. 观看党的二十大开幕
   式，2022-10-16

▼ 9. 2023 年新春合影，2023-1-17

## 4.2 儿孙成长

▼ 1. 与胡奇、胡玮全家在上海团聚，2017-5

▼ 2. 与胡玮和丽熹全家团聚，黄倩作陪，2019-12

3. 黄倩、胡奇在莫斯科，
   2017-5

4. 黄倩、胡奇在西雅图
   寓所，2022-3-24

5. 胡玮、丽熹、正则、
   正然在亚特兰大寓所，
   2022-3-20

▼ 6. 正然在美国佐治亚州
　　立大学的本科毕业典
　　礼上，2021-12

## 4.3 亲属（陈）

▼ 1. 文绣嫂与曾孙女胡本
　　欣，沈阳，2022-1-31

2. 以舫、国夷、汝华、原稼、胡玮在上海，2013-2

3. 和国舜、文绫、原稼在北京合影，2021-5

4. 和国舜、文罗、盛谨、文绫在上海和平饭店龙凤厅合影，2021-5

▶ 5. 国禹合家欢，温哥华，
2022-1-24

▶ 6. 和盛瑾、文罗、盛音、
胡奇、胡玮在上海合
影，2013-2

▶ 7. 文绫与沈钰在上海泰
晤士小镇，2016-12

8. 文织、功成、晓玲、
   原稼、胡玮在上海，
   2013-2

9. 国齐和培龄在加拿大
   温哥华高贵林的寓所，
   2021-12-25

10. 与文绫、晓琳在上
    海搭乘游轮赴日本
    旅游，与船长合影，
    2018-8

▼ 11. 和于忆华在美国达拉斯合影，2015-9

▼ 12. 和陈鲁稼、戴洋在北京交流，2019-4-30

▼ 13. 原稼和正桦在北京蓝旗营，2021-2

▼ 14. 与盛健、美佑子在北大校园合影，2016-6

▼ 15. 陈家掌门人陈国醒九十寿辰聚会

## 4.4 亲属（胡）

▼ 1. 祖孙三代在香山万
安公墓扫墓，北京，
2018-4

▼ 2. 壮麒、文绣全家福，
沈阳，2015年中秋节

▼3. 文绣嫂四代同堂，沈
   阳，2022-1-31

▼4. 二姐胡赛眉、二姐夫
   黄文超九十寿辰，昆
   明，2019-9

▼5. 亲家黄用仪和周燕旦，
   2019-10

6. 文绣、培义、小强、
小轸全家在沪相聚，
2018-10-3

7. 晓眉姐和女儿陈薇
（胡奇陪同），唐山，
2015年春节

8. 和林轸在乌镇雅园新
居合影，2018-10

9. 培义、小强、小轸全
家上海相聚，2021-
5-20

# 5. 科研成果

## 5.1 著作

▶ 1.《语言学高级教程》
（第二版），2015

▶ 2.《语言学教程》（第五
版），2015

3. 《语言·符号·教育：
   胡壮麟教授新世纪论
   文集》，2015

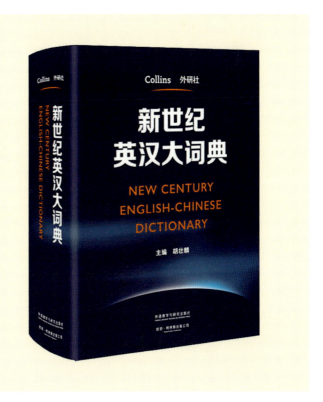

4. 《新世纪英汉大词典》，
   2016

5. 科研成果

▶ 5.《跨越太平洋——胡壮麟澳大利亚研究论文集》，2016

▶ 6.《系统功能语言学概论》（第三版），2017

▼ 7.《新编语篇的衔接与连
　贯》，2018

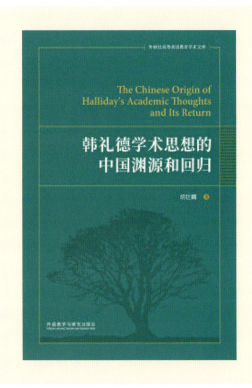

▼ 8.《韩礼德学术思想的中
　国渊源和回归》，2018

▼ 9.《语言学教程》（第五版中文本），2019

▼ 10.《认知隐喻学》（第二版），2020

## 5.2 奖状和证书

1. 中国英语教育特殊贡献荣誉证书，2013-10-18

2. 教育部基础教育课程教材专家咨询委员会委员聘书，2014-5

▼ 3. 许国璋外国语言研究奖
　　终身成就奖，2015-11

▼ 4. 商务印书馆创立120
　　年纪念致敬作译者，
　　2017

▼5. 北京大学"老有所为"
　　证书，2018-12

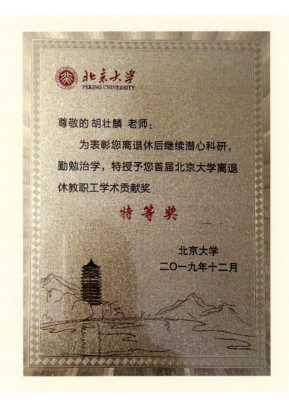

▼6. 北京大学离退休教职
　　工学术贡献奖特等奖，
　　2019-12

　　　　　　　　　　　　　　　　　　　　　　5. 科研成果

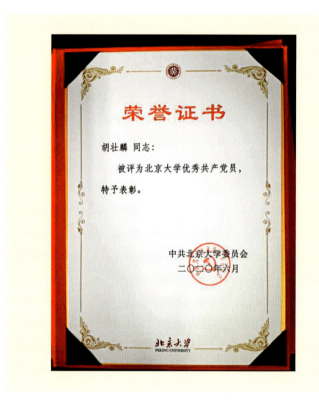

荣誉证书

胡壮麟 同志：

被评为北京大学优秀共产党员，

特予表彰。

中共北京大学委员会

二〇二〇年六月

北京大学

PEKING UNIVERSITY

7. 北京大学优秀共产党
员荣誉证书，2020-6

# 第八届高等学校科学研究优秀成果奖
## （人文社会科学）

**成果名称：** 新世纪英汉大词典（缩印本）

外语教学与研究出版社 2017年12月

**主要作者：** 胡壮麟，高永伟，李明，申雨平，赵翠莲

**奖项类别：** 著作论文奖

**获奖等级：** 二等奖

教社科证字（2020）第0261号

中华人民共和国教育部
2020年12月10日

8. 第八届高等学校科
学研究优秀成果奖，
2020-12-10

▼9. 光荣在党50年纪念
章，2021-7

▼10. "光荣之家"门牌，
2018

第一部分

# 外语政策

# 对中国外语教育改革的几点认识 [1]

2014 年 7 月，上海《外国语》编辑部和北京师范大学外文学院联合召开了"外语高考改革论坛"。会议组织者在会后整理了一个总结报告，递交国务院有关领导，受到国家领导重视。在此情况下，论坛组织者再次举办"第三届中国外语战略与外语教学改革高层论坛"，进一步讨论中国外语教育改革，此举甚为必要。为准备本次论坛，我查阅了一些最近几年在学术期刊上发表的材料。单在中国知网上查询"中国外语教育"，可发现从 2001 年 1 月至 2014 年 10 月的 14 年间收录的论文便达 964 篇之多。这说明有关中国外语教育的情况确实受到外语学术界的关注。从这些材料中，不难发现我国外语教育虽然在新中国成立后和改革开放后的不同时期取得巨大进展，为国家培养了大批优秀外语干部和学者，同时也出现一些问题和不同意见，大致可归纳成以下几个方面：

（1）如何评价新中国成立后和改革开放后的外语教育？如我国第一外语先是以俄代英，后又从俄返英；1952 年院系调整后全国许多高校不再设置外语专业；随后，外语教育逐步退出中小学课堂。

（2）如何评价最近几年外语教育中出现的一系列争论？如外语教育和母语教育的关系；通用外语语种和非通用外语语种的关系；在通用外语语种中，英语和其他语种的关系；英语专业的四、八级考试；大学英语的四、六级考试；外语高考；复合型人才；专业大学英语；外语教育的人文性和工具性；全民教育和精英教育；外语教育的起始年龄；中小学一条龙的英语教学；少数民族地区和困难地区的外语教

---

1　胡壮麟. 对中国外语教育改革的几点认识［J］. 外语教学，2015(1): 52–55.

学；外语师资的培养和提高；外语师资，特别是基层外语师资的待遇，等等。

（3）新世纪我国外语教育的发展远景；在中国崛起的国际化背景下，外语教育的战略考虑；不同高校和不同地区外语教育的特殊性、自主性和多元化；外语教育和孔子学院，等等。

以上列举的一些问题和现象表明，今天召开的论坛不太可能穷尽所有这些问题，更不可能对这些问题和上面没有谈到的问题完全取得共识或找到完美的答案。这需要论坛组织者今后举办更多的活动，统筹安排，有序讨论，以取得更好的成效。为此，我今天的发言不是针对某个具体问题，而是对论坛讨论外语教育改革时应该把握的五个方面发表一些看法，以便少走弯路。当然，我会谈到一些具体问题来说明我的观点。

## 1. 从跨学科和超学科的观点，扩大视野

一般来说，与会者都会同意，上述这些问题都是我们外语教师应该关心和最有资格发表意见的问题，因为这些问题与我们的外语学科有关。但仔细分析一下，这些问题不仅与外国语言文学有关，也与其他学科有关，至少是与中文、语言学、新闻学、教育学、社会学、心理学、计算机科学等有关，以便为不同兴趣的学生开设"翻译""修辞学""报刊选读""教育语言学""社会语言学""心理语言学""认知语言学""计算语言学""语料库语言学"等课程。老师也好，学生也好，都需要具备一定的跨学科知识，才能学好和运用所学的外语。如果把外语专业简单地理解为"听说读写"，很容易把我国高等院校的外语学院降格为高、中专水平的外国语学校，很难给国家和社会培养出优秀人才。因此，有关外语教育改革的讨论，需要跨学科的视角（孙有中，2008；曹迪，2012；王鲁男，2013）。

其次，我们又会发现许多问题不完全是我们外语教师能够说清楚或解决的。这是因为我国的外语教育关系到政府部门、学校领导、社会、家长、学生等多个方面，也必然反映不同阶层各自的需求和观点。

就政府部门来说，我有较多的亲身经历。有一次我参加制订基础英语大纲的会议，与会教师围绕中小学学生学习英语的起始年限讨论，从初中一年级开始，还是小学五年级？三年级？一年级？幼儿园？意见纷纭。我当时提出是否可以有两个大

纲，一个高起点，一个低起点，后者为困难地区或山区学生准备。我的意见当即遭到否决，因为国家大纲只能有一个，不能两个或更多。最后通过的报告中多数人同意从小学五年级开设外语课。不料，待批下来后，情况来了个大逆转，要求我国小学从三年级便开设英语课程。有趣的是，尽管大纲只能有一个，上海市却享受特权，从小学一年级开始。后来北京市试图学习上海，所编小学教材也从一年级开始，并报教育部审查，但教育部负责教材审查的部门根本不予讨论。

即使在教育部内部，与外语教育有关的司局有高等教育司、基础教育司、职业教育与成人教育司等，他们的行动有时并不统一。有一年讨论给学生减负时，决定将高中阶段学生应掌握的词汇量从原来的 1 800 个减少至 1 600 个。有位参加讨论的大学老师一脸愁容，他告诉我，这对大学英语教学的影响太大了，因为大学英语教学要求的起点是 1 800 个。这一改动，大学英语教学要求以及相应的教材都得变动，这样更难解决国家所批评的"费时低效"问题。又如，教育部高等教育司曾制定"一条龙"的实验项目，即让小学生从一年级开始学习英语，经过 12 年的学习，在高中毕业时达到现行大学英语四级的水平。据说，同在教育部下的基础教育司对这个举措有意见，因为此举干扰了该司主管的全国中小学教学。

就学校领导来说，北京大学在改革开放初期，学校领导受到 ESP（特殊用途英语）教学思想的影响，将原在西语系英语教研室下的大学英语教研组解散，将所有大学英语老师分散到理科和文科各系，接受有关各系的领导，结合有关各系专业的特点和要求进行外语教学。1983 年学校决定成立英语系后，又把这些老师召回，在英语系下成立"大学英语教研室"。这些重大动作均未能与英语系充分讨论，校领导只是给英语系打个招呼而已。

我在这里主要想说明外语教育改革不完全是外语专业的问题，而是一个跨学科的以至超学科的问题。超学科不是以学科为中心，而是以问题为中心（胡壮麟，2012）。各个阶层，特别是教育部领导和学校领导有很大的话语权。有时，同一个领导可以同时代表不同阶层的不同想法，便是一例。有一次我参加讨论高中英语课标的会议，教育部的一位司长和我都做了努力提高高中英语教学水平的主题讲话。休息时我们两人都因另有活动先行离会。在电梯中，这位司长很坦率地跟我说，不要把课标搞得太难了，她的那位在中学学习的姑娘受不住了。我认为她说的是大实话。她的意见也反映在今年教育部在一次高中课程改革会议上，号召教师尽量减少中学生戴上眼镜的现象。

## 2. 以国家语言政策为基准，引导讨论

以主题为主的超学科研究方法，要求考虑方方面面的意见。有一点必须肯定，即首先考虑国家语言政策，并以此为基准。这是因为我国从小学、中学到大学的正规的外语教育都是在政府部门领导下进行的，是在国家的外语政策指导下进行的，而外语政策只是国家语言政策的一个方面。其次，在制订、理解和评价国家语言政策和外语政策时，又必须考虑各个政策制订时的时代背景和具体情况。下面的一些情况可以说明这个意见。

如何看待 20 世纪 50 年代我国外语政策以俄语为第一外语？有人简单地说这是一个战略性错误，却不能把问题说得清清楚楚。如果我们考虑新中国成立时的形势，一方面新中国受到帝国主义势力的包围和封锁，一方面当时中苏联盟和社会主义阵营的形成和兄弟国家对我国第一个五年计划的支援，俄语人才的需求和培养必然提上日程，最后俄语成为第一外语，这是一个重要的战略决定，不是战略错误。另一方面，这一阶段的主要失策在于对英语教学和其他外语语种的冷落以至最后从中小学教育中完全废除，使我国的外语教育大大衰退。

再举一个当前情况的例子，社会上某些阶层沸沸扬扬地狠批"英语热"，甚至网络上出现"外语无用论""外语亡国论"等的不实之词，这些无助于问题的解决（沈骑、夏天，2011）。试想，当我们国家恢复联合国席位并奉行改革开放政策后，需要大量外语人才，首先考虑的必然是掌握国际通用语的英语人才。其次，新中国成立后历次政治运动干扰导致我国高等教育的发展落后于国际上的许多高等学校，这时没有外语，特别是英语，难以了解国外情况，更难以追赶超越。再者，由于改革开放政策和加速发展我国的社会主义市场经济，我国大批干部和青年学生出国深造，需要递交托福、雅思等外语成绩在意料之中。在这种情况下，有人把"英语热"上纲上线，说外语教育挤了母语教育，这样的言论没有反映事物的本来面目。

我们还应该看到国家的外语能力影响到中国在国际上的话语权。有专家报道，就我国的地位和人口，派驻联合国工作的人员本可以达到116—157人，实际上只派遣了74人，其中担任官员职务的只有11人，而美国为48人，英国19人，法国18人，德国17人，连非常任理事国、人口比我国少得多的日本尚有14人。揆其原因，就是我们缺少高水平的外语人才。（鲁子问，2014）

我国需要培养什么样的外语人才？这也是一个涉及外语教育政策的问题。强调

听说？强调读写？强调听说读写全面发展？这牵涉到外语教育中对语法翻译法、听说法、交际法、认知法的选择，也必须考虑我国从基础教育到高等教育学习外语在时间上的投入。由此可见，外语教育的时间和教学法受制于语言政策和教育政策，而隐藏在这些政策背后的是利益关系，即不同的价值冲突和价值选择（沈骑，2011）。

为制订外语教育政策，我们要了解国外的外语战略决策，如美国主要考虑国家安全，欧洲关注区域内和平共处和发展，日本和韩国则强调实用，偏重读写（沈骑、夏天，2011；沈骑、石茜英，2013）。对比之下，我们国家强调听说读写全面发展的交际能力，必然要求投入较长学习时间。这都不是外语教师能决定的。

这里顺便谈一下外语教育中如何处理国家需求和个人自主选择的关系，后者表现在有的学生喜欢学外语，有的不想学；有的愿意提高口语能力，有的想提高阅读能力；有的毕业后愿意做外交工作，有的喜爱文学或教书。这样，有人认为我国的外语教育应该放开，由社会办学，即社区外语教学，这样不影响年轻人的学习积极性（徐大明，2014）。对此，我认为个人的确有权决定自己的发展方向，正如社会上许多家长自己掏钱把孩子送到各类外语学校或补习班。但这不是我们这次论坛讨论的主要内容，更不能成为本次会议的指导方针。我们今天讨论的是与国家语言政策有关的外语教育政策；在此基础上，才有个人选择的空间。

## 3. 坚持辩证分析方法，求同存异

对已经出现的外语教育问题仔细分析和梳理一下，便会发现不少意见是相互对立的，有的看来非常严重，但许多对立面多半又是可以互补和融合的。这就要求我们在讨论时要学会全面地、辩证地考虑问题。试以母语教育和外语教育的矛盾为例，尽管出现外语干扰了母语、西方文化阻碍了对国学和中华优秀文化的传承和学习这类指责，但这毕竟不是水火不相容的问题。譬如一些优秀的翻译作品，译者往往具有深厚的国学和中文根底；同样，如果没有一大批外语工作者的配合，宣扬中华文化的孔子学院在国外又该如何开展工作？诺贝尔文学奖的瑞典评委马悦然在多年前就指出，中国许多人抱怨中国的优秀文学作品没有评上奖，那是因为这些优秀文学作品没有用多种文字介绍到国外。这次莫言获得诺贝尔文学奖还得感谢国外译

　　　　　　对中国外语教育改革的几点认识

者把他的许多作品翻译成英、法、德、瑞典、意大利文等，其中有年逾古稀的美国翻译家葛浩文和侨居瑞典的陈安娜（张薇，2012）。

在讨论西方文化与中华文化关系的问题时，讨论双方很容易坚持一方，否定另一方，更多的情况是我们很容易肯定中华文化，贬低和批判西方文化。对此，我认为任何民族文化都有其优秀的一面，也有其不太突出的一面。在讨论中华文化时，我们要继承的是中华民族的优秀文化，不是封建落后的文化。在介绍西方文化时，我们关心的也是它优秀的一面，不是它为统治阶级服务的虚假一面。我们要避免打倒一切，否定一切，因为这不是解决问题的正确方法。不久前，北京大学党委组织教师和学生代表学习继承发扬"五四"优秀传统时，让我们看了一个专门制作的重温五四运动的幻灯片，并参观北大图书馆珍藏的善本书籍。我在随后的讨论中便指出幻灯片中提到的鲁迅、蔡元培、李大钊、胡适等学者都是学贯中西的先哲。没有西方的马克思主义，就不会出现中国共产党。负面的例子便是"文化大革命"，它留给我们最惨痛的教训不是西方文化打败了中华文化，而是我们自己在"文化大革命"中高呼"除四旧"和"批林批孔"等口号，把中华优秀文化否掉了。那个时候在否定中华优秀文化的同时，判断是非和斗争的方式却继承了典型的封建主义文化传统。

## 4. 避免概念模糊，坚持实事求是

在讨论时我认为最好能对一些问题说得具体一些、清楚一些，切忌教条式的、口号式的讨论，如批评外语教育导致西方思潮的泛滥时，发表意见者最好更具体地说明应该批判哪些西方思潮？这些思潮出现在所编教材的哪些方面？出现在哪个大学的外语课堂里？在讨论中华文化时，最好明确我们应该继承和发扬哪些优秀文化？如何结合到外语教学中？我们要避免 20 世纪 50 年代错误的思维方式，凡是英语或其他欧洲国家的语言就都轻易地说成是帝国主义的语言，凡是欧美文化都是剥削阶级的文化。这不利于中国走向国际化，不利于团结一切可以团结的力量，更谈不上学习其他民族的优秀文化。

从 20 世纪 80 年代中开始的相当长的时期内，有关外语教育的讨论是在第二语言的框架下进行的。如果我们深入追究一下，便会发现一些学者是在截然不同的情况下使用"第二语言"这个概念的。有的指在同一语境下语言学习者除掌握第一语言或母语外，掌握该语境中的另一个语言，如汉语；也有学者认为学习国内语境下不存在的另一种语言，如英语，也是第二语言。由于语境不同，同样的第二语言教学法不可能取得同样的效果。多年来交际教学法虽然成为我国外语教学大纲的理论基础，但有时未能更好地达到预期成效，便是对语境的重要性认识不够（陈国华，2010；孟臻，2012；文秋芳，2012；郝成淼，2014）。

对"专业外语""专业英语"这些概念也有不同理解。较多人把它理解为某个外语（或英语）专业给本专业学生开设的专业课程，它有别于为学校内非外语专业学生开设的"大学外语""大学英语"；但我们也看到一些学者做如下的解释：现今的"大学外语"和"大学英语"讲授的是以人文性为主的"一般用途的英语"（EGP），而把为非外语专业学生结合他们专业开设的"特殊用途英语"（ESP），叫作"专业英语"（张帅，2013；蔡基刚，2014）。这些概念不搞清楚，讨论很难进行。然而问题更为复杂的是传统的外语专业和相应的外语学院是否应继续存在？如果存在，外语专业是否要培养自己的优秀人才？

上述问题也涉及对"人文性"和"工具性"的讨论。就外语／英语专业来说，往往分别指的是为本专业学生开设外国文学、文化类课程和语言技能及相应语言学知识的课程，虽然有时也会有所侧重，往往容易取得共识，即两者不可偏废，两条腿走路，但在大学英语概念的范围内，比较复杂，具体说，是让外语教师来承担有关文理各科专业的教学吗？

对这些问题，教育部如能给我国高校更多的自主权，在具体政策上奉行多元化的方针，也许问题会解决得方便一些（康建刚，2011）。

## 5.　注重实践，深入调查，总结经验

有关"人文性"和"工具性"的不同意见，不是一个新问题，它充分表现在20世纪80年代我国教育部大学英语教学指导委员会同时通过大学英语的两个教学大纲，一套以"人文性"为主，一套以"工具性"为主。经过数十年的实践，听说这两个大纲已经逐步靠拢。但对这个变化过程，我们缺乏调查，也没有进行总结。因此，当我们今天再次讨论"人文性"和"工具性"或"专业性"这类问题时，我

们又得重复近 30 年同样的问题，这是对时间和资源最大的浪费。

同样的情况表现在 20 世纪 80 年代后期在国内的外语教育中倡导"复合型"人才的培养。人事部一位官员认为，外语不是专业，后来又说为了解决外语院校学生的就业问题，应鼓励他们另学一个专业。于是有的学校纷纷成立"国际经济学院""国际新闻学院"等，有的学校在各自的外语系中设置多个专业方向，如旅游、新闻、法律等。既然"复合型"人才培养已经搞了 30 年，我们应该利用这个有利条件进行调查，总结一下成功的和负面的经验。

在本文第 1 点认识内谈到的中小学外语教育"一条龙"实验也是同样的情况。10 多年过去了，不再有人调查实验情况，总结经验。

## 参考文献

［1］ 蔡基刚. 国家战略视角下的我国外语教育政策调整——大学英语教学：向右还是向左？［J］. 外语教学，2014(2): 40-44.

［2］ 曹迪. 全球化时代我国的外语教育政策研究——国家文化利益的视角［J］. 西安外国语大学学报，2012(4): 71-44.

［3］ 陈国华. 重新认识英语和英语教育的地位［J］. 外语教学与研究，2010(4): 291-293.

［4］ 郝成淼. 给"外语"降温？——从外语教育政策角度理性思考当前争议［J］. 语言教育，2014(2): 8-13+25.

［5］ 胡壮麟. 超学科研究与学科发展［J］. 中国外语，2012(6): 16-12.

［6］ 康建刚. 从组织社会学的视角论中国外语教育的趋同趋势［J］. 中国电力教育，2011(2): 178-180.

［7］ 鲁子问. 我国当前外语教育改革要议［J］. 云南师范大学学报（哲学社会科学版），2014(1): 8-14.

［8］ 孟臻. 外语教育政策研究探讨［J］. 广东技术师范学院学报（社会科学版），2012(4): 30-34.

［9］ 沈骑. 外语教育政策研究的价值之维［J］. 外语教学，2011(2): 44-47.

［10］ 沈骑，石茜英. 语言教育政策的国际视野和本土实践——"2013 语言教育政策国际学术研讨会"述评［J］. 当代外语研究，2013(9): 74-76.

［11］ 沈骑，夏天. 外语教育政策价值取向的历史演进［J］. 教育评论，2011(5): 156-158.

［12］ 孙有中. 英语教育与人文通识教育［M］. 北京：外语教学与研究出版社，2008.

［13］ 王鲁男. 外语专业通识教育：历史、现状与展望［J］. 外语教学与研究，2013(6): 922-932.

［14］ 文秋芳. 大学英语面临的挑战与对策：课程论视角［J］. 外语教学与研究，2012(2): 283-292.

［15］ 徐大明. 开展社区语言教育，放弃外语教育［J］. 琼州学院学报，2014(4): 3-7.

［16］ 张帅. 浅析大学英语教育中的问题与对策［J］. 吉林省教育学院学报，2013(1): 104-105.

［17］ 张薇. 中国作家作品走向世界语言制约　莫言得奖　翻译有功［N］. 解放日报，2012-10-13.

对中国外语教育改革的几点认识

# 高等教育国际化任重道远

## ——读《高校全英语教学模式（EMI）的超学科研究》[1]

　　浙江省杭州师范大学李颖老师最近出版了新著《高校全英语教学模式（EMI）的超学科研究》（中国社会科学出版社，2014 年 12 月）。我读后兴奋不已，这是因为 2013 年 4 月，杭州师范大学和高等教育出版社联合召开"第七届中国外语中青年学者科研方法研讨会暨科研写作高级研修班"，我在会上宣读了论文《超学科研究与学科发展》，并有幸结识了李颖老师，会后时有联系，相互勉励。坦率地说，我的论文比较肤浅，主要就当代语言学研究中的学科发展动向汇报自己的学习心得，而李颖老师才是脚踏实地从事多年调研和分析，其新著更具学术价值。

　　《高校全英语教学模式（EMI）的超学科研究》包括两个内容或分主题：超学科研究（第一章）和全英语教学（第二章）。前者谈本书的理论基础，后者谈本书的研究对象。在此基础上，作者向我们介绍了全英语教学与高等教育国际化的关系——国家的战略目标（第三章），又从高校全英语教学模式介绍了它与超学科思维的关系——先进理论的指导（第四章），和它与高校课堂生态的关系——环境因素（第五章）。最后三章是作者和她的团队对国内高校全英语教学课程所做的调研工作，其中一所是教育部直属高校（第六章），一所是市属高校（第七章），以及作者本人在杭州师范大学的实践基础上提出的全英语教学课程建设案例（第八章）。现将本书内容概述如下。

---

1　胡壮麟. 高等教育国际化任重道远 ——读《高校全英语教学模式（EMI）的超学科研究》[J]. 外语研究，2015(6): 53–55.

# 1. 内容简介

本书第一章开宗明义地引入国外 20 世纪逐步发展起来的超学科研究，这是当代深入探索和发展各种知识领域的理论基础。我们知道，传统的科学研究强调"一分为二"，这推动了文艺复兴以来各个学科的深入发展，但随之也带来了一定的负面效应，那就是文理分家，学科过于细分，却缺乏互相交流。对比之下，超学科思维强调学科之间的融合，研究工作应结合具体的社会实践活动，因而这是一种获取知识的崭新方法。我国外语学界早在 21 世纪初已开始陆续介绍超学科研究的理论和应用，本书的主要贡献表现在作者对超学科思维的发展过程做了深入、全面、系统的介绍，具体有以下方面：第一，交代了 Piaget、Jantsch 等人早期提出"超学科性"概念的过程，并对"超学科""单学科""多学科"和"交叉学科"等概念的异同做了阐述和比较，在本书中还补充了更多新的内容，如联合国教科文组织在 1986、1989、1992 年多次召开了超学科学术会议，在 1987 年成立了国际超学科研究中心（The International Center for Transdisciplinary Research）等信息（李颖，2014：6-20）（以下本书引文只标注页码）。第二，对超学科的思想渊源有较清楚的阐述，如欧洲高等教育界早在 1794 年就有文理学科之争，在 20 世纪 50 年代末在欧美高等教育思想界又演变为两种文化之争，并提供了跨越"文、理"两种文化的案例研究（21-35）。第三，作者能够谈到较多不同场合与超学科研究相关的思潮和理论，说明超学科思维是当今人类知识发展的必然结果，如 20 世纪 70 年代 Ken Wilber 的整体论（6），1972 年 Jantsch 的系统理论（10），教育理论中的"连接主义"（3）和 Halliday 的教育语言学（147），语言科学的"界面"研究（133），计算语言学的超学科性（139），概率和数据的关系（145），等等。这些都在不同程度上体现了超学科研究的要素。第四，超学科理念在研究和教育领域的主要应用。作者一方面介绍了欧美高校的超学科研究，如哈佛大学与苏黎世联邦理工学院的超学科案例法、哈佛大学研究生教育学院的"零项目"（Project Zero），也介绍了浙江大学外国语学院的超学科、研究性外语教育课程体系实验（35-55）。这些内容给予我们的启示是理论贵在应用。超学科思维的发展就是为了解决教育界在新时代所面临的新问题。

本书第二章和第三章从不同方面介绍全英语教学模式（EMI，即 English Medium Instruction）。考虑到国内经常使用"双语教育"的概念，作者特地说明本书中所谓的 EMI 是"教学中使用英语比率最高的一种教学模式"（56），与非全英语模式的双语教学有所不同。我在本文中使用"全英语模式"只是图个简便，其内涵在不同情况下有时可包括"以英语为主的教学"和"双语教育"，以至"全英（外）语教学"。其次，我个人认为，全英语教学模式以至全外语教学模式对上了年纪的教师并不陌生。新中国成立前我国一些大城市中教会主办的中学和大学就普遍采用这种外语教学模式。从这些学校毕业的学生都有很好的英语或其他外语基础，如原上海的圣约翰大学和沪江大学采用英语、同济大学采用德语、震旦大学采用法语进行教学，对老一辈人而言，这一印象至今还很深。新中国成立后，除对外语语言文学专业的学生要求全外语教学外，在高校中非外语专业的其他院系很少采用。

回归正文。第二章着重介绍"全英语教学"的基本内涵，即作者试图把它作为应用超学科思维进行分析的目标。为了帮助我们全面了解全英语教学的方方面面，作者向我们介绍了全英语教学模式在国外是如何推行的和在推行过程中出现的问题（57-62），对我们具有参考和借鉴意义。难能可贵的是，为了阐明外语与专业课程的关系，作者不惜笔墨介绍了语言与科学、语言与思维、语言与认知的关系（62-82），以此说明对非英语专业院系的学生进行全英语教学的理论依据和可行性。最后，作者也介绍了我国高校对全英语教学模式的研究现状和实施情况，如复旦大学的"学术英语"，宁波诺丁汉大学的"专业导向"英语教学模式，以及上海交通大学、广东外语外贸大学和上海市高校示范性 EMI 课程（89-97）。总的来说，"全英语教学"模式的概念和实施不是英语教师开设"大学英语"那样的语言课，而是针对高校学生开设的非语言技能但用英（外）语讲授的各种专业课程，让这些学生通过英（外）语掌握各自专业课程的内容，为日后的科研和国际交流打好基础。

第三章是对上述内容的深化，就全英语教学与高等教育国际化的关系进一步讨论。具体说，今天我们之所以提出全英语教学模式，原因在于国际形势正发生巨大变化。一方面，美英加澳新等国家所使用的英语在国际政治、经济领域和其他活动中用得更为广泛；另一方面，提高外语水平，特别是英语水平，宏观上是为了适应我国走向世界、面向世界的战略调整，因而是实现我国高校改革和高校国际化的重要战略部署之一。因此，作者从《国家中长期教育改革和发展规划纲要（2010—2020 年）》层面讨论全英语教学模式甚为必要。由于联合国和欧美日学者对高等教育国际化均有各自的定义，有的过于抽象，有的不够全面，作者作了一番分析和归纳后，创新性地提出高等教育国际化应该包含 5 个内容，即教育理念、课程体系、培养目标、人员交流、学术与科研合作（98-101）。对这一概括的创新意义和积极意义应予充分肯定。有必要指出，本书作者还为我们提出了一些非常重要的概念，那就是"外语资源论"和"关键语言"（critical-need languages）。前者强调不要把外语单纯地看作工具，而应当看作一种资源；后者强调在众多外语中应当确定"关键语言"。例如，美国前总统布什 2006 年 1 月 5 日在"国家安全语言启动计划"上把5 种语言（汉语、日语、俄语、阿拉伯语和朝鲜语）和 3 个语言系统（印地语系、波斯语系和土耳其语系）作为美国高校应当重视的"关键语言"（101–111）。根据这个认识，有关"全英语教学"的讨论对"全外语教学"具有启示意义。再者，虽然俄语和英语在新中国成立后的不同时期具有第一"关键语言"的地位，但我们国家对其他关键语言在政策上还有待研究和完善。围绕教育国际化，作者以较大篇幅讨论国际化对我国外语教学，特别是高校全英语教学的种种要求，如师资国际化的策略、本土师资的能力与评估、全外语教材的出版、多元文化与母语文化等（111–131）。作者能点出这些内容，说明考虑问题全面，但对有关问题的统一认识和解决非一日之功，因而也为我们指出了今后研究的方向。

第四章和第五章是将上述两个分主题"超学科研究"和"全英语教学模式"结合成一个完整的主题，即高校全英语教学模式的超学科研究，或用超学科研究的方法探讨高校全英语教学模式，但这两章的主要内容是阐述作者对本主题的理解和相关信息，有关本主题的调研工作和结论由随后的其余各章完成。

第四章主要阐明什么是高校全英语教学模式的超学科思维。作者从语言科学的界面研究、语言学是一门领先科学、计算语言学的超学科性及教育语言学等不同视角论证外语教学与超学科研究的关联，帮助我们了解全英语教学课程的超学科理念，以及超越学科界限的全英语教学模式和这个模式在我国的可行性（132–153）。

第五章进一步介绍高校全英语教学课堂的要素。在这方面，作者高瞻远瞩地引入当前学术界的一些尖端理论——生态符号学和生态语言学。这是因为教育的发展离不开种种环境条件，除决策者因素外，这些环境条件具体体现在有关课程在课堂上的进行，如教师、学生、教学设计、教学内容、教学方法、教学条件、学习时间、测试和评估，等等。作者把它归结为课堂生态（154–164）。这些内容有助于我们了解高等教育国际化的具体内容和实现规划的必要性，也对我国高校全英（外）语教学模式提出的要求进行讨论，为本书作者在下面各章中的调研奠定基础。

作者在以上各章中不时报道了国内有关高校在开展全英语教学方面的信息，以下各章是作者和她的团队亲自深入有关高校进行调研的第一手材料。

第六章是对教育部直属高校 A 的 EMI 课程的调研。我们从调查结果获悉：即使在部属高校中，所谓的全英语教学模式实际上还可区分为 3 个层次，即"全英（外）语教学""英（外）语为主教学"和"双语教学"；在 10 名教师中，百分之百时间使用英语授课的教师有 4 位，50% ~ 70% 时间授课的有 5 位，1 名为 30%；授课教师在课堂上的中/英文语码转换主要表现在照读课程内容、核对词义、组织课堂任务、衔接和填补话语的空白、与学生的信息确认、激励型语言、中英文夹杂的句子；多数学生对双语教育表示肯定，对教师表示满意；对所调查的 3 个问题均有明确的结果，如该校从事全英语教学的教师具备了作为教师的基本能力，能根据国情和需求分析问题和对原版教材进行筛选、改动和整合，但这些教师在对学生综合能力的影响和跨学科与国际化能力方面尚有欠缺；在双语/全外语课堂中，对语言是学科认知诠释的外壳还是思维的媒介方面所做的调查发现，除了一些英语术语，基本都是用汉语教学；在课堂生态对学生学科知识和英语能力影响方面的调查发现，教师 Y 的课堂活动价值有较大程度实现，并且该教师对学生非常熟悉（165–179）。

在第七章中，作者对市属高校 B 进行调研。作者最初注意到该校在课堂授课、教学课件、课后作业、测试考核等各方面都没有达到双语课程的基本要求，这导致一些调查数据无效。经过一定程度的整改后，该校大多数学生认为对课程的相关内容有所收获；印象最深的是"听到纯正口语"；对全英语课程的期望主要为提高听力和口语水平，尽管他们认为课程内容是可以接受的。有趣的是，调查者发现授课教师具备超学科的研究与教学能力（180–197）。

第八章的内容是作者整理的"EMI 课程群建设案例"，它立足于作者自己在杭州师范大学外国语学院所开设的一些全英语教学的实验性课程。这个方案已经成为该校的重点建设项目。作者把这个整体方案的基本思想浓缩为 RIG 理念，即辐射型（Radiative）、国际化（Internationalism）和通识教育（General Education）。如作者所述，辐射型外语教学就是把"外语教学"辐射和渗透到一系列有学科底蕴的博雅教育课程之中，这便要求打通外国语学院和其他院系的外语课程；课程建设国际化强调的是课程建设本身的国际活动，使学生能够不出国门而直接进入国际教学的平台；通识教育是为了解决中国大学本科教育缺乏跨学科的广度和批评性思维培养的问题（198–204）。作者对这个 RIG 模式的主要内容均有论述，对人才培养方案提出调整意见，描绘了该模式的实施途径。最后，作者对 EMI 课程群的基础部分的总体目标、总体规划、课程设置、教学模式、教材建设，以及处于顶层的超学科课程群都有全面、细致的交代（204-266），因而具有创新性、指导性意义。我认为这是全书的精华所在，也是作者多年学习、调研和分析的结晶，值得我国高校有关院系领导和教师借鉴。

## 2. 简评

作为读者，我的一些看法已在上述评介中谈到。这里还想补充以下几点：(1) 尽管我们认识到全英语教学模式更侧重非英语专业的学生，但从本书作者的具体调研对象和举例可以看到，本项研究仍没有脱离外语学院的界限。如果稍加延伸的话，最多指人文、社会学科专业课程的全英语教学。对这个模式能否应用于理工科学生，基本没有报道。(2) 作者正确地谈到全英语教学需要编写全英语教材，而教育国际化必然会更多地涉及多元文化的语境，这就需要考虑如何保持母语文化，即中华文化的国际化传播。这是没有异议的，而且容易解决。我认为更困难的问题是"多元化语境"必然涉及异族文化，其中最有影响的是"西方文化"，而我们国内在讨论中有时会把"西方价值观"与"资产阶级价值观"画上等号，这个尺度不好掌握。这才是有待超学科研究解决的一个问题。(3) 改革开放之初，受 ESP（特殊用途英语）的影响，北京大学教务部撤销了原属于英语教研室的大学英语教研组，将大学英语教师二三成群分到校内各院系，试图让这些教师将英语教学和各院系的专业知识结合，效果并不理想，最后在 1983 年成立英语系时，把这些教师调回英语系，再度成立大学英语教研室。尽管这与本书的全英语教学模式在程度上相差很远，但这方面的经验教训对师资国际化的认识和培养仍有参考价值。

**参考文献**

［1］ 李颖. 高校全英语教学模式（EMI）的超学科研究［M］. 北京：中国社会科学出版社，2014.

# 对"外语生活"的认识和期待 [1]

　　2017 年 10 月 28 日中国教育语言学研究会与北京语言大学和华东师范大学出版社合作 [2]，在北京举办第二届中国教育语言学高端学术论坛。我有幸应邀参加此会。主持人俞理明教授在会前通知中安排了北京语言大学李宇明教授和北京外国语大学王文斌教授作中心发言，并附上李宇明教授的发言稿《树立"外语生活"意识》。这帮助我了解本次会议的主旨。现汇报自己读了宇明教授文章后对"外语生活"的初步认识，顺便提出一些看法和问题，期待领导和与会专家讨论帮助。

## 1. "语言生活"研究与"语言生态学"

　　在初次阅读宇明教授的发言稿后，我曾先入为主地认为有关语言生活和外语生活的研究就是我们外语界时兴的"生态语言学"或"语言生态学"的研究，多次阅读和参考其他材料后，才意识到两者有同，也有不同。

　　就同而言，早在 1997 年宇明教授曾发表《语言保护刍议》一文，其中心思想是对各种人类语言，特别是濒危语言应加以保护，这个观点与生态语言学的研究目标基本上是一致的，如黄知常和舒解生（2004）认为，生态语言学者论证"语言物种属性、语言全息态、语言生态系、语言进化律等新的理念"，并提出"零排放"语用伦理、语言公平、RLS 工程等生态语言学应用理论。我也请教过我国生态语言

---

1　胡壮麟. 对"外语生活"的认识和期待［J］. 当代外语研究，2018(1): 1-4.
2　中国英汉语比较研究会教育语言学专业委员会（曾用名：中国教育语言学研究会）。

学的领路人黄国文教授，他认为这与他们的泛义生态学接近。

就不同而言，宇明教授没有停留在"语言保护"的层面上，他在 2000 年便发表了《语言生活》一文，走上自己开创的道路。他此后发表的十多篇论文都是有关语言生活的内容，如构建健康和谐语言生活（2006，2016）、强势的语言和话语权（2004）、当代语言生活中的问题和对策（2008，2011，2012a，2012b）、语文教育（2014）等。这些论文的中心思想便是宇明教授在本次会议提交的论文中所指出的："形成了人类的语言生活；语言生活是人类社会生活的重要组成部分。"

与之对照，我国生态语言学研究者认为从生物学发展起来的生态学研究"呈现了生态泛化的趋势，与其他学科结合，出现了经济生态学、生态工程学、人类生态学、农业生态学、城市生态学、放射生态学、生态美学、生态文学、教育生态学、生态翻译学等跨学科（或交叉学科）研究，而生态语言学则是其中一个重要的新兴的独立学科"（赵蕊华、黄国文，2017）。这样，外语学界往往从学科发展的视角，把生态语言学看作一个交叉学科，沿用生物学中的生态学理论研究语言的生态问题，有别于宇明教授的"使用语言、学习语言、研究语言等活动"。我个人曾写过语言生态学的文章，举例上倒是倾向于宇明教授的（Hu，2015）。


## 2.　外语生活

从实际研究成果的报道看，外语界的语言生态学研究偏重研究外语，宇明教授的语言生活研究偏重研究汉语。这一无形中的分工是我国学术界的潜规则，一般都能理解和接受。但严格说来，语言的概念至少应当包括汉语和外语两者，现在宇明教授把树立外语生活意识作为本次会议的主题，就是对语言生活研究的深入，从汉语延伸到外语。我认为宇明教授正在扭转单纯研究汉语的偏向，也反映了中国语言学界在汉语生活研究方面已取得巨大进展，研究外语生活的时机已经来临。当然，这一举措也表明我国提出"一带一路"倡议后，我国学者已经考虑如何解决有关不同国家和民族之间交流时的语言问题。

宇明教授对外语生活的定义是："使用外语、学习外语、研究外语等活动，形成了人类的外语生活，外语生活是人类语言生活的重要组成部分。不管是进行外语教学，还是进行外语规划，都应当明确树立外语生活的意识。"这些意见对我们外语工作者很有指导意义。

宇明教授本人对外语生活的研究只是开始，但我注意到教育部语言文字应用研究所的郭龙生（2012）对我国的外语生活已经做过相当系统的调查。鉴于宇明教授曾任教育部语言文字信息管理司司长兼语言文字应用研究所所长，我认为郭龙生的研究多少反映了宇明教授的意图。就外语生活作为人类社会基本生活的主要组成部分，郭龙生先生归纳了五个元素：

（1）外国语言文字（包括外国语言文字自身、外国语言文字规划、外国语言文字产品等）；

（2）人们对外国语言文字的思考及与应用相关的一切活动；

（3）活动发生的时间；

（4）活动发生的空间范围；

（5）活动的结果。

不论是宇明教授的观点，还是郭龙生先生的五个元素，两位学者都突出"人"的因素，而不仅仅是把外语看作一种生态学的自然存在；前者是动态的，后者偏向于静态。另需要说明的是两位学者所谈的外语生活是为人类活动服务的有关语言战略和语言功能的概念，不是我们在外语教育中教授和学习日常生活中的"生活外语"。

郭龙生（2012）对我国外语教育现状做过系统调查，归纳了许多调查表，最能说明我国外语生活的现状。试以表1对不同年龄阶段初中及以上者学过外语的人数比例为例。乍看起来，这似乎是静态的调查，但如果我们把年代的因素考虑进去，便会发现如下的情况。

表 1　不同年龄阶段初中及以上者学过外语的人数比例

| 年龄阶段（岁） | 年代 | 全国 |
| --- | --- | --- |
| 15—29 | 1983—1997 | 89.71% |
| 30—44 | 1968—1982 | 64.97% |
| 45—59 | 1953—1967 | 44.36% |
| 60—69 | 1943—1952 | 38.19% |

我们知道，1952年我国高校进行了院系调整，以此为基准，便会发现院系调整前，以至新中国成立初期，初中以上学生学过外语的只有38.19%，高校院系调

整后到"文化大革命"初期略有增加，全国仅为 44.36%，但在"文革"后期到改革开放初期已增至 64.97%，20 世纪 80 年代到 20 世纪末猛增至 89.71%。这个基于大数据的动态调查表明新中国成立以来，特别是改革开放后，我国政府对外语教育越来越重视，很有说服力。

学过外语的人群学习不同语种的比例，其顺序先后为英语（93.80%）、俄语（7.07%）、日语（2.54%）、法语（0.29%）、德语（0.13%）、阿拉伯语（0.13%）、西班牙语（0.03%）。这个调查结果告诉我们，主要语种从俄语改变为英语，体现了国际形势的变化和改革开放的成果，但要顺利推动"一带一路"建设，除英语和俄语外，必须解决其他语种的外语教育问题。

在学过外语人群中具有实际使用能力的比例，不论是阅读或说话都低得可怜。多数属于看不懂或只能看懂一些简单句子（28.04%+43.23%），不会说或会说一些问候的话（17.54%+61.4%）。这又告示我们外语教育必须解决外语实用能力的问题。上述情况再次表明，外语生态研究偏重保护和挽救世界上濒危语种，而外语生活研究偏重让外语为国家建设和发展服务。也只有这样，才能使人们认识到各种外语的存在价值和存在方法。

## 3. 外语生活与外语教育

宇明教授在论述外语生活与外语教育的关系时，曾作过如下评述："学习之目的在于应用，特别是语言学习，其应用的目的比数学、物理、历史、地理等科目当更为显豁。故而外语教育应当有自觉的外语生活意识，应该明确其最终目标是让学生过好外语生活。"这是他这次会议上作中心发言的主旨。我作为外语老师，对这个内容最感兴趣，因为它与我们的具体教学和研究更为密切。主要有以下几个方面。

### 3.1 外语生活与外语学科

宇明教授认为"外语教学是一门科学，是由教师主导的学术活动，是学科行为，但是教学内容、教学方法、教学评估等，不应也不能仅从学科出发，而应尽量考虑到外语生活，特别应该仔细考虑如何让学生过好外语生活。"这就首先涉及外语教学法的问题。外语界一般熟悉旧中国的语法翻译法、院系调整后的活用词教学法、改革开放后的交际教学法或者 21 世纪前和初期不少学者倡导的认知教学法。这些教学法各有侧重，如语法翻译法强调语法教学，词汇活用法强调词语搭配，交际教学法强调口语教学，认知教学法强调内化语言形式和逻辑能力的教学，等等。这些教学法都是把外语教学看作学科的发展，而忽视了外语生活，因而造成在上一节中谈到的外语学习者的实用能力偏低的情况。这意味着我们应该继续努力探索适合于我国国情的新的外语教学法。

在把外语看作学科方面，我国高校的外语教学一般分为两类，把外语作为专业进行教学和把外语作为非外语专业的一门必修课的教学。前者延续了 1952 年开始设置的"外语语言文学"专业，后又进一步细分为文学方向和语言方向，这导致一些高校，特别是综合性大学，以哪个方向为主的争论。后者一般称为"大学英语"，也有它自己的矛盾，因而在制订第一个大学英语教学大纲时产生了两个教学大纲，一个是以复旦大学坚持的以一般英语（EGP）为主的教学大纲，一个是以上海交通大学为代表的以特殊用途英语（ESP）为主的教学大纲。正当两个教学大纲相互接近之际，近年来复旦大学、对外经济贸易大学等学校又分别提出"专业英语"的概念，具体为商务英语、法律英语、外交英语、旅游英语等。由于"专业英语"和给英语专业本科生开设的"专业英语"相混淆，我期待这个问题在"外语生活"研究和讨论过程中获得一定的解决。

就特殊用途英语我还有一个建议：改革开放后，受当时国外的特殊用途英语教学的影响，北京大学教务部曾撤销原英语教研室下的大学英语教学小组，把教师三三两两分散到文理科各个系，让英语教师按有关院系的专业内容编写所属院系专业的英语教材。待 1983 年北京大学英语系成立时，校教务部又把这些老师调回英语系，成立大学英语教研室。我们私下认为这一举措可能是学校在教学中遇到某种问题。因此，我期待部领导和有关专家调查总结这方面的经验。至少我个人认为让文科的英语教师去编写与商务、法律、化学、物理等专业有关的英语教材并进行教学，是有困难的。但让外语与专业结合的教学不是没有可能，那就是我国许多高校陆续招收从国外留学回来的高学历者，让他们用外语，特别是英语，向具备英语初步基础的学生教授他们熟悉的专业课，效果会更好。这有待我们在实践中检验。

### 3.2　英语与小语种

在外语教学中，任何国家都会根据需要认定一些主要外语语种，如美国突出西班牙语，中国在 20 世纪 50 年代突出俄语，改革开放后突出英语，这无可厚非。当前问题是如何调整和解决"小语种"或"非通用语种"的外语教学和相应的问题。在这方面，宇明教授提出，对小语种学生，"一般都要求学生的英语水平要好，形成'复合语种能力'，而且还提倡要有一定的区域知识或其他专业知识"，这些都有助于我们搞好小语种教学，我深表赞同。

这里，我想提出一些我曾经遇到过的问题。我在参与制订各种程度的英语专业教学大纲过程中，注意到教育部过去往往让英语大纲的制订先行一步，然后让其他语种跟上。在实际过程中这些非英语语种会有一定困难，因为英语专业的学生入学时一般已受过十年的英语教学，其他语种的本科生得从字母开始学习。不论是文学课程，还是语言知识课程，英语课标对这些语种课标的制订不能完全适用。我曾经思考过国家可以成立一些外语专科学校，从小培养小语种或非通用语种的学生。这样，这些学生在入学前就已经具有初步的外语知识，但万一这些学生考不上大学，要找与他们所学的小语种有关的工作会有困难。

由于小语种教师主要给本科生开设一些基本的语言课程，在学术水平和专业研究上很难发表论文，影响职称的提升。北京大学学术委员会曾对这些语种教师有过特殊安排。这就期待解决对小语种教师如何考察的标准问题。

### 3.3　外语生活与翻译

宇明教授对翻译专业的学生提出，"都要求学习、使用一定的翻译软件，掌握一定的智能翻译技术""有中外文化的知识和翻译经验，更需要找到对方文化的兴趣点"以及从译出方的"我方动力"转化为译入方的"他方动力"等建议，对我们外语教师，特别是具体从事翻译教学的教师很有帮助。

应该指出，翻译学科在新中国成立后长期没有受到重视。我记得当我 1950 年考入清华大学外文系后，系主任吴达元教授曾跟全班同学说："国家需要翻译人才，你们这一批学生毕业后将从事翻译工作，因此对你们是按这个方向培养的。"使我们困惑的是 1952 年高等学校院系调整时设置的外语语言文学专业，只有语言和文学两个方向，没有翻译方向。其原因是我国外语界长期持有翻译没有理论因而不能成为学科的观点，其后果是著名翻译家许渊冲教授来北京大学工作后不能招收硕士生和博士生。即使教育部在 21 世纪设置翻译专业后，许多高校开始招收翻译专业的硕士生，有的学校仍然不予考虑。

令人欣慰的是最近几年，一些外语学术刊物已经设置有关翻译研究的专栏，一些教师在互联网和微信中展开有关翻译理论的讨论，以及学术会议信息和教学经验的交流。令人欣慰的还有机器翻译已取得巨大进步。百度上有些英语文章可以提供中文译文，在传达意义的正确度上大有提高。这又涉及在发展计算机技术中如何与生成语言学、功能语言学和语料库语言学相结合的问题。

# 4. 外语生活与外语规划

宇明教授指出："外语生活与外语规划的关系更为密切，因为外语规划是基于外语生活所做出的规划，也是对外语生活的规划。"我特别赞同他有关外语规划不是政府的"独角戏"的论点，虽然其形成机制是政府主导，但更需要相关行业的参与、多学科专家的支撑乃至公民的关心支持。为此，宇明教授提出"自上而下"与"自下而上"双向互动的观点。

作为基层的外语教育工作者，我觉得宇明教授的视野的确宽阔，这得益于他曾经自下而上地从华中师范大学上调至教育部，又自上而下地从教育部下到北京语言大学工作，对两者的沟通最有深刻体会。就我个人来说，的确有些问题期待上面的领导和下面的教师给以帮助。

## 4.1 高校外语专业的学科名称

对高校的外语专业的学科名称有待统一认识。我国高校自 1952 年起设置"外语语言文学"专业，下分英语语言文学专业、俄语语言文学专业、法语语言文学专业等。1992 年教育部高教司外语处处长曾来到北京大学，与英语系、俄语系、东语系、西语系的四位系主任共同商议，是否将"语言文学专业"改为"语言文化专业"，其理由是"语言文化"比"语言文学"的内涵更为全面。但限于当时我们的认识水平和缺乏改革魄力，英、西、俄三个系主任坚持保留现状，只有东语系主任同意改名。事后，我注意到北京外国语大学和上海外国语大学已经把英文的校名改为"Foreign Studies University"，连北京语言大学也一度改为"北京语言文化大学"。

这的确是一个重大动向。为此，我本人在访美时曾经请教过一位加州圣巴巴拉大学的教授，为什么他们对英语和汉语分别采用"Department of English"和"Center of Chinese Studies"的不同名称？他解释道因为汉语在美国是外语，学生不仅仅是学习语言，还要学习有关国家的文化、政治、经济、历史等知识，以适应毕业后社会的需要。他当时明确表态中国教育部的改名考虑是可以接受的。可见，当时教育部领导下到北大听取意见，表明领导是力图与下层沟通的，只是后来有没有在全国范围内高校中改名就不清楚了。我有次请教宇明教授，他们的学校一度改名为"北京语言文化大学"，为什么后来又把校名改了回去，即"北京语言大学"，他笑而不答。

与上述问题相联系的是在讨论"语言生活"和"外语生活"时，我发现宇明教授和郭龙生先生多次使用"外语语言文字"这个提法。这样，摆在我们眼前的有三个有关学科的提法：外语语言文学、外语语言文化、外语语言文字。从现实情况看，综合性大学中文学方向的偏爱"外语语言文学"，小语种和语言方向的偏爱"外语语言文字"，外国语大学侧重"外语语言文化"。这些问题期待上下沟通，妥善解决，不然难以按外语生活的要求培养人才和使用人才。

### 4.2　改进和加强"自上而下"的指导

中国的教师一般习惯于接受教育部和校领导"自上而下"地安排教学，这意味着对教育部和校领导的信任，期待获得领导对教学工作的支持。例如，我印象中最深刻的是 2017 年年初我曾两次应邀参加基础阶段和高中英语教育大纲修订稿的讨论，经常听到中文和其他学科专家对大纲中过分重视外语和每周外语课时多有意见。作为在场的英语教师，我感到为难，但我观察到会议主持人未予积极回应，这意味着上层领导对他们的意见有所保留，客观上支持了正常的外语生活。

为什么要说"改进和加强"？我期待领导能够帮助下面多解决具体问题。例如，编写英语教材时对"防止资产阶级价值观"如何掌握，因为英语国家基本上都是资本主义国家，要选用教材困难较大。

### 4.3　领导层面上的沟通

领导对某些决策也应慎重，内部力求意见统一。例如，1998 年教育部布置的"一条龙"计划，在全国找了七所高校试点，要求从小学一年级或二年级开设英语

对"外语生活"的认识和期待

课，11—12年后初步达到大学英语水平。这样，我国高校学生不必为学习外语而费心。用心是好的，不料教育部内部有不同意见，于是这个项目无形中停了下来，但参与此项实验的教师不知情，继续进行这个项目，浪费了不少精力。

我还认为，教育部不仅要在内部各司之间进行沟通，还应当与民政部和中国社会科学院等单位进行沟通。例如，20世纪90年代初北京大学英语系受国内一些教师的委托，筹建"功能语言学研究会"时，经过多方努力，在季羡林先生和许国璋先生支持下，总算成为一个四级单位，即"中国教育学会→中国外语教育学会（会长季羡林）→中国英语教学研究会（会长许国璋）→中国功能语言学研究会（会长胡壮麟）"。

过了若干年，民政部进行整顿，提出种种要求，特别是上交经费和不能随便给学会挂上"中国"二字这两方面。我们的上级单位，总部设在北京外国语大学的"中国英语教学研究会"的秘书长告诉我们说，他自顾不暇，因为他们的学会也给停了。若干年后，我们的学会终于挂靠在"中国英汉语比较研究会"之下，易名为"中国英汉语比较研究会功能语言学专业委员会"。由于学会不能挂上"中国"二字，在参加国际活动时，我们只能低人一头。这样的外语生活上级领导是不能体会的。

在此期间，我们也找过中国社会科学院的"中国语言学会"，但该会领导说他们只管汉语研究，不考虑外国语言研究。这样，他们理解的"语言"只是"汉语"，期待教育部、民政部和中国社会科学院的领导了解外语教师从事科研的困难。

### 4.4  健康与和谐

我注意到，宇明教授等的"外语生活"理论出现时，往往附有"健康的"和"和谐的"两个修饰词，但在最近的一些文章和报道中，"健康的"有时给省略了，未知这是为了行文简练，还是其他缘故。

不管怎样，过去由于事事以阶级斗争为纲，作为外语教师，政策水平掌握不好，有时会在外事工作和教学科研工作中出现不健康和不和谐的情况。如今，党的十九大对社会矛盾有许多新的提法，希望领导能带领大家学习党的政策，过好新时代的外语生活。

# 参考文献

［1］ Hu, Z. The standardization of Chinese characters — An eco-linguistic perspective ［J］. *Chinese Semiotic Studies*, 2015(2): 123–133.

［2］ 郭龙生. 以科学的外语规划引导健康的外语生活［J］. 中国社会语言学，2012(2): 54–64.

［3］ 黄知常，舒解生. 生态语言学：语言学研究的新视角［J］. 南华大学学报（社会科学版），2004(2): 68–72.

［4］ 李宇明. 语言生活［N］. 华中师大报，2000-9-14.

［5］ 李宇明. 强国的语言与语言强国［N］. 光明日报，2004-7-28.

［6］ 李宇明. 序：中国语言生活状况报告［A］. 构建健康和谐语言生活［M］. 北京：商务印书馆，2006: 9.

［7］ 李宇明. 2007年中国语言生活状况述要［J］. 世界汉语教学，2008(3): 5–15.

［8］ 李宇明. 关于中国语言生活的若干思考［J］. 北华大学学报，2011(11): 32–36.

［9］ 李宇明. 中国语言生活的时代特征［J］. 中国语文，2012a(4): 367–375.

［10］ 李宇明. 论语言生活的层级［J］. 语言教学与研究，2012b(5): 1–10.

［11］ 李宇明. 语言生活与语文教育［J］. 语文建设，2014(4): 4–7.

［12］ 李宇明. 语言生活与语言生活研究［J］. 语言战略研究，2016(3): 15–23.

［13］ 赵蕊华，黄国文. 生态语言学研究与和谐话语分析——黄国文教授访谈录［J］. 当代外语研究，2017(4): 15–18+25.

# 在我国建立教育语言学正当其时 [1]

北京大学校友、上海交通大学教授、中国教育语言学研究会会长俞理明先生曾于 2014 年主编《教育语言学在中国读本》一书 [2]，邀请我参与该书"语言学和教育语言学"部分的审稿工作并编写导言。我也曾为从浙江大学调入上海交通大学的赖良涛老师的专著《教育语言学：一个社会符号的模式》写过序。此后，我便与国内教育语言学界的专家们结缘，并参加了去年在北京语言大学召开的第二届教育语言学会议。不久前，理明先生又告知我中国教育语言学研究会经过一年的筹备，创办的《教育语言学研究》集刊即将发刊。理明先生还通过邮箱将该刊全部文章的电子版发我阅读，使我进一步了解国内教育语言学研究现状，我谨在此表示衷心的感谢和祝贺，也借此机会，谈谈在我国建立教育语言学学科的必要性和相关认识。

我注意到《教育语言学研究》第一卷的第一部分为"悉尼学派专题"，主要的特色介绍见于《悉尼学派的教育语言学理论与实践》一文，这一开宗明义之作是赖良涛老师完成的。赖老师曾去过澳大利亚悉尼大学，并在马丁（James Martin）教授亲自指导下进行学习和研究，因此深得其真传。众所周知，马丁当时和他的同事、研究生在中学教学中开展语类教学，取得了很大成果，这已充分反映在中国学者在本部分几篇论文的研究内容上。从教育语言学的视角来看，我认为赖良涛老师在邮件中和我谈到的一些情况更为全面，更有说服力。例如，赖良涛老师谈到系统功能语言学创始人韩礼德（M. A. K. Halliday）教授在 20 世纪 60 年代就和同事合作

---

1　胡壮麟. 在我国建立教育语言学正当其时［A］. 赖良涛. 教育语言学研究（第一卷）［C］. 上海：华东师范大学出版社，2018.

2　中国英汉语比较研究会教育语言学专业委员会（曾用名：中国教育语言学研究会）。

出版了《语言科学与语言教学》一书，论述语言科学研究成果如何为语言教育教学提供理论支撑和实践指导；我们今天熟悉的语域（register）理论在那时已成为专门用途英语研究和教学的直接理论基础。20 世纪 70 年代，韩礼德和韩茹凯（Ruqaiya Hasan）夫妇开始从功能语言学视角来关心儿童的语言教育和语言发展；20 世纪 80 年代，功能语言学已成为 Michael Stubbs 所著《教育语言学》的直接理论基础；20 世纪 90 年代，韩礼德撰写了系列论文，提出要建立基于语言的学习理论，论述教育语言学的学科理论。

由此可见，要了解教育语言学的建立和发展，必然要先去了解系统功能语言学的理论发展过程。顺便指出，在对"悉尼学派"的理解上有狭义和广义之别，在由英国学者倡导的卡迪夫学派心目中，"悉尼学派"应当包括韩礼德、韩茹凯等人自 20 世纪 70 年代中期开始的研究活动。

教育语言学的研究和发展不仅限于系统功能语言学。例如，赖良涛老师在信件中曾和我谈到伯恩斯坦及其传承人 Karl Maton 的教育社会学的工作，他们通过教育话语分析来研究语言在社会知识建构、社会文化传承、个人社会化发展等方面发挥的关键作用。在美国，Dell Hymes 早在 20 世纪 60 年代就已从民族志视角来研究教育中的语言问题，涉及教学语言的选择、少数族裔语言在教育中的地位问题，以及国家语言规划和政策，并在 20 世纪 70 年代提出建立教育语言学，开创了以宾夕法尼亚大学为基地的社会语言学视角的教育语言学流派，随后该学派被 Nancy Hornberger 等学者发扬光大。认知科学与心理学等学科十分关注语言在人类认知和心理活动中发挥的重要作用，由于发展儿童的认知能力、促进其心理健康发展也是教育的重要内容，因而从儿童个体认知心理发展的角度来看，语言也是教育研究的重要切入点。本卷第二部分的不少论文反映了这个现实，如有的论文采用了构式语法或修辞学的理论。如果今后能发动和组织汉语界的学者研究和写稿，必定会为《教育语言学研究》增色不少，也有助于教育语言学在我国地位的确立。

在讨论第一部分时，我曾赞同"回头看"，通过重温系统功能语言学的发展来了解悉尼学派的教育语言学的发展过程，以看清其发展全貌。如今在讨论第二部分时，我却要提出"向前看"，考虑如何使理论适应当前和未来的需要。我认为，韩礼德看到了这一点，看到了语言学界各种理论和流派的客观存在，即使系统功能语言学内部也存在不同理论和流派。为此，在 21 世纪初，他提出了"适用语言学"的观点，不论是哪一种理论、哪一个学派，都要考虑该理论的合理性、清晰性及其实践意义，如何从众多理论和方法中进行精准选择，选择时是否具有社会依据，以及是否考虑到与时代共存的技术发展，如多模态研究。从这个视角出发，教育语言学的建立，在宏观上有助于通过教育话语分析来揭示社会知识文化的产生、再语境化和传承机制，也为研究国家具体的语言规划和语言政策，为促进汉语、少数民族语言、外语等双语多语教育提供依据。从语言学视角对各学科知识建构规律和学科话语进行研究，可以促进知识的创造和传播研究，为促进我国的科学研究和科学教育提供启示；对国际学术话语体系的研究，还可以为我国学术话语权的建设提供有益的理论基础和应对策略。

所有这些都表明，在我国，教育语言学的建立正当其时！我为理明先生和他的同事所做的一切努力点赞！

# 不忘初心，改革开放

## ——高等教育改革四十周年有感 [1]

中国高等教育改革已四十年。我发现国内外的评价不尽相同。国内学者有时传出负面的意见，认为我国高校水平，从校长到教授，不如 20 世纪 30 年代的国内某些大学，甚至教会学校。实际情况是，中国高校在世界大学的排名逐年提升。除清华北大外，更多学校进入优秀行列。国际学生日益增多也可佐证。我个人倾向于后者。我认为传承与创新是对立的统一。如果光有传承，没有创新，那是停滞不前；创新中可能出现这样那样的问题，我们应该积极商议如何解决，如何改进，而不是轻易否定，走老路。

对于 1977 年我国恢复高考，大家都是肯定的，认为这吹响了改革的号角。我总觉得，教育部当时的一个非常重要的战略措施被忽略了，即改革开放的另一面，那就是教育部决定自 1978 年起派遣中青年教师出国进修深造。正是这一批又一批的教师学习并带回了国外高校许多学科的崭新教学内容、教学方法和科研方向，弥补了中国高校与国外高校的教学和科研的差距。虽然每年出国的教师人数有限，影响却非常大。

除恢复本科招生外，高校教育改革的另一个重大措施是开始招收硕士生和博士生，并授予相应学位。就我所知，新中国成立前，国内只有少数学校，如北大、清华、岭南大学等招收过研究生，但无学位；新中国成立后，北京大学曾招收过副博士研究生，后来受到运动的冲击，有始无终。显然，建立学位制度是把我国高等教育与欧美高等教育拉齐的一个重要举措。目前，我国国内许多高校以招聘具有博士

---

1　胡壮麟. 不忘初心，改革开放——高等教育改革四十周年有感 [J]. 当代外语研究，2018(3):1.

学位者为师资来源。这不是说，没有博士学位者一定不够水平，这一倾向终究反映了教师队伍的总体水平。还应该看到，我国不少中学具有硕士和博士学位的教师数量已大大增加。

就外语语言文学专业而言，根据国家需要，一般分为语言和文学两个方向。语言方向的课程比较简单，听说读写，这与中专或大专的外语学校的课程设置无大差异。因此，改革开放初期，许多大学教授擅长各种文学课程的开设，对语言方向学生的培养和课程开设束手无策。如果从硕士生和博士生培养的视角来看，情况更为困难。由于改革开放，20 世纪 80 年代后在外语语言文学学科中，引入语言学和应用语言学的教学内容较为圆满地解决了高层次人才培养的问题，即使在本科生教学中，我们已看到许多学校开设了语音学、语法学、语义学、文体学、语篇分析、报刊选读、英语史、外语教学法等课程。尽管国内仍有一些学者持不同意见，这一趋势不容改变。

在较长时期内，俄语、英语、法语、德语是通用语种，受到重视。随着改革开放的深入，特别是我国实行"一带一路"的重大决策，日语、朝韩语、蒙语、泰语、缅甸语、印地语等非通用语种的教学也受到重视，并且积累了丰富经验。我更关切的是非通用语种也重视对学生进行有关国家的政治、历史、地理、社会、文化等知识的传授。这就是说，外语教育不能为外语而外语，外语教育应当与国家需要和日后工作相结合。这使我想起 20 世纪 90 年代教育部高教司准备实行的一个重大决策，将"外国语言文学专业"易名为"外国语言文化专业"。虽然事后只有北京、上海的外国语学院将英语校名改为"Foreign Studies University"，许多学校按兵不动，但我至今认为教育部当时的考虑无可非议。

改革开放的最近 10 年，给我带来了一个等待了 50 多年的喜讯。我 1950 年考入清华大学外文系后，系主任吴达元先生找新生谈话，明确地告诉我们，根据国家需要，我们这批新生是作为翻译人才培养的。不料，1952 年高校院系调整后，外语语言文学专业下有两个方向：文学和语言，唯独没有翻译。甚至在改革开放后，不论是本科生或研究生，都不提翻译方向，以致闻名中外的翻译前辈许渊冲先生不能招研究生，不能当导师。直到 21 世纪初，教育部认识到翻译人才培养的重要性，决心设置这个专业。事实证明，翻译专业有其理论基础，更有待我们进一步深入和开发。

不论今后称为"外语语言文学专业"或"外语语言文化专业"，从大数据来看，在我国大学架构下设置"外国语学院"的高校远远多于"外文学院"。在学术上，我认为至少应有两个学科指导，即"外国文学"和"语言学和应用语言学"。在这个专业下，可设 4 个方向：语言、文学、翻译、文化，由各校根据自己的培养目标和教师力量自行选择决定。

# 语言学与中国外语教学
# 四十年 [1]

## 1. 我国外语教学的演变

我国的外语教学在新中国成立前，以文学为主，在教学方法上强调"文学道路"，有关各系称为"外文系""英文系""俄文系"等。1952 年院系调整后，教育部学习苏联高校，对本科生设置了"外语语言文学专业"，侧重"语言"，有关各系改称为"外语系""英语系""俄语系"等。对外语专业的本科生，具体开设听说读写，以及语法、语音、翻译、报刊选读等课程。这些课程在理论上并没有提升到当今语言学中的"语法学""语音学""翻译学""语篇学"等学科高度。许国璋、李赋宁等前辈学者曾在 20 世纪 50 年代写过有关索绪尔和英语语言史一类文章，但在当时的情况下，未能影响我国外语教学的基本格局。

## 2. 改革开放催生了引领外语教学的语言学

1978 年开始的改革开放对我国的外语教学产生了巨大影响。

"改革开放"的第一个战略意义是"改革"。从高校来说，这表现在做出了在高校中招收硕士生和博士生的重大决策。就我所知，新中国成立前个别有条件的名校招收过研究生，但没有实行学位制。20 世纪 50 年代仿效过苏联的"副博士研究

1　胡壮麟. 语言学与中国外语教学四十年 [J]. 外语教学与研究，2018(6): 803–805.

生"，影响不大。因此，如何为硕士生、博士生开设专业课程，被提上了日程。

"改革开放"的第二个战略意义是"开放"，奉行"请进来，派出去"的政策。在"请进来"方面，1977年教育部邀请英国专家利奇（Leech）教授和纳特尔（Nuttal）女士来华讲学，在北京、南京、上海等地分别办了讲习班，每地长达一个月。最初我们希望利奇教授谈谈有关英语语法的最新进展，利奇教授则一再强调要了解英语语法，必须先了解当代语言学理论，不然老师难以清楚地讲解英语语法变化的内容、形式和意义，学生难以正确地理解英语语法的变迁。后来搞清楚了，这个讲习班实际上是利奇教授讲解他专注研究的交际语法，即交际语言学。纳特尔女士则讲解她如何将交际语法理论应用于外语教学、提高教学效果。我国英语界在20世纪80年代末制订的几个教学大纲，不论是英语专业的，还是大学英语、高职高专、中小学英语的，基本上都推行了交际教学法，这最能说明语言学对外语教学的指导意义。在"派出去"方面，1978年起教育部在全国进行中青年英语教师出国进修选拔考试。此后扩展到更多外语语种，公派与自行出国结合，这样为我国造就了一大批高水平的英语和其他外语语种教师。

## 3. 外语界前辈们的表率和支持

语言学在外语教学中受到重视除上述政策因素外，与1980年前后许多外语界前辈的积极支持有关。如当年北京外国语学院许国璋先生除本人发表国外语言学研究的文章外，还鼓励他人研究。当北京语言学院讲师方立在1978年首先发表有关乔姆斯基转换生成语言学的文章之后，许先生亲自造访，了解情况，鼓励方立坚持研究，使外语界认识到当代语言学理论的重要性。广州外语学院桂诗春先生1980年在广外组织召开了第一次全国性的应用语言学会议，提高了外语教师对语言学理论的实用意义特别是对外语教学指导作用的认识。中山大学王宗炎先生于1980年和1981年在《国外语言学》先后发表了《伦敦学派奠基人弗斯的语言理论》和《评哈利迪的现代汉语语法范畴》的高水平语言学论文。即使像主攻文学的北外王佐良先生也积极提倡文体学教学，将语言学理论应用于文学语篇分析。

## 4. 语言学师资队伍的形成

语言学在外语教学中能发挥引领作用的再一个原因，在于一代中青年师资的成长。就北大而言，姜望琪是我国改革开放后第一个在英国拿到硕士学位并于1980年返校、开设"普通语言学"等课程的老师；祝畹瑾老师开设了"社会语言学"等课程；我本人从1981年秋开始给79级本科生开设"英语语言学"，之后逐年给研究生开设的课程有"系统功能语法""英语教学法""语言学理论和流派""语言测试"等。

以上是北大的情况。应该说，国内许多高校均有一支强大的语言学师资队伍，开设了多种语言学课程。

## 5. 语言学对外语教学的引领作用

语言学之所以在外语教学中起到引领作用，除了国家建设需要大量外语人才、翻译人才这个政策要求外，语言学本身的理论和应用最能说明问题。如我国有关国外语言学理论的主流课程，都要求在经典理论和当前主流分析框架的基础上介绍语言本体，以及外语与文学、社会、文化、心理等的关系；有关国外语言学研究方法的课程，则重视语言文字应用领域的立体多维研究（动态的和静态的），语言研究与社会语言研究的点面结合，外语测试、外语政策、外语生态、外语服务的理论与实践等。这些都能说明语言学在具体教学中，最能应对国家建设和国家政策的需要，体现了现代意义上外语教学任务的战略性、全面性、尖端性和复杂性。

## 6. 几点感想

作为北京大学曾经的语言学教师，我就如何进一步发挥语言学在外语教学中的引领作用的一些具体问题发表一些自己的看法。(1) 对英语专业语言方向本科生的培养应当不同于纯语言学专业对本科生的培养。开设课程的类型应具有各自的针对性。(2) 对"外语语言文学专业"，我们既应看到"语言"和"文学"两者之"分"，也应看到两者之"合"。具体地说，语言学所研究的语言必然包括文学语言，例如李荣启 2005 年在《文学语言学》一书中系统梳理了文学语言观念的演进，探讨了文学语言的功能地位、性质特征、文本结构、类型与风格，剖析了文学语言的接受问题，强调了文学语言的形式美。反之，西方文论中的结构主义文论的主要观点得益于语言学理论中的结构主义转向，如结构有整体性、转换功能和自我调节功能等。(3) 就外语专业语言方向的学生而言，对本科生开设的语言学课程和对硕士生、博士生开设的课程，应有区别。前者要求有关课程有助于学生外语知识和运用水平的提高，后者更着重于培养硕士生、博士生的学科知识和科研创新能力。(4) 冷静处理当前语言学研究中汉语和外语"两张皮"的问题。按理说，"语言"这个概念理应包括"汉语"和"外语"，但就外语语言文学专业的对象和任务来说，我认为在外语教学中，应该发挥自己的特色和优势，侧重外国语言学理论和应用语言学，把外语作为研究分析对象。对翻译方向的研究生，则可增设对比语言学和比较语言学一类的课程。

# 多元文明交融下的国家语言战略 [1]

## 1. 引言

12 年前，我有幸应邀参加过"北京论坛"。语言分论坛的主题为"多元文明冲突与对话中的语言认同和流变"。当时我对论坛宗旨认识不足，仅就多元智能做了介绍。好在会议期间我接受了北大新闻网记者郭彪的访谈，阐述了如下观点：对外语人才进行语言、人际交流和电脑操作技能的多元智能的培养是必要的和迫切的；日本有自己的语言策略，重视翻译，及时把国外最前沿的技术和经验介绍到日本国内，中国则强调外语能力在听说读写方面的全面培养；国外学习汉语的人数正在增加；对外汉语结合中国文化进行教育很好，但国家没有必要强制规定；一国语言在国际上的地位和受众程度与经济、政治等方面的实力密切相关，目前汉语还不能取代英语作为世界语的地位，但这不能否定在和中国相关的领域，汉语会变得非常重要。我相信随着当代中国的崛起，海外懂汉语者一定会越来越多（郭彪，2007）。

如今北京大学计划在 2019 年 11 月份召开的"北京论坛"的主题为"文明的和谐与共同繁荣——变化世界与人的未来"。我被邀请参加"多元文明"板块下的第二分论坛，其主题为"多元文明交融下的语言、文化与认同"。乍看起来，主题变化不大，但时代背景发生了根本性改变，那时突出的是"冲突"，今天的会议是在

---

1 胡壮麟. 多元文明交融下的国家语言战略［J］. 中国外语，2019(5): 4–13.
本文是北京大学 2019 年 11 月召开的"北京论坛"的发言稿，论坛主题为"文明的和谐与共同繁荣——变化世界与人的未来"。语言是文明、文化、认同的核心因素，许多国家都在制定多元文明交融下的国家语言策略。本文就国际化外语、国际化汉语，以及多模态化、超文本化、智能化进行讨论。

推进"人类命运共同体"和"一带一路"倡议的背景下进行的。国内已有不少专家学者从不同视角对国家语言战略进行认真讨论。感谢本次会议组织者给我机会汇报自己学习后的初步认识，内容聚焦在语言，特别是国际化外语和国际化汉语。

## 2. 语言是文明、文化、认同的核心因素

在讨论多元文明交融下的国家语言战略之前，首先要搞清楚语言与文明、文化、认同之间究竟有何关系？起多大作用？我梳理后的答案如下。

文明是使人类脱离野蛮状态的所有社会行为和自然行为构成的集合，这些集合至少包括了以下要素：家族观念、工具、语言、文字、信仰、宗教观念、法律、城邦和国家，等等（百度，2019）。由此可见，语言（包括文字）是构成文明的一个要素，而且是起到核心作用的要素。如果说，劳动创造了人，语言则是和劳动一起使人成为人的最重要的力量。语言的出现比工具的出现和进化更具革命性的意义。它意味着具有语言的人方能人猿揖别，从原始走向文明（刘梦星，2007）。

文化是相对于政治、经济而言的人类全部精神活动及其活动产品。它包括两个部分，即意识形态部分（人生观、世界观、价值观等）和非意识形态部分（语言、自然科学、文字、技术等）。需要说明的是，语言虽然列入非意识形态部分，但文化的意识形态部分如果没有语言便难以表述、展开和传承。文化的发展会带动语言的发展，语言的发展也会促进文化的进步（常甜，2019）。著名学者罗常培（2011）的《语言与文化》一书对两者关系做过深入探讨。全书 8 章，除"引言"和"结束语"外，其余 6 章的内容都在说明语言和文化的紧密关系，如从语词的语源和变迁看过去文化的遗迹（第 2 章），从造词心理看民族的文化程度（第 3 章），从借字看文化的接触（第 4 章），从地名看民族迁徙的踪迹（第 5 章），从姓氏和别号看民族来源和宗教信仰（第 6 章），从亲属称谓看婚姻制度（第 7 章）。这些都说明语言和文化若即若离、难分难离的关系。

本次分论坛的主题之一是语言和认同。认同的概念本身有不同含义，可以指"认为跟自己有共同之处而感到亲切"，也可以指"承认、认可"。前者强调感情上的"共同之处"，后者强调社会或权力机构的"认可"。就与本文主题相关的"语言认同"而言，学界也有多种看法，有的着眼于语言的认同功能；有的着眼于认同过

程，有的着眼于认同结果；有的着眼于文化传承中语言身份的纠结，有的着眼于语言忠诚和文化安全。总的来说，语言认同是文化认同的核心部分。从语言传播的角度来看，语言认同包括语言习得认同、语言价值认同和语言传播模式认同（韩晓明，2013）。

所有这些都表明，语言在文明、文化、认同中是重要的核心因素。不过，本次会议与 12 年前的活动有所不同。它不是一次泛泛的讨论，它需要我们从国家语言战略的层面深入讨论。

## 3. 多元文明与国家语言战略

2013 年习近平主席提出的"一带一路"倡议，不仅仅是一个推动国际经济贸易的举措，它必然涉及不同民族、不同国家、不同文明的接触和交流，它是构建"人类命运共同体"远大理想的一个重要组成部分。统计数据表明，全球共有 6 700 至 10 000 种语言，其中至少 40% 的语言被联合国教科文组织划定为濒危语言（龙军、禹爱华，2018）。具体到"一带一路"，沿线有 65 个国家和 53 种官方语言，是全球语言多样性最为丰富、文化差异性最为突出的地区（梁昊光、张耀军，2018）。这样，语言不仅是"一带一路"经贸投资合作的工具，也是多元文明交流互鉴的重要桥梁和纽带。

就"一带一路"倡议而言，其内容可以归结为硬件建设和软件建设两部分。硬件建设是指跨国间基础设施的建设与维护、经济贸易的合作与发展，软件建设是指各国间语言、文化、宗教、教育制度、法律等的相互了解、理解、遵守与应用。硬件发展是物质建设，软件发展属精神建设（张治国，2016）。需要注意的是硬件建设进行时需要语言的沟通。

就全球范围的多元文明而言，不同语言的接触和沟通，或"对话"，可区分为 5 种方式，即不同民族间的对话、贸易和商业层面的对话、外交和国家层面的对话、不同宗教信仰和文化习俗的对话，以至当社会、经济、政治、文化的矛盾不可调和时导致的"丛林法则"——通过战争进行强迫性的对话（张三夕，2012）。上述 5 种对话方式可进一步分为建设性及非建设性或破坏性两大类。民族、贸易和外交的对话基本上是建设性的对话；宗教对话有建设性的一面，也有非建设性的一面；战争则基本上属于破坏性对话。今天，为了推动世界多元文明的交融和发展，我们关心的是建设性对话，以便最大程度地维护文明之间的平等交往，抑制文明间的冲突。积极进行建设性对话，就是不同文明之间最大的文化尊重。

没有语言，不同民族之间的对话会出现这样那样的困难。例如，2015 年 5 月 14 日印度总理莫迪参观我国西安大兴善寺留言，书写时用的是他家乡的古吉拉特语（Gujarati，印度宪法规定的官方语言之一），我国在场者无人能看懂。后经一位印度留华学生托人把该留言译成印地语，然后把印地语译成英语，最后才由英语译为汉语。不难发现，莫迪当时完全可用英语或印地语留言，但他考虑的不是现场的沟通，而是具有深远的意图，他利用参观大兴善寺的机会宣传和捍卫他家乡的古吉拉特语。事实也表明，我国对印度语言的研究和教育，过去的确限于英语和印地语，懂得印度本地强势语言的外语人才罕见（张治国，2016）。

正因为如此，不论是推动"一带一路"建设，还是构建"人类命运共同体"，我们国家的语言战略规划，在维护国际话语权上一方面要维护汉语的国际地位和话语权，一方面要尊重其他民族和国家的语言。

就现有材料看，美国一直在积极倡导英语作为"世界语言"进入各国教育体系，影响各国语言、文化发展，形成"语言霸权"。"9·11"事件后，美国陆续出台《国家外语能力行动倡议》《国防语言转型路线图》《语言与区域知识发展计划》《国家安全语言计划》《国防部语言技能、区域知识和文化能力战略规划（2011—2016）》等多项语言政策规划和举措。俄罗斯国防部负责确定国防领域关键外语语种，在高校储备的外语资源多达 145 种，涉及覆盖世界多国和地区的 9 大语系及其下属语种。法语的全球推广，为法国文化发挥超出其国力的影响立下了汗马功劳。英国出台的"国家语言战略"则为维持昔日的"日不落帝国"提供助力（梁昊光、张耀军，2018）。

就我们国家来说，对语言战略问题的讨论和研究已提上日程。

2018 年 9 月在湖南长沙召开了首届世界语言资源保护大会，这是联合国"2019 土著语言国际年"的一个重要活动，参加人员有来自 40 多个国家和地区相关领域的官员、专家学者。联合国教科文组织助理总干事穆兹·查楚克在大会开幕式致辞中说，语言的使用，决定了社会的发展和进步。联合国教科文组织致力于保护语言资源，促进语言多样性，近年来通过搭建世界语言资源保护在线平台、开展国际本土语言年活动等举措，帮助世界各国提升语言资源保护意识、关注语言消亡加剧等现实问题。大会最后通过并发表了《岳麓宣言（草案）》，呼吁更多国家和地区关注此问题（龙军、禹爱华，2018）。

"一带一路"建设要实现政策沟通、设施联通、贸易畅通、资金融通、民心相通。显然，这"五通"，都需要语言铺路。语言互通是实施"五通"的基础（李宇明，2015；陆俭明，2016）。陆俭明（2016）进一步指出，要让语言为"一带一路"建设铺路搭桥，便要求增强语言意识，要有一定的规划和管理机构，要立即着手制订"一带一路"总体的语言规划和顶层设计，要加快培养语言人才，包括培养通晓沿线沿路国家语言的语言人才和为沿线沿路国家培养精通汉语的人才。

如果说陆俭明是从学术角度发表专家意见，那么我国在 2019 年召开的两会中，很多参会代表提出的建议，都是"针对'一带一路'国家的需求培养一批专门化人才，同时培养一批具有国际视野，了解'一带一路'共建国家文化、经济等各个方面，掌握多门外语的综合型、外向型人才，促进软实力建设"（张锦，2019）。

以下各节进一步就国际化外语，国际化汉语和多模态化、超文本化、智能化三个方面进一步介绍。


## 4. 国际化外语

从国际化外语人才及其培养来看，我国目前还面临较多问题，如：(1) 外语语种缺乏，与小语种国家交流困难。我国高校招生的外语语种近年来才有 20 多种，并且主要以英语、日语、法语、德语为主，缺乏对东南亚、中亚等小语种国家非通用语人才的培养。(2) 外语人才的培养与实际运用脱离，口语的运用能力和与国外人员交流沟通的能力很弱。(3) 国家和高校对外语人才培养的密度和强度不够。为此，我国高等院校应根据"一带一路"倡议的要求，建立多元化的外语教学新模式和评价体系，完善课程体系，完善配套资源，加强师资力量培养，完善外语教师队伍，不断提高学术和科研水平，积极承担起为国家培养国际化外语人才的重任。这类人才应具有如下素质：(1) 优良、坚定的政治素养；(2) 跨文化和跨学科的综合能力；(3) 创新意识和思辨意识（张锦，2019）。

令人欣喜的是，2019 年 8 月 2 日，北京大学外国语学院就"北京大学外国语言文学学科'双一流'建设"召开了中期评审会。我应邀参加此会并从《北京大学外国语言文学学科建设方案》中获悉外国语学院现拥有英语、俄语、法语、德语、西班牙语、葡萄牙语、日语、阿拉伯语、蒙古语、朝鲜语、越南语、泰国语、缅甸语、印尼语、菲律宾语、印地语、梵巴语、乌尔都语、波斯语、希伯来语等 20 个本科语种专业。除招生语种外，还拥有近 30 种外语（包括古代语言和现代语言）及跨境语言资源可用于教学和科研，如马来语、孟加拉语、土耳其语、豪萨语、斯瓦希里语、伊博语、阿姆哈拉语、乌克兰语、亚美尼亚语、格鲁吉亚语等现代语言；拉丁语、阿卡德语、阿拉米语、古冰岛语、古叙利亚语、中古波斯语（巴列维语）、苏美尔语、赫梯语、吐火罗语、于阗语、古俄语等古代语言；藏语、蒙语、满语等少数民族及跨境语言。在培养目标上，除夯实语言文学领域优势教学和研究传统外，还要加强学科内部各专业之间的交叉和融合；加强本学科与历史学、政治学、国际关系研究、经济学、社会学、人类学、哲学、宗教学和教育学等学科的交流与合作；加大对重要国家和地区的研究力度，重点开展"中东研究""南亚研究"和"东南亚研究"；优化科研队伍结构，加大科研扶持力度，培育一批有国际影响力的中青年学者，产出一批达到国际前沿水平的高质量研究成果。优化人才培养方案，加大培养专业基本功扎实、学术视野开阔的研究型人才的力度；积极提升学科建设的社会服务意识；等等（北京大学外国语学院，2017）。

## 5. 国际化汉语

为了实现"一带一路"建设的"五通"，我国语言规划除了加强国际化外语人才培养外，也要推动国际化汉语的各项工作。历史和现实都表明，语言的强弱除经济和文化因素外，与国家的盛衰息息相关。国家的发展会带来语言的推广，语言的推广反过来又会促进国家的发展。因此，推动汉语国际化是提高我国国家软实力的重要手段。我国在"一带一路"建设中加强语言规划，一项重要内容就是加强汉语的国际推广，推动汉语国际化与海外华裔汉语传承。在推动汉语国际化方面，应考虑汉语国别化教学、汉语教师本土化培养、汉语及中华文化与其他国家语言和文化的融合等。在海外华裔汉语传承方面，我们不仅仅是为了保持汉语在华裔族群中代代传播，更重要的是传承汉语承载的民族特性和文化传统。这是帮助华裔后代解决语言认同、民族认同的关键（闫莉，2017）。

汉语是联合国的官方语言之一，但由于种种原因，汉语在国外并未受到充分重视或认同。尽管如此，考虑到中国是世界人口第一大国并具有历史悠久的中华文明，一些国家的语言政策中还是重视对汉语的调查和研究的。例如，美国政府语言政策中对汉语的概念包括普通话、吴越语、台山话、广东话、闽南语等。在此基础上，美国已接受简体汉字和标准普通话为正规教学内容。居住在美国本土的在国外出生能讲汉语的移民人数日益增加，如 1960 年为 89 609 人，至 2010 年已达 2 808 692 人。美国的汉语教育主要由美国教育委员会和美国外语教育委员会掌管。根据美国教育委员会 2017 年 7 月 1 日的调查报告，汉语在美国中小学的语言教学类型中已是第 4 大语言，人数还在继续增加。美国外语教育委员会则报道，美国有 4 000 所中小学开设不同类型的中文课。开设课程有选修、高级预备课程、小学中的双语教学等，由各学校自行决定。此外，全国有 500 所民办中文学校，学生 20 000 多名。最大的学校是 1995 年开设的华夏中文学校，母语为汉语的老师是主要力量。至 2016 年底，美国已有 110 所孔子学院，在世界各国位居第一，其师资力量不少是我国汉办派遣的志愿者。在我国汉办协助下，2008 年芝加哥 20 名公立高中学生来到我国华东师范大学访学 6 周。美国前总统奥巴马曾决定派遣 1 万名学生访学中国。全美汉语大会已成功举办了 10 届。（胡壮麟，2018）

在推广汉语国际化时，我认为有两个问题值得注意。

第一个问题是如何正确理解汉语的纯洁性。我曾经看到过一些文章，批判汉语中出现外来词和句法的倾向。其实，不同文化和语言的接触，必然会相互影响，互通有无。例如，在汉语中细心一看，便会发现葡萄、苜蓿（大宛语），琉璃（梵语），狮子、阿訇（古波斯语），胭脂、猩猩（匈奴语）、菠菜（尼泊尔语），槟榔（马来语），沙龙（法语），纳粹（德语）原来都是舶来品。至于近代汉语中的吐司、雷达、拷贝、休克、的确良、敌敌畏、幽默、香槟、啤酒、拉力赛则来自英语。貌似汉语的有些词语却来自日语，如哲学、科学、企业、历史、政党、意识、积极、调整、原子、分子等（一得，1995）。很难想象，当代中国人如果不懂"1、2、3、4、5、6、7、8、9、0"等阿拉伯数字，如何记录数字和学习数学？不懂"X 光""B 超"，如何体检？不懂 APP、QQ，如何玩手机？因此，今天华为创始人任正非在所有场合使用"5G"而不是"5 代"有何不可？当然，政府和专家们可以定期讨论外来词语的取舍。同样，当代英语中也有不少词源自汉语，如 buk choy（小白菜）、bonsai（盆栽）、chop suey（杂碎）、chow mien（炒面）、dim sum（点心）、judo（柔道）、

kowtow（叩头）、kumquat（金橘）、Yin Yang（阴阳）等（张勇先，2014）。

第二个问题是如何向其他民族的人民科学地传授汉语。众所周知，世界上有多种文明，唯中华文明数千年经久不衰，这得益于汉语的特色表现在力求形、音、义一致。当然它也使其他民族，特别是完全依赖音节构词的民族，在学习汉语时感到困难。但他们更感到困难的是汉语的学习方式。国内传统的教学方法比较强调背诵，"熟读唐诗三百首，不会作诗也会吟"。在这种情况下，从事汉语国际化的教师最好熟悉一下当代先进的语言教学法，尽可能在教学方法上有所改进，提高教学效果。

## 6. 多模态化、超文本化、智能化

不论是外语，还是汉语，我们必须从当前所处的信息化时代和科技化时代去观察 21 世纪多元文化中语言的新面貌、新功能。本节重点放在多模态化、超文本化和智能化三个方面。

人类对客观世界的观察和族群之间的交流严格地说依赖的是符号，通过动作、语音、图像，以至文字表达意义。尽管我们的祖先通过"载歌载舞""诗中有画，画中有诗"等语句早已表述符号多元化或多模态化的概念，但随着信息化技术和电子化技术的发展，人类对各种符号和模态的使用达到了过去时代难以想象的水平。以计算机为例，程序设计者充分使用了符号学的"图像""标志"和"语符"等概念，从而推动了计算机在世界范围内的应用和普及。例如微软发展的 Windows 软件，鼠标点在"打印机"状的图标上，便开启了打印程序；点在"剪刀"状的图标上，便可删除已存储的词语或段落；点在"软盘"状的图标上，意味着文件的储存。右上角左边的"-"示意临时退出，最右边的"x"示意退出，中间重叠的"页面"示意页面缩小或放大（胡壮麟，1999）。由此发展起来的"计算符号学"（computational semiotics）可比喻为人机对话（胡壮麟，1999，2002）。进入 21 世纪，这些概念又延伸至手机、平板电脑等。我们可以说，多数人已把计算机看作查阅信息和写文章的工具，以及材料储存室。为此，今天我们必须从多元符号学和多模态学的视角讨论语言、学习语言。

1965 年，Ted Nelson 创用"超文本"（hypertext）一词，指一种在互动的屏幕上阅读的"无序的写作"。它包括 3 个内容:(1) 一种电子文本的形式;(2) 一种崭新的信息技术;(3) 一种灵活的出版形式 (Nelson, 1990)。后来实现超文本思想的是英国人 Tim Berners-Lee。他 1989 年在互联网上开创了"万维网"(World Wide Web, WWW)。万维网可以将信息链接到世界上任一台计算机。这样,人类文化从口述文化、手稿文化、印刷文化、电子文化,最后进入超文本文化。采用超文本电子技术形成的语篇具有如下特征:(1) 没有起点与终点的流动性;(2) 不分读者与作者的融合性;(3) 没有中心与边缘的无中心论;(4) 在政治和伦理决策中的协作性和民主性;(5) 口述与读写并重的灵活性;(6) 空间扩展导致的开放性 (胡壮麟,2004)。正是超文本语篇的兴起,改变了课堂教学中教师讲、学生听和记笔记的传统形式。外语教师或对外汉语教师可以在屏幕上演示幻灯片 (PowerPoint) 讲稿。文字、图像、语音融合的多模态形式均可按需体现。换句话说,不论是一次实时的发言还是演说的记录,一段印刷的材料还是手抄本,一份图表还是一幅图画,一种肢体语言还是一个动作,它们都包含意义,传送意义。每种模态都是符号的体现方式,都对意义的创建起到作用 (Williamson, 2003)。

最后,有必要谈一下外语教学中的智能化。1983 年,美国发展心理学家加德纳 (Howard Gardner) 提出了"多元智能"(multiple intelligences) 理论,其中谈到语言智能,其主要特征为善于记忆口语和书面语的信息,好阅读和写作,长于辩论和劝说,能清晰地解释事物。正是由于这个原因,语言智能研究和应用近年来在我国大学、高职高专和基础阶段从事外语教学的教师中受到重视,被广泛应用于教学实践。特别是近一两年国家语委成立了中国语言智能研究中心,中国人工智能学会成立了语言智能专业委员会。许多高校也纷纷成立了有关语言智能的研究单位,北京语言大学还召开了"语言智能论坛"。我认为在肯定语言智能的基础上,教师、学生可以视不同情况,结合其他智能,将取得更多更好的教学效果 (胡壮麟,2019a)。例如,逻辑数理智能有助于掌握语法和人工智能,视觉空间智能、身体运动智能有助于结合情景学习和实际使用,音乐音韵智能有助于提高听说能力,人际交往智能有助于人际沟通,内省—自我认知智能有助于思考分析外语学习和使用中的问题,自然—观察智能有助于外语学习使用和客观世界的结合,等等 (胡壮麟,2019b)。

# 参考文献

［1］ Gardner, H. *Frames of Mind: The Theory of Multiple Intelligences*［M］. NewYork: BasicBooks, 1983.

［2］ Lai, H. Mark. *Becoming Chinese American: A History of Communities and Institutions*［M］. Walnut Creet: AltaMira Press, 2004.

［3］ Nelsen, T. *Literary Machines*［M］. California: Mindful Press, 1990.

［4］ Williamson, B. What are multimodality, multisemiotics and multiliteracies?［R］. NESTA, 2003.

［5］ 百度. 文明［OL］. 百度百科, 2019-6-14.

［6］ 北京大学外国语学院. 北京大学外国语言文学学科建设方案［Z］. 2017.

［7］ 常甜. 探析语言与文化的相互影响［J］. 农家参谋, 2019(2).

［8］ 郭彪. 胡壮麟：语言的生命力在于交流［OL］. 中国教育和科研计算机网, 2007-11-3.

［9］ 韩晓明. 语言认同与汉语国际传播［J］. 汉语国际传播研究, 2013(2).

［10］ 胡壮麟. 科学理论新发现和语言学新思维［J］. 外语教学与研究, 1999(4).

［11］ 胡壮麟. 计算符号学［J］. 外语与外语教学, 2002(9).

［12］ 胡壮麟. 超文本小说——一种基于电子技术的新文学体裁［J］. 外国语言文学研究, 2004(2).

［13］ 胡壮麟. From literacy to multiliteracies［A］. 语言·符号·教育［C］. 北京：商务印书馆, 2015.

［14］ 胡壮麟. 美国新世纪的语言规划和语言政策［J］. 浙江外国语学院学报, 2018(2).

［15］ 胡壮麟. 外语教育要为国家战略服务［J］. 语言战略研究, 2019a(4).

［16］ 胡壮麟. 从语言视角看智能多元化及其融合［J］. 外国语言文学, 2019b(2).

［17］ 李宇明. "一带一路"需要语言铺路［N］. 人民日报, 2015-9-25.

［18］ 梁昊光, 张耀军. "一带一路"语言战略规划与政策实践［J］. 人民论坛·学术前沿, 2018(10).

［19］ 刘梦星. 论语言在人类走向文明中的作用［J］. 高教论坛, 2007(1).

［20］ 龙军, 禹爱华. 保护语言多样性 构建人类命运共同体——首届世界语言资源保护大会侧记［N］. 光明日报, 2018-9-21.

［21］ 陆俭明. "一带一路"建设需要语言铺路搭桥［J］. 文化软实力研究, 2016(2).

［22］ 罗常培. 语言与文化［M］. 北京：北京出版社, 2011.

［23］ 闫莉. 实现"五通"需要语言铺路 人民日报新知新觉：在"一带一路"建设中加强我国语言规划［OL］. 人民网 - 人民日报, 2017-10-26.

［24］ 一得. 汉语中的外来词［J］. 咬文嚼字, 1995(4): 9-10.

［25］ 张锦. "一带一路"倡议下国际化外语人才培养的教学模式探讨［J］. 中国校外教育, 2019(14).

［26］ 张三夕. 文明的五种对话方式［N］. 光明日报, 2012-1-30.

［27］ 张勇先. 英语发展史［M］. 北京: 外语教学与研究出版社, 2014.

［28］ 张治国. "一带一路"建设中的语言问题［J］. 语言文字应用, 2016(4).

# 语言学跨学科研究
# 与外语教学 [1]

    中国高校外语学科发展联盟于 2018 年正式成立。正如联盟理事会理事长、上海外国语大学李岩松校长在联盟成立大会致辞中所言，为了"应对新时代的挑战，外语学科亟须作出新的变革，要重点研究在中华民族伟大复兴和'双一流'建设背景下学科发展的新机遇和新方向：一是发展不平衡不充分的新矛盾要求外语学科建设更加注重协调和平衡；二是办好人民满意的教育要求外语学科建设更加注重效益和质量；三是建设教育强国要求外语学科建设更加注重内涵和外延"。李校长的小结归纳了在庆祝改革开放四十周年和中华人民共和国成立七十周年前后，外语界许多专家和学者热烈讨论的问题。

    中国高校外语学科发展联盟旨在从不同学科和视角推进我国外语学科改革与发展。语言学跨学科研究委员会的成立有其必要性和及时性，将进一步促进语言学发展。最近几年我在不同场合多次提出，我国外语学科发展需要在广泛讨论的基础上统一思想，求得共识，大步前进。

    首先，我国高校外语学科的建设和发展是照搬西方高校的办学机制和方针，还是发扬中国特色，走自己的道路？我们应该充分认识到，在党和政府领导下，要让外语教育为构建"人类命运共同体"和落实"一带一路"倡议服务。这个认识必须统一。

    其次，正确认识语言学对外语教学的指导作用。人们谈论的"外语学科"传统上也称为"外国语言文学专业"，下分"文学"和"语言"两个方向。可是，人们

---

1　胡壮麟. 语言学跨学科研究与外语教学［J］. 外语界，2020(4): 3-4.

在谈到"文学"方向时，一般认同包括文学理论和文学作品，谈到"语言"方向时，却往往忽视语言学理论的引领作用。希望语言学跨学科研究委员会的成立能够纠正这种带有偏向的错误认识。

再次，从多元智能视角来看，外语教学除了调动和培养外语学习者的"语言智能"外，还能融合培养其他智能，比如逻辑智能、空间智能、运动智能、音乐智能、人际智能、内省智能、自然智能、存在智能等。我不否认外语学习者个体可以突出其中一两个智能，但我更认为，注重多元化智能的外语教学才能培养全面发展的外语人才。

最后，合理运用现代教育技术开展外语教学。随着多媒体、计算机和网络技术的发展，教师已经能够在课堂中运用投影仪、计算机、电子课件等实施教学。教师也能利用网络设备，开设不同种类的课程，比如慕课、微课、云课堂等。外语教学要能合理利用先进技术和设备，突破时空限制，确保新冠肺炎疫情期间等特殊时期教学工作的开展。

# 对外语学科人才培养的若干认识

为庆贺北京大学外国语学院成立 20 周年而召开的"传承·创新·引领"外语学科发展高层论坛共有四个议题：外语学科的价值与学科边界；外语学科的改革与内涵建设；外语学科的人才培养体系创新和中外人文交流与国际学术话语体系建设。我的发言重点放在第三个议题，也在讨论时涉及其他几个议题。

早在 1983 年北京大学为了将英语组从西语系下独立成系，与西语系、东语系、俄语系并行，曾邀请教育部和北京市一些高校的专家进行讨论。当时北京大学曾提出取名"英文系"的方案。讨论时校外专家王佐良和许国璋先生等建议取名"英语系"更妥，因为他们更了解国家对外语人才的总体需求。因此，本次论坛采用了"外语学科"的提法，而不是我们所熟悉的在 1952 年院系调整时提出的"外语语言文学专业"。我认为这是传承了国家和外语界先辈的认识和期待。如果是"外文系"或"外国语言文学专业"，我们对外语人才培养的理解会限定于"文学"和"语言"两个方面或两个方向。如今，"外语学科"的提法虽然少了四个字，但在概念上开阔多了。事实上，需要外语人才的部门和单位很多很多，如外交、军事、外贸、科技、医学、文化、教育、商业、旅游等。特别是习近平总书记提出的"人类命运共同体"和"一带一路"倡议要求我们，对外语人才培养，不能就事论事，而是应该从国家语言战略的高度来认识、讨论和实践。

就"外语语言文学专业"而言，对学生进行"文学"和"语言"的技能培养都是必要的，但也应该认识到它具有一定的局限性。至少 21 世纪初教育部提出的建设"翻译"专业在过去数十年未受到重视，如今许多高校已成立了"翻译学院"。我本人就有这样的经历，1950 年我考入清华大学外文系英语组后，系主任吴达元先生在与新生谈话时就明确告诉我们，学校是根据国家需要，按翻译方向培养我们的。日后的情况的确如此，1954 年毕业后，我先后在总参二部担任过"见习翻译""翻译"、在中国农业科学院担任过"翻译""翻译组组长"等职务（胡壮麟，2019）。

最近，国内又有许多学者提出发展"学科英语""专业英语"等建议，以及更具体的"商业英语""外交英语""科技英语""旅游英语"等。我个人认为这些建议对于一些专科属性的高校问题不大，如对外经贸大学、外交学院、科技大学、医科大学、军事院校等，但对于我国的综合性大学和外国语大学却成了难题。这表现在综合大学的文、理、工科专业种类太多，单靠外语老师难以有针对性地完成此任务。至于各地的外国语大学则基本上没有理工院系的设置，无法培养这类人才。综合性大学和外国语院校的共同点则是这些高校的师资队伍基本上没有既懂外语又懂某个专业的双肩挑老师。我也曾多次提过这样一个实例，北京大学早在改革开放初期就曾撤销过大学英语教研室，把大部分没有学过理工科课程的英语老师分配到其他院系去编写结合各院系教学内容的教材并讲课，困难较多。最后学校教务部在 1983 年又把这些老师调离校内的各个院系，进入新成立的英语系。

我也不否认，在具体培养外语学科人才时，有多种道路。例如，新中国成立前我国高校培养外语人才走的是"文学道路"，通过研读外国文学作品学习外语。最近，我读到黄必康教授的《英语散文史》书稿，作者在前言中谈到各种散文语类"既有传达事实，表述思想和教育的功能，又有文学陶冶和审美的功能"。这个观点，我最能理解，因为我在新中国成立前念的是上海市私立圣芳济中学。这所学校的英语教学不走传统的英语文学道路，而是英语散文道路。我们在高中的英语课本采用美国作家华盛顿·欧文（Washington Irving）的散文集 *The Sketch Book*（《见闻札记》）。1952 年院系调整后我进入北京大学西语系英文专业三年级，为了响应毛主席倡导"三好"的号召，在学好英语方面，我再次认真阅读了欧文的 *The Sketch Book*。学习英语散文作品对英语智能的发展帮助更大，这表现在散文语篇中的词汇都很实用，语篇逻辑性强，结构严密合理，篇幅短小精悍。学习者可以根据自己所从事的工作，选择有关内容阅读，如从事旅游工作的，可多看游记；从事科学类工作的可多看通俗论文；从事政治和新闻类工作的，可多看报刊评论；等等。

在培养外语人才的方法上，也可深入讨论。1952 年院系调整后强调的是"听说读写"四项技能。即使在这样的情况下，我的老师俞大纲先生在采用"活用词教学法"时，要求我们将课文中新学习的英语单词编写成一篇短文，在班上宣读并进行讨论，听说读写全面培养。这实际上是当代"语篇教学法"和"课堂讨论"的雏形。改革开放后，我们又倡导过"交际教学法""语篇教学法""特殊英语教学法""认知教学法""多模态教学法"，等等，应有尽有。可见，一个有经验的外语教师不一定固守一种方法，而是根据外语人才培养的不同任务、不同需求、不同背景、不同条件，以及外语学生中的不同意愿、不同个性、不同问题，选用某个适当的培养方法。

基于上述原因，我有如下具体看法：

第一，从教育部和各高校层面考虑，对外语学科的分专业设置可考虑以下几类："文学""语言""翻译"和"文化"（外语相关国家的文化和国情）。不同高校可以根据各自的目标和条件设置不同的外语专业和分专业，进行分专业高层次人才的培养。

对外语学科人才的培养不宜千篇一律，不必都按同一个教学大纲操作。专业性强的高校可以制订适合自己本校的教学大纲。教育部如果需要全国统一的外语学科教学大纲，那就应该把大纲的标准放低一些，给各校在培养人才特色方面留有余地。我印象最深的是 20 世纪 80 年代，我在外语教学指导委员会任英语组副组长，曾负责制订教学大纲。北大和北外强调在一、二年级以"听说读写"为主，三、四年级可开设各种专业课。但是这个建议被兄弟院校的代表以多数票否决了，他们强调保留"听说读写"四年一贯制。于是北大和北外一方面提出尊重多数院校的决定，一方面希望大纲具有灵活性，允许北大和北外给高年级开设有关专业课程，以满足教学任务和学生的需求。从今天的情况看，许多院校的外语院系已经跟上来了。应该承认，从全国教学大纲多次统测的情况看，北京大学英语系学生从来没有获得第一、二名。作为系主任，我坚持自己的信念。我劝导英语教研室的教师走自己的道路，在保证通过英语专业四、八级水平考试的前提下，坚持培养学生的语言技能和思维分析能力两者并重。

第二，从外语学科学生需求层面，特别是综合大学和外国语大学的学生，应考虑学生的自主性和灵活性。具体说，可以适当增加选修课的学分，让外语学科学生按照自己的兴趣和意愿，选修其他院系开设的课程。这样，外语学生既学了外语，也掌握一定的其他专业知识，有利于日后按自己的志愿选择理想的工作岗位。当然这些课程如能用外语开设，效果更好。尽管我院在学制上已有必修"第二外语"的规定，但是由于学生在小学和初中普遍学习过英语，我认为英语系同学的第二外语水平不如其他语种的第二外语——英语，这是有待解决的问题。

第三，在外语教师的责任层面，除督促教师开设、开好有关外语课程外，应善于观察学生的不同表现并解决教学中的问题。有经验的外语教师都会发现，班上的学生尽管以接近的考分被录取，但各人表现不一，有的能说会道，有的好阅读，有的语法概念强，有的善于写作。这表明尽管他们学的都是外语，但在外语智能上存在差异。对此，外语教师一方面应该肯定和继续发挥学生的外语智能，另一方面应适当引导他们注意逻辑数理智能、空间智能、身体智能、音韵智能、交际智能、内省智能、人工智能等方面的全面培养。这有利于适应日后的工作，并调动自己在工作中的主动性和积极性。

第四，在具体实践上，可强调以下四点：

（1）引导学生选修一定的文科课程，特别是国学和有关外语国家的国情介绍，从整体上提高语言水平和跨文化交际的能力。

（2）引导学生选修一定的培养思维和分析能力的课程，如哲学、逻辑学、马克思主义等。这既有助于提高学生在校时的学习效率，也有利于提高日后在工作中解决实际问题的能力，以及研究分析和创新思维的能力。

（3）引导学生选修一些科技课程，特别是计算语言学和人工智能方面的课程。在多模态时代，外语学习和外语交际都离不开多种模态和不同语篇的使用。

（4）培养学生外语学习的国家意识（杨枫，2019），引导学生选修某些政治课程并参加一些社会政治活动。外语学科的人才有更多机会接触不同背景的国外人士。在此过程中，我们培养的外语人才应当善于掌握国家政策和政治原则，维护国家利益，处理复杂问题，建立友善关系。

## 参考文献

［1］胡壮麟. 坚守信念，服务国家——从外语实践到语言教育与研究［J］. 外语教育研究前沿，2019(3): 3-7.

［2］杨枫. 高等外语教育的国家意识、跨学科精神及应用理念［J］. 当代外语研究，2019(2): 1-2.

# 改革永远没有句号 [1]

外语教育随着社会的发展而发展，因此，无论是外语教育，还是外语学科建设和外语教学与研究，改革都永远没有句号。

我的第一个看法是，在讨论之前我们必须明确党对我国高等教育的领导以及党对外语教育的领导，这样讨论时才有统一认识的标准。我之所以这么说，是因为国内高校中确实有个别人，认为我们国家政策多变，持有"以不变应万变"的消极立场。

我的第二个看法是，如何培养复合型才、跨学科人才。这是贯彻国家方针，特别是"一带一路"倡议和实现"人类命运共同体"所要求的。具体如何进行需要根据不同高校的具体情况而定。就综合性大学和外国语大学来说，前者学科太多，难以一一应对和合作，后者能合作的院系太少。两类高校都与外校或外系有过合作，尽管取得一定效果，但能长期坚持的不多。对在此过程中的经验应及时总结，如北京大学教务部早在改革开放初期，即解散大学英语教研室，把教师三三两两分配到全校各个院系，但1983年又恢复教研室，由新成立的英语系接管。这中间有哪些成功的或失败的经验，都不清楚。因此，我建议教育部应该组织有关高校及时总结经验，商讨解决问题的方法。

我的第三个看法是，如何认识"大外语"。应该承认，在新政策的指导下，一些过去未受到足够重视的小语种开始受到重视和发展。这方面的积极措施应继续实施。但像英、俄、日、法、德等传统语种如何发展，也应深入探讨。例如，北京大

1　胡壮麟. 改革永远没有句号 [J]. 中国外语，2021(1): 11-12.

学英语系对文学方向的本科生可以开设文学课程，招收硕士生、博士生，但对语言方向的本科仍停留在"听说读写"一类课程上，而且不能招收硕士生、博士生。其实，像教育语言学、对比语言学、测试语言学、功能语言学、交际语言学、社会语言学、心理语言学这类课程完全可以开设，对学生走上工作岗位后应对不同任务是有指导作用的。又如，按学校要求，北京大学英语系成立"澳大利亚研究中心"，至今才招了一名澳大利亚文学博士生，这难以完成学校下达的任务，也难以实现国家对"新文科"的要求。

我的第四个看法是，有必要分清外语教育和母语教育的区别。上述问题之所以难以统一认识，在于有的外语教师过分强调走英美大学的道路，把中国大学的英语系按国外英语系课程设置处理。事实上，国外许多外语教师的认识比我们清楚。我曾经与美国加州圣巴巴拉大学的一位教授讨论。他认为美国大学一般设立"英文系"，因为英语是他们的母语，但汉语是外语，因此成立"汉语中心"，他们开设汉语课程的目的，是为国家和社会培养政治、文化、经济、贸易、旅游等方面懂汉语的人才。可见我们国家的"英语系"既不能办成与国外一样的"英文系"，因为英语在我们国家是"外语"，也不能办成和我们国家一样的"中文系"，因为英语不是我们国家的"母语"。

我的第五个看法是，在讨论"新文科""大外语"的宣传工作中有一点需要注意，那就是为了强调工作需要，为了鼓励外语教师积极承担新的教学任务，有时会出现一些过于贬低科研的言论。我始终认为一所合格的高校在教学和科研上应该是并重的。北京大学近数十年的做法应该肯定，那就是教师职称评定时强调"教学、科研、管理"三者并重，谁全面发展，谁优先提拔。这解决了教师发展过程中单靠教学，单搞科研，或单做管理工作的片面发展。我还认为，在贯彻"新文科""大外语"的战略过程中，由于是新生事物，缺乏经验，正是给有关教师提供研究总结教学经验和如何解决实际问题的大好机会。这也是结合国家战略的科研成果。

最后，"新文科""大外语"的内涵包括向国外介绍中国优秀文化、与世界各国建立友好往来、与国外企业互通有无，等等。这就需要在培养外语人才的同时，也接纳和培养国外学生学习汉语和中华文化。在这方面，我建议我国的对外汉语教师应学习和掌握国外的一些教学方法，如交际教学法、功能教学法、认知教学法等。而且，介绍或讲授中华文化时，应实事求是，同时应熟悉并尊重有关国家的文化和习俗。

综上所述，随着国内外情况的变化和发展，国家政策的调整和对外语专业进行这样那样的改革，是可以理解的。尽管有人对改革持有不同意见，但无人可以阻挡改革的步伐，我们外语教师需要认识和积极适应这种变化。

改革永远没有句号！

# 新世纪语言研究的趋向

## ——《韩礼德全集》第 11 卷评介 [1]

已故的系统功能语言学创始人韩礼德（M. A. K. Halliday）先生 20 世纪末退休后，在香港城市大学语言学系主任 Jonathan Webster 教授的协助下，整理编辑自己 20 世纪 50 年代以来发表的论著，最后于 2007 年由 Continuum 出版社出版为《韩礼德全集》(*The Collected Works of M. A. K. Halliday*)，共 10 卷。令人兴奋的是，Webster 教授不遗余力，在全集问世后，又把韩礼德先生在新世纪发表的论文和学术会议上的讲话稿整理编辑成《韩礼德全集》的第 11 卷即《21 世纪的韩礼德》(*Halliday in the 21st Century*)，2013 年由 Bloomsbury 出版社出版。

论文集《21 世纪的韩礼德》，共收录文稿 12 篇，分三大部分，每部分各 4 篇，即"适用语言学理论"(1—4 篇)、"语言学理论的应用"(5—8 篇) 和"论意义和物质"(9—12 篇)。其中第 1 篇《口述语言语料库：语法理论的基础》("The Spoken Language Corpus: A Foundation for Grammatical Theory") 一文已在《韩礼德全集》第 6 卷收录过，其余论文在学术刊物发表的有 7 篇（第 2、5、6、8、9、10、12 篇）；在学术会议上宣读的有 4 篇（第 3、4、7、11 篇）。本文主要就韩礼德对新世纪语言研究的观点作简单评介。

## 1. 语言

韩礼德认为，语言学家研究的是"语言"，因此必须弄清"语言"这个概念。

---

1　胡壮麟. 新世纪语言研究的趋向——《韩礼德全集》第 11 卷评介 [J]. 外语研究，2021(5): 1−5.

在《21 世纪的韩礼德》论文集中，我们可从多个方面找到他在这方面的论述。

## 1.1　语言的重要性

2011 年韩礼德在英国贝尔法斯特的女王大学召开的"跨学科语言学会议"上曾宣读《我们为何需要懂得语言？》（"What Do We Need to Understand about Language?"）（71—82 页）[1]，主要表达了如下观点：（1）语言系人类特有。（2）语言的重要性以及语言研究的重要性，在于它是知识的基础。（3）如果我们试图理解语言在人类表达意义能力的进化过程中的作用，语言研究是意义理论的核心。

## 1.2　口述语言

如前所述，第 1 篇《口述语篇语料库：语法理论的基础》（5—34 页；Aijmer & Altenberg, 2004: 11-28）早已收入《韩礼德文集》第 6 卷。如今作者和编者把它再次收入全集的第 11 卷，而且放在所有文章之首，必然有其用意，那就是突出韩礼德所提出的，语言首先以口述语言的形式出现，然后才发展成书面语。因此，"语言"的概念除书面语外，必须包括口述语言，以保证其内涵的完整性。口述语言的特征表现在：（1）可作为非正式会话的模式；（2）模式的形成不时变动；（3）模式包括词和短语；（4）可作为语法的模式；（5）可作为评估的模式；（6）可作为非标准语模式；（7）语法错综复杂。因此，"语言"这个概念必须包括口述语言，"语言学"这个概念必须包括对口述语言的研究，"语料库"这个概念必须包括对口语语料的收集。不然，任何有关"语言"的研究或定论都是片面的、不完整的。

传统语言学理论为何忽视对口述语言的研究呢？韩礼德做了如下回答：这主要是因为人类在很长时间内的技术水平无法记录和下载口述语言。这个困难直到录音机出现后才获得解决。电脑的出现，又解决了口述语言语料库的问题。录音机给口述语言研究带来质的变化，它从技术上突破了记录和分析语音的障碍。口述语言语料库在录音机所取得的技术成就上进一步提供量的变化，提供数据概率。

韩礼德也从符号学的视角讨论口述语言的重要性，认为它是符号生成的关键，是人们对语言中的词汇语法层次理论化的主要依据。口语语料研究当前存在的问题主要为规则太多，缺少韵律标记，过分转录导致口语变味，等等。笔者最近从"中

---

1　本文中凡未提供作者或编者姓名的页码，均指《韩礼德全集》第 11 卷的页码。

国语言学人论坛"在微信中的讨论发现，学者们的意见有时很难取得一致，主要原因是现有汉语语法是基于书面语的，而讨论举例则有不少是口述汉语。

### 1.3　语篇与话语

在重视口述语言的基础上，韩礼德进一步讨论了"语篇"（text）和"话语"（discourse）的关系。这见于他 2011 年 10 月 5 日在南丹麦大学语言和交际研究所的一次学术会议上宣读的论文《论语篇与话语，语调与意义》（"On Text and Discourse, Intonation and Meaning）（55—70 页）。

韩礼德提出：语篇是语言过程中的话语，话语是生态文化过程中的语篇。"把话语作为语篇分析是将情景语境中的意义实例与其底层的潜势相联系"，所描写的用语成为对该语言（口语或书面语）的词汇语法作语言学描写的组成部分（55 页）。为此，韩礼德对一些概念进一步做了说明，语篇指语言的一个具体实例，话语指空间—文化过程中的语篇。此后，语篇语言学（text linguistics）成为语言学和应用语言学的一个分支。20 世纪 80 年代话语分析（discourse analysis）兴起，有关学者接受后现代主义的观点，与语用学结合，关注关联性（relevance）、连贯性（coherence）、合理性（plausibility）、礼貌（politeness）等特征。这方面的研究扩展了有关说话人的互动形式、功能和基本原理的知识，也缩短了语言学和其他学科的距离（56 页）。

韩礼德进一步指出，话语实际上也可指语言的一个实例，如我们常说"口述话语"（oral discourse）和"书面话语"（written discourse）。两者均通过语言的词汇语法层体现，通过语音或图像让接受者具体掌握。除此二者，还有多种形式，如多模态的各种形式。其次，话语也可分类，其特征由某个特定语篇结构体现（58 页）。就语篇而言，可区分多种形式，因为不同类型的人类活动在体现为语言时要求不同特征的形式，如求职面谈、法庭面审等。另外，不决定于语域或方言的话语变异是语码的变异，有关社会语言学的语码变异，如城里人与乡下人、老年人与年轻人在语言使用上的变异，往往在语义层上呈现出不同。

### 1.4　书面语、标准语、全球化语

韩礼德的论文《书面语、标准语、全球化语》（"Written Language, Standard Language, Global Language"）发表于 2006 年（87—103 页；Kachru et al., 2006: 349-

365）。在该论文中，韩礼德认为英语的功能估量，与其说是社会政治事件对语言的历史性映现，不如说这是"影响语言整个意义潜势的系统过程"（88 页）。不论是英语还是其他语言，都有各自的走向，主要有 3 种形式。(1) 书面语。尽管韩礼德多次谈到口语的重要性，由于人们对一种语言的历史发展过程，没有下载的口语语料可供研究分析，只能通过书面语了解其发展过程。(2) 标准语。由于出现新的需求语境，如商业、政府、学校等场所，人们需要互相了解和接受与自己语境相关的共同语言。于是中世纪时，英国在商业上使用英语，政府部门使用法语，学校话语则为拉丁语。这显然难以在全民中长期推广，因此人们期待标准语的统一和确定，解决相互交际的矛盾。(3) 全球化语。随着不同国家政府和人民交往的增多，又出现第三种走向——全球化语，或国际通用语。这样，对说地区方言者而言，标准语是第二语言；对说本国标准语者而言，全球化语是第二语言。这就说明，标准语的作用为操方言者开拓了新的活动领域，扩展了人们掌握的意义潜势（meaning potential）。学会全球化语者，不仅学习了许多新词，而且从其他语言学会了新的构词原则、新的词组、新的词义、新的语类。这些都具有功能价值，促使意义潜势的形成和扩展。具体到某一语言的发展，这决定于该语言所经历的历史、经济、社会、环境、物质化过程和符号化过程，以及该语言本身的特征。例如，英语中大量新词出现，这不在于英语原来的词数，而是可利用的语言资源增多，而英语对新词构成过程是开放的；又如，日语许多词语借自汉语，这使日语的正规词语相对简单易学；再如，许多语言的科技语借自希腊语的词干，等等。荷兰学者 Dorren（2014）确认当前公认的国际化语言为英语，但正在被汉语超越。

## 2. 词汇语法

韩礼德在本论文集中一再坦承他是一个语法学家。这个思想集中反映在他于 2004 年发表的《语法：人类意识从初阶到高阶的驱动力》（"On Grammar as the Driving Force from Primary to Higher-Order Consciousness"）（159—189 页；Williams & Lukin，2004: 15-44）一文中。该文着重阐明幼儿从原始母语到成人语言的演变过程，为语法的个体发生提供了追踪其向高阶意识发展的方法，或符号化过程。具体包括如下观点：(1) 不同意把语言仅仅看作是语言学家为了研究而构建的概念。作为一个语法学家，他的任务是解释语言是如何实现产生符号资源或意义资源的功能的。这既要从语言内部观察，也要从语言外部观察。(2) 语言的基本内容包括物质和意义两个方面。物理学关注物质的测算，语言学关注意义的形成和掌握。不掌握符号的意义，等于没有意义。(3) 幼儿的原始母语体现了幼儿最初形成的意识，也是在生态社会环境中学习和与人交往的手段。在此过程中，幼儿周围的人懂得幼儿原始母语的意义。这说明大脑的任务便是在物质域和符号域两者之间进行转换。(4) 幼儿在 14 个月左右，能学会区分韵律中升降调的对立来表达叙述与提问、肯定与否定的关系，也能学会从语音的差别区分不同词语的概念意义。这表明幼儿迈出了掌握词汇语法的第一步。(5) 大脑是随着我们与环境的日益复杂化而进化的。这既包括自然环境，也包括社会环境。后者更包括社会智能。重要的是两者如何保持平衡，即如何构建生态和社会之间的平衡。这便涉及经验（概念）元功能和人际元功能。功能语法中的语篇元功能实际上就是保证前两者得以体现的语法。

## 3. 意义研究

2008 年韩礼德在香港城市大学"韩礼德语言研究及智能应用中心"成立大会上作主旨发言，题目为"研究意义：走向适用语言学"（"Working with Meaning: Towards an Appliable Linguistics"）（35—54 页；Webster，2008: 7–23）。不难看出，韩礼德认识到意义研究过去是系统功能语言学的一个薄弱环节。他先后谈到如下观点：(1) 语法与语义。作为一个语言学家，韩礼德以往的研究重点放在语法学，对语义学的研究着力不够。现在他认识到，语义研究不可回避。例如，英语动词"launch"的宾语既可以是物，如"launch a ship"（使船舶下水），也可以是机构，如"launch a center"（成立一个中心）（35 页）。为此，语言的特性，除通过语法学研究外，也应该看到语义学的作用，因为语言是一个产生意义的系统。(2) 意义与大脑。对意义的研究，必然引导我们关注人脑的作用，因为意义的构建、交换、解释，以至化为行动的成败，都离不开人脑的思考。因此，对意义的研究既引导我们进入人脑内部，也引导我们观察意义在现实和社会中的体现（51 页）。这表明系统功能语言学对语言功能的研究，也应考虑有关大脑的认知因素。(3) 意义与语音。再进一步看，意义本来存在于大脑之中，活化成语言时，它要通过语音体现，而不同语言又有不同的语音系统，因此韩礼德建议中国的孔子学院在进行汉语教学时，必须解决学习者如何分辨四声的问题（39—42 页）。（4）意义和物质。这组概念在韩礼德的论文《论物质和意义：人类的两个经验域》（"On Matter and Meaning: The Two Realms of Human Experience"）（191—213 页；Halliday, 2005）中有过深入讨论。他认为人类存在于两个现象域，一个是物质域，一个是意义域，意义的实现依赖于体现它的事物的具体化，而物质的存在使我们能产生意义（193 页）。这是因为通过语言我们才能构建人类的存在，不论它是我们在日常语法中潜在的常识性概念，还是重构这些经验的科学理论。（5）意义潜势。韩礼德 2010 年在加拿大不列颠哥伦比亚大学的第 37 届国际系统功能语言学大会上曾作过一个专题报告"语言演变：系统功能语言学对意义发展史的反思"（"Language Evolving: Some Systemic Functional Reflections on the History of Meaning"）（237—253 页），讲话内容是探讨意义潜势在时间和语境中的演变。语境演变可举例为从原始民族群体，到农耕田园群体，以至工业群体使用语言的差异和演变。早期的词汇学家以达尔文的进化论为模式，主要关注音节音素和词语意义的语义学，对相应环境的了解和研究不多。（6）语义与大脑。在上述报告中，韩礼德进一步谈到语言系统随着大脑的演变而演变。大脑是语言最近的环境。它是"内容"和"表达"这两个平面的接口。从物质环境的两端而言，词语端是生理系统的产出和话语的接收（发声和听觉）；语义端是有关语境的实际情况（文化语境、情景语境等）。语言与环境的互动实际上涉及两个方面，一个是能指的生物器官，一个是生态社会语境中的具体情景，前者是能指，后者是所指。早期语言学家对"能指"和"所指"的研究只是孤零零地处理语音和词语的关系，实际上意义存在于语言的各个层次（238 页）。

## 4. 语言智能

鉴于韩礼德在香港城市大学的发言是为了祝贺该校成立"韩礼德语言研究及智能应用中心"，他的发言必然谈到语言智能，如语料库和计算机操作等技术（43—44 页）。语言智能研究也需要理论指导，而且是多种学科理论的指导。可见，韩礼德在新世纪没有停滞不前，他一直在思考物理学、心理学、社会学、生物学、数学等学科对语言学研究的启示和作用，思考它们如何全面推动语言智能的发展。下面具体介绍其中的某些方面。

### 4.1 信息时代

当人类进入货物和服务交换的时代，就出现了"信息时代"的概念（63—69页）。信息（information）成为人类交往的主要形式。韩礼德认为这意味着人类从物质域进入意义域，由此也产生新的问题，有待我们研究解决，如数据的储存和处理、信息的保护和加密、信息超载和保持、信息的机械操作引发计算机的问世等。针对一些具体问题，韩礼德还发表如下看法：（1）信息不是意义。意义是人脑创造的，由人脑处理意义，控制意义。（2）可测算性。许多学科借助字节（byte）对信息进行测算，这是因为偏重物质域的一些学科关注物质的可测算性，对物质通过体积、密度、空间进行测算。（3）意义能否测算？韩礼德认为并不是所有的语言成分都能被测算，因为人类意识中不全是信息运作，更多的是思维过程。（4）二元化和两者互动。韩礼德认为，物质在一定情况下离不开通过语言表达意义，意义也离不开物质体现，如音波、光波、涂料、纸张、计算机屏幕等。这就是说，意义借助物质使接收者能感受和理解它。

### 4.2 符号系统

符号系统与生态系统、社会系统一样，由物质构建。符号意义也需要物质体现。不过，符号系统更为复杂，因为它是排在与语言有关的物理学、生物学、社会学这三个学科之后的第四个层次（200页）。符号既要通过物理学的音波传送，又要通过生物学的人脑以及相应的听说器官生成和表达，最后又得通过社会学的人际关系和各种语境进行交换。在此基础上，才形成符号学的意义系统，或意义潜势。

### 4.3 认知科学

韩礼德注意到，20世纪80年代以后，有些语言学家曾建议将"语义学"改成"认知科学"。这是受到形式语言学、认知语言学、神经认知学等学科的影响。系统功能语言学家肯定认知科学的许多科研成果，但对该理论不关注语言中存在语义系统的观点持保留意见。

### 4.4　科学技术

人类大脑发明了计算机，说明人类语言便是这么一步一步发展起来的。这样，我们应该考虑能否让计算机编写程序，按人类的要求处理话语？其次，计算机对话语分析的作用也发生了变化，如语料库研究进展至能下载和处理大量口述和书面语篇。所有这些都表明，语言学家应进一步探讨如何采用现代技术分析语篇的语义和语境。这些都要求语言学家具备跨学科知识，或和其他专业专家紧密合作（67—68 页）。

### 4.5　隐喻理论

韩礼德认为隐喻理论，特别是语法隐喻，有助于语言知识的构建，即同一个词语形态能在词汇语法中体现多种功能。韩礼德特别提到 1919 年五四运动后，中国掌握西方语言和文化，便是得益于汉语也具有语法隐喻的概念（251 页）。遗憾的是韩礼德生前未能读到 Fónagy（1999）有关像似性的文章，也未能读到我国学者李弘（2005）有关语音隐喻的文章，因此他在研讨中未能提到语音隐喻与语义的关系。

## 5.　理论与应用

韩礼德一贯持有这样的观点：理论贵在应用。这也是该论文集第二部分的主题思想，其原因是韩礼德一生兴趣很广，如文学、外语教学、机器翻译，以及如何解决不受重视的语言和方言的各种问题等。这促使韩礼德对语言学研究坚持这样一个目标："全面地讨论语言如何适合所有这些不同的视角——换言之，能充分适应语言操作者对语言的所有需要。"（85—86 页）

### 5.1　理论应用的指导思想

韩礼德的这个思想集中反映在本论文集的第 7 篇《把语言学理论用起来》（"Putting Linguistic Theory to Work"）（127—141 页）。这是他于 2010 年在乔治敦大学（Georgetown University）召开的美国应用语言学会大会上的发言稿。具体内容有如下几个方面：（1）对理论的需求取决于所要解决的问题，考虑哪些理论最为适用。（2）语言是一个泛称的概念，研究语言要落实在语篇上，因为词语、短语和小句都出现在有一定语境的语篇中，最后组成各种不同的语类。（3）语言可视为有若干互相关联系统的网络，可供选择。这些选择最后形成语言结构，即语法学和音系学。这些选择又构建成"意义潜势"。因此，语篇之所以具有意义，在于它是每一个特征在系统选择中连成一体的实例。(4) 每一个系统在层级网中都有其入列条件，即与其他系统对立的环境条件。(5) 功能语法表明，语言的功能是基于日常生活需要的，如认识新事物、相互交际或进行各种活动。因此，功能语法的语法结构和音系结构的配置由互相界定的功能体现，如"主位＋述位""主语＋谓语"。有时一个词语可以一身体现多个功能意义，如"主语＝动作者＝主位"同时体现了概念功能、人际功能和语篇功能等元功能。(6) 与其他语言不同，英语中有较多动词词组，如 throw out、put back、call off 等，而不太用 discard、replace、cancel 等单个动词。其原因主要是英语的新信息一般出现在句末，而英语小句词语的典型排列为"主谓宾"。为此，当说话人需要强调谓语动词时，常采用动词词组，让第二个成分出现在句末，如: he would never throw us out; put the book back; our teacher called the meeting off。(7) 社会地位、性别、年龄、工作性质等背景的不同，会导致所表达的语言意义和方式的不同。

## 5.2　翻译

在理论的应用中，韩礼德专文讨论系统功能语言学理论在翻译实践中的指导意义。他在《中国翻译》2009 年第 1 期发表了《灵芝: 系统功能语言学与翻译 》("The Gloosy Ganoderm: Systemic Functional Linguistics and Translation") 一文（105—126 页）。全文共分四个部分: (1) 介绍 20 世纪国外若干学者的翻译理论。韩礼德重点介绍了 Christian Matthiessen (2001) 的文章《翻译的环境》("The Environments of Translation")，特别是文中谈到的"translation equivalence"（翻译对等）、"translation shift"（翻译转移）、"maximal congruence"（最大一致性）和"maximal incongruence"（最大不一致性）等概念。(2) 介绍系统功能语言学与翻译问题有关的六个概念，即"层次"(stratification)、"例示"(instantiation)、"级阶"(rank)、"元功能"(metafunction)、"精密度"(delicacy) 和"轴"(axis)。介绍每一层次的语篇成分在语义空间中的两个维度——聚合关系和组合关系。(3) 列举了英汉互译的两个实例，此处从略。(4) 在结束语中，韩礼德提出，翻译过程中的对等有不同种类，这与情景语境和文化语境的不同有关。不管怎样，对翻译语篇的研究分析可以检验一个语言学理论的合适性和应用性。

### 5.3　小语种和方言

韩礼德早年在马克思主义思想指导下，讨论过一些未能受到重视的语言和方言的问题，探讨其原因和解决方法。在新世纪关注全球化语言的同时，他仍然强调对一些小语种和方言的研究。生态语言学（eco-linguistics）在新世纪的发展便是在这个思想指导下发展起来的。这方面的研究在我国的引领者应数黄国文教授（2017）。

## 6.　结语

进入21世纪后，韩礼德多次谈到"适用语言学"（appliable linguistics）这个理论概念，我曾经提出适用语言学是评价各种语言学理论的理性标准（胡壮麟，2007）。从《21世纪的韩礼德》论文集的内容来看，韩礼德更关注适用语言学在21世纪应该面对的语言学研究发展方向，或者说，语言学界过去尚未深入研究的问题。从系统功能语言学本身来看，以往的研究偏重词汇语法，对语义学的研究不够重视。从语言学理论来看，韩礼德从认知语言学的兴起受到启示，开始关注语言与大脑、语言与生态、语义与意义、群体与个体、语篇和话语等领域的研究。从科学技术的发展，韩礼德注意到语言学家既应当掌握电子技术的应用，更要投入到新的研究领域，如口述语言、意义潜势、多模态学、翻译、语言教学、全球化语言等。

### 参考文献

［1］ Aijmer, K. & B. Altenberg. *Advances in Corpus Linguistics* ［C］. Amsterdam: Rodopi, 2004.

［2］ Dorren, G. *Lingo: A Language Spotter's Guide to Europe* ［M］. London: Profile Books, 2014.

［3］ Fónagy, I. Why iconicity? ［A］ In Fischer & M. Nänny (eds.). *Form Miming Meaning—Iconicity in Language and Literature* ［C］. Amsterdam: John Benjamins, 1999: 3–36.

［4］ Halliday, M. A. K. On matter and meaning: The two realms of human experience ［J］. *Linguistics and the Human Sciences*, 2005(1): 56–82.

［5］ Halliday, M. A. K. The gloosy ganoderm: Systemic functional linguistics and translation［J］. 中国翻译，2009(1): 17−26.

［ 6 ］ Halliday, M. A. K. *Halliday in the 21st Century (Collected Works of M. A. K. Halliday 11)*［C］. J. Webster (ed.). London: Bloomsbury, 2013.

［ 7 ］ Kachru, B., Y. Kachru & C. L. Nelson. *The Handbook of World Englishes*［C］. Malden/Oxford: Wiley-Blackwell, 2006.

［ 8 ］ Matthiessen, C. The environments of translation［A］. In E. Steiner & C. Yallop (eds.). *Exploring Translation and Multilingual Text Production: Beyond Context*［C］. Berlin/New York: Mouton de Gruyter, 2001: 41− 124.

［ 9 ］ Webster, J. *Meaning in Context: Strategies for Implementing Intelligent Applications of Language Studies*［C］. London: Continuum, 2008.

［10］ Williams, G. & A. Lukin. *The Development of Language: Functional Perspectives on Species and Individuals*［C］. London/New York: Continuum, 2004.

［11］ 胡壮麟. 解读韩礼德的 Appliable Linguistics［J］. 四川外语学院学报，2007(6): 1−6.

［12］ 黄国文. 作为新兴学科的生态语言学［J］. 中国外语，2017(5): 38−46.

［13］ 李弘. 语音隐喻初探［J］. 四川外国语学院学报，2005(3): 70−74.

# 语言学研究的融合 [1]

2020 年 10 月 31 日—11 月 1 日，北京外国语大学中国外语与教育研究中心、国家语言能力发展研究中心、许国璋语言高等研究院，中国英汉语比较研究会英汉语篇分析专业委员会，北京外研在线数字科技有限公司联合召开"第三届（功能）语言学融合、创新与发展高端论坛"。会议的主题为"语言学融合、创新与发展的路径"，具体表现在为了语言学研究的发展和创新，外语语言学和汉语语言学应强调融合，我认为这是一个非常重要且有待深入讨论和研究的课题，但情况远比想象的复杂，现将自己的认识和建议汇报如下。

## 1. 融合

英语"integration"一词在汉语中译为"融合"或"整合"，是学术界长期关心的课题。融合的内涵含有事物由分而合的自然过程，整合的内涵则含有行政部门自上而下的有序过程。笔者曾写过《闲话"整合"》一文（胡壮麟，2008），试图探讨融合的种种定义，分析其特征，从哲学层面上阐述中西方对融合的不同认识，阐述融合和知识的关系以及知识融合与信息融合的有机联系。该文还讨论了融合在教育工作中的作用以及在外语教学和研究中的运用。在此之前，我有关语言学的跨学

---

1　胡壮麟. 语言学研究的融合［J］. 北京科技大学学报（社会科学版），2021(1): 12–16. 本文是 2020 年 10 月 31 日 –11 月 1 日北京外国语大学中国外语与教育研究中心和国家语言能力发展研究中心联合召开的"第三届（功能）语言学融合、创新与发展高端论坛"上的发言稿。

科研究与符号学和语言学的联姻两篇文章，谈的都是语言学不同学科的融合（胡壮麟，2007b，2014）。

融合的概念也表现在有关语言学科的许多方面，如随着现代信息技术的发展，我们可以追求多种模态的融合，即意义的表达除语音和文字模态外，也可采用音乐、图像、表情、动作等模态（胡壮麟，2010）；语言学习的认知过程不仅有赖于学习者的"语言智能"，也可以在此基础上融合数理逻辑智能、音乐智能、动作智能、空间智能等多元化智能，从而取得全面发展的更好效果；甚至在制订国家语言战略时，我们必须考虑不同文明的相互交融（胡壮麟，2019a，2019b）。

## 2. 合理性

根据上节中有关融合的哲理回顾，我认为本次论坛讨论语言学研究的融合、创新和发展问题，特别是汉语语言学和外语语言学的融合，是具有合理性的，其理据表现在以下几个方面。

### 2.1 语言学科

众所周知，语言学是以人类语言为研究对象的学科，探索范围包括语言的性质、功能、结构、运用和历史发展，以及其他与语言有关的问题。在这个意义上，汉语语言学和外语语言学应该融合，同属"语言学"这个学科。这是名正言顺的，符合国际上的统一认识，对教育部和国家语委而言，也便于领导。

### 2.2 国家战略

在"新时代，大格局"的背景下，教育部高等教育司司长吴岩在 2019 年 3 月 24 日的"第四届全国高等学校外语教育改革与发展高端论坛"上，正式提出"新文科，大外语，培养高级化复合型人才"的政策（吴岩，2019）。这便要求妥善解决不同国家、不同文明之间的语言交流问题。我们既要解决尽快教好学好各种外语的问题，也要解决对外汉语的教学问题。融合的语言学研究也有助于翻译水平的提高。因此，语言学研究的融合有利于我国"一带一路"倡议的实施和以实际行动响应"人类命运共同体"的构建。可见本次论坛抓住了外语语言学和汉语语言学融合的大好时机。

### 2.3　韩礼德的中国梦

在这次会议的通知中，有时在"语言学研究"前加上"功能"二字，说明融合与功能语言学的密切关系。我在澳大利亚悉尼大学进修语言学时的导师便是系主任韩礼德先生，他是系统功能语言学的创始人。他自幼喜好中国故事和中国文化，青少年时期便在英国伦敦学习汉语，从 1947 至 1951 年又曾是北京大学和岭南大学中文系的本科生和研究生。他所倡导的系统功能语言学的基本理论有不少渊源于当时在岭南大学任教的王力先生。他对罗常培先生和高明凯先生的语言学理论也很熟悉。他一直期待渊源于汉语的功能语言学理论回归中国，为汉语语言学研究添砖加瓦。因此，外语语言学和汉语语言学的融合最能实现他的中国梦（胡壮麟，2018）。

## 3.　问题

尽管融合有如此众多的哲学理据和合理性，但在我国具体操作时便会发现这样那样的问题有待解决，不然难以迈开步子。

### 3.1　语言学系在中国

我国是一个多人口、多民族、多邦交的国家。这些情况必然涉及不同文明、不同国家、不同民族之间如何通过语言进行交流。学术界，特别是语言学界应当协助国家制订相应的语言政策，培养能担当各项任务的汉语和外语人才。这便要求从语言学的视角对不同语言进行分析和研究，帮助有关人员学习和掌握不同语言。然而，我国高校人文学院很少设置语言学系。据说，目前仅中国社会科学院、北京语言大学和华中师范大学设有语言学系，而且均由中文院系领导。我认为正是这个原因才导致高校不同院系各走各的路，在"汉语语言文学"和"外语语言文学"两个二级学科下分别设置"语言学及应用语言学"和"外语语言学及应用语言学"。另一方面，我们也得承认，外语界和汉语界在语言学研究的广度和深度上，在对语言学的不同理论的认识和关注上，的确存在着不同看法和要求。正是这个原因，外语界对已故桂诗春先生当年坚持保留独立的"外国语言学及应用语言学"学科表示肯定和支持。

### 3.2 外语界的内部分歧

问题的复杂性也表现在我国高校的外语学科或外语语言文学专业对语言学的必要性、重要性在认识上存在着严重分歧。我国高校外语院系一般奉行文学传统，走的是文学道路，通过外国文学学习和掌握外语。1952 年高校院系调整，尽管通过"外语语言文学"的学科设置从名称上将"语言"放在"文学"之前，给人的印象是强调了语言教育的重要性，但执行过程中只是停留在开设"听说读写"等技能课程，对语言学理论重要性的认识仍然不足，因而未能发挥语言学对外语教学的引领作用。事实上，除词汇学、语音学、句法学、语义学等必修课程外，至少像语用学、语篇语言学、教育语言学、多模态语言学、计算语言学等知识对外语人才培养也是有用的。不然，我们高校的外语教学与外语专科学校毫无差异。

改革开放后，外语专业虽然仍然确定两个方向——文学方向和语言方向，并开始培养硕士生和博士生，但不少高校的院系领导和教师在实际工作中仍有所偏重。这表现在有的教师对文学方向的课程设置和教学驾轻就熟；语言方向除"听说读写"等技能课程外，对专业课程不很熟悉。20 世纪 80 年代一批中青年教师在国外学习了语言学，及时为外语院系语言方向的本科生和研究生开设了相关课程，协助教育部和有关专家如王佐良、许国璋、李赋宁等解决语言方向的课程设置和培养方案等问题。即便如此，在讨论我国第一个英语专业教学大纲的草案时，北京大学和北京外国语大学提出为三、四年级开设专业课程，却未获表决通过。有的院校在 21 世纪把一些语言学教师调到院本部，单独成立外国语语言学和应用语言学研究所。其结果是留在英语系的文学老师可以开设文学课程并指导文学方向的硕士生、博士生；对比之下，留在英语系的语言学教师只能从事"听说读写"技能教学，不能招收语言方向的硕士生、博士生。即使是重视语言学研究的若干外国语大学，也存在这种情况。由此产生的问题是，外国语言学及应用语言学这个三级学科难以在外语院系立足；语言方向的教师和学生在教学中失去了语言学的引领，在语言理论和研究能力上很难提高。所产生的另一个问题是一旦脱离外语教学，原来起引领作用的外国语言学及应用语言学这个学科形同虚设，因为有关老师无法将学科知识与外语教学实际结合。

### 3.3 国际会议

外语和汉语的矛盾也表现在国际会议的选题内容和通用语言上。

按常理，对国外召开的有关语言学理论的国际会议，不同语言的研究者，包括汉语研究者，都可以递交论文，参加会议。但从我参加过的几次国际语言学会议来看，我注意到会上能见到的知晓汉语的学者多半来自中国港澳台，也有在国外高校任教的华人学者，内地（大陆）汉语界的语言学家很少出席，其原因可能是他们在外语表达能力上有一定困难。其次，作为中国学者，我虽然尽可能向大会汇报自己对汉语的研究成果，但我发现国外学者对汉语了解不多，也不太重视，因此我的论文一般都被安排在分组会议上宣读，参加分组会议的听众屈指可数，而且多半是在国外高校学习语言学的中国留学生。

国内的情况又如何？近几年，国内一些高校为了提高学术声誉，尽可能把有些学术会议升格成国际会议，其实有时出席会议的外国学者仅二三人。这便出现了如何选择会议通用语种的问题。如果选外语，多半是英语，便会出现上百个国内学者用英语或外语宣读论文，并进行讨论。这样，国内汉语界的教师或学者便很少参加，人为地造成外语研究和汉语研究的隔阂。有时也出现如下情况，有次在河南大学召开的国际语言学会议上，通用语言是汉语，来自英国的一位教授对此很不满意，责问大会在国际会议上为何不用英语。我支持会议组织者，坚持用汉语，保证中国学者深入讨论问题，但我也向会议组织者建议，可找一两位教师或研究生给与会外宾翻译论文重点和大会讨论内容。

这个问题不仅在国内发生，在国外也有。去年，在阿根廷召开过一次系统功能语言学国际会议，会上有好几个报告是用西班牙语宣读的，这引起一位澳大利亚悉尼大学的教授的不满，他认为会议应该采用国际通用语言——英语，并在网上提出批评。不料，阿根廷和其他拉丁美洲国家的语言学家纷纷反击，他们认为有权在自己国家和地区用西班牙语讨论西班牙语的语言学问题，不让会议走过场。国际系统功能语言学会，一方面期待学者把系统功能语言学的理论用到不同语言上，一方面又不让学者采用本族语言进行学习和讨论，那么这个语言学理论就难以在英语以外的语言中推广和验证。

这类问题不仅在外语院系有关语言的学术会议上发生，在文学教学方向中也有。20世纪80年代，北京大学英语系第一个文学博士生王宁的论文在答辩会上通过后，报请校学位委员会审查批准。我作为校学位委员会委员参加了此会，并汇报王宁论文答辩情况。在讨论中，校委员会主席对论文有意见，向我提问，作为英语专业的博士生，怎么论文中经常出现鲁迅、郭沫若、茅盾等中国作家的成果，于是我解释道：王宁的导师杨周翰先生同意他做比较文学研究，他必然要将英美文学作品和中国文学作品进行对比。论文最后终于获得通过。不过，会后我不得不向搞文学的教师打招呼，以后尽量不让学生做比较文学的选题。

由此可见，语言学研究存在外语和汉语之分是一个客观存在的问题。即使是外语，从事语言学研究的教师一般也是英语教师，其他外语语种教师为数很少。北京大学外国语学院当初成立"外国语言学及应用语言学研究所"，试图把外国语学院各个外语语种集合在一起研究，但十年来不论是教员还是研究生，都是英语的。

## 4.　若干建议

从以上介绍的内容不难看出，为了让我国语言学研究取得发展和创新，走融合的道路具有合理性，这应该肯定。但有的学校在实际教学和研究过程中存在一定问题和困难，也是事实。因此，有必要具体讨论解决问题的方法和措施。为此，我有如下建议。

### 4.1　采用"连续统"的哲理

由于这次论坛的主题是讨论语言学研究中不同语种的融合问题，因此我在本文第 1 节中介绍了融合的哲学根源。实际上，从哲学理念看，融合离不开它的另一面——切分（segmentation）。根据马克思主义辩证唯物论的思想，万事有分有合。我们分析问题时既要看到"合二为一"，也要看到"一分为二"。没有分，就没有合；没有合，就没有分。这是一个辩证关系。为了解决这个矛盾，我认为系统功能语言学创始人韩礼德的"连续统"（continuum）理念值得一提，譬如说，语言是由各个语音组成的话语，或各个词语组成的篇章。同样，语言的概念包括各种语言和方言，任何一方都离不开另一方。图示如下：

这就是说，我们在分析问题时，有时偏向"分"的一侧，有时偏向"合"的一侧，有时两者兼顾。具体到外语教学，在谈论融合的同时，我们也必须考虑学生个体的差异和特殊性。例如，外语教师都会发现，班上每个同学都达到了高考的录取分，特别是外语，但很快就又会发现，有的同学听力强，能抓住说话人所讲述的大意；有的同学口语能力强，善于表达自己想表达的内容；有的阅读能力强，理解能力强，知识面广；有的写作能力强，使用外语既正确，又说理清楚，文笔优雅。这时，有经验的外语教师应当既关注和保持学生的个性化，继续保持和发挥其长处，又要设法全面提高学生的语言能力。但要每个学生达到全优，有一定困难。同理，在多模态小品中，人们都会发现尽管有多种模态出现，相互融合，但其中总是有一两个模态起主要作用，如话剧中以对话和动作为主，歌剧中以歌咏为主，舞剧中以肢体动作为主，新闻广播中以诵读响亮清楚为主，其余模态起陪衬作用。

## 4.2 学科的升级与分类

为了加强语言学的研究，为国家建设和战略服务，我认为应尽早把一级学科"文学"改名为"语言文学"，这符合实际情况。然后在二级学科中增添"0504 语言学"，与"中国语言文学""外国语言文学""新闻传播学"并列。然后各个二级学科根据不同情况和需要，设立分支学科。这是由语言学的重要性、多元性决定的，如：

——纯语言学研究可包括共时语言学、历时语言学、普通语言学、语音学、音系学、词汇学、语法学、语义学等；

——结合语言实际使用和分类的有语用学、方言学、修辞学、文字学、语源学、词典学、文体学、话语语言学、比较语言学、类型语言学、对比语言学、方言学等；

——结合其他学科的有社会语言学、心理语言学、认知语言学、应用语言学等；

——结合语言教学的有教育语言学、第一语言教学、第二语言教学、外语教学、对外汉语教学等；

——结合科技发展的有实验语言学、数理语言学、统计语言学、计算语言学、语料库语言学、机器翻译等。

显然，我国语言学科的发展必须走有合有分的道路。"语言学"这个学科必然要与有关院系合作，设置分支学科。同样，外语专业除了文学方向外，需要根据不同程度和培养方向为语言方向的本科生和研究生开设上述的若干分支学科，这样才能体现外语专业的"一专多能"。即使是文学方向的学生，学习和掌握文体学、语篇分析、社会语言学、对比语言学、语用学等课程，对提高理性思维也很有帮助。同样，像比较语言学、对比语言学等分支学科的内容对翻译专业的学生肯定会有帮助。

### 4.3 适用语言学的理念

系统功能语言学家韩礼德在 21 世纪提出的"适用语言学"（appliable linguistics）理论对语言学科的讨论有指导意义（胡壮麟，2007a）。这个理念不是轻易肯定一个学科，否定一个学科；肯定一个理论，否定一个理论。它强调我们在选择一个理论时，要考虑目标、条件、方法、效果等多种因素和数据，才能决定哪种理论最为适用。同样，在讨论学科建设时，如何分、如何合，我们也离不开对目标、条件、方法和效果等因素和数据的综合考虑。

## 参考文献

［1］ 胡壮麟. 解读韩礼德的 Appliable Linguistics［J］. 四川外语学院学报，2007a(6): 1−6.

［2］ 胡壮麟. 谈语言学研究中的跨学科倾向［J］. 外语教学与研究，2007b(6): 404−408.

［3］ 胡壮麟. 闲话"整合"［J］. 中国外语，2008(5): 19−23.

［4］ 胡壮麟. 多模态小品的问世与发展［J］. 外语电化教学，2010(4): 3−9.

［5］ 胡壮麟. 让符号学与语言学"联姻"——《现代语言符号学》评介［N］. 中国社会科学报，2014−01−20(08).

［6］ 胡壮麟. 韩礼德学术思想的中国渊源和回归［M］. 北京：外语教学与研究出版社，2018.

［7］ 胡壮麟. 从语言视角看智能多元化及其融合［J］. 外国语言文学，2019a(2): 115−127.

［8］ 胡壮麟. 多元文明交融下的国家语言战略［J］. 中国外语，2019b(5): 4−9.

［9］ 吴岩. 新使命　大格局　新文科　大外语［J］. 外语教育研究前沿，2019(2): 3−7.

# 外语教育视野下的教育语言学 [1]

## 1. 引言

就教育语言学的学科性质而言，我们往往会有如下看法：第一，教育语言学的名称构成涉及教育学和语言学，但在操作过程中其包含的范围很广。实际上，我们要讨论的不是教育学和语言学的方方面面，而仅仅是与教育有关的语言学的某些方面，如同结构语言学、生成语言学、功能语言学、社会语言学、心理语言学、历史语言学等研究领域，其侧重点与出现在语言学前的不同修饰语有关。第二，即使是教育，我们所讨论的也不是教育学的方方面面。从前六届中国教育语言学高端论坛的承办单位中我们不难发现，承办历届论坛的还是高校的外国语学院。第三，"语言学"一词中"语言"的内涵按理说应包括所有语言——外语和汉语（或本族语）。这样的话，对承办单位的外国语学院和外语教师侧重于外语教学应予肯定。第四，问题的复杂性还在于，在外语教学的实际操作过程中不能完全摆脱汉语，汉语在外语教学中时隐时现。例如，外语教师授课时该用外语还是汉语？或者两者兼顾？又如，翻译教学中我们能离开汉语和外语的对比吗？显然，外语教师既要有关于外语的语言知识，也要有高水平的汉语知识。再如，国际汉语或对外汉语教学是否可以不要外语教师参与？在教学方法上，是仅提倡中国传统教学法，还是结合国内外流行的其他教学法？

所有这些都说明，教育语言学的内涵应根据不同的专业、不同的培养目标以及

1　胡壮麟. 外语教育视野下的教育语言学［J］. 浙江外国语学院学报，2022(1): 24-28.

不同的具体任务，由授课单位和外语教师确定各自的教学重点。中文院系或教育学院的教师所认为的教育语言学与外语教学视角下的教育语言学不完全一致。也就是说，不同学科可以对"教育语言学"做出不同的界定。

本文在上述认识的基础上，具体结合我本人所经历的或观察到的若干事件，谈谈与外语教育有关的语言学理论。我倾向于接受教育语言学理论多元化的观点。有经验的外语教师应当根据不同教学对象和目标采用适用的语言学理论。需要说明的是，由于时代的不同，有些实践在最初可能尚未形成语言学理论，但从今天的视角来看，它们已具有属于当代某个语言学理论的雏形。

## 2. 外语语种与培养方向

### 2.1 外语语种

1949 年上海解放前的外语教学仍保留帝国主义列强侵略上海的痕迹。在日寇占领上海时，日本侵略者下令在小学五、六年级开设日语课程。在旧上海的大学中，圣约翰大学用英语授课，震旦大学用法语授课，同济大学用德语授课。

新中国成立后，我考入清华大学外文系，发现俄语组新生多达 28 人，英语组仅 11 人，法语组人数更少。1952 年高校院系调整后，新北大设有独立的俄语系，英语仅是西语系下的一个专业。这反映了 1949 年后中苏在政治、经济上的紧密合作衍生出对俄语人才的需求。具有对比意义的是，中苏关系恶化后，我国对俄语人才的需求骤减，北京外国语学院（现北京外国语大学）动员一大批俄语系学生转学英语。

改革开放后，英语已明确成为我国第一外语，并且学生从小学就开始学习英语，这显然是政治、经济等因素所导致的。进入 21 世纪后，我国提出构建人类命运共同体，推进"一带一路"建设。这又促使学校加强对其他外语语种教学的重视。学校鼓励学生不仅学好一种外语，更期待有条件的学生学习和掌握两种或三种外语。可见，讨论外语教学语种的选择离不开政治、经济等因素。

### 2.2 培养方向

1949 年前我国外语教育的培养方向是外国文学，如英语系学生的培养方向为英美文学。即使是不以文学为未来培养方向的外语语种，一般也要走文学道路——教师通过教授文学作品来指导学生学习外语。

这个倾向在新中国成立后发生了显著变化。1950年我考入清华大学外文系后，系主任吴达元先生与新生谈话时，明确告知我们为了国家需要，我们这批学生将按翻译方向培养，因此清华大学外文系基本上不开设英美文学课程，而是听说读写译的语言技能类课程。

1952年我国高校院系调整后成立了英语语言文学、俄语语言学文学、法语语言文学等外语专业。"语言"出现在"文学"之前，这一名称的变化反映了国家对外语人才的需求状况，其实，1949年前的外语教育是否一定要走文学道路也存在不同观点和不同应对措施，例如当时许多年轻人学习外语是为了出国或在洋行里找工作，因此有些学校在外语教育中走的是"非文学道路"。从日后的工作经历中我发现，除非从事英语国家的文学研究，毕业生在外贸、科技、新闻、旅游等岗位上很少用到文学作品中的词汇和句型。相较而言，英语散文语篇中的词汇都很实用，语篇逻辑性强，结构严密合理，长度短小精干。走上工作岗位的毕业生可以根据自己所从事的工作，选择有关内容阅读学习，如从事旅游工作的可多看游记，从事新闻类工作的可多看报刊文章，从事科技类工作的可多看科技文章，等等（胡壮麟，2019b）。

## 3.　与外语教育有关的语言学理论

### 3.1　"活用词"教学法与语篇分析

1952年高校院系调整后，北大西语系的俞大絪教授推行一种新的教学法，即"活用词"教学法。具体方法是让学生整理新课文中的英语单词，根据自己的感受写成一篇短文，并在课堂上向全班同学宣读。这样，学生既巩固了新课文，掌握了新单词，又提高了英语写作、口语和听力能力。直到20世纪80年代我才明白，这应该是功能语言学有关语篇研究和话语分析理论在外语教学中应用的早期形式——学习外语不是死记硬背单词，而是在掌握词义和语法的基础上，用词句完整表达内心的思想。从系统功能语言学理论的视角来看，"活用词"教学涉及概念功能、人际功能和语篇功能。

### 3.2　交际教学法和交际语言学

改革开放前夕，教育部已着手进行外语教学改革的各种准备。我印象最深刻的是教育部提出"请进来，派出去"的政策，即邀请国外专家来华讲学和派遣国内的外语教师出国进修。1977 年教育部与英国文化委员会商妥，邀请英国专家利奇（Leech）教授和纳特（Nuttal）女士来华讲学，在北京、南京、上海、广州四地举办讲习班，每次长达一个月。作为北京地区学习班二班的班长，我曾向利奇教授提议，希望他给学员讲授英语语法的最新进展。不料他当场回答说，只有结合一定的语言学理论，才能把语法讲清楚，听课者也才能理解和掌握他所讲的语法内容。我在这个讲习班里第一次听到 linguistics 这个词。与此同时，北京语言大学的方立老师希望利奇教授介绍乔姆斯基的转换生成语法。他回答说，他专程去美国听过乔姆斯基的有关课程，但感到转换生成语法对外语教学帮助不大，不如伦敦学派的功能语言学理论实用（胡壮麟，2016）。

与利奇教授一起来华讲学的纳特女士主讲的内容为交际教学法，交际教学法强调学生在一定情景中使用英语互相交流（胡壮麟，1977）。直到讲学班后期我才明白，如同英语语法讲授要有语言学理论指导一样，英语教学也离不开语言学理论的指导。纳特女士讲授的交际教学法便是基于交际语言学的理论，而这个理论又体现了功能语言学和社会语言学的一些基本理念。

这次讲习班意义深远。一是对我本人而言，我开始懂得语言学和外语教学密切相关，语言学起到引领作用；二是语言学包含多种理论，不同理论对外语教学有不同影响；三是由于这次讲学活动先后在我国高校比较集中的四个大城市陆续进行，对我国制定外语教育政策影响巨大。例如，20 世纪 80 年代我国高校外语专业的教学大纲基本上都是以基于交际语言学理论的交际教学法为指导。

### 3.3　情景教学法与语用学和语境理论

1979 年初我去悉尼大学语言学系进修。不久，中国社会科学院语言研究所的赵世开先生来信，让我利用在国外进修的有利条件搜集材料，介绍一下国外正在兴起的语用学理论。通过导师韩礼德的指点，我才了解到这个理论与系统功能语言学的语境理论一致，主张对语言的理解和使用要结合具体语境和交际意图，这涉及语言使用者的年龄、性别、受教育程度、身份、场合、所要表达的内容等。显然，语境理论比交际语言学关注的内容更广。因此，20 世纪 90 年代我国外语教师在交际语言学理论的基础上又进一步关注社会语言学和功能语言学的有关理论（胡壮麟，1980）。应该说，这些理论对于情景教学法的实践具有指导意义。

### 3.4　多模态教学和多元智能

进入 21 世纪后，随着科学技术的发展，外语教育的方法出现很大变化。课堂上教师一手拿讲义、一手拿粉笔的情景越来越少见。教师在课堂中更多地依赖电脑、投影仪、屏幕等，这意味着外语教学已经进入多模态教学时代（胡壮麟，2006）。

与此同时，人们也注意到语言智能、多元智能与外语教学的关系。过去人们习惯性地认为学好外语在于勤学苦练，很少考虑如何发挥和提高学生的语言智能，即语言思维能力和在实际生活中正确使用语言的能力。也就是说，外语教师要善于发现和培养学生的语言智能。再进一步看，语言智能又离不开与其他智能的结合。我曾多次举过这样的实例。任何一位外语教师都会有这样的经历：学生以相近的分数，特别是英语分数考入大学外语院系，选修同样的外语课程，听同一位外语教师授课；经过一段时间后，教师会发现有的学生口语能力提高很快，能说会道；有的听力能力大幅提高，能听懂教师用外语上课或抓住听力试题录音中的大意；有的阅读理解能力强，知识面广；有的善于写作，表达正确、立意深刻。一位有经验的外语教师既要善于发现和发挥学生语言智能的不同长处，也要引导学生改进和提高其他智能，如逻辑智能有助于理解和掌握语法规则；空间智能有助于学习者通过语境理解和使用外语；运动智能启发学生注意外语的实际使用，多看、多听、多讲、多写；音乐智能可提高学生的听说能力和正确使用语音语调的能力；人际智能可引导学生在多种场合用外语与他人交际；内省智能可启发学生冷静思考和总结外语学习过程中的经验和问题；自然智能可提高学生关注和体验自己所生活的客观世界的能力；存在智能显示语言，特别是外语在实际生活中的作用和功能（胡壮麟，2019a）。从上述多元智能的培养和掌握不难看出，当代认知语言学和体验哲学理论对外语教育的影响。

## 4. 结语

我们讨论的教育语言学不是语言学和教育学的方方面面，而仅仅是与教育有关的语言学的某些方面。

我国对外语教学语种的选择与政治、经济等因素密不可分。服务国家需求是外语教育的恒久主题。我国提出了"构建人类命运共同体"理念和"一带一路"倡议，教育部也提出了"新文科，大外语"的要求，这些应该作为我们讨论外语教学和教育语言学的指导思想。

我国外语教学所倡导的教学内容和教学方法都与语言学理论有着千丝万缕的联系，可以说是在不同语言学理论指导下的教学实践。如"活词法"教学法和语篇分析、交际教学法和交际语言学、情景教学法与语用学和语境理论之间的关系，以及语言智能研究背景下的外语教学等，都蕴含外语教育与语言学理论关联的丰富内涵。而从外语教育的视野来看，这些丰富的内涵正是教育语言学应当关注的问题。

### 参考文献

［1］ 胡壮麟. 纳特女士介绍的一些教材编写原则和外语教学法［J］. 语言教学与研究，1977(增刊 1): 42–62.

［2］ 胡壮麟. 语用学［J］. 国外语言学，1980(3): 1–10.

［3］ 胡壮麟. 意义的多模态构建——对一次 PPT 演示竞赛的语篇分析［J］. 外语电化教学，2006(3): 3–12.

［4］ 胡壮麟. 韩礼德学术思想的中国渊源和回归［J］. 外语研究，2016(5): 9–13.

［5］ 胡壮麟. 从语言视角看智能多元化及其融合［J］. 外国语言文学，2019a(2): 115–127.

［6］ 胡壮麟. 序［A］. 黄必康. 英语散文史略［C］. 北京：外语教学与研究出版社，2019b: i–iii.

# 中国外语教育政策面面观

## 1. 引言

作为一名退休已 26 年的英语教师，很难接触和学习与国家政策有关的官方文件，也无力申报和进行有关课题研究。未想到退休后仍会有一些学校和同行，让我谈谈对国家外语教育改革的看法。最近，《外语电化教学》编辑部胡加圣先生向我表示，我们不仅要从内向外讨论外语教育政策问题，也要从外向内，从比外语专业更高更广的视角讨论外语教育政策，因而鼓励我从这个高度发表一些看法。我估计，这是因为教育部最近经常提到外语专业应当培养跨专业跨学科的人才。这是高校外语专业感到不太熟悉，也是最为头疼的要求。现按加圣先生的嘱咐，将曾经发表过的和最近想到的一些观点整理如下，望各位学长和专家指正。

## 2. 国家政策的全面规划和指导作用

2020 年末，我受邀参加了青岛大学召开的外语教育改革线上会议。我发言的第一点不是讨论外语教育改革的具体问题，而是要求主办方首先肯定国家有权了解和制定外语教育政策，指导我国中小学和高校的外语教育（胡壮麟，2021）。我之所以提出这个要求，是因为我曾接触过一些外语教师，他们认为中国的教育应当走西方教育的道路，独立自主，政府无权干预。这个片面认识不解决，我们在会上发表任何观点都会被认为是"不务正业"。

事实上，早在 1949 年以前，当时的上海市政府便规定上海的各个小学从三年级开始学习英语。

新中国成立后，人民政府便在全国准备教育改革。1952 年全国实行高校院系调整。我所在的清华大学改成工科大学，于是清华"外文系"下属的俄语组、英语组和法语组，分别合并到新北大的"俄语系"和"西语系"。这样，我原为清华大学外文系"英语组"的学生，那时又成为北京大学西语系"英语语言文学专业"的学生。这完全是国家政策起的决策和引领作用。

再进一步看，人们过去熟悉的"外文系"改成"外语系"，这是因为 1949 年以前强调"文学"教学，之后的"外语语言文学专业"强调"语言"教学，因而"语言"放在"文学"之前。我们也可以注意到自改革开放以来，教育部并没有放弃"外语语言文学专业"这个概念。

在此我要强调一下，不仅是奉行社会主义的中国政府，资本主义的西方大国政府也有自己的教育战略和政策。就美国的语言规划和语言政策而言，笔者曾在 20 世纪 90 年代初写过《美国的语言问题和语言政策》（1993）和《美国的双语教育》（1994）二文。2018 年，又写过《美国新世纪的语言规划和语言政策》一文。在该文中我曾提到自 20 世纪 90 年代至 21 世纪，美国的语言规划和语言政策主要表现在以下几个方面：美国共和党在国会中多次提出，在宪法中明确规定以英语为美国国家语言或官方语言，如"英语赋权法""英语统一法"，只是这些提案均未获通过。为了提高仅具备有限英语口语能力学生的英语水平，美国国会和政府先后将"双语教育法"改为"不让一个孩子掉队法""每个学生都成功法"，美国教育部则推出"英语习得、英语提高和学术成就法"。据报道，奉行这些政策后，美国学生的英语水平确实有所提高。美国宪法也容许各州政府拥有自己的语言政策和官方语言，自 1990 年以来又有 15 个州和地区把英语作为唯一官方语言，连前共计 29 个州和地区。

美国的汉语教育情况主要由美国教育委员会和美国外语教育委员会掌握。根据美国教育委员会 2017 年 7 月 1 日的调查报告，汉语作为外语日益受到重视。汉语在中小学的语言教学中已是第四大外语，使用人数还在继续增加。美国外语教育委员会则报道，美国有 4 000 所中小学开设不同类型的中文课，如选修课、高级预备课程、小学中的双语教学等，由各学校自行决定，主要教授简体汉字和标准普通话。此外，全国有 500 所民办中文学校，学生有 20 000 多名。规模最大的是 1995

年开设的华夏中文学校。至 2016 年底，美国已有 110 所孔子学院，在世界各国位居第一。

## 3. 专业方向 1：文学、语言、翻译

应该承认，我国 1949 年以前高校的外语院系以开设各种文学课程为主。即使学生没有从事文学教学、研究或翻译的意愿，也得通过学习文学课程来提高外语水平，即通过"走文学道路"学习外语。我本人中学时的志愿是长大后成为像萧乾那样的著名记者，但我考取上海复旦大学和上海圣约翰大学的新闻系后，一位邻居建议我先学好英语，才能成为奔跑于国内外的名记者，于是最后我选择了清华大学的外文系学英语。

我要进一步指出的是学外语小说不是学习外语的唯一道路。新中国成立前我所念的上海市私立圣芳济中学是所天主教学校，所采用的英语教材不是英美小说，而是美国记者 Washinton Irving 所编辑整理的散文集 *The Sketch Book*（《见闻札记》）。甚至 1953 年毛主席提出"三好"后，为了实现"学习好"，我首先想到的是复习中学时期那本教材 *The Sketch Book*。两年前，我为黄必康教授的《英语散文史略》积极作序，表达了我对他从事散文研究的赞许（黄必康，2020）。

1952 年全国高校院系调整，首次提出"外语语言文学专业"这个完整概念，虽然保留"文学"二字，但从排位上"语言"放在"文学"之前。其次，作为教学单位"外语语言文学系"简称"外语系"，不再是"外文系"。不难看出，国家对外语教学的目标，更为重视"语言"。

1953 年末，我有机会了解到北大有些文学教师向教育部提过意见，如何发挥北大的"文学"优势。教育部研究后同意 1954 年进校的新生有一部分可以"文学"作为重点培养。我认为，这是外语专业学生分为"文学"和"语言"两个方向培养的最早起因。改革开放继承了这个传统。

在本节标题中，我提到"翻译"，因为"翻译"二字很早便时断时续地出现在我的学习和工作生活中。早在 1950 年我考入清华大学外文系英文组后，系主任吴达元先生向我们新生谈话时，便明确告知我们，由于国家对外语，特别是"翻译"人才的迫切需求，我们这批新生是按"翻译"方向培养的，因此清华大学外文系将

不给我们开设过多的文学课程。事实的确如此。1952年秋，我便作为清华大学外文系本科生被借调至中国保卫世界和平委员会，参加新中国成立后的第一次大型国际会议"亚洲及太平洋区域和平会议"，担任代表人数达60多人的印度代表团翻译。毕业后，我先后在总参二部和中国农业科学院担任过"翻译"的职务。当时有一点我不太理解，不论是1952年的院系调整，还是20世纪70年代末的改革开放，教育部都只提"外语语言文学专业"，不提"翻译"。后来我从非正规渠道获悉，我国外语界的一些资深教授认为"翻译"只是实践，没有理论，不能成为专业方向（胡壮麟，2020）。

退休后，我在21世纪初了解到教育部已确认"翻译"的专业地位。我注意到，许多高校不仅设置了"翻译专业"，还成立了"翻译学院"。我也注意到，翻译研究具有很高的学术性和理论性。许多期刊均设有翻译研究专栏；专门的翻译研究期刊有《中国翻译》《上海科技翻译》《翻译季刊》《编译论丛》《上海翻译》《语言与翻译》《东方翻译》《翻译界》《外语与翻译》《译苑新谭》等。这说明翻译不仅是一门外语专业的教学课程，而且有值得重视的"翻译学"。这完全得益于教育部的英明之举。

我们国家最近制定了若干涉及"翻译"的新政策，如科学研究中强调"本土化和国际化"，既要让引进的国外先进成果能适合中国本土情况，发挥作用，也要将中国本土的先进成果向国外报道，获得国际上的公认。不难看出，"国际化"离不开不同语言的交流和相应的"翻译"。就我熟悉的语言学理论而言，我们熟悉国外学者的结构语言学、生成语言学、功能语言学、认知语言学等理论，并将这些理论"本土化"，但国外很少谈到中国语言学家的成果。不久前，我写过论文，谈及我的导师韩礼德的系统功能语言学理论有不少源自中国语言学家王力、罗常培、高名凯等的观点（胡壮麟，2018）。有的学者不赞同，其原因在于很少有人将中国学者的科研成果翻译成外语，在国外发表，因此国外学者不了解中国学者的成果。其次，有些问题要深入分析。韩礼德在论文中为什么不引用中国学者的成果？他有他的苦楚，一是他要多引用他的英国导师Firth的论著，二是20世纪50年代西方国家对新中国的仇视和歧视。我很高兴，为了支持"国际化"的政策，全国哲学社会科学办公室这几年启动了"中华学术外译项目"资助的政策。中国人民大学杨敏教授翻译我的《韩礼德学术思想的中国渊源和回归》一书已经立项。

我的再一个看法是，有必要分清外语教育和母语教育的区别。对上述问题之所以难以统一认识，在于有的外语教师过分强调走英美大学的道路，要求把中国大学的英语系按英美国家大学的英文系的课程设置处理。事实上，国外许多外语教师的认识比我们清楚。我曾经与美国圣巴巴拉加州大学的一位教授讨论。他认为美国大学一般设立"英文系"，因为英语是他们的母语，但汉语是外语，因此成立"汉语中心"。他们开设汉语课程的目的，是为国家和社会培养政治、文化、经济、贸易、旅游等方面懂汉语的人才。可见我们国家的"英语系"既不能办成与国外一样的"英文系"，因为英语在我们国家是"外语"，也不能办成和我们国家一样的"中文系"，因为英语不是我们国家的"母语"。

## 4. 专业方向2：文化和国别研究

1993年初，教育部外语处处长来北大，召集东语系、西语系、俄语系和英语系的系主任座谈，介绍说，"文化"的概念和作用比"文学"更为广泛深入，因而动员我们将传统的"外语语言文学专业"改为"外语语言文化专业"，管理单位由"外语语言文学系"改为"外语语言文化系"。遗憾的是，我们当时的认识远远跟不上教育部的领导，因而讨论的结果是，西语系和俄语系不同意；我作为英语系主任，害怕引起英语系的文学教师的不满，说了一句态度极不明朗的话："最好不要更改系名，但我们会服从教育部的最后决定。"令人钦佩的是东语系主任叶易良在会上明确赞同教育部的倡议，并在会议后与季羡林、陈嘉厚等进一步商量，最后把"东方语言文学系"改名为"东方语言文化系"。若干年后，听说又改成"东方学系"。

教育部处长来北大后没有多久，听说北京外国语大学和上海外国语大学虽然没有更改校名，但学校的英文名称分别改为"Foreign Studies"和"International Studies"。"北京语言大学"则一度改为"北京语言文化大学"。这些都说明我国的高校积极支持教育部的重大决策，也说明国家在制定全国政策时没有要求各校强制执行，让各校根据不同情况进行改革。这体现了"教育自主"的精神。

至于国别研究，我感受最深的是1996年我退休后，在北大外事处工作的领导郝平同志曾先后让英语系金衡山、刘树森、张华、马乃强、刘红中等成立"北京大学澳大利亚研究中心"，组织英语教师从事澳大利亚研究。尽管我已退休，学校仍动员我老有所为，挂名为中心主任，并为今后召开的一些研究会提供论文。应该说，学校和英语系领导的考虑和决定是正确的，找对了人，因为我在清华本科生期间便参加过"亚洲及太平洋区域和平会议"，具体负责接待印度代表团的工作；在总参二部整理提交过美国在太平洋地区进行氢弹试验的活动报告，也在《解放军报》发表过美苏军事力量对比研究的文章，后由《光明日报》转载（胡壮麟，1958）；在中国农业科学院情报室工作期间，正值国内粮食减产的困难时期，我对美国和印度等国的粮食生产情况和经验进行了研究分析，并亲自去中联部做了汇报。很高兴，我没有辜负各级领导的期望，能积极完成下交的各项任务，如 1998 年 10 月 23—29 日在北京大学召开"第六届中国澳大利亚研究国际研讨会"，我一人递交了两篇论文，"The west review: From the discussion paper to the final paper"和"East Asia crisis and Australia"，并在会后主编了《中澳合作的广阔前景》论文集（2000）。多年后，澳研中心负责人刘树森和刘红中又帮我出版了在各个会议上宣读的论文，共 15 篇，书名为《跨越太平洋——胡壮麟澳大利亚研究论文集》（2016）。

我还要汇报一下，单北大外语专业的学生毕业后就有不少从事与"国别研究"有关的工作，并做出成绩，如 1971 级的田小刚曾被派驻英国任公使衔教育参赞，1975 级的刘振民曾任外交部条法司司长，现任联合国副秘书长；1983 级的本科生于红先后任驻尼泊尔大使和文莱大使。这些都说明外语专业培养的学生能从事多种跨学科跨专业的工作。

## 5.　外语院系的设置和语种

我国高校外语院系如何设置？应该讲授何种外语？多少种外语？这决定于政治、科技、经济、社会等多种因素。最了解情况，且最有决定权的显然是政府部门和学校领导。

1950 年清华大学外文系录取的新生中，俄语组有 28 人，英语组有 11 人，法语组不到 10 人。这归因于当时的中苏关系，俄语受到年轻人的重视。学生的政治背景也大为不同，俄语组有一名预备党员和多名青年团员。在此背景下，班委和团支部都由俄语组同学担任，学英语和法语的学生都是群众。

1952 年高校院系调整是教育部领导的。清华大学、燕京大学、辅仁大学的外文系都合并到新北京大学的 3 个外语系。我发现，学俄语的学生数量最多，独立成"俄语系"；英语、德语、法语合成"西语系"下的 3 个专业；另有一个系就是原北京大学的"东语系"。可见，俄语之所以独立成系是由当时的政治、经济因素和学生数决定的。

20 世纪 50 年代末，中苏关系恶化，我国政府的外语政策有所调整，但没有公开，如北京外国语学院让部分俄语专业学生改学英语。

20 世纪 70 年代末开始改革开放，高校恢复高考，之后开始招收英语专业硕士生和博士生。从当时的一些措施看，英语已替代俄语成为第一大外语。教育部制定"请进来，派出去"的政策，首先在英语专业推行，一方面教育部与英国文化委员会谈妥，由英方派遣专家，如 Geoffrey Leech 教授和 Nuttal 女士来华，先后在北京、南京、上海、广州四地举办讲习班，培训中青年英语教师；另一方面，教育部通过全国统考，派遣中青年英语教师去英国、澳大利亚、加拿大等英语国家进修。中美复交后，美国成为接受进修人数最多的国家。随着政策的开放，有的教师自己与国外高校联系进修，有的本科生和研究生通过托福考试后出国学习。所有这些，再次促成英语替代俄语，成为我国最大的外语。我国中小学也相应地以英语教学为主。

不过，国家政策随着时代和情况的变化而变化，特别是建设"人类命运共同体"和"一带一路"倡议提出后，我们不仅要与西方大国保持联系，也要和其他国家建立良好关系，特别是"一带一路"沿线国家。这样英语以外的外语，传统上称作"小语种"，开始受到重视。教育部提出的"新文科，大外语"最能体现国家外语政策的调整。

以北京大学外语院系的建设和发展为例。1999 年北京大学正式成立"外国语学院"，下设"英语语言文学系""西方语言文学系""俄语语言文学系"和"东方学系"。随着国家和社会的需要，在新世纪又作了多次调整。到目前为止，除"英语语言文学系"和"俄语语言文学系"保持不变外，"西方语言文学系"已分成"法语语言文学系""德语语言文学系""西班牙葡萄牙意大利语言文学系"；原来的"东方学系"已分成"阿拉伯语言文化系""日本语言文化系""南亚学系""东南亚语言文化系""西亚语言文化系""朝鲜（韩国）语言文化系""亚非语言文化系"。可以肯定，这些变化或发展是在国家战略和政策改革调整的背景下出现的。但我们也可看到，北大成立不同系和对各系的命名是相当"自主"的。

在本节中，我最后就课程设置中的"第二外语"发表一些看法。我国高校要求外语专业的学生必须学习第二外语，这无可厚非。但我注意到，英语专业学生掌握第二外语的水平，一般没有非英语专业学生的第二外语学得好，因为后者的第二外语一般就是英语。他们往往在日后的工作中有更多机会使用国际通用语——英语，但更主要的原因是他们在中小学已经学过十年英语。为此，教育部和院校领导能否考虑给英语专业学生适当增加第二外语的学时。

## 6. 跨专业和跨学科

就"新文科，大外语"而言，上一节的讨论偏向于"大外语"。如果我没有理解错的话，"新文科"要求培养外语专业学生的跨学科、跨专业知识和能力，以便毕业后能从事其他专业的工作。这是外语教师较为苦恼的问题。谁都明白，当初年轻人之所以报考外语专业，一是出于对外语的喜好，二是对其他科目或是不感兴趣，或是成绩较差。

学校层面情况不一。给外语专业学生开设非外语专业课程，这个安排在综合大学好解决，因为综合大学的文理科的设置比较健全。外国语大学就比较困难了，这类学校缺乏理工科的师资。尽管我们倡导不同学校联合办学，但效果不太理想。据说，北京外国语大学曾和清华大学联合办学，发生了双方对培养目标和课程设置意见不太统一的情况；南京大学的英语专业曾培养过双学位的学生，不料学生毕业时要求毕业证书上只写英语专业，这更便于他们毕业后找工作。

这里，不妨仍采用"教育自主"的原则，即政府可以制定各项政策，最后由各个学校根据各自的条件执行或选用，不必千篇一律。各校主管外语教育的领导可以研究一些知识性的跨学科课程，供学生选学，但在学时上，即对必修课和选修课的学时要有控制，首先要保证第一外语专业的教学。

其次，外语教师应具有"语言智能"和"多元化智能"的认识，即在掌握学习外语的有关智能的基础上，也关注其他智能的学习和培养（胡壮麟，2007）。这就是说，多元智能不仅有助于外语学习，也有助于帮助学生学习和掌握其他专业知识。例如，逻辑智能可以帮助外语专业的学生学好"语法"，也有利于掌握其他专业的知识体系，特别是计算语言学，或与理工科有关的工作；空间智能可以帮助学生在不同语境中应用外语，也可以在进行其他工作时，提高应用能力。

再次，有关学校和院系领导应善于调查情况，总结各方面的正负经验，如北京大学教务部早在改革开放初期，解散英语专业的公共英语教研室，把公共英语教师三三两两分配到全校各个院系，让他们编写结合这些专业的英语教材并进行教学。这个设想有一定可取之处，但对不懂这些专业的英语教师难度很大。1983年英语系从西语系下独立成系时，这些公共英语教师又被全部召回到新成立的英语系，其原因不详。前几年，清华大学也让公共英语教师脱离外文系，成为独立单位。我不清楚，他们是否曾向北京大学了解情况，交流经验。

有关单位的领导也可以主动向有关专家请教跨学科跨专业的教学经验。据我所知，国内外著名计算语言学家冯志伟先生在北大原来是学汉语的，现在成了编制计算机翻译程序的专家。他的成长过程值得我们学习。

# 7. 国际化汉语

尽管本文讨论的是国家外语政策，"国际化汉语"或"对外汉语"也应受到我们关注。一方面我国高校已陆续招收国外留学生，首先要解决汉语教学的问题，对这些外国学生来说，汉语成了外语。另一方面，我们与许多国家合作建立"孔子学院"，虽然主旨是教授汉语和中国文化，但在实际工作中离不开我国高校外语工作者的参与。

我在《改革永远没有句号》一文中，曾就教学方法发表过意见（胡壮麟，2021）。中国传统的语文教学强调"背诵"，即"熟读唐诗三百首，不会作诗也会吟"。为了更好地培养国外学生，也应学习和掌握一些国外的教学方法，如交际教学法、功能教学法、认知教学法、语篇教学法等。其次，在介绍或教授中华文化时，应实事求是，不要给人以夸大宣传之感，同时也应熟悉、尊重有关国家和民族的文化和习俗。只有这样，才能让国外人士了解"人类命运共同体"的倡议。

不久前，联合国下文推荐汉语为全球通用语之一，这一重大决策更应引起我们重视。

结合"国际化汉语"，顺便谈谈社会上不时提出的保持汉语"纯洁"的争论。这牵涉到汉字准备走多远的战略思想，具体说，如何实现"汉语国际化"。我们知道世界上三大语言为汉语、英语和西班牙语。英语国家主要有英国、美国、加拿大、澳大利亚和新西兰等，但人口总数没有超过中国讲汉语的 14 亿人口和分布在世界各国的 6 000 万讲汉语的人口。由于许多国家把英语作为第二语言，懂英语人口总数又超过了讲汉语人口总数，因此英语成为"国际通用语"（international language）或"全球通用语"（global language）是最佳选择。有专家研究，英语之所以受到欢迎，在于它不强调"纯洁"，能从其他国家的语言吸收词汇（Dorren, 2014）。限于篇幅，我只举以下例子：

源语　→　英语
德语　　　noodle（面条）、seminar（研讨会）、blitzkrieg（闪电战）、quartz（石英）、queer（奇怪的）等
法语　　　air（空气）、place（地方）、hostel（招待所）、very（非常）、castle（城堡）、author（授权）、glamour（魅力）等
意大利语　spaghetti（意大利面）、libretto（剧本）、portico（柱廊）、bank（银行）、manage（管理）等

"汉语纯洁论"者未注意到，汉语的发展也反映了中华民族与不同文化、不同国家、不同民族的交流和融合过程。秦始皇统一汉字的功绩应该肯定，但统一后的汉语在和不同民族语言和方言接触中，还是有变化的。根据刘正埮等（2015）编辑的《汉语外来语词典》，现代汉语中的"干部、指导、社会主义、市场、经济、人权、哲学、金库、美学、背景、环境、医学、艺术、入场券、下水道"等均从日语引进，达 1 000 多词。其实，清朝后期中国也派遣不少人士出国，但他们在引入西方词语时的翻译理念强调"译音"，如"沙发、德律风、巧克力"等，而日本强调"译意"，他们发现选用日语中的"汉字"更能达到这个目的。

## 8.　结束语

我在本文中讨论国家外语教育政策，涉及不同国家、不同政府部门、不同学校、不同时期、不同视角。总的来说，表达了如下观点：第一，我国的外语教育需要国家政策的指导，原因很简单，政府领导站得高、看得远，能及时组织人员总结经验、采取措施。第二，各个省（区、市）、各个高校在国家政策指导下的"教育

自主"应该肯定，这决定于教学的不同背景和条件。这要求上下互相沟通、互相支持。为了实现"人类命运共同体"和"一带一路"倡议，我们的外语教育政策应当了解不同国家、不同地区、不同民族的外语教育政策和经验，应当虚心学习。任何完美的战略和政策毕竟是在充分思考和讨论，并在实践检验中获得成功的。第三，贯彻政府政策并非全盘否定"教育自主"，政府部门需要更了解基层的具体情况。从基层单位和外语教师的角度来说，应主动向领导反映实际情况，协商解决问题。第四，需要分清党和政府的政策与个别领导言行的关系。在出现矛盾时，应以正式文本为据。

## 参考文献

［1］ Dorren, G. Lingo: *A Language Spotter's Guide to Europe*［M］. London: Profile, 2014.

［2］ 胡壮麟. 美国军事科学哪些落后于苏联?［J］. 解放军报，1958.

［3］ 胡壮麟. 美国的语言问题和语言政策［J］. 北京大学学报：英语语言文学专刊，1993.

［4］ 胡壮麟. 美国的双语教育［J］. 外语与翻译，1994(1).

［5］ 胡壮麟. 中澳合作的广阔前景［M］. 北京：北京大学出版社，2000.

［6］ 胡壮麟. 从多元符号学到多元智能［J］. 外语与翻译，2007(4).

［7］ 胡壮麟. 跨越太平洋——胡壮麟澳大利亚研究论文集［C］. 北京：北京大学出版社，2016.

［8］ 胡壮麟. 美国新世纪的语言规划和语言政策［J］. 浙江外国语学院学报，2018a(2).

［9］ 胡壮麟. 韩礼德学术思想的中国渊源和回归［M］. 北京：外语教学与研究出版社，2018b.

［10］ 胡壮麟. 对外语学科人才培养的若干认识［J］. 当代外语研究，2020(1).

［11］ 胡壮麟. 改革永远没有句号［J］. 中国外语，2021(1).

［12］ 黄必康. 英语散文史略［M］. 北京：外语教学与研究出版社，2020.

［13］ 刘正埮等. 汉语外来语词典［M］. 北京：商务印书馆，2015.

# 第二部分

# 中外学者

# 韩礼德的中国梦 [1]

## 1.　中国梦的提出

2015 年 4 月 23 至 26 日，北京师范大学召开"韩礼德—韩茹凯语言学国际基金"成立仪式专题报告会暨第 14 届功能语言学学术研讨会，我在大会上宣读了论文"The Standardization of Chinese Characters – An Eco-linguistic Perspective"（汉字的规范化——生态语言学视角）（胡壮麟，2015）。在宣读论文之前，我做了一个即兴发言，主要是说给坐在台下第一排的韩礼德先生听的，其内容大致是说时下中国流行一个具有正能量的词语——"中国梦"。不同阶层的中国人民各有自己的中国梦来激励自己。接着我说，我认为韩礼德也有中国梦，他期待中国语言学研究的进一步发展；为此，他曾经严厉批评过我，认为我没有带头深入研究汉语。因此，我准备宣读的论文是一个为他圆梦之举。会后静下心来，发现我把问题复杂化了，外国人能做中国梦吗？凭什么理由要韩礼德做中国梦？他如果有中国梦，它表现在哪些方面？这成了我心中纠结的问题。现在看来，这些问题不难回答，或者说，韩礼德自己早就回答了。情况是这样的：

2013 年国际性出版社 Bloomsbury 公司出版了一本新书，书名为 *Interviews with M.A.K. Halliday — Language Turned Back on Himself*（《韩礼德访谈录汇编——韩礼德畅谈自我》，以下简称《汇编》）。编者 J. R. Martin 汇集了自 1972 至 2011 年各国学者与韩礼德访谈后整理发表的访谈记录，共有 14 篇，仅最后一篇 Martin 和

1　胡壮麟. 韩礼德的中国梦［J］. 中国外语，2015(6): 15–19.
　　本文承蒙李战子教授、杨敏教授和陈文绮女士提出宝贵意见，谨致谢意。

Thibault 一起对韩礼德的访谈直接收入《汇编》。值得注意的是，就韩礼德与中国的关系而言，我们过去只模糊地知道他是罗常培和王力的学生，他在中国的北京和广州被"解放"过两次，他的博士论文写的是《蒙古秘史》等。再往深一步，就卡壳了，他本人不谈，我们做学生的也不好问。在 Martin 主编的这部《汇编》中，我们会很快发现，自 1998 年起，不论是外国学者，还是中国学者，都追问他早期的经历，如韩礼德学习和研究汉语的起因，他在中国的经历，他对中国语言学研究的观点，他对罗常培和王力以及中国语言学传统的评价，以及他和英国共产党的关系，等等。同时，我们也会发现，时代变了，国际形势变了，韩礼德本人也退休了，他对每个问题基本上都能回答，毫无掩饰之感。究竟如何，请看下文。当然，篇幅有限，本文只整理汇报与他中国梦有关的主要内容。

## 2. 与中国结缘的初始

如上所述，我们一般认为，韩礼德与中国结缘始自新中国成立前后他在北京和广州学习的那段经历。其实不然。1986 年，当 Hasan（韩茹凯）、Kress 和 Martin 三人在访谈时（Martin，2013: 95），Martin 问韩礼德为什么会去中国学习，韩礼德爆出冷门，说他 4 岁就想去中国。在 4 岁时他写过一个小男孩去中国玩的小故事。其真实性由当时在场的他的夫人 Hasan 佐证，Hasan 说韩礼德的妈妈曾经给她看过她儿子幼年时亲笔写的那个小故事，很生动（ibid: 96[2]）。这里需要补充说明的是，韩礼德的语言天赋得益于家庭氛围。他父亲是中学德语和拉丁语教师，精通语法；他母亲是法语教师，能讲一口流利的法语（ibid: 183; 204; 255）。

第二个情况是，1942 年第二次世界大战战火正浓，英国军方与伦敦东方和非洲学院（The School of Oriental and African Studies in London，SOAS）合作举办外语短训班，培养汉语、日语、土耳其语和波斯语的学生，以适应战事发展的需要。那时，韩礼德正好 17 岁从高中毕业，便前往伦敦应试。测试的内容有二，一个是测试一般的语言天赋能力，考查应试者能否破解一些人造的语言；另一个是测试考生能否记住并背诵不同声调的单音节。韩礼德的应试目的很明确：想学汉语，实现他

---

2　即"Martin，2013: 96"。本文所述内容凡引自该文献者，均省略"Martin，2013"。

幼时的心愿。由于他能很好地辨别一些体现汉语升降特征的单音节，他以优异成绩通过了该考试。那些对升降特征辨别不清的应试者，便被分配去学波斯语或其他语言（ibid: 205; 252）。在伦敦东方和非洲学院培训了18个月后，韩礼德便由军队分配到印度加尔各答，从事反谍报工作，从那个据点了解中国的战事。具体任务是检查来往中国的信件和物品，并盘问出入境人员。他们也通过在重庆的英国武官获得情报，核查情报是否正确，核实后向英国总部汇报。他与一位王姓中国情报官合作，大部分时间用汉语和中国人打交道，看中文，讲汉语（ibid: 149; 204; 253）。

1945年，英国军方满以为与日本的战争还要打上若干年，需要为陆海空三军继续培养更多懂外语的军人，便抽调一些学习好的尖子回英国当培训班教员。第一批4人除韩礼德外，还有 Johnny Chinnery（后任爱丁堡大学中文系主任）、Cyril Birch（曾在美国伯克利大学任教）和 Henry Simon（后在墨尔本大学任教）。在军队教汉语的两年中，韩礼德多次听到过 Firth 的名字，并得知当年的考试题就是他草拟的，但与 Firth 无直接接触。这时，他虽然不太了解语言学这门学科，但通过教学，开始意识到某些与语言学有关的问题，例如，在上课时思考如何把一些问题讲清楚，如何了解汉语的语法和结构，甚至自己也曾想研究这些问题（ibid: 97）。

与此同时，伦敦大学中文系教授 Eve Edwards 和高级讲师 Walter Simon 为了培养日后可以从事语言教学和研究的人才，让韩礼德等人上午给培训班的军队学员教课，下午学习伦敦大学中文系的课程，并特地把这些给正规学生的课程都安排在下午。听课者可以专攻古汉语，也可以专攻现代汉语。根据自己的兴趣，韩礼德听了很多现代汉语课，其中一些课程往往使用汉语对话（ibid: 98）。

## 3. 在南京获得英国本土的学士学位

巴基斯坦学者 Rasheed 在 2010 年访谈中请韩礼德说明他是如何在中国获得伦敦大学学位的，韩做了如下的回答。

1947年韩礼德离开英国军队后，决定继续学习汉语，也意识到最明智的安排是直接去中国学习。但是他没有学位，因为军队是不授予学位的。碰巧上面提到的高级讲师 Walter Simon 认识当时的北京大学校长[3]，便给他写信，希望他能接受韩礼

---

3　1946 年 9 月—1948 年 12 月的北京大学校长为胡适（百度）。

德去北京大学学习，并解决部分生活费用。校长把韩录取为中文系学生，并让他去英语系教书。韩礼德便在英国申请 F.E.T.S.（Further Education and Training Scheme）奖学金，解决飞往中国的机票费用，终于到了北京大学（ibid: 99）。

韩礼德在北京大学中文系主要学习文学和古文，但他当时主要准备申请伦敦大学的校外学位，该大学可以让英国公民在世界各地申请。因此，在北京大学学习一年后，1948 年韩便飞往南京，在英国总领事馆应考。考卷内容包括语言和文学，以及从公元前 1500 年至当时的中国文学史。有一道考题，需要应试者自己选择介绍一位当代中国作家。正好韩礼德与一位上海的中国作家有过来往，回答切题，因此顺利地在中国获得由英国本土颁发的现代汉语学位（ibid: 206）。

即使在这个时刻，韩礼德仍未考虑自己今后的发展，具体说，那时他还没有考虑是否要继续念研究生。他在上海的一家国际性的"中国工业合作社"（Chinese Industrial Cooperative）找到一份工作，任务是出差去西北农村。其背景是，二次大战时期中国许多城市被日本侵略军占领，西方国家便帮助中国在农村建立工业基地。抗战胜利后，继续存在的基地还有 350 个。韩礼德与一位中国会计前往这些基地一一调查核实，用英语写成报告，以便合作社总部向英国、澳大利亚、新西兰等国收取费用。当韩礼德在中国西北一个小村庄工作时，突然收到一份在路上走了 3 个月的国内来信，告诉他已经为他申请到攻读研究生的奖学金。韩礼德本人事先没有申请，但伦敦大学中文系的 Eve Edwards 教授看到韩礼德在南京的境外考试成绩后非常满意，考虑到该校非常需要这方面的人才，便代韩礼德申请获得了这个政府奖学金。看到信上说了"立即回京"，于是他花了 5 天时间从农村一路搭车到兰州，再从兰州飞到北京，那时解放军尚未占领机场，北京还在国民党统治之下。

## 4. 北京大学和岭南大学的研究生

由于英国政府提供了奖学金，韩礼德在 1948 年 11 月向北京大学再次申请入学。此时，他在语言和文学之间做了最后选择，决定学习汉语和语言学。他找到曾经给他上过课的北京大学语言学教授罗常培先生。罗同意接受他为研究生，并让他听历史语言学和汉藏语系的课程。韩礼德除听课外，还跟罗常培一起写论文，参加学术研讨会。这是他接触语言学的开始。

在北京大学学了 6 个月后，韩礼德决心研究现代汉语，具体是研究汉语的方言。对此，罗常培先生建议他学习共时语言学，并介绍他找王力先生学。韩礼德原以为当时王力也在北京大学工作，事后了解他远在广州。这时北京已经解放，广州还没有也不知何时解放，中原地区战事频频，难以从北京直达广州。于是韩礼德先坐船至韩国，换船至香港，再从香港进入国民党统治的广州，终于见到了时任岭南大学文学院院长的王力。

作为岭南大学研究生的韩礼德主要随王力在珠江地区进行方言调查，即粤语的不同种类。韩礼德把这项工作看作王力对他进行对方言的音系学田野调查的培训，如让他写方言调查提纲。王力还让他分析不同声调，并认为他是小组中分辨能力最强者。此外，韩礼德也有自己的语法调查大纲，收集了大量标准粤语的句子。韩礼德在岭南大学学习 9 个月并收集到大量语料，作为他回国攻读博士学位研究课题的语料。第二年 5 月韩礼德回到英国（ibid: 103；206）。

# 5.　韩礼德学术思想的来源

在进入本节主题之前，有必要先交代两个背景。第一个背景是韩礼德本人在 20 世纪的早期著作中，很少谈到中国的语言学以及他的导师罗常培和王力。国外语言学界普遍认为韩礼德语言学思想来源于以马林诺夫斯基（Malinowski）和弗斯（Firth）为代表的伦敦学派，以瓦斯切克（Vaschek）为代表的布拉格学派，和以叶尔姆斯列夫（L. Hjelmslev）为代表的哥本哈根学派，其中以伦敦学派居首。我本人也接受过这个看法（胡壮麟等，1989: 12）。第二个背景是尽管我本人受了上述观点的影响，内心里还在琢磨韩礼德是否真的没有受到中国语言学的影响。为此，我把王力的论著和韩礼德的论著进行了对比，结果发现两人在语言观（语言的社会性和合法性、语法的普遍性和特殊性、语法与语义）、研究方法（把语篇作为研究对象、口语和书面语的结合、主要语法单位、语言是一个多层次系统、盖然的思想）、衔接理论（照应、省略、替代、连接、词汇搭配）、语法范畴（情态与意态、被动语态、词类划分、动词的及物性）等许多方面基本上是一致的或相似的（胡壮麟，1991）。由于韩礼德本人没有说明他的思想来源，我也不便问他，只能从举例上告示读者王力的思想发表在先。作为王力的学生，韩礼德有很大可能看到过有关材料。

如今在《汇编》后面的几个访谈中，我注意到韩礼德对上述疑点的表述已日趋明朗，即他不再回避中国语言学传统对他的影响。

1985 年，在回答 Paul Thibault 的提问时，韩礼德就谈到中国音韵学传统对语言从韵律特征进行解释，有不少值得学习之处。他认为 Firth 的观点与王力很接近，在其他层次也是如此，即两者都不是按最小成分进行分析，因为中国学者是非常高度概括的理论思想家，能够创建一个抽象的音韵学模式，这是非常特殊的技术的语言层次（ibid: 91; 92）。

1986 年，在回答 Martin 的提问时，韩礼德认为他参加王力主持的方言调查把他真正引向语言学。他非常感谢王力让他研究语音学和音系学。韩礼德进一步指出社会语言学也是王力教他的。这使他了解到有关社会和文化语境的完整的语言概念。这时，韩礼德谈到他是在王力那里第一次看到 Firth 的“Personality and language in society”这篇文章（Firth, 1957），这说明中国语言学家对国外情况非常了解。王力作为方言学家，对地区方言特感兴趣，但他也关心方言的范式变化及其社会背景、中国标准语言的传播以及不同方言之间的接触范围（ibid: 101; 102）。

这时，Kress 对中国语言学的水平仍有一定怀疑，提出能否把中国语言学看作源自欧洲语言学的传统。韩礼德在回答中首先指出中国语言学家，特别是王力，对中国传统最了解。例如当时韩礼德自己最感兴趣的是王力写的《汉语语音史》，非常精彩，从 1 世纪写到 10 世纪，既有本土的发展，也有 7 世纪印度学术的影响。Firth 是后来才继续这方面研究的。至于有关欧洲的历史语言学知识，韩礼德是从罗常培那边学到的，其次韩礼德自己也学习过苏联的 Marr 语言学。Marr 认为语言史的传统观点是从一个共同祖先分化出来的，王力并不同意，而更多地倾向趋同（ibid: 103）。

1998 年，在英国 Cardiff 大学召开的第 25 届系统功能语言学大会上，Manuel Hernandez 在访谈中仍然流露出韩礼德的语言学思想发源自 Firth 的看法。韩礼德立刻说：“我最早是在中国由两位杰出的学者教我语言学的，特别是其中的一位帮我打下了现代语言学和音系学的基础。那是王力。”王力教了他许多东西，包括中国的语言学传统。这是他语言学知识的第一个输入资源。“当我回到英国后，才跟Firth 学，因此 Firth 是第二个输入资源。”在这个情况下，Hernandez 才要求韩礼德深入介绍中国语言学传统如何影响他的学术思想。韩礼德说这包括两个方面。第一个直接来自中国语言学史，它有两千多年的传统。早期的中国学者主要是音韵学家，一千年后才与印度的音系学家有接触，但背景不同，印度的音系学基于语音学，而中国的音韵学是非常抽象的系统，因为没有语音学。第二个方面来自他的导师王力，他既是语法学家，也是音系学家和语音学家，还是方言学家。王力教了他非常有价值的方言调查方法，也教了他基础理论（ibid: 149; 150）。

到了 2008 年，韩礼德还是这个看法。他一方面承认他与 Firth 有很多相通之处，有人把他叫作 Firth 主义者或 Firth 学家，但他的基础不仅仅是 Firth，他受中国的一位教授影响很大，那就是王力（ibid: 208）。

《汇编》主编 Martin 在 2011 年让韩礼德解释他为什么对不是他母语的汉语在口语或书面语都很敏感，甚至调查时有时不用记录。韩礼德解释说王力的音韵学发挥了作用，王力让他做过声调分析（ibid: 255; 256）。

我本人于 2009 年在北京由清华大学承办的第 36 届国际系统功能语言学大会上，曾提问韩礼德有关他最初研究汉语后来改为英语的情况。他如果继续研究汉语，是否会影响系统功能语言学的发展。他回答说他研究语言学最初是受中国老师的帮助，因而能独立研究语言。他认为所有语言都要求依据语言学理论来进行描写。至于研究汉语还是研究英语，这是一个体制的问题，不是语言系统的问题。他的研究之所以从汉语改为英语，那是他所在的单位不能给他提供汉语研究的资源，而且在英国搞汉语研究的语言学家为数很少（ibid: 197）。类似的思想他在 1986 年也谈到过。他当时与王力一起搞方言调查时，收集了大量语料，带回英国。他打算把这些语料作为博士论文选题，但这个研究计划未被通过，使他内心很受挫（ibid: 103）。


# 6. 英共马克思主义语言学小组

韩礼德曾经是英国共产党马克思主义语言学小组的成员。乍看起来，这是韩礼德自己进步思想的表现，与本题的中国梦无联系。在深入讨论这个命题之前，我先讲述一个我曾经听到过的传闻，尽管我现在已记不清是从何人何时何处听到的。当韩礼德从香港来到广州后，没有多久广州也解放了。有人说，当广州人民在街上欢迎解放军入城时，有人看到韩礼德也拿着小红旗欢迎解放军。据说人们对此有不同评论。有的认为他同情中国革命，有的认为他是英国人，不可能赞同中国革命，因此是伪装革命。究竟如何？这么多年，我没敢问一下韩礼德。

倒是巴基斯坦学者 Rasheed 在 2010 年首先问"中国发生内战，你的学习受到影响了吗？"韩礼德回答说："大家都会受到影响，但我没有因此而影响学习。"Rasheed 接着问他回到伦敦后，是否遇到共产党的问题。这时，韩礼德侃侃而谈了："首先，当然要澄清的是，我参加了，我认为中国发生的事对中国的发展是非常需要的，因而我想到中国的革命是否也适合于英国。我在英国共产党内活跃多年。问题是我发现既要积极参加政治活动又要做学者是有矛盾的。两者不能兼顾，因此我认为与做一个政治家相比，自己做一个语言学家会做得更好，会有更大的贡献。"此后，Rasheed 问他这段经历对他的学术有何影响。韩礼德认为有。那个时期是麦卡锡时期，美国的一位参议员在美国鼓吹的冷战思维波及欧洲。韩礼德本来可以在伦敦大学攻读博士学位，由于他拒绝表态不参加英国共产党而未被录取，最后在思想比较自由的剑桥大学入学，但剑桥大学没有语言学导师，同意他请伦敦的 Firth 做他的非正式导师（ibid: 206）。由于同样的情况，他无法在伦敦东方和非洲学院找到工作（ibid: 104; 105）。

尽管如此，在英国共产党马克思主义语言学小组的经历有助于他语言学思想的发展，具体表现在"语域"（register）思想的建立。作为一个政党，要分析后殖民主义社会、去殖民化、民族语言的发展等问题，这就涉及语域。再进一步说，语言的功能变异和新的民族语言所引起的问题都需要发展技术性的语域，如法律语言、政府语言等（ibid: 184）。

## 7.　在圆梦的道路上

以上各节从不同方面介绍了韩礼德的中国梦，具体表现在韩礼德的中国经历既是韩礼德学术思想的一个主要来源，也勾画了他政治思想的形成过程。本节主要说明中国不仅帮助韩礼德构建了这样那样的梦想，也试图说明韩礼德正处于圆梦过程中，有些梦想已经变为现实，有的已成为韩礼德对中国语言学界的回报。

首先，韩礼德不仅肯定了中国语言学的优秀传统，也肯定了当代中国语言学的成就。2006 年，在接受 Anne Burns 的访谈时，他说到系统功能语言学的类型学提供了一个镜片，人们可以借此研究其他语言。由于他和中国的特殊接触，他知道中国语言学者已做了大量的应用语言学的研究。他早期的中国同事虽然都是英语专家，但他们从 20 世纪 80 年代开始研究汉语，做了大量研究（ibid: 188）。

2013 年的访谈更有趣和令人鼓舞。先是访谈者 Martin 提出如下的观点：今天在中国研究系统功能语言学的人数比世界其他地区的总和还要多，具有博士学位的第一代系统功能语言学家已经自己培养博士生，因此请韩礼德谈对中国语言学未来发展的看法。韩礼德就 Martin 的观察补充说：第一，"不光是第一代，而且是下一代，他们的学生也走上来了，学生的学生，这是很了不起的。"[4] 第二，在某些学校，特别是那些能直接传授系统功能语言学的学校，学生都有很好的基础。韩礼德特别提到，2010 年 11 月他去广州中山大学参加一次学术会议，见到新一代的学生和年轻的常晨光院长。他感觉中国学生的视野打开了，不是说"我们被告知怎么做"，他们会自己选择研究课题，有他们自己的观点。他和这些学生讨论得很深入，认为他们有更多的创见。研究工作就是要探究问题。他相信这个趋势会继续下去。第三，从适用语言学的视角，中国语言学要研究的问题很多，应用也需要理论的支持，因此 Martin 和其他国外学者在中国投入时间和精力是重要的。韩礼德在这里实际上是鼓励他们继续圆他的中国梦。最后，韩礼德提出，中国使用汉字，汉字不仅影响中国人的思维，也关系到他们有关语言的经验，因此，语言学家必须考虑汉语的历史、中国人自己对语言的看法以及中国人对语言的经验，因为各有各的语境（ibid: 246; 247）。看来韩礼德所盼望的圆梦者后继有人！

谨以此文缅怀已故的罗常培先生和王力先生！

## 参考文献

［1］ Firth, R. Personality and language in society［A］. *Sociological Review*, 1957(42): 37–52.

［2］ Halliday, M.A.K. With Ruqaiya Hasan, Gunther Kress, and J. R. Martin［A］. In Martin (ed.). *Interviews with M.A.K. Halliday — Language Turned Back on Himself*［C］. London/New York: Bloomsbury, 2013; 1986: 95–134.

---

4 原中国功能语言学会会长、中山大学外国语学院黄国文教授已当选为国际系统功能语言学学会执行委员会主席。

韩礼德的中国梦

[ 3 ] Martin, J. R. *Interviews with M.A.K. Halliday — Language Turned Back on Himself* [ C ]. London/New York: Bloomsbury, 2013.

[ 4 ] 胡壮麟，朱永生，张德禄. 系统功能语法概论 [ M ]. 长沙：湖南教育出版社，1989.

[ 5 ] 胡壮麟. 王力与韩礼德 [ A ]. 北京大学学报：英语语言文学专刊，1991(1): 49–57. 分别收入：纪念王力先生九十诞辰论文集 [ C ]. 济南：山东教育出版社，1991; 中外学者论王力　龙虫并雕，一代宗师 [ C ]. 张谷，王辑国编. 南宁：广西教育出版社，1993; 功能主义纵横谈 [ C ]. 北京：外语教学与研究出版社，2000.

[ 6 ] 胡壮麟. The standardization of Chinese characters – An eco-linguistic perspective [ J ]. *Chinese Semiotic Studies*, 2015(2): 123–133.

# 吾师韩礼德先生的为人和治学 [1]

韩礼德先生于 2018 年 4 月 15 日悉尼时间晚 8 点去世，享年 93 岁。我的导师韩礼德先生走了，永远离开了。噩耗传来，悲痛难抑。种种思绪，涌上心头。这里汇报一下我亲身经历和目睹的先生为人和治学的优良品质。

## 1. 指导学生宽严结合

1979 年 1 月，中国的 9 名中青年教师通过教育部在全国的选拔考试后，由教育部派遣去澳大利亚悉尼大学进修。出国前，这批学员曾在北京语言大学集训。集训期间学员曾就此次出国是否需要攻读学位进行过热烈讨论：一部分教师认为出国主要是提高英语水平，应找更多机会与当地居民多接触，不必花时间用在读学位上；一部分教师认为当了一二十年的教师，由于国内高校没有学位制，始终没有机会攻读学位，如果不抓住这次机会，以后就没有机会了，再说，他们出国不光是提高英语水平，更主要的是回国后要接各校老教师的班，开出几门语言或文学的专业课程，特别是研究生课程，以提高我国高等教育的水平。事后，教育部对这个问题表态，不作硬性规定，由进修老师自己决定。

抵达悉尼大学后，我和另两位老师决定就读语言学系。报到当天，系主任韩礼德先生便要求我们攻读硕士学位，不仅是选修所读学位规定的研究生课程，而且

---

1 胡壮麟. 吾师韩礼德先生的为人和治学［J］. 浙江外国语学院学报，2018(5): 12-15.

要我们比澳大利亚本国研究生多选两门课程。我们正在困惑之际，他耐心解释道："我了解中国大学的水平，也了解中国学生的勤奋。我相信你们能完成学习任务。"他又进一步开导我们："澳大利亚的研究生有的是在职教师，有教学任务；有的是年轻学员，要打工挣自己的学费和生活费。你们中国留学生享受政府奖学金，能全心学习，多学几门课应该没有问题。"这样，我和原西南师范大学的龙日金在一年内学完所有课程并完成学位论文，达到获得"普通文学硕士"学位的要求，并在第二年进一步攻读要求更高的另一个学位"优等文学硕士"。能获得这个成果，是我始料未及的。

悉尼大学研究生课程一般采用课堂讨论法（seminar），由一两位学员先做准备，在课堂上给其他同学介绍该周课题内容，然后相互讨论，最后由授课讲师作总结，回答问题，并补充讨论时未提到的重要内容。在听韩礼德先生的语言学课程时，我们中国学员喜欢结合汉语的实际问题要他回答。虽然他也回答了一些问题，但他更多的是对我们提出这样的看法，大意是：这是 seminar，你们不要老等着我回答，你们应该自己互相发表意见和讨论。你们都是 postgraduate，用汉语说，是研究生。研究生就是要学会研究问题，不是光听老师讲课、记笔记。毋庸置疑，他的这些指导让我终身受用。

## 2. 正确对待他本人的学术渊源

就我个人而言，1979 年 1 月我在悉尼大学选择攻读语言学这一决定基于两个原因。第一个原因是改革开放后，20 世纪 60 年代兴起的乔姆斯基的转换—生成语法，即后来的生成语言学，开始传入中国。我与北京语言大学的方立老师和北京外国语大学的徐克容老师曾介绍过乔姆斯基的语言学理论（方立等，1978）。这次去澳大利亚正好可以学习一些正规的生成语言学的课程。第二个原因是社科院语言所赵世开先生获悉我要去悉尼大学后，专门找我交谈过一次，其内容是国内语言学者对英国的伦敦学派不甚了解，听说悉尼大学语言学系的系主任 Halliday 是伦敦学派创始人弗斯的学生，因此希望我好好了解伦敦学派，给国内作些介绍。

在与韩礼德先生接触过程中，我提出上述问题。对转换—生成语法，韩礼德的回答很干脆："我不熟悉转换—生成语法，我们系也没有开设这方面的课程。"对于第二个问题，他的回答稍显模糊，说他的语言学系没有专门开设有关伦敦学派的课程，但通过其他课程可以了解一些伦敦学派的内容。就这样，我在悉尼大学的两年时间，再也没有接触转换—生成语法。我回国后所写的论文中，也没有专谈伦敦学派的文章。

1991 年北京大学中文系举办庆贺王力先生九十周年诞辰学术研讨会，邀请我参会，并提交论文。为此，我仔细拜读了《王力文集》的论著。我当时的体会是既熟悉，又亲切，那是因为王力先生的观点与韩礼德的系统功能语言学有不少共通之处，于是写了一篇《王力与韩礼德》的论文（胡壮麟，1991）。但在那时我脑海中根深蒂固的思想仍是把韩礼德看作弗斯学派的传承人，因此没有进一步思考王力和韩礼德的学术联系。

1977 年至 2011 年间，韩礼德先生曾多次接受各国学者访谈，其中的 14 次由他的学生 James Martin——悉尼大学语言学首席教授——编成《韩礼德访谈录汇编：韩礼德畅谈自我》一书（Martin，2013）。这时，我才注意到韩礼德在多个场合用他自己的方式阐明，他的学术渊源来自中国。例如，当一位学者在访谈时流露出韩礼德的语言学思想来自弗斯时，他立刻把话题转到王力和罗常培："我最早是在中国由两位杰出的学者教我语言学的，特别是其中的一位帮我打下了现代语言学和音系学的基础，那是王力。"他还特地明确指出王力是"第一个输入资源"，"弗斯是第二个输入资源"（Hernandez，1998，转引自 Martin，2013: 147-160）。在另一次访谈中，韩礼德使用了被动语态"I was called a Firthian by my friends."，这意味着，他自己并没有这么称呼，是他的一些朋友这么称呼的（Rasheed，2010，转引自 Martin，2013: 208）。

顺便补充一下，我当年在他办公室谈话时，他从书架上拿下一本高名凯先生的著作跟我说，"名凯的书值得一读"。惭愧得很，我当时没有在意，忙着看其他国外的学术著作。即使我 2011 年又参加北大中文系的"纪念高名凯先生辰诞 100 周年"的学术研讨会，并写了论文（胡壮麟，2011），仍未给予足够的关注。过了 5 年，在我系统整理韩礼德先生的学术渊源时回首和对比了两人的学术思想，才意识到高名凯对韩礼德的影响，也意识到韩礼德当时和我谈话的深层意义。

所有这些，表明韩礼德先生敢于说实话的优秀品质。他虽然拥有英国国籍，导师又是英国剑桥大学的弗斯教授，但他没有欺骗自己，也没有欺骗学术界。这种诚挚的精神是我学习的榜样。

# 3. 以马克思主义思想指导语言学研究

韩礼德先生之所以能在学术上取得重大成就，与他年轻时在中国的经历有很大关系。简单地说，他在北京和广州先后两次被"解放"，两次欢迎解放军入城。中国革命和中国共产党所信奉的马克思主义思想对他产生了深远的影响。回英国后，他参加了英共马克思主义语言学小组。正如他自己所说："中国发生的事对中国的发展是非常需要的，因而我想到中国的革命是否也适合于英国。我在英国共产党内活跃多年。"（Hasan et al.，1986，转引自 Martin，2013: 117-118）

就韩礼德本人而言，他主要将马克思主义的辩证唯物主义和历史唯物主义思想应用于语言学研究。下面先介绍他的一些观点：

——我总是想看到我正在走的方向最终会是马克思主义的语言学——在政治语境下研究语言。（同上）

——我们共享的是马克思主义的语言观。我们试图理解和建立一个能产生价值的语言理论。（Hernandez，1998 转引自 Martin，2013: 150）

——于是有了马克思主义的挑战，这些挑战表现在试图探索有关语言实际上会引导我们发现许多隐藏的方面，或我们前面讨论过的语言变体，那就是马克思主义的背景（Martin & Thibault，2011，转引自 Martin，2011: 255）。

在研究方法上，我们会发现韩礼德在论述系统功能语言学的一些基本概念时，总是能看到一个范畴的两个方面，并采用对比的方法比较其优劣或异同，如系统与功能、词汇与语法、小句与语篇、体现与示例、理论与实践等。这些关系体现了我们国内熟悉的"一分为二"的分析方法。

更高明的是，韩礼德也能看到"合二为一"的或"互补"的这个方面，以词汇与语法二者为例，韩礼德认为两者有时可统称为"词汇语法"（word grammar），并采用"连续统"（continuum）图示（见图 1）说明：

词汇 ⟵⟶ 语法

图 1 "词汇语法"连续统

对词汇从其词义、搭配和其他词语形成结构关系的研究必然导向语法。同样，如果具体研究分析语法，也离不开对各个成分的词义和搭配的探究。

韩礼德的"系统"(system) 和"功能"(function) 也体现了"可分可合"的辩证观点，如图 2 所示：

图 2　韩礼德的"系统"和"功能"

图 2 表明，通过对语言系统的研究分析，便会发现语言系统的构建必然包含实现语言使用时所要体现的三大元功能；而当人们使用语言产生各种语篇时，就得从对所要依据的三大元功能进行选择后才能构建。由此可见，韩礼德掌握了历史唯物主义和辩证唯物主义的"对立统一规律"。就语言学研究来说，他上面有关"连续统"和"系统和功能"图示最能体现马克思主义对立统一的辩证法思想。顺便说一点，韩礼德有关"盖然率"(probabilistic) 的思想预言了当代"大数据"的理念。

我很高兴，国内学者何远秀已在 2016 年出版了《韩礼德的新马克思主义语言研究取向》，对韩礼德在这方面的成就作了系统探讨。

## 4.　学无止境和适用语言学

在与韩礼德先生接触过程中，他多次阐述过这样的观点：理论是无止境的，学术研究是无止境的。如果有一天有人认为自己的理论或学术思想已经非常完美了，他就会失去前进的方向，那就是意味着停滞不前，便会逐步走向消失。他的 *Introduction to Functional Grammar* 已有第 4 版，便说明他不断追求完美。

随着系统功能语言学在国内外的发展，其内部出现了悉尼学派、卡迪夫学派、语言符号学、计算语言学、生态语言学等分支。即使在悉尼学派内部，也有 Hasan 和 Martin 之争。为此，在清华大学的一次系统功能语言学大会上对韩礼德先生进行公开访谈时，我曾经试图了解他对这些流派如何评价。他不给出回答。我当场表示道歉，因为我立刻发现我不该提这个问题，他在 21 世纪提出的"适用语言学"(appliable linguistics) 实际上便是对系统功能语言学的未来发展所表达的看法和指导。适用语言学的理论构建便是提供发展任何语言学理论的指导意见，如意义的发生、所追求的目标、工作机制、社会理据和意义、可行性、适用性等。我更认为，这个理论不仅可用来客观地评价系统功能语言学内部的不同流派，也可用来评价非系统功能语言学的其他语言学理论（胡壮麟，2007）。这都说明韩礼德先生一方面认为不同理论和流派，各有其目标、理论基础、方法和价值，没有必要去肯定或否定其中一个；另一方面，我们的注意力应当放在总结过去和现在研究的基础上，指向未来，探索新的突破点。

## 5. 中国梦与中国情

韩礼德先生自幼对中国具有深厚感情，成年后自愿学习中文，第二次世界大战后曾先后就读于北京大学和岭南大学，详见笔者 2015 年和 2016 年发表的两篇文章，此处从略。我在这里只想谈两点。第一点是中国高校对他的肯定和支持，远远超过任何一个国外学者，例如：

——北京大学 1996 年授予韩礼德客座教授称号；

——香港城市大学 2006 年成立"韩礼德语言研究智能应用中心"；

——北京师范大学 2011 年授予韩礼德名誉博士学位；

——中山大学 2013 年成立"韩礼德语言学文献中心"；

——上海交通大学 2014 年成立"马丁适用语言学研究中心"。

我想谈的第二点是韩礼德先生将他在北京师范大学讲学的 10 万酬金全部捐献给总部设在北京师范大学的中国功能语言学研究会，2015 年 4 月成立了"韩礼德－韩茹凯语言学国际基金"。先生培养我国年轻一代的精神令人钦佩。

**参考文献**

［1］ Martin, J. R. *Interviews with M. A. K. Halliday: Language Turned Back on Himself*［M］. London/NewYork: Bloomsbury, 2013.

［2］ 方立，胡壮麟，徐克容. 谈转换—生成语法［J］. 外语教学与研究，1978(2): 61−72.

［3］ 何远秀. 韩礼德的新马克思主义语言研究取向［M］. 北京：中国社会科学出版社，2016.

［4］ 胡壮麟. 王力与韩礼德［J］. 北京大学学报（英语语言文学专刊），1991(1): 49−57.

［5］ 胡壮麟. 解读韩礼德的 Appliable Linguistics［J］. 四川外语学院学报，2007(6): 1−6.

［6］ 胡壮麟. 发展中国特色的语言理论研究——纪念高名凯先生诞生 100 周年［J］. 当代外语研究，2011(3): 1−6.

［7］ 胡壮麟. 韩礼德的中国梦［J］. 中国外语，2015(6): 15−19.

［8］ 胡壮麟. 韩礼德学术思想的中国渊源和回归［J］. 外语研究，2016(5): 9−13.

吾师韩礼德先生的为人和治学

# 斯人已去，遗风永存

## ——追思外语界的良师益友许国璋先生 [1]

许国璋（1915年11月25日—1994年9月11日），祖籍浙江海宁。1934年9月入上海交通大学学习，1936年9月转入清华大学外文系。1939年9月在西南联合大学外文系毕业。先后任教于上海交通大学、复旦大学。1947年12月赴英国留学，相继在伦敦大学、牛津大学攻读十七、十八世纪英国文学。1949年10月回国，在北京外国语大学任教直至逝世。

院系调整前我在清华外文系读一、二年级时，就从高年级的学长的言谈中得知许国璋先生的大名。他是我的老师李赋宁先生的同窗好友，结义之交，亲上加亲，每当谈起许国璋等先生这一代清华英杰时，好似自己脸上也显得光彩起来。到了"文化大革命"，许先生被隔离、审查、靠边站，但我心中总不能抹去那种神秘的而又根深蒂固的亲近感。这种空幻的想象，直到1977年我有幸与许国璋先生接触后，才被具体化，赋予血肉，赋予灵魂，赋予精神。下面追思一些我与许老交往中的琐事，我就是透过这些琐事加深了对许老的认识的。

---

1 胡壮麟. 斯人已去，遗风永存——追思外语界的良师益友许国璋先生［A］. 王克非. 许国璋先生纪念文集［C］. 北京：外语教学与研究出版社，2015.
本文转载于北京外国语大学官网，2015年11月13日。

## 虚怀若谷，不耻下问

1977 年春，大地解冻甫始，万物久梦初醒。原高教部为培训高校英语中青年师资，与英国文化委员会合作，在北京、西安、南京、上海等地举办了英语语法和教学法讲座。来讲学的有英国著名语言学家利奇（Geoffrey N. Leech）教授和教育家纳特（Christine E. Nuttal）女士。第一站在北京语言学院。两位外籍专家为首都高校英语老师带来了崭新的语言学理论和教学法，使我们这些过去只满足于教教三年制（而且每周有半天体力劳动）工农兵学员、接受上管改更甚于传授外语知识的外语系老师们大开眼界，萌发了进一步学习语言知识和探索科学殿堂的激情。为期一月的讲座结束后，在北京语言学院外语系方立老师的倡导和组织下，徐克容（北京外国语学院）、吴敬瑜（北京第二外国语学院）等老师和我，分工合作，先后写出了《谈谈现代英语语法三大体系和交流语法学》《语言理论和教学法》《纳特女士介绍的一些教材编写原则和外语教学法》《里（利）奇教授谈关于英语的变化》等文章，在北京语言学院的《语言教学与研究》增刊上发表。

1986 年语言界学者聚会（左起：季羡林、吕叔湘、许国璋、周有光、马学良）

不久，方立告诉我特大喜讯，说北外许国璋先生看到这批文章后，大为赞赏，立即找徐克容陪同，亲自去语言学院会见了他。两人见面后，许老对这些文章给予很高评价，感叹经过"文革"十年，在国内已很难见到这样的文章了。他又向方立了解国外语言学，特别是乔姆斯基转换生成语法理论的最新进展，最后勉励方立继续深入研究。以许老的年龄和地位，能不顾北外这全国外语院校的龙头地位，拉下架子，来到名不见经传的北京语言学院外语系，与当时还属初出茅庐、三十出头的方立促膝长谈，切磋学问，怎么能不让人感动不已呢？这又恰恰发生在我国高校的教学与科研尚未完全摆脱阴影、走上正轨的时刻！这也是孕育改革开放、使我国经济建设与国际接轨的前夜。具有预见的许老已经预感到这个时代的到来，他没有因"文化大革命"而颓唐，却是珍惜一切机会，充实自己，掌握最新动向。

当然，许老此举也是对方立的支持，是对外语界中青年教员的殷切期望。"我劝天公重抖擞，不拘一格降人才"，许老就是这样站在时代前列，高瞻远瞩，鼓励年轻人去拼搏的。从此以后，方立和我常有机会作为许老的座上客，亲聆教诲，受益良多。事后的情况表明，许老确是慧眼识英雄。1987年，方立在北京语言学院申报副教授职称。材料送到北京市外语学科评审小组后，由于他成果丰硕，论著具有先进性、开创性，被破格提升为正教授，终于实现了许老十年前已经预见到的自身价值。就我自己的经历来说，制订八五规划时，许老分工起草外语学科的语言学选题。他召集京津地区的部分老师在他家开神仙会，分工提出初稿。他发现我呈交的素材中有许多材料和统计来自国际刊物《语言学与语言行为文摘》，而这本杂志他不熟悉，立刻让我把该杂志借出，亲自参阅。像这样让我在北京大学图书馆代找原著的事例已有多次，这种如饥似渴追求新的信息和不找到原著不罢休的严谨学风，堪为楷模。


## 严格要求，谆谆诱导


许老对中青年教员能严格要求，见到有不足之处，直言相陈，以理服人，使我们能戒骄戒躁，健康成长。记得我和方立老师有一篇关于转换生成语法的文章的初稿请许老审阅，其中对数千年的语言学史，特别是波尔-罗瓦雅尔学派和笛卡尔思想作了简单的评论。许老直率地指出："你们对语言学史的了解不够，不要轻易评论为好。"后来我给学生开"语言学史"这门课，看了一些参考书，似懂非懂，许多观点把握不住，这时才感到许老早先的教导真乃肺腑之言。

为解决国内高校英语专业的普通语言学教材，我和北外刘润清老师、山东大学李延福老师及其他老师合编了《语言学教程》。对这项工作，许老自始至终是支持的，欣然应允担任该书审稿会的主审人之一，并与中山大学王宗炎先生为教材合写了序。许老在肯定该书成绩之余，认为教材还可向更高的目标登攀。正如许老与王宗炎先生合写的"序"中指出："现代化的目标不能停止在引进上。这一点，国内外语教材的改革颇有点像国内工业生产的改革；都忙于引进，说不上自创。"显然，这是指教材引进有余，自创不足。为了指导我们应该如何自创，"序"中进一步提出从"引进"走到"自创"的五个条件：

（1）引进的理论，能用汉语说得清，讲得懂；能用汉语的例证加以测验。

（2）凡有可能，不妨采用现场工作法。我国社会语言学、心理语言学和测试学研究者已做出榜样，值得学习。

（3）凡在汉语诸范畴中验证外国某一理论，其有解释力者肯定之，其解释力不强或不具解释力者指出之，其主观臆测者直言之，不以权威而护短，不以宗师而慑服。

（4）尊重我所不懂或不明白价值所在的理论，不以有用无用、正统邪说为取与舍的标准。对理论有矢志不渝的精神，理解深、教得熟、力求贯通、比较、自创。

（5）汉语研究者中的前辈已经做出的自创，外语系出身的研究者应该认真读，读懂，进而应用到自己的研究工作。

这五条标准之所以全文抄录，在于它对我们今后如何搞科研，特别是外语系的师生如何治学太重要了，意义深远。搞外语的人，往往会放松对汉语和祖国文化的学习和了解，一切唯"洋"是问，很少考虑"洋为中用"。我读了这五条标准后，茅塞顿开。据说若干年前，教委外语处的领导同志在考虑中青年接班问题时，曾正确地作过评论，其大意为：当今中青年中的佼佼者尚无人在中英文和祖国文化传统的造诣上能达到像包括许老在内的这一代学者的全面发展的水平。可见我们这些新中国成立后的大学生，一方面受片面追求专业化、急功近利的教育思想的误导，一方面对事物持不是盲目接受就是全盘否定的偏激态度，更应注意对自己的平衡发展和自我完善，更应正确对待前辈和外国的精神遗产，有继承、有批判，更应立足于未来，有所创新。

再举一个例子，有位朋友写了一篇关于格赖斯的会话准则的文章，寄《外语教学与研究》，央我打听该稿的处理情况。碰巧我有机会见到许老，顺便问及此稿。许老虽是杂志主编，具体工作有几名编辑相助，但他对此稿记得清清楚楚，说作者举了许多实例，论证在真实话语中会话准则被破坏的情况，从而说明会话准则的局限性，但光论证这一点是不够的。实际上，格赖斯的更大贡献正是通过会话准则的未能遵守而引入了会话蕴含这个更重要的语用学命题。可见许老对一些稿子是认真批阅的。像这类例子还可举很多，我总觉得能常在许老身边听到这类精湛的评点是人生最大的幸福。

## 学术带头，一代宗师

作为外语界的老前辈，许老不顾高龄和繁忙的教学、科研工作，在外语界、语言学界一直起着名副其实的学术带头人的作用。他除了主编在全国出版最久、质量最高、影响最大的《外语教学与研究》杂志，作为中国英语教学研究会会长和原全国高校外语教材编审委员会副主任兼英语组组长，还对全国外语教学与教材编写做了大量组织工作或给以具体指导。此外，他还关心和支持其他学术团体和兄弟院校的学术活动，如北京语言学会和京内外高校的学术会议上，常可见到他的踪影，听到他的即兴发言。我在工作中就常得到许老的关怀和支持。

1993 年，由我负责组织北京大学外语语言文学学科增列博士生导师的评议工作，许老慨然应允参加评议组。后因重感冒，临时未能与会，尽管如此，他一清早仍来电请假，并及时送来他对申报人材料的评审意见，哪些人材料充实，哪些人材料欠缺，都交代得清清楚楚，连表中的笔误都不放过。从中可以看到许老无比认真负责的工作态度。

近年来经我手组织的在北大召开的几次学术会议，与会者，特别是外地的老师，都希望能见到北京高校外语界的老前辈。每次许老都是有求必应。他不止一次跟我说，"壮麟，你有什么会，我一定支持，我一定来。"这里，提一下 1989 年 8 月在北京大学召开的第一届全国系统功能语法会议。这个会能否开成、开好，我们伤透脑筋。这时我们多么需要各个方面的支持啊！令我们高兴的是，参加会议开幕式的有家住北大校内的中国外语教学研究会会长季羡林先生，中国英语教学研究会顾问李赋宁先生和北大常务副校长王义遒教授，更令人高兴的是许老来了！他是从北外赶到北大来参加此会的！在会上许老作了长篇发言，侃侃而谈，不为局势所影响，对与会师生的巨大鼓舞非笔墨所能描述。日后，我在会议论文集《语言系统与功能》的"前言"中有这么一句话："依偎在静谧的未名湖旁的大厅中，没有职称、年龄、地区、单位的屏障。人们追求的是知识和友谊。它给每一个与会者留下美好的回忆。"在这些美好的回忆中，就有许老的音容。许老！我们这些当时会议的参加者至今想念您！

## 关心群众，体恤民生

如上所述，许老对方立的爱护令人钦佩。然而受到他关照的又何止方立一个。许老对其他学校和本校的中青年教员，以至青年学生，也一视同仁。

有次，北外一位研究生持许老的手书来找我。信上说："壮麟同志，北外语言学研究生某某同志想研究汉语的 modality，敬希接见，并加指导，诸多感谢。"像这类事，本来应该由主管研究生的老师操心的，但许老能急学生之所急，亲自作书，培养青年学子的拳拳之心，跃然纸上。

许老不仅关心师生们学业上的成长，而且时时为教员的生活待遇过低和脑体倒挂的不合理现象大鸣不平。在多次学术会议上，他不顾个人安危，大声疾呼。在平时言谈中，也不时作愤慨之言，激动时，大有怒发冲冠之势。凡与许老有接触的都会有这种强烈的感受。也许在某些领导人心目中，他是一个刺眼人物。然而，这正是令人敬仰、令人爱戴的许老。他往往说出我们知识分子欲言又止的心里话。如果翻阅许老生前主编的《外语教学与研究》，仔细领会许老的某些文章和编者按，人们会很快勾勒出许老为民请命的这一大无畏形象。在我保留的许老的墨迹中，也可看到这种感情的自然流露。

1985 年 1 月第一届外语教材编审委员会英语组年会在北外召开。许老写信给我，转达教育部的指示，特邀我参加此会，因为我当时还不是教材编审委员会委员，但因我主持高年级教学大纲工作，会议需要我就"高年级教学大纲的制订"作专题发言。许老来函的最后一段行文如下："你工作非常忙，我知道。这次又是飞来之事，然也是无法，知识分子穷，偏多无偿劳动，奈何？只望老朋友赐予合作耳。"吃了几十年的大锅饭，我对这样的"无偿劳动"早就习以为常，不会有什么怨言，但信中的只字片语多少表达了老学者对我们中年知识分子的关怀，既肯定了我们的工作，又洞察我们的生活困难。的确，从 20 世纪 80 年代起，中年教员在高校中早就挑起了教学科研的大梁，在待遇上却没有享受到 50 年代的水平。当然许老本人不计报酬的工作态度始终更是我们最好的榜样。

另一次是北外一位老师在北大英语系兼课，清晨来校途中被一个超车的年轻"勇士"撞伤。我当时正主持系里的工作，许老于1987年2月27日突然来函，建议让该同志绝对休养，并希望在经济上给以帮助。许老写道："……此外，我有一个想法，请您考虑。××同志为人正直，从不为自己提出要求，我知道她家用是紧的，现在需特殊护理，更是无力。我已向此间英语系领导提出给予补助。北大方面可否支援2000元之数？我想我们知识分子，也真是太可怜了。书不尽言，诸希考虑是幸。"信后又有附言云："又，我没有和××同志谈过此事。"这说明许老考虑问题周到，不让当事人为难。非常惭愧，当时的兼课教员薪水都是由校教务部开支的，系里未能搞到这2000元钱。我们当时所能做的是把按月的报酬照领照发，杯水车薪，也算是对许老建议的"积极"反应。尽管这一反应，离许老的精神境界和期盼差之远矣！当我们想到许老让出自己的房子让学生住，拿出巨款资助办学，把香港送他的计算机交公家使用，言行一致，高风亮节，我们怎么能不怀念这位外语界的良师益友呢？"横眉冷对千夫指，俯首甘为孺子牛"这两句话最适合于这位外语界的巨人了。他的睿智，他的情操，是一盏永远燃烧的明灯，光耀夺目！

# 语言学与外语教学的结合

## ——纪念许国璋先生诞辰 100 周年 [1]

许国璋先生被学界公认是我国杰出的语言学家和外语教育家。在先生逝世后，特别是在 2005 年纪念先生诞辰 90 周年时，语言学界和外语教育界从不同视角介绍和总结了先生的辉煌成就。20 世纪末在教育部外语教材编审委员会、教育部外语教学指导委员会和中国外语教学研究会等单位任职时，我有幸在先生的直接领导下工作，受到先生多方面的教诲。值此先生一百周年诞辰来临之际，我想结合当前外语教学的一些议论热点，谈谈先生的有关观点和正确指导。

## 1. 语言方向的地位和课程设置

我国在 1949 年以前，大学的外语教学侧重文学，因而有关教学单位简称"外文系""英文系"等。1952 年院系调整后，在我国高校中统一设置了"外语语言文学专业""俄语语言文学专业""英语语言文学专业"等。为了适应国家和社会对外语人才的需求侧重语言，一般简称"外语系""俄语系""英语系"等。尽管有的高校侧重文学，有的高校侧重语言，长期相安无事，但在改革开放高校恢复招生后，出现了新的情况。在本科生中明确区分两个方向：语言方向和文学方向。由于我国解放前和解放初期培养的教师基本上都遵从文学教学的模式，因此为高校文学方向的学生开设西方文学史、文学理论、文学批评、小说、诗歌、戏剧、散文，以至于

---

1　胡壮麟. 语言学与外语教学的结合——纪念许国璋先生诞辰 100 周年 [J]. 当代外语研究，2015(11): 2-5.

按不同世纪和国家区分的各种课程，教师们都非常熟悉，游刃有余。但是许多老师对为语言方向学生开设配套课程有些犯难，传统的听说读写译的技能课程已体现不出高校的外语专业要求和水平，也难以和一些专科性的"外国语学校"有所区别。更紧迫的问题是在高校恢复招生后，教育部很快在高校中实行我国史无前例的硕士生、博士生培养的学位制度，对于如何培养语言方向的硕士生和博士生实在缺乏经验。

就在此前，教育部门采取了"请进来、派出去"的积极措施，一方面在1977年通过英国文化委员会邀请到英国语言学家 Geoffrey Leech 教授和语言教学专家 Nuttal 女士来华讲学，在北京、南京、上海等地举办讲习班；另一方面决定派遣中青年教师出国深造。在北京的讲习班上，Leech 教授一再向各校老师强调：如要教好外语，特别是语法，一定需要语言学的知识；Nuttal 女士则向学员展示基于不同语言学理论的各种外语教学法，使各校中青年教师大开眼界（胡壮麟等，1977）。讲习班结束后，部分学员代表立即总结报道了学习内容，其中北京语言大学方立、北京外国语大学徐克容和我本人开始介绍国外不同语言学流派，特别是美国乔姆斯基的转换生成语法。大家没有预料到的是，作为外语界老前辈的国璋先生看到这些文章后，亲自去北京语言学院访问方立老师，并通过他，鼓励我们沿着这个路子继续前进。1978年，我通过了教育部对高校中青年师资出国培训进行的选拔考试。那时我心中已经牢记国璋先生对我们今后研究方向的指引，决定出国进修语言学。与此同时，社科院语言所赵世开先生对国璋先生这一指示也了解得很清楚，具体建议我去悉尼大学语言学系韩礼德教授门下学习国内尚不甚了解的"伦敦学派"的语言学理论。当我在澳大利亚学习时，获悉国璋先生积极支持原广东外国语大学桂诗春教授主持的全国应用语言学大会在广州召开，更坚定了我在国外进修语言学的信心。

20世纪80年代初，出国进修的教师陆续回国，进修过语言学的教师在各自学校纷纷开设语言学引论和社会语言学这一类课程，逐步缓解了国内正在着手解决的、上面提到的高等院校为语言方向的学生应该开设哪些专业课的困境。那时的当务之急是解决教材问题。由于国璋先生时为教育部外语教材编审委员会领导人之一，分工负责英语教材的建设，他勉励我们在语言学教材方面首先做好"普通语言学"的编写工作。在他的指导下，我、刘润清和李延福主编的《语言学教程》完成编写任务。国璋先生和桂诗春先生又亲赴山东大学主持审稿会，并与王宗炎先生联名为该教材作序（胡壮麟、刘润清、李延福，1988）。从此以后，许多高校对语言方向的学生相继开设了语音学、音系学、语义学、句法学的课程，也有一些学校根据各自的培养目标开设了不少跨学科的课程，如语用学、社会语言学、心理语言学、认知语言学、比较语言学、文体学、叙述学、语篇分析、外语教学法、翻译学等。

众所周知，国璋先生早年是攻读文学的。1947 年 12 月，先生赴英国留学，相继在伦敦大学、牛津大学攻读十七、十八世纪英国文学。新中国成立后，先生归国效力，根据新中国培养外语人才的需要，尽力办好名副其实的"英语语言文学专业"，国璋先生首先考虑的不是自己的文学专长，而是国家的需要。他组织力量编写英语教材，并率先研究、评论了以索绪尔和布龙菲尔德为代表的结构主义语言学，对语言的本质、功能和应用一一加以介绍（许国璋，1958，1997）。

## 2. 语言学归属文科，还是理科？

高校语言方向学生的课程设置和教材问题获得一定程度的解决后，在部分学生和教师中间又出现了新的困惑。

从学生角度来说，在本科生中一度出现语言学课程难学、枯燥和术语多的负面反应。在困难面前，国璋先生挺身而出，亲自调查了国内 6 所高校的外语教学情况，撰文说明语言学的重要性。他说："曾有人说过，数学是自然科学中的领先科学，语言学是社会科学中的领先科学"，"信息时代，语言学对社会的贡献越来越大"。他还进一步解释道："术语多，说明范畴多；掌握的范畴越多，思维就越细腻，思想就越复杂，逻辑就更严密"（许国璋，1987a: 165)。这番教导稳定了语言方向学生的学习情绪。

在教师方面产生了"语言"方向就是"语言学"方向的错误认识，个别老师把"语言"方向与"语言学"画上等号。这就产生了语言学的归属问题，具体说，有些走极端的老师认为语言学讲究规则和定律，有时使用不同符号进行阐述，因此得出文学属于文科和语言学属于理科的片面结论。不仅如此，从事语言和语言学教学课程的个别老师受到美国乔姆斯基生成语言学的影响，也认为语言学应当归属理科。在这个强大压力下，作为语言方向的语言学课程教师面临或者教大学英语，或者改行教文学，或者被逐出外语院系的境地。再进一步说，正在摸索中发展的"语言方向"的教学又得回到20世纪五六十年代只是开设"听说读写译"一类的技能课程的年代。面对这些不同认识，我认为国璋先生的一些观点和论述对今天生活在21世纪的高校外语老师仍有启示。首先，国璋先生认为，"研究语言本身，可加深对语言系统的了解。作用是解释语言。研究语言的社会功能，可对社会的体系加深了解。作用是观察社会和社会中的语言行为。两者是互补的，各有各的价值"。在此基础上，他明确指出，"语言学是人文科学"，因为涉及语言本质和功能的可变因素太多，普遍性的推论有时是不可能的（参见武绪颐，2002: 82）。国璋先生的这一教导使我们外语教师加深了对语言和语言学的关系的认识。

更发人深省的是早在25年前，国璋先生就发表如下的看法："现在世界上办学的倾向是：文科的学生要具有理科的素质，理科的学生要具有文科的素质。如何做到这一点？中间要有桥梁：语言学、应用语言学、语言哲学、语言教学、数学和数理逻辑等学科，都可以说是桥梁"（许国璋，1990c/1999）。这就是说，文学方向的学生擅长形象思维，语言方向的学生擅长逻辑思维，但两者不是绝对分割的。如何使两者交融，取长补短，培养全面发展的外语专业学生和发展适合我国国情的外国语言文学专业才是正道。教育部最近在高考改革中强调文理并重的方针，再次证实了国璋先生20多年前预见的正确性。

有关语言学科的讨论还应该结合我国的国情。国外许多高校在文科院校中设置独立的语言学系，中国没有，只有在中文系下设有语言学专业，其研究内容为汉语而不是外语。因此，我国的外语院校理所当然地应当担负起这个对外语专业学生进行语言学教学的重任。就学科发展来说，语言学不宜分为"中国语言学"和"外国语言学"，国璋先生能根据中国国情，维护语言学在外语语言方向中的合法地位，对提高我国外语语言文学专业的教学科研水平起到了不可估量的作用。

## 3.　语言学的多元化和外语教学的发展

上述第二节的讨论引发一个新的问题，为什么有些外语教师总是想把语言学撵出外语语言文学专业这个门类，这是因为他们对语言学的多元化缺乏正确的思想认识。具体说，他们总是把语言学和唯理语言学等同起来。他们不太了解除唯理语言学外，语言学还包括应用语言学、历史语言学、比较语言学、社会语言学、心理语言学、教育语言学、认知语言学、计算语言学等多个分支学科，这些分支学科又恰恰与外语教学和外语人才的培养有密切关系。

正如国璋先生所指出的，以布龙菲尔德和乔姆斯基为代表的唯理语言学都是以"拟想的人，理想的人"（an idealized man）为研究对象，而许多语言学分支考虑的是实际生活中的"社会人"（a social man）。同样是语法，乔姆斯基语法是理性的、抽象的、符号性的、数学化的、演绎性的、高度概括的，不适合课堂外语教学。对比之下，经验主义的语法学家依据的是自己所采的实证和对实证的分析（许国璋，1985a）。有鉴于此，外语专业的学生需要一定的语言学知识，才能学好外语。同理，具有一定语言学知识的外语教师才能更好地完成外语教学任务。

对上述情况，国璋先生从不同角度论述两者关系。他首先重视应用语言学的研究。除早在 20 世纪 80 年代初支持桂诗春先生召开我国第一个应用语言学学术讨论会外，他还在给桂诗春先生所著《应用语言学与中国英语教学》一书所作的序中，向我们提出如下问题：什么叫应用语言学？如何应用？在哪些地方应用？有语言学理论加以指导的教学与只凭经验和实际掌握去进行的教学有什么不同？国璋先生的用意是帮助我们认识语言理论的重要性。他说，"应用语言学是语言理论和语言教学的一道桥梁"。从事语言教学的同志"既要懂理论，又要有实践，又要掌握应用理论的基本方法，三者都不可缺少"（许国璋，1987b）。

在具体应用方面，国璋先生在介绍了社会语言学产生的原因后，提出社会语言学研究的"地区、教育、社会地位、话题、媒介、态度、受干扰"等课题，而这些正是我们在外语教学中需要注意、掌握和解决的课题。对此，国璋先生通过使用国内外社会语言学的研究工作"已经赢得我们充分的感激"这样的表达给予肯定（许国璋，1985b）。在社会语言学选题的众多方向中，国璋先生特别重视新时期的社会发展对外语学习的需要这一问题。他在《论外语教学的方针与任务》一文中提出：外语教学方针是"有关国家利益的大事"，因为"语言是一种社会力量……外语的运用当然也是一种社会力量"（许国璋，1978: 6）。这大大推动了我国语言政策和语言规划的研究，包括国家外语政策和外语规划的研究。

我们再来看国璋先生如下的一段话："语言是人类特有的一种符号系统，当它作用于人与人的关系的时候，它是表达相互反应的中介；当它作用于人和客观世界的关系的时候，它是认知事物的工具；当它作用于文化的时候，它是文化信息的载体和容器"（许国璋，1991a: 1）。就这么一句话，国璋先生预见并有意无意地在不同程度上推动了一些学科在我国的发展。例如，上述语言作为人类特有的符号系统的论述和国璋先生对索绪尔的 3 篇评论（许国璋，1991b，1991c，1991d）说明了符号学的存在和重要性。语言作用于人与人的关系这一点涉及功能语言学的人际功能和外语教学中的交际教学法。前者可参阅《语言的定义、功能、起源》（许国璋，1986a）一文，后者见之于他对李筱菊《交际英语教程》的肯定（许国璋，1986b）。第三句，语言是"认知事物的工具"说明了他对国内 20 世纪末发展起来的认知语言学和认知教学法的预见。最后一句，语言是"文化信息的载体和容器"的评述，又使我们认识到语言和文化的紧密关系。就先生本人来说，他身体力行，写了不少有关西方文化史的文章，如《圣经和它所代表的文化——欧洲文化读本》的第一章（许国璋，1982/1999）、《耶稣其人其事》（许国璋，1990d）、《西方文化史选读第一讲——引言》（许国璋，1990a/1999）、《西方文化史选读第二讲——文明和文化》（许国璋，1990b/1999）。在语言与文化的关系上，先生的观点为日后教育部的一些政策措施所佐证。20 世纪末，教育部曾考虑将"外语语言文学专业"改为"外语语言文化专业"不是没有道理的。事实上，国内的一些外国语大学将英文校名改为 foreign studies university 或 international studies university 都反映了这方面的认识。

从 20 世纪 50 年代起，我国高校已为语言方向的学生开设了翻译课，但当时仅仅把它看成一门技能课。国璋先生没有停留在这个层面上，他一方面提出要从文化的视角搞好翻译，另一方面从对比语言学的视角比较两种语言的词语所表达的形式和内容（许国璋，1991e）。21 世纪初，翻译已从外语语言文学专业的一门课程发展成独立的专业。除了国家和社会的迫切需要外，人们对翻译的学术性、专业性、人文性和技术性均有了新的认识。国璋先生是乐于见到这一发展的。

最后，在语言测试问题上，我也直接受到国璋先生的教诲。20 世纪 80 年代我曾主管过英语专业四级和八级考试。我就是他曾经批评过的"凭经验办事"的、怕困难的一类教师，因为我总觉得在全国所有高校搞统一规划的大规模测试难度太大（许国璋，1992，1999）。今天我国在外语测试上所取得的巨大进展，国璋先生的领导也有一功。

## 4. 结语

上面所有论述可以归结为以下几点：

（1）我们说国璋先生是语言学家和外语教育家，那是就他个人学术水平说的。国璋先生的更大成就在于他把国家的需要放在首位，并对我国外语教育做出贡献。他是新中国成立后高校英语语言文学专业，特别是语言方向的奠基人之一。

（2）语言学和外语教学虽然是两门不同的学科，但关系密切，相互依赖。这在我国外语语言文学专业的创建和发展中得到了验证。这个事实也反映了当今世界学术发展的共同趋向：整合化、跨学科化、理论与实践相结合。

（3）就政府、企事业单位和社会需求来说，我们的外语教育应当培养爱国爱人民、能思考、能钻研，能根据不同需要和情况变化而全面发展的高素质人才。除传统的文学知识和听说读写能力外，外语专业和翻译专业的学生应掌握哲学、中文、文化、计算机应用等多种知识。国璋先生就是我们的榜样。

（4）我国有关外语教学政策的制订和教学方法的讨论均有许多外语教师参加。仔细观察，他们中的绝大部分都具备一定的语言学和应用语言学的知识，因此能更好地将理论应用于实际。

今天，我们可以理直气壮地告慰国璋先生，我们的高校老师已经以自己的行动证明所达到的教学水平和所取得的科研成就，如中山大学的黄国文教授已担任国际系统功能语言学会的会长，上海外国语学院的束定芳教授担任国际认知语言学会的常务理事，还有不少老师已担任国际学术期刊的主编、副主编或编委。

我们将继续沿着国璋先生和其他前辈所开辟的道路奋勇前进！

## 参考文献

[1] 胡壮麟等. 纳特尔女士介绍的一些教材编写原则和外语教学法 [J].
语言教学与研究（增刊），1977: 42–62.

[2] 胡壮麟，刘润清，李延福. 语言学教程 [M]. 北京：北京大学出版
社，1988.

[3] 武绪颐. 许国璋语言论札记 [J]. 佛山科学技术学院学报，2002(3):

80-84.

［4］许国璋. 结构主义语言学述评［A］. 许国璋. 许国璋文集（第一卷）［C］. 北京：商务印书馆，1958/1997: 102-137.

［5］许国璋. 论外语教学的方针与任务［J］. 外语教学与研究，1978(2): 6-14.

［6］许国璋.《〈圣经〉和它所代表的文化——欧洲文化读本》的第一章［A］. 许国璋. 许国璋文集（第2卷）［C］. 北京：商务印书馆，1982/1999: 385-404.

［7］许国璋. 社会语言学和唯理语言学在理论上的分歧［J］. 语文研究，1985a(1): 1-9.

［8］许国璋. 关于社会语言学的两条补注［J］. 外语教学与研究，1985b(3): 20-24.

［9］许国璋. 语言的定义、功能、起源［A］. 许国璋. 许国璋论语言［C］. 北京：外语教学与研究出版社，1986a: 1-21.

［10］许国璋. Foreword to a new coursebook–*Communicative English for Chinese Learners*［A］. 南外学报，1986b(4): 1-6.

［11］许国璋. 关于"语言学引论"课程的笔谈［J］. 外语教学与研究，1987a(2): 165-166.

［12］许国璋. 桂著《应用语言学与中国英语教学》［J］. 外语教学与研究，1987b(4): 66-67.

［13］许国璋. 西方文化史选读第一讲——引言［A］. 许国璋. 许国璋文集（第2卷）［C］. 北京：商务印书馆，1990a/1999: 464-471.

［14］许国璋. 西方文化史选读第二讲——文明与文化［A］. 许国璋. 许国璋文集（第2卷）［M］. 北京：商务印书馆，1990b/1999: 472-491.

［15］许国璋. 提高教育质量之我见［A］. 许国璋. 许国璋文集（第2卷）［M］. 北京：商务印书馆，1990c/1999: 156-158.

［16］许国璋. 耶稣其人其事［J］. 读书，1990d(11): 34-50.

［17］许国璋. 许国璋论语言［C］. 北京：外语教学与研究出版社，1991a.

［18］许国璋. 从两本书看索绪尔的语言哲学［A］. 许国璋. 许国璋论语言［C］. 北京：外语教学与研究出版社，1991b: 95-135.

［19］许国璋. 论索绪尔的突破精神［A］. 许国璋. 许国璋论语言［C］. 北京：外语教学与研究出版社，1991c: 136-246.

［20］许国璋. 布龙菲尔德和索绪尔［A］. 许国璋. 许国璋论语言［C］. 北京：外语教学与研究出版社，1991d: 147-161.

［21］许国璋. 学术论著的翻译——以罗素《西方哲学史》论文艺复兴诸段为例［A］. 1991e.

［22］许国璋.《语言测试和它的方法》序［A］. 许国璋. 许国璋文集（第2卷）［M］. 北京：商务印书馆，1992/1999: 379-381.

# 季羡林先生：语言学人的坚强后盾[1]

　　北京大学享有盛誉的著名东方学大师、国学家、语言学家、文学家、佛学家、史学家、教育家和社会活动家已故季羡林先生诞生于1911年8月6日。在纪念他诞生110周年之际，我思绪万千。作为北京大学的一名退休英语教师，我最难忘的是先生对我从事语言学教学和研究的强力支持。他是北京大学各系语言学人的坚强后盾，也是我国功能语言学研究的坚强后盾！

　　1979—1981年，我在澳大利亚悉尼大学语言学系系主任韩礼德（M. A. K. Halliday）先生指导下进修两年。回国后，我忙于教学和管理事务，不善于筹措学术科研活动经费，在相当长时间内未能主动投入语言学的教学和科研。直到1983年，英语系主任李赋宁先生让我为英语专业语言方向的硕士生开设语言学课程；1986年，教育部又指定我为英语系语言学方向的博士生导师。所有这些，尽管北京大学当时尚未建立外国语学院，但身为北大东语系主任的季羡林先生都看在眼里。因此，1989年3月由东语系牵头成立北京大学青年语言学会时，我居然受邀与季羡林、朱德熙、林焘、叶蜚声、陈嘉厚等校系领导和学者一起到会祝贺。季先生在讲话中着重谈了打好语文基础的重要性。他说，学外语容易，突击几个月就可以上去，学汉语要难些；说话容易，因为说话有语法错误也不讲究，但要写下来就需要仔细琢磨，所以写比说难；搞语言研究的人要重视提高自己的语文水平。这些话让我这个初出茅庐的语言学人开始思考语言学应如何为教学服务，要重视汉语学习，并正确认识口语和书面语的关系。

---

1　胡壮麟. 季羡林先生：语言学人的坚强后盾［N］. 21世纪英语教育，2021-10(323).

自左至右依次为陈嘉厚、季羡林、朱德熙、林焘、叶蜚声、胡壮麟。

如上所述，我回国后，一直以做好英语教师来要求自己，并未在语言学研究上提出过高要求，但在师从韩礼德的国内其他学者，如朱永生、方琰、张德禄等高校老师的督促和鼓励下，终于由我牵头，准备在北京大学召开系统功能语法研讨会。经过努力，此会于 1989 年 8 月 3—5 日在未名湖畔的临湖轩成功召开。来自全国 25 所高等院校的 36 名正式代表参加了系统功能语言学在国内的第一次会议。令人兴奋的是，这次会议获得当时的北京大学副校长王义遒教授、中国外语教学研究会会长季羡林先生、北京外国语大学语言学家许国璋先生以及我的老师、西方语言文学大师李赋宁先生的支持，他们都参加了开幕式。我至今还清楚地记得，当我去朗润园邀请季羡林先生时，他了解情况后一口答应。他坚持教学科研的精神令人难忘！

前排自左至右依次为李赋宁、许国璋、胡壮麟、季羡林、王义遒。

此后，由北京大学牵头的系统功能语法研讨会每两年举行一次，成为国内系统功能语言学界的盛会。1995 年 7 月，第四届全国系统功能语法研讨会与第二十二届国际系统功能语言学大会合并，又回到北京大学召开。参加大会的有 110 名境外学者以及 116 名来自全国 17 个省、自治区、直辖市 50 所高等学校的代表。这次会议是我国功能语言学研究发展的一个里程碑。就是在这次会议上，我正式提出成立全国性的高等院校功能语言学研讨会，获得与会专家全体通过。

　　在此以后，我多次拜访时任中国外语教学研究会会长的季羡林先生，向他汇报进展，因为只有季先生批准后才能向当时的国家教委高教司立案。汇报时，我向他做过如下解释：学会名称为"高等院校功能语法研究会"，采用"功能语法"的提法，而不是原来的"系统功能语言学"，一是"语法"更能结合"外国语言文学专业"为外语教学服务的需要，二是能为国内从事功能语言学研究的布拉格学派、美国学派、丹麦学派等研究的教师和语言学人提供学术活动场所，互相交流经验。

　　正是由于季先生的赞同和支持，我们的报告在 1999 年获得教育部有关部门的批准，并定名为"中国功能语言学研究会"。此后数十年中，我国多名学者被聘任为国际系统功能学会会长、副会长或委员。尽管曾有专攻系统功能语言学的教师认为我不重视系统功能语言学的研究，但我都能冷静应对，因为，站在我身后的是德高望重的季羡林先生！

# 中国功能语言学的先行者

## ——庆贺陈望道《修辞学发凡》问世 90 周年 [1]

## 引言

2016 年，我在《韩礼德学术思想的中国渊源和回归》一文中曾谈到，通过韩礼德和我的多次交谈，以及多种语料分析，形成我的一个观点：我导师韩礼德（M. A. K. Halliday）的学术思想较多渊源于王力、罗常培和高名凯三位学者。但在该文"2.3 节小句的元功能分析"中我提供了一个信息：

——在朱自清先生为《语法》[2] 所作的序中转引了陈望道的一段话："国内学者还多徘徊于形态中心说和意义中心说之间，两说有其不能自圆其说之处。鄙见颇思以功能中心说救其偏缺。"

对这段引文我们可以作如下分析：

（1）这段话白纸黑字，出自陈望道先生，但既然由朱氏在王书的序中引用，说明王朱必然认同陈氏的观点；（2）尽管朱氏评论"（陈望道）那篇短文只指出一些轮廓，无从详细讨论"，这个轮廓毕竟是一个划时代的杰作，即他们三位在 20 世纪 40 年代已预见在语法和语义之外存在一个更重要的起决定作用的因素——功能。

很惭愧，此后我没有继续探讨陈望道先生语言研究中的"功能中心说"。感谢复旦大学祝可懿教授邀请我参加"陈望道《修辞学发凡》问世九十周年"暨"第 12 届望道修辞学论坛"，这激励我仔细阅读了望道先生的《修辞学发凡》。阅读后，

---

1　胡壮麟. 中国功能语言学的先行者——庆贺陈望道《修辞学发凡》问世 90 周年〔J〕. 当代修辞学，2022(2): 14-18.
　　感谢北京大学外国语学院马小琦老师帮助我网购《修辞学发凡》。
2　指王力的《中国现代语法》。

我的确发现望道先生在该书讨论语言学和修辞学时，有不少观点属于功能主义的理论范畴。碰巧我最近在撰写韩礼德先生新世纪的若干学术观点时，发现韩礼德的不少观点在望道先生《修辞学发凡》中早已有所论及。尽管该书 90 年中改版多达十余次，我无精力和条件深入考察，但有一点是可以肯定的，望道先生 1977 年去世，因此下面这些观点是望道先生 1932—1977 年间已经形成并公开报道的观点，具有实用性、理论性、先见性。

## 1. 功能与系统

望道先生在《修辞学发凡》的第 5 页中首先提出"语辞"的"功能"概念，其目的显然是让读者明确该书的理论和主导思想是建立在"功能"观上，不然读者难以理解往后的讨论。望道先生也解释了"功能"的中心思想是论述写说本质上是一种社会现象，写说者必须考虑如何让听读者对他的言辞能更好地理解、感受，以至共鸣。望道先生举修辞格中的"藏词"为例，说明藏词的"功能"在于有意隐藏某个成语的部分言辞，但听读者通过该言辞和语义知识，仍能找回和掌握某个表述的整体意义，从而引起共鸣（10 页）[3]。

就我个人的认识，我认为望道先生把《发凡》[4]的主要内容分为"消极修辞"和"积极修辞"两大类，并不是"否定"消极修辞，"肯定"积极修辞，而在于阐明两类修辞具有不同的功能，前者出现在语言的记述使用，重在"理会"，后者适用于情意创作，强调"感受"。进一步说，消极修辞要求言辞在内容上意义明确，伦次通顺；在形式上词句平匀，安排稳密（42，43 页）。

使我最为惊奇的是就在第 11 页，望道先生立刻提出"系统的研究"这个概念，并从两个层次进行讨论。第一个层次为每一种修辞形式之内的"系统"，如上述的"藏词"如何逐步发展成"歇后语"的过程。第二个层次为各种修辞形式之间的"系统"。我们不但应当了解"藏词"内部各种情况，还应当了解"藏词"同"析字""飞白""譬喻""双关""回文"等方式的异同。正是基于"系统"的概念，望道先生把积极修辞分析整理成"材料上的辞格""意境上的辞格""词语上的辞

---

3　本文中未标明作者的引文页数均源自陈望道《修辞学发凡》（复旦大学出版社，2020 年）。
4　指《修辞学发凡》，下同。

格""章句上的辞格"4 大类。这是在功能基础上进行系统化的分类。可见，望道先生的"系统"概念就是日后韩礼德所解释的建立于可供选择的"纵聚合"概念，不是有关词语排列先后的结构的"横组合"的概念。

这样，韩礼德在 20 世纪六七十年代倡导"功能语法"和"系统语法"之前，望道先生已更早地在国内语言修辞研究中采用了"功能"和"系统"的概念。

## 2. 口述语和书面语

2004 年，韩礼德曾发表《口述语篇语料库：语法理论的基础》一文（Halliday，2004），并收入《韩礼德文集》第 6 卷。当 2013 年《韩礼德文集》第 11 卷出版时，该文再次入选，而且放在所有文章之首。其用意在于韩礼德认为，语言首先以口述语言的形式出现，然后才发展成书面语。因此，"语言"的概念除书面语外，必须包括口述语言，以保证其内涵的完整性。同样，"语言学"这个概念必须包括对口述语言的研究，"语料库"这个概念必须包括对口语语料的收集。不然，任何有关"语言"的研究或定论都是片面的、不完整的。韩礼德之所以强调口述语，在于他认为国外语言学界过多地强调书面语，以书面语作为评价语言适用的标准。这不是认识和研究"语言"的正确道路。

从望道先生的《发凡》一书不难看出，他早在 1932 年就认识到口述语的重要性。在"引言"的第 1 页，他便提出修辞既要考虑"文辞"，也要考虑"语辞"。这是因为我们不仅要考虑对语言使用时注意对它在狭义观念上的"修饰"，也要注意它在广义观念上的"适用"。这些元素的糅合产生了修辞的 4 个用法：(1) 修饰文辞；(2) 调整或适用语辞；(3) 调整或适用文辞；(4) 修饰语辞。望道先生还进一步提出口头语和书面语都需要面对 3 个境界：(1) 记述的境界，(2) 表现的境界，(3) 糅合的境界（3 页）。

## 3. 语法学

韩礼德坦承英语中原来没有"语法学"这个概念和词语。他是从汉语的"文法学""语法学"受到启发，于是他在英语中新创了"grammatics"（语法学，文法学）这个术语，强调语法研究要有理论指导（Halliday，2013: 72-78）。

韩礼德在他文中没有提供他所看到的有关汉语"文法学""语法学"的具体出处。这次我发现望道先生1944年9月1日在《修辞学发凡》第九版"付印题记"中已经谈到"修辞学中有许多与文法学有关。要彻底建立科学的修辞学不能不彻底建立科学的文法学"。对我而言，望道先生这番话说明了两个内容，一个内容是尽管我们不知道韩礼德从何处接触到中国学者有关"文法学"这个概念，望道先生至少在1944年已经对"文法学"有所论述；另一个内容是望道先生正确提出文法学对词汇语法理论研究的重要性，要建立科学的修辞学和语言学离不开对"文法学"或"语法学"的研究，不然对词汇语法研究的理论指导从何谈起？

## 4. 物质与意义

语言作为符号，自20世纪起受到以符号学和语言学为主的学术界的广泛关注，具体应用于词汇学和语义学的研究。影响最大的是以索绪尔为代表的结构主义理论。索绪尔提出作为语言基本单位的词汇有两个维度，即"能指"和"所指"，在语言中体现为"语音"和"词语意义"。自20世纪末至今，认知语言学界和功能语言学界对此开始提出种种质疑，特别是多元符号学和多模态学兴起后，新的理论纷纷出现，如我国的王铭玉和孟华提出"语象合治"理论（王铭玉，2021: 序二），韩礼德则提出"物质与意义"的符号实质论，即符号包括"物质域"和"意义域"两个维度（Halliday，2013: 155-254；胡壮麟，2022: 1-8）。

令人兴奋的是望道先生对符号学，特别是语言符号学早就有了不少划时代的科学论述。首先，他认为人们接触和掌握事物的意义不仅仅是"语音"或"音觉"，也可以通过味觉、嗅觉、视觉、触觉、音觉，以致婴儿的动觉等多种渠道（16页）。其次，望道先生把人类对意义掌握的历史过程区分为4个时期：（1）记认时期；（2）图影时期；（3）表意文字时期；（4）表音文字时期（21页）。这说明"语音"仅仅是表述意义的众多手段中的一个。对人类来说，"记认""图影""文字"都可表达意义。当代多元符号学和多模态学的发展证实了望道先生这个划时代的观点。

更令人敬佩的是望道先生指出"语言中的声音"实际上是"物体的震动"（23

页），即韩礼德在新世纪所阐述的人们通过"耳朵"接受"语音"，通过嘴舌发出"语音"；在大脑中操作分析"语音"的意义，又在空气中传播语音。所有这些，都有关"物质"。对此，望道先生在该页提供的图示最能说明他的认识：

在随后的讨论中，望道先生表达了韩礼德在 21 世纪才强调的观点，即"形体为意与声之迹"。这是望道先生"语文合一"的理论基础（25—31 页）。这正好是韩礼德在 21 世纪所提到的"意义域"与"物质域"的概念。


## 5. 语篇与语境

众所周知，传统语法，特别是结构主义语法和生成语法，研究范围一般从词语到句子。因此，"语法"有时被称为"句法"。韩礼德的系统功能语言学则将语法延伸到话语和语篇的层面，因为真实的语言是以话语和语篇的形式出现的。令人惊奇的是望道先生在《修辞学发凡》中对此早就有所认识。他在讨论词与词的关系的基础上，明确提出"一句、一段、一章、一篇"的概念。只有这样，才能使词和词的关系分明（45 页）。

望道先生进一步提示读者牢记中国作文书上的"六何"传统，即"何故""何事""何人""何地""何时""何如"（6 页）。显然，系统功能语言学的"语境"理论就是强调语言使用和对其评价时必须考虑语言使用者的背景和相互关系、使用语言的目的或任务、语言使用时的时空背景、使用语言的方法等。只有正确掌握和处理这些关系，话语或篇章才能取得有效成果，如下所示：

| 系统功能语言学 | 中国的"六何"传统 |
| --- | --- |
| 语言使用者的背景和相互关系 | 何人 |
| 使用语言的目的和原因 | 何故 |

| | |
|---|---|
| 使用话语的任务 | 何事 |
| 语言使用时的时间 | 何时 |
| 语言使用时的场合 | 何地 |
| 使用语言的方法 | 何如 |

在此基础上，望道先生又提出社会因素的制约作用。他引用荀子的观点："名无固宜，约之以命。约定俗成以为宜，异于约者，谓之不宜。"（《荀子·正名》篇）这阐明语言的使用和规约决定于社会。正如望道先生所言，荀子的这个观点有助于人们认识如何认识和掌握上述的"六何"，或生物社会因素如何对语言生成、演变和发展产生影响（17 页）。

## 6. 标准语和全球语

韩礼德在 2006 年发表《书面语，标准语，全球化语》（"Written Language, Standard Language, Global Language"）一文中谈到"标准语"，其背景指中世纪时，英国在商业上使用英语，政府部门使用法语，学校话语则为拉丁语。这显然难以在全民中长期推广，因此人们期待标准语的统一和确定，解决相互交际的矛盾。至于全球化语，指随着不同国家政府和人民交往的增多，又出现全球化语，或国际通用语（Halliday，2013：87—103）。

在这方面，望道先生对语言分类的评判提出 3 个条件：(1) 以地境论，是本境的；(2) 以时代论，是现代的；(3) 以性质论，是普通的。在此基础上，他既谈到"超出本境的是非读者听者的民族语言及方言"，也谈到"球语"，即"全球化语"。尽管望道先生指的是"将来世界语言或有统一的一日"，即当时还不存在"球语"，但他已经预见到全球化语出现的必要性和可能性（51 页）。实际情况的确如此。当代学者已经把英语、汉语和西班牙语作为全球化语进行讨论（Gaston，2014）。应该说，望道先生有关全球语的讨论，在今天对我们国家更具有现实意义。要构建"人类命运共同体"和推动"一带一路"倡议，必然面临语言交流的问题。我们既要正确对待各个国家和民族的语言，又要懂得如何帮助其他国家和人民如何更方便、更有效地学习和掌握中文和汉语。

## 7. 结束语

就上面的讨论，归纳以下几点。

第一，韩礼德先生的学术渊源除王力、罗常培和高名凯外，是否包括陈望道？我难以回答。可以肯定的是，望道先生的功能主义思想的出现早于韩礼德。

第二，我对望道先生的功能主义思想的探讨，主要依据《修辞学发凡》一书。如果参阅望道先生的全部论著，将会有更全面更深入的成果。

第三，尽管如此，根据本文已经讨论的内容，足可表明陈望道先生是我国功能语言学的先行者。

第四，由于本人年老体衰，我期待国内学者，特别是中青年学者，能将此项研究继续深入下去，做出更全面的考察。

## 参考文献

［1］ Gaston, Dorren, G. *Lingo: A Language Spotter's Guide to Europe* ［M］. London: Profile Books, 2014.

［2］ Halliday, M. A. K. The spoken language corpus: A foundation for grammatical theory ［A］. In K. Aijmer & B. Altenberg (eds.). *Advances in Corpus Linguistics* ［C］. Amsterdam: Rodoph, 2004: 11–18.

［3］ Halliday, M. A. K. *Halliday in the 21$^{st}$Century* ［C］. J. Webster (ed.). London: Bloomsbury, 2013.

［4］ 陈望道. 修辞学发凡 ［M］. 上海：复旦大学出版社，2020.

［5］ 胡壮麟. 韩礼德学术思想的中国渊源和回归 ［J］. 外语研究，2016(5): 9–13.

［6］ 胡壮麟. 新世纪语言研究的趋向——《韩礼德全集》第11卷评介 ［J］. 外语研究，2021(5): 1–5.

［7］ 胡壮麟. 物质与意义：新世纪符号观的两个维度 ［J］. 天津外国语大学学报，2022(1): 1–8.

［8］ 王铭玉. 符号学论略——镂金文集 ［M］. 北京：北京大学出版社，2021.

［9］ 朱自清. 序 ［A］. 王力. 中国现代语法 ［M］. 北京：商务印书馆，1943.

# 桂诗春先生的治学之道

## ——贺诗春先生八十华诞 [1]

就我这一代解放初期培养的外语教学工作者而言，我总是把桂诗春先生看作学长、学兄，一个承前启后的人物。虽然我们在同一时间段上的大学，诗春先生毕竟长我 3 岁，但更主要的是他在各方面是我的楷模，一生功名，成绩斐然。他是我辈中少有几个能与已故王佐良、许国璋、李赋宁等先生并起并坐者。由于时间和篇幅关系，我这里只能就感受较深的几点谈谈诗春先生的治学之道。

### 1.　一颗红心，三个突出

我先从高校中常见的提职称谈起。每当学校提教授、副教授等职称，我们总会碰到一些老大难的问题。有的教师科研很好，教学却不太认真负责。据说有个学校有位教师排课时年年只肯上精读课，不愿意换新教材或上新课，也看不起只会上课而没有科研成果者，认为只有搞科研才能成名成家。有的教师只上课，甘当教书匠，不愿意搞科研，认为搞科研是雕虫小技，名利思想作怪；还有一些教师不愿意担任教学小组长、教研室主任，或承担党团工作、学生工作或工会工作，甚至公开承认自己没有组织能力或者表示自己不愿参加社会活动。为此，每当提职称时，北京大学反复强调，凡教学、科研、行政三方面突出者优先。

现在再来看看诗春先生的人生轨迹。他就是一个"三突出"的典范。

---

1　胡壮麟. 桂诗春先生的治学之道——贺诗春先生八十华诞［J］. 中国外语，2010(5): 4–7.

诗春先生 1955 年毕业后，即在中山大学外国语言文学系英语专业任助教，1960 年任讲师，1979 年任副教授。他兢兢业业地讲授各种语言课和文学课；改革开放后又培养了数十名硕士生和博士生；1993 年获广东省"教书育人"南粤优秀教师特等奖，又被国家教委与国家人事局授予 1993 年度全国优秀教师奖章；1995 年被评为广东省南粤杰出教师；1996 年荣获广东省五一劳动奖章。可见诗春先生在教学方面无疑是优秀的、突出的。

我们都知道诗春先生曾任国务院学位委员会外国语言文学学科评议组第三、四届委员，全国外语教学研究会副会长，全国外语教学计算机辅助教学委员会会长，广东外语学会会长等职。这都是他经过为党为人民服务多年的磨炼才趋于成熟，走上事业的高峰。例如，早在 1960—1964 年在中山大学教书的时候，他已兼任英语教研室副主任，并于 1964—1970 年任中山大学外国语言文学系副主任，1974—1981 年任广州外国语学院英语系系主任，1984—1988 年任广州外国语学院院长。令人钦佩的是他能服从学校的工作需要，在广外干起教务工作，如 1970—1972 年在广州外国语学院教务处工作，1972—1974 年任广州外国语学院教务处副处长。通过这些，我们不难发现诗春先生早就是一位"一颗红心，两手准备"的忠诚于党的教育事业的热血青年。这种"党指向哪里就走向哪里""党要干啥就干啥"的人生目标，今天也许有人不那么理解，但我们 50 年代成长起来的一代都会同意诗春先生在工作中的表现是积极的、突出的。正因为如此，1984 年诗春先生被国家人事局授予"有突出贡献的中青年科学、技术、管理专家"。

在繁重的教学和行政工作之余，诗春先生一贯重视科学研究工作。我用"一贯"二字在于 20 世纪 60 年代初他便有 3 篇文章发表，如《〈奥德赛〉主题初探》（《中山大学学报》1961 年第 4 期）等。考虑到我国当时正处于"狠批白专道路"和三年困难时期，诗春先生能完成 3 篇大作殊为不易。在进入改革开放的年头，诗春先生很快就能看清方向，抓住机遇，数十年来完成著作 8 部、论文数十篇。他在科研方面的突出成绩显然也是超凡的、突出的。诗春先生的才识在境外也受到肯定，1988 年被日本神户女子大学授予人文科学名誉博士，1994 年香港理工学院授予他杰出中国访问学人奖。

诗春先生的突出业绩不仅为广东外语外贸大学争光、为广东高校的外语界争光，也为我国外语界争了光；广东外语外贸大学、广东高校外语界、我国外语界为出现诗春先生这样一位大师而感到荣耀。

## 2. 基础扎实，语文并重

诗春先生之所以能在上述三个方面取得如此显著的成就，得益于他在求学期间和作为青年教员期间在语言（学）和文学两个方面打下了扎实的基础。他的成长对我们如何提高自己、如何认识和搞好英语专业具有深远的意义。

首先谈语言和语言学。2010 年 5 月 20 日，诗春先生曾向广东外语外贸大学的师生作了一个"什么是语言与语言学？"的专题学术讲座，诗春先生从语言学和认知科学的角度，指出认知科学和物理学、天体物理、分子生物学并称当代四大前沿学科；并从信息和语言的角度，指出语言是信息的载体。我们也知道，诗春先生早在 1980 年就策划召开了我国第一次应用语言学研究会议，之后倡导了我国心理语言学、社会语言学、语料库语言学和计算机辅助教学等学科的研究。遗憾的是很多年来高等教育界有些教师把英语语言文学这一专业中的"语言"仅仅看作"听说读写"的技能教学，没有充分认识到指导"听说读写"教学的理论基础来自语言学及其相关学科的发展。也有人曾经质疑外语专业学生学习语言学的必要性，并以外语学生不学语言学也可学好语言进行辩解。这样，诗春先生以自己的身体力行回答了语言学习和语言学理论的重要性。上述怀疑者最好研究一下诗春先生是如何通过语言学的学习和实践才成为大师的。

诗春先生对语言学的重视并不意味着对文学教学的否定。他认为："文学教学和语言教学既有相同之处，又有相通之处。作家的作品既是艺术的创作，也是一篇语言的素材。语言学家对文学作品语言的分析，不能离开作家的心绪、感受和他所创造的形象，同样的，文艺批评家对文学作品美学价值的分析，也不能离开作家所使用的语言。""文学教学的基本问题是使学生认识文学交际手段的性质和方法。"（桂诗春，1984:3）鉴于这个原因，话语分析和文体学应该是语言学与文学、语言教学与文学教学的结合点。诗春先生认为文学和语言学不可分家，并指出当代大学生的文学底子不够厚实的问题（桂诗春，2004c）。诗春先生功底扎实的原因之一源于他的文学修养。

就英语专业的学生来说，诗春先生语重心长地提出："以语言为研究方向的同学应该多读些文学的东西，同样的学文学的同学也应该掌握一定的语言学知识。"（桂诗春，2004c）当今我国高校外语专业所面临的问题便是听说读写教学挤了文学教学，使专业英语教学形同大学英语教学，或者文学教学挤了语言和语言学教学，使专业英语教学脱离了国家和社会的需要，削弱了学生实际运用和分析问题的能力。

### 3. 注重实际，追求创新

以上讨论表明，诗春先生重视理论，特别是语言学理论的学习。

值得称道的是诗春先生以敏锐的眼光注意到许多学科的发展。他总是扮演领跑者的角色，不愧为先知先觉者，对我国外语界的学科研究起到推动作用。我们分析他有关某些学科发表的第一篇文章的时间便可知其大概，如：

| | |
|---|---|
| 社会语言学 | 社会语言学与英语教学（《现代外语》1978 年第 1 期） |
| 应用语言学 | 要积极开展外语教学研究（《光明日报》1978 年 11 月 9 日） |
| 词汇学 | 英语某些新词的产生及其社会背景（《现代外语》1978 年第 2 期） |
| 心理语言学 | 心理语言学的研究与应用（《外语教学与研究》1979 年第 2 期） |
| 语言测试 | 语言测验的测量和评估（《现代英语研究》1981 年第 1 期） |
| 计算机辅助教学 | 电脑技术在外语教学和科研中的应用（《外国语》1985 年第 4 期） |
| 认知语言学 | 认知与语言（《外语教学与研究》1991 年第 3 期） |

另一点值得称道的是诗春先生不是为理论而理论，为语言学而语言学，他总是从外语教学的视角讨论语言学理论的问题。这具体表现在他 1978 年至今的文章中有 20 多篇的内容涉及心理语言学、社会语言学和应用语言学。还有许多文章的内容涉及语言测试和计算机语料库。又如，他的 8 部专著和论文集无不与应用语言学和心理语言学有关，如《心理语言学》（1985，上海外语教育出版社）、《标准化考试——理论、原则与方法》（1988，广东高等教育出版社）、《应用语言学》（1988，

湖南教育出版社）、《应用语言学与英语教学》（1988，山东教育出版社）、《实验心理语言学纲要》（1991，湖南教育出版社）、《中国学生英语学习心理》（1992，湖南教育出版社）、《新编心理语言学》（上海外语教育出版社），等等。

诗春先生是如何处理理论与实际的关系呢？我们不妨读一下他对应用语言学与心理语言学的评述。就应用语言学来说，他认为该项研究有广阔天地，如中国人学外语和外国人学汉语的许多变量和参数至今还是个空白点；应强调以过程为中心，应用系统工程的思想和技术来解决各种应用语言学课题，使应用语言学成为文理结合的一个新领域。他认为应用语言学的认知基础将会受到进一步的重视，认知科学的一些研究成果如神经网络模型对探索语言使用和学习过程将会有很大的启发。作为一门应用型的学科，它的研究成果对提高我国语言教学的质量有直接关系，它将加速培养我国的改革开放和经济建设所需要的大量外语人才。（桂诗春，2004b：5）

再具体说，除参与制订教学大纲和教学法相关研究工作外，诗春先生1982年便是我国教育部"英语水平测试"（English Proficiency Test，EPT）命题小组的负责人，为测量和评估我国学生，特别是派遣到说英语国家的访问学者和研究生的英语水平，提供了选拔的依据。在EPT的影响下，国家人事部和外国专家局相继出台了"出国人员考试"和BFT考试。在某种意义上，它也为日后的大学英语四、六级考试积累了经验。

## 4. 观点明确，仗理直言

当我们回顾和评估中国外语教育六十年或三十年时，往往有两种不同的声音。其实，这两种意见都有一定的理据，起码能说明中国外语教育在发展过程中曾经有过不同的观点和争论。在这些纷繁复杂的观点中，诗春先生的可敬之处在于他没有回避这些问题，而是亮出自己的观点。他的讨论不是口号式的，而是摆事实、讲道理的。

先从中国孩子接受外语教学的起始年限谈起。受乔姆斯基儿童学习语言的"临界期"理论的影响，国内盛行"学英语越早越好"的观点。于是有主张将初中外语课改为小学五年级开设的，有主张小学三年级开设的，还有小学一年级以至在幼儿园开设的，议论纷纷，莫衷一是。不料，在人们认为本来是一个答案非常明确、非常简单的命题，诗春先生却能从语言规划的高度和投入产出

　桂诗春先生的治学之道——贺诗春先生八十华诞

效益的比较角度提出不同的意见，那就是学得早并不总是学得好。在这个基础上，诗春先生提出要树立以科学实验为基础的科学态度。例如，通过对比研究来了解：(1) 在相同的条件（包括教学资源、培养目标、学习动机，等等）下，我国儿童学外语是否优于成人？ (2) 小学三年级是否为我国教授外语的最佳年龄？ (3) 在普通教育里，需要花多少时间才能达到课程标准所提出的要求？ (4) 外语学习对别的学科的学习有没有影响？ (5) 每提早一个年龄段教外语，我们需要多少教育资源的投入？ 等等。（桂诗春，1992，2005，2004a: 12）总之，决定学外语的起始时间必须结合我国实际。（桂诗春，1992，2005，2004a: 12）因此我在参加教育部基础教育司和北京市民讲英语的有关活动时经常引用桂老的这些观点，希望领导和与会者全面考虑所讨论的问题。

自 20 世纪 80 年代中期以来，我国的几个教学大纲，英语专业的、大学英语的、基础教育的，都以最时尚的交际教学法为纲。诗春先生敢于指出交际教学法也有它的不足之处。他认为"交际法"教学在入门阶段还可以，但到中级、高级阶段效果就不那么明显了。"主要原因是这个教法的内涵太少。交际不是不需要，但关键是能否达到交际目的。当时搞这个教法的人很高兴，看到学生叽里呱啦地讲了许多英语就高兴得不得了。学生原来不爱讲英语，现在开始开口讲话了。但大家说，这有什么意思？满嘴都是错话。他们有借口：让他们讲下去，他们慢慢地自己会讲正确的。可是一直讲下去就会总说错话，就是'洋泾浜'英语。"因此对外语专业的学生采用交际法两年即可（包天仁，2004: 19）。

20 世纪 80 年代后期，社会上出现了"外语只是工具，不是专业"的言论。最典型的是某位高校领导曾建议取消外语专业。他的观点对不对？我们不妨从诗春先生对这类现象的评论中得到启发。他说："我们往往把社会需要和办教育直接挂钩，把毕业生就业情况和办什么专业联系起来。人才的教育周期性很长，人才的培养要减少盲目性，必须加强科学的预测性，而不是看一两年的需要。"他进一步指出："外语是一门战略性的学科，为了和苏联争夺宇航权，20 世纪的 50 至 60 年代，美国的国防教育法案把外语作为国防性教育的三门重要学科之一。"（桂诗春，2004b）后来美国总统 Eisenhauer 专就外语教育的重要性发表过国情咨文。在一部分领导和教师大力提倡"外语＋专业"的道路时，诗春先生冷静地指出："我们容易把职业和专业混为一谈。专业是一种学科体系，我们国家也制定了学科目录，有一、二、三级学科。学科有一支专业队伍支持，有不同层次的学位。有基础性和应用性的学科。"对比之下，那些热衷于把高校的英语专业降格为职业学校者的思想境界不够开阔。诗春先生还指出："我的看法是不能因为有需要，就不问学校层次，一窝蜂齐去办，特别是建立一个专业应该经过论证，不能不问条件，否则名不符实，降低学校的声誉。"我认为诗春先生在这里吐露的真是肺腑之言。外语界需要这样一位看得高、看得远的大师！

再来谈谈听说与读写的关系。21 世纪初，人们对大学英语 1999 年的教学大纲提出疑问，认为该大纲强调读写，不重视听说，是一个重大失误，是我国外语教育"费时低效"和"聋哑英语"的罪魁祸首。正在山雨欲来风满楼之际，诗春先生挺身而出，说：据我所知，全世界英语教育界在 100 年前就讲"加强听说"，这个问题如能解决早就解决了，我们中国也是如此。现在为什么还在谈？就是解决不了，因为这是规律。接着，他指出解决问题之所在，那就是创造学习和应用外语的环境，没有英语语言环境，听说能力很难提高。(桂诗春，2005)

诗春先生在退休前后还做了一件功德无量之事。若干年前，国务院学位委员会在整理专业目录时，曾试图将外国语言学与应用语言学专业取消，合并到语言学与应用语言学中。这样做不能区分中文学科和外语学科的不同需求和重点。我们正在焦急万分、束手无策之际，是诗春先生不辞劳苦，到处奔走，向领导反映情况，最后将外国语言学和应用语言学这个学科点保留了下来。

诗春先生认为所有这些问题反映了我国外语教育存在不少误区，其原因在于有的领导者没有把外语教育作为一门科学来对待，往往根据一些"常识"来进行决策。这意味着对外语教育改革要尊重客观规律，决策要科学化、民主化。为实现这一目标，一方面我们必须用应用语言学的理论和实践来武装我国外语教师；另一方面，对外语教育改革要树立长期作战的思想，对外语教育科学开展"科普"宣传活动，正面引导社会舆论。(桂诗春，2004a)

## 5. 老骥伏枥，退而不休

2009 年，《中国外语》的编者希望诗春先生在纪念该刊创刊 5 周年的刊物上写几句话，诗春先生就 Bernard Spolsky《二语学习的条件》一书写了《一个大题目》一文，言简意赅。(桂诗春，2009) 他把 Spolsky 提出的一个题目：谁在什么条件下学习哪种语言，学多少语言？（Who learns how much of what languages under what conditions?）分解为 4 个问题：(1) 在什么条件下学外语？ (2) 学哪一种外语？ (3) 学多少外语？ (4) 谁在学？这篇短文的亮点在于诗春先生告知我们，首先，"外语教学和治病救人、绘制基因谱图、制造火箭、编制计算机程序等一样，都是一门科学，有其自身的规律，值得我们去进行科学探究，有所发现，有所前进。"其次，Spolsky 这本书是他经过 20 年思考的结果，告示我们外语教学中的问题不能急功近利，这才是真正的科学态度。

诗春先生的这些思想在他最新发表的《应用语言学思想：缘起、变化和发展》一文中发挥得淋漓尽致。(桂诗春，2010) 我们知道，诗春先生早在 1980 年就组织召开全国应用语言学会议，至今已 30 年，显然我们更为关心的是"变化和发展"。为此，诗春先生为我们梳理了 1964 年以来应用语言学如何从外语教学和自动翻译两个小组发展到今天相对稳定的 25 个科学委员会。对于这一"不断延伸"的过程，诗春先生给了我们精湛的回答，那就是除了现实的需要外，"这和语言的本质分不开：语言是人类的属性之一，渗透在人类生活的各个方面。人们可以从不同的角度去看语言。"他用 Cook & Seidlhofer（转引自桂诗春，2010: 166）的话解释说：它可以是基因遗传、数学模型、社会事实、个人认同的表达、文化认同的表达、会话交往的结果、社会符号系统，本族语者的自觉、验证数据的总和、记忆块件的集合、受规则支配的离散集合系统或是分布式网络中的电子集合。

类似的例子还有不少，但已经谈到的情况足以说明诗春先生宝刀未老，虽已八十高龄，还在看书，活到老，学到老；也告诉我们，他还在思考，还在关注祖国的外语教育事业，还在寻找和回答人类赖以生存的语言问题。这个精神是我们需要学习的。

人们也许会发问，你自己的年龄也不小了，身体也不好，老远跑广州干什么？我的回答是，向诗春先生学习，让我们更好地学习诗春先生的治学精神，更多地了解他的学术思想。祝诗春先生高寿！

## 参考文献

［1］ Spolsky, B. *Conditions for Second Language Learning* ［M］. Oxford: Oxford University Press, 1988.

［2］ 包天仁. 桂诗春教授访谈录 ［J］. 基础教育外语教学研究，2004(2): 19−21.

［3］ 桂诗春. EPT——一种标准性、客观性的英语水平测验 ［J］. 外语教学与研究，1982(4).

［4］ 桂诗春. 我国应用语言学研究的广阔前景 ［J］. 外国语，1984(4): 1−6.

［5］ 桂诗春. "外语要从小学起"质疑 ［J］. 外语教学与研究，1992(4).

［6］ 桂诗春. 应用语言学与心理语言学在我国的发展 ［J］. 语言教学与研究，1994(3).

［7］ 桂诗春. 我国外语教育的根本出路 ［J］. 中国外语，2004a(1): 10−13.

［8］ 桂诗春. 我国外语教学的新思考 ［J］. 外国语，2004b(4): 2−9.

［9］ 桂诗春. 对怎样办外语学院英语专业的几点看法 ［Z］. 桂诗春先生在首届外语院校英语学院联席会议作的主题报告. 2004c−6−24.

［10］ 桂诗春. 谈当前的外语教学 ［J］. 中国外语，2005(1): 5−8.

［11］ 桂诗春. 一个大题目 ［J］. 中国外语，2009(5).

［12］ 桂诗春. 应用语言学思想：缘起、变化和发展 ［J］. 外语教学与研究，2010(3): 163−169.

# 亦"文"亦"语"，教研相长

## ——点赞黄源深教授治学之道 [1]

1979 年 1 月，乘改革开放之东风，我与来自华东师范大学的黄源深等九位英语教师，由教育部指派，在北京外国语大学胡文仲教授的带领下，共赴澳大利亚悉尼大学进修，并从此结下深厚友谊。转眼之间，2020 年源深兄 80 大寿，谨在此先表祝贺。据悉，上海学术界原筹划在今年 5 月份召开"黄源深学术思想研讨会"，因疫情受阻。感谢《当代外语研究》主编杨枫教授大力支持，开辟专栏，使我们得以讨论源深教授的学术思想。

## 1. 关于《高等学校英语专业英语教学大纲》的修订

源深教授曾多次被教育部聘为中国外语教学指导委员会委员，并参与 2000 年《高等学校英语专业英语教学大纲》（简称《大纲》）的制定，源深教授总结新大纲的新意有三：(1) 明确提出了复合型人才的培养。(2) 阐明了 21 世纪人才的规格。(3) 精心设计了培养 21 世纪人才所需要的课程。从事高校英语专业教学的老师都会认同这些新意至今仍有指导作用。源深教授还曾撰文发表自己的观点（黄源深，2011）。

在《大纲》修订过程中，源深教授首先阐明之所以要提出复合型人才的理念，是基于对新时代的认识和对就业市场调查的结果。一方面，21 世纪是一个高科技

---

1 胡壮麟. 亦"文"亦"语"，教研相长——点赞黄源深教授治学之道 [J]. 当代外语研究，2020(5): 9–15.

时代、信息化时代、经济全球化时代；另一方面，市场经济呼唤口径宽、适应性强，有相当应用能力的复合型英语人才。这些都是基于对就业市场的调查。

新大纲针对人才培养规定了五项具体内容，即"这些人才应具有扎实的基本功、宽广的知识面、一定的相关专业知识、较强的能力和较高的素质"。对此，源深教授明确指出这五个方面密不可分。扎实的语言基本功是外语人才的安身立命之本；宽广的知识面是 21 世纪学科间渗透和融合对外语人才提出的新要求；一定的相关专业知识有助于提高外语人才的社会适应能力；较强的能力，尤其是创新能力是外语人才生存、发展和出成果的重要保证；较高的素质，尤其是思想道德素质是实现上述诸方面的先决条件。扎实的语言基本功是外语人才的"看家本领"，体现了外语人才突出的个性，没有个性就没有特色，没有特色就没有生命力，也就失去了社会竞争能力。

在课程设置上，源深教授提出不仅要端正学生的学习态度，更要扭转教师的传统认识，如教师往往关注微观的知识传授和技能操练，却容易忽略学生宏观掌握学科所需的总体知识结构，并缺乏对学生必要的相关指导。在此基础上，学生和教师应加强课外知识的接触和培训。只有在打破"经院式"人才培养模式的基础上，才能提高学生的学习兴趣，扩大学生的知识面。

## 2. 思辨能力

一般来说，人们在讨论具体外语教学时，都会涉及听说读写译等语言技能。我发现源深教授能通过具体教学，发现一个更为重要的问题，即思辨能力的培养。思辨能力既表现在学生身上，也见之于许多教师的现实表现。例如，学生在回答问题或听讲座时，常常会脑子一片空白，提不出问题，或无话可说，或朦朦胧胧似有想法，却一片混沌不知从何说起。他也观察到教师提升职称时会为缺少论文而发愁，感到文章难写，立论不易，只能从事编写练习手册等工作。针对这些现象，源深教授将其归纳总结为"因缺乏分析、综合、判断、推理、思考、辨析能力造成的现象"，并称之为"思辨的缺席"或"思辨缺乏症"。对此，我极为赞同。

源深教授着重指出，思辨能力的缺失会直接影响外语师生的创造力、研究能力和解决问题的能力，从整体上影响人的素质。其严重性在于将导致英语专业很难培养出富有创造性的人才。从多元智能理论的视角来看，在这样的教学现状下，教师和学生只关心语言智能的培养，不注意逻辑智能等多元化智能的提高，最后不能培养出全面发展的高水平英语人才（胡壮麟，2019a）。

源深教授不仅发现了问题，也积极地提出如何改进的建议。除了提出英语专业的四、八级考试应有别于大学英语的考试外，还指出以下三方面课程的改革：(1) 适量减少有关英语基本功的课时，相关课程最多只占所有课时的 25%，英语主要应结合其他课程来学习。(2) 语言、文化知识课，包括语言学、文学、欧美文化、哲学、社会学等，共占 60% 左右，要用英语授课。(3) 思想方法和思辨课、包括辩证法、逻辑学、辩论方法等课程，比例约占 15%。这类课程一般用中文授课、防止信息流失。为了论证这些建议的严肃性和可行性，源深教授专门调查了抗战时期西南联大英国文学系的课程表。

## 3. 阅读与写作

源深教授依据他所开设课程的经验积累，对阅读与写作有独到的体会。早在 2002 年，他便发表长文介绍其英语水平有赖于两个时期大量的英语读写。一是在"文革"后期，他闲来无事，从旧书店淘得英国小说偷偷阅读，并用英文写下自己的感想；二是在澳大利亚进修期间，他选择了文学专业，读了大量小说、诗歌和文学评论等方面的书籍，并相应地写出课程论文、学年论文和学位论文。根据自己的亲身体验，他指出我国外语教学对读写两者均重视不够。阅读教育常常拘泥于短文章上的"精耕细作"，阅读量太小，难以产生语感。教师则满足于用习题操练来代替作文批改。当然，源深教授还提出，在阅读小说的基础上，也应拓展其他读物，如传记、时评、报道、历史、科普多个领域的书籍。这样既能丰富学生的知识，也有助于扩大他们的词汇量。

源深教授介绍过他在编写《阅读教程》时的编写思路，很有深度。首先，在我们所处的信息时代，特别是互联网时代，我们要学会通过阅读获取信息。其次，以往阅读时关注的焦点是局部信息（短语、句型、段落），不去抓大意，其结果是对文章或书籍所传达的整体信息忽略，见木不见林（黄源深，2008）。

源深教授对阅读的认知比常人高明之处是他不仅发现问题，而且还主动思考如何解决问题。他认为可从两方面入手，一是改变现有的阅读习惯，不能只关注语言形式，而忽视语言所承载的内容；二是培养通过阅读获取信息的能力。这是他编写《阅读教程》的主导思想。他认为要让学生享受阅读的乐趣，而不是把阅读当成苦役。因此，他非常关注课文的趣味性，在具体设计栏目时，既提供一些鲜活动人的小故事、小幽默、小玩笑之类的阅读材料，也搭配一些不会造成思想压力的练习。为此，共分四册的《阅读教程》既可由教师在课堂上讲解学习，也可让学生自行阅读。

源深教授针对为配合阅读设计多项选择题（multiple choice）或"打钩练习"的做法提出异议，指出这会导致误解，即英语阅读就是为了做打钩练习。他认为阅读者通过大量语言现象的重复，继而获得语感，这也有助于扩大词汇量，并且带来听、说、读、写、译等语言技能全方位的提高，英语表达能力也会随之提高。我也同意源深教授的这一观点，即一般学习者应当多选现当代小说，通过阅读来理解和消化所学英语，也便于顺手使用（黄源深，2011）。

写作是学生英语技能中最薄弱的环节。源深教授指出英语写作的重要性，如通过写可以培养学生对语言的敏感性，同时也指出写作教学中存在的问题，如学生怕写，教师怕教、怕改作文等。对问题的解决，他积极提出"写"比"改"更为重要的观点。在具体操作上，他鼓励学生先仔细阅读一篇文章，尽可能消化文章中的句型和词汇，然后写一篇类似题材的文章，并尽量使用阅读材料中的语言，这样的效果会更好（黄源深，2006b）。

# 4. 课外学习

源深教授对课外学习非常重视。他认为课外学习质量之优劣以及所花精力之多少、某种程度上决定着外语学习的成败。他不同意把英语学习仅仅看作课内教学，教师不操心学生的课外学习，或者把课外学习单纯看作是"课外活动"（黄源深，2007）。

源深教授进一步论述课外学习的重要性体现在如下几点：（1）语言学习过程是一个参与实践的过程，熟练的语言技巧通过大量的操练、重复、实践获得，课外学习为此提供了广阔空间。（2）语言学习需要大量语言输入和输出，但在实践中常被忽略。为此，源深教授列举陆谷孙、胡文仲、何其莘等名家的治学经验进行阐述。（3）语言学习需要各类知识的支撑，因为语言是思想的载体，涉及人类生活的方方面面。只有尽可能地熟悉各种相关知识，学习者才能提高对语言的理解能力和表达能力。可见，源深教授深入了解课堂教学与课外学习相互依存的辩证关系。

## 5. 师范院校教材

源深教授曾长期在华东师范大学任教，因此他在从事外语教学研究时，能注意结合师范院校的特殊性进行讨论。例如，他在参编高师英语专业第五、六册教材时，曾总结如下观点：（1）综合性大学和外语院校的教材以及国外引进教材并不完全适合师范院校的教学需求。主要原因是培养目标不一以及教学侧重点不同。就师范院校而言，由于其任务是培养英语教师，在语言基本功训练中要特别强调准确性。（2）对某些语言现象，不仅要知其然，而且要知其所以然。（3）不但要使学生会英语，而且还要使他们会教英语，即要掌握英语教师所必备的教学技能，如编写练习的能力、选择语言重点的能力、纠正错误的能力、改写短文能力、造句能力和提问能力，等等（黄源深，1990）。

按照上述指导思想，源深教授在编写高师英语专业第五、六册教材时，遵循了以下原则：（1）强调打好扎实的语言基本功，也注意训练英语教师所必备的教学技能。（2）注重系统性和循序渐进，注意各部分的相互关系和复现率。（3）逐步扩大知识面。（4）在"新"字上下功夫。如课文要有时代气息，载有关于当代社会、政治、文化，科技等方面的信息。（5）借鉴国外较新的练习形式。（6）紧扣英语专业高年级教学大纲，如着重篇章结构、文体特点、修辞手段等分析和提高学生的逻辑思维能力、独立思考能力和评判能力，采用讨论式教学，充分调动学生积极性等。

正是基于这样的认识，这套教材中的文章全部节选自原著，其优点如下：（1）语言优美、表现方法巧妙；（2）体裁多样，题材覆盖面宽，课文覆盖小说、故事、新闻报道、传记、散文、文学评论、科普、诗歌、时评等多种体裁；（3）富有时代气息；（4）有较强的可读性、趣味性；（5）长短、难易适度，第五册课文长度为 800—1 000 词，第六册为 1 600—2 000 词；（6）有思想深度。关于词汇和练习的编写在此从略。

## 6.　高考英语试卷的改革

自 21 世纪以来，社会上出现反对把英语列为我国高考必试项目以及 150 分计分率的说法，甚至提出"英语误国""英语无用"的错误言论。在种种压力下，源深教授挺身而出，勇于公开发表己见，进行说理，精神可嘉。

源深教授认为高考中英语的权重，从长远看，是事关国家人才建设和战略意图的大事。他指出这些负面议论有些偏激，与事实和常理不符，是有些人把学业上的失意归罪于英语学习。事实上，改革开放以来，我国的综合实力飞速增强，无论科技、军事、文化、工业、农业、商业，还是体育、旅游和各类对外交流等，每个领域都离不开英语的有力支撑。再者，他以日本和韩国高考项目和考分比例作为依据，进行对比，以理服人。源深教授还枚举许多非英语国家，特别是亚洲的一些国家，在英语水平上远远高于中国，如马来西亚列亚洲地区第 1 位、全球排名第 9 位，韩国排第 13 位，日本排第 14 位，而中国才排 29 位。源深教授也谈到在一项对全球 170 万 18 岁以上成年英语学习者的测试成绩调查分析，在全球 54 个非英语母语国家和地区中，中国大陆只排在第 36 位，属于低熟练度水平。2004 年和 2005 年的雅思考试，中国考生平均成绩明显低于世界平均成绩，口语考试成绩为全球倒数第一。2012 年托福考试世界平均分为 80.5 分，而中国大陆考生的成绩为 77 分，落后于巴基斯坦（90）、韩国（84）、孟加拉国（84）、尼泊尔（81）、朝鲜（80）、不丹（79）等国家的考生。

根据以上情况，源深教授提出：解决问题的关键不是取消高考英语项目或减少考分比例，而是如何提高英语教学效率；以《许国璋英语》为榜样，编写适合于中国学生的教材；在中小学摆正对英语教师教学和科研的考察，重点放在关注如何提高教学水平；加强语言现象的重复率，创造课内外的阅读和会话活动；避免某些教师校外兼职过多；等等。

## 7.　翻译

源深教授的译著有《简·爱》《老人与海》《道连·格雷的画像》《欧·亨利短篇小说集》和《我的光辉生涯》等，并荣任上海翻译家协会副会长。在此我想介绍这样一个观点：他不仅是一位翻译家，而且是一位翻译理论家。他写了近 30 篇有关翻译的实践经验、问题研讨和理论指导的文章，2018 年汇集成册，以《译海拾零》论文集问世。

《译海拾零》汇集了源深教授如下观点：(1) 纠正对翻译的错误认识。他认为，翻译不应是被轻贱的行当，教师的翻译成果应当受到尊重和承认。这完全符合教育部在 21 世纪对翻译的重视而设置翻译专业的重大决策。(2) 对翻译作品的评价既要"准确"，也要"灵活"，这意味着翻译工作者也应掌握辩证法。(3) 翻译理论的多元化。源深教授一方面认同学术界存在着多种翻译理论，另一方面也指出译者对同一作品的风格会有不同感受，加上译者本人的风格，因此他主张采取开放的多元化翻译观。(4) 提高翻译基本功。译者不仅要重视外文的语言基本功，也要拓宽自己的知识面，才能更好地传达原作风格。(5) 重视语言学理论的指导，源深教授有多篇论文讨论翻译中"句与句之间的黏结"，即衔接与连贯。同时，译者应注意传达不同语境中的文体差别，这是语用学和语境语言学关注的内容。至于"归化"和"异化"孰是孰非的问题，也离不开语言交际的对象和目的（胡壮麟，2019b）。

从以上的讨论不难看出，源深教授虽然主攻文学，并取得很多成就，但他仍能根据国家需要，摆正英语语言文学专业中的文学和语言的关系，继承王佐良、许国璋、李赋宁等前辈的优良传统，关心我国的英语教学。为此，他曾连续担任三届教育部全国高校外语教学指导委员会委员，积极参加英语教学指导委员会的活动，特别是师范院校的英语教学。这种"亦文亦语"的高度认识值得我们点赞。

源深教授以教学促科研，以科研助教学，教学与科研并重。他在科研中为我们提供了许多经验：如何抓住问题的根源，如何分析问题的实质，如何提出解决问题的建议等。在亮明自己观点时，能以实例佐证，有根有据，具有说服力。源深教授在这方面的建树受到政府和有关部门的肯定，他主编的《高校英语教材》(5—8 册) 获国家教委高校优秀教材一等奖 (1995) 和国家级优秀教学成果二等奖 (1997)；《高校英语教材》(1—4 册) 获上海市高校优秀教材一等奖 (1997)；《中学百科全书·外语卷》获中国国家图书奖 (1994)；"九五"国家级重点教材《综合英语教程》和《英语泛读教程》获教育部高校优秀教材一等奖 (2002)。这种"教研相长"的成就也值得我们点赞。

需要说明，由于篇幅和本人所知有限，源深教授尚有许多值得夸奖之处，如他曾担任华东师范大学外语系主任，说明他除了教学和科研外，还具有管理组织能力。又如，他虽然早期从事英美文学研究，为了学科需要，又成为澳大利亚文学研究的先行者。也正因为如此，他兼任华东师范大学澳大利亚研究中心主任，21世纪初曾任全国澳大利亚研究会会长。1998年，他的专著《澳大利亚文学史》获教育部高校人文社科优秀著作二等奖和上海市哲学社会科学优秀著作二等奖；1996年，《澳大利亚文学论》获上海市哲学社会科学优秀著作二等奖；1995年，《澳大利亚文学选读》获全国高校外国文学研究优秀教材奖；1986年，论文《当代澳大利亚小说流派》获上海市哲学社会科学优秀论文奖。

最后，人们常说："名师出高徒""长江后浪推前浪"。源深教授为国家培养了众多外语人才，功不可没。这里，仅列举几位：

王光林：上海外国语大学教授、博导。在麦克米伦出版社出版英文专著 *Translation in Diasporic Literatures*，获得西方学界的好评，并被多次引用。在国内著名杂志《外国文学评论》及其他杂志上发表论文多篇。

彭青龙：上海交通大学教授、博导、外语教学指导委员会委员、《上海交通大学学报（文科版）》主编。主持国家社科基金重大项目一项。出版专著《百年澳大利亚文学批评史》（北京大学出版社），获得多位学者好评。

陈弘：华东师范大学教授、博导、华东师大澳大利亚研究中心主任。多次在中央电视台、澳大利亚电视台以及《环球时报》《文汇报》等多家报刊发表关于中澳关系的评论，成为我国中澳关系研究的代表性人物。

朱晓映：华东师范大学教授、博导、华东师大外语学院副院长。在《外国文学评论》及多家杂志发表论文多篇，曾在《文艺报》两次以整版篇幅发表评论文章。

梁中贤：牡丹江师范大学校长、教授、博导。在《外国文学评论》和其他杂志发表多篇澳大利亚文学研究文章。

徐凯：上海电力学院副校长、教授。在《外国文学评论》及其他杂志发表澳大利亚文学研究多篇。

看来，我既要点赞"前浪"，也要点赞汹涌而上的"后浪"了。有一点可以肯定，前浪在前，后浪在后。

## 参考文献

［1］ 胡壮麟. 从语言视角看智能多元化及其融合［J］. 外国语言文学，2019a(2): 115−127.

［2］ 胡壮麟. 隐喻翻译的方法与理论［J］. 当代修辞学，2019b(4): 1−9.

［3］ 黄源深. 试谈高师英语专业第五、六册教材的编写［J］. 外语界，1990(4): 42−45.

［4］ 黄源深. 思辨缺席［J］. 外语与外语教学，1998(7): 1, 19.

［5］ 黄源深. 21世纪的复合型英语人才［J］. 外语界，2001(1): 9−13.

［6］ 黄源深. 好的英语是"读"出来的——英语教学谈之一［J］. 外语界，2006a(4): 63−66.

［7］ 黄源深. 好的作文是"写"出来的——英语教学谈之二［J］. 外语界，2006b(5): 11−14.

［8］ 黄源深. 英语学习的功夫主要在于课外——英语教学谈之三［J］. 外语界，2007(6): 12−14+85.

［9］ 黄源深. 学会通过阅读获取信息——谈《阅读教程》的编写思路［J］. 外语界，2008(1): 11−14.

［10］ 黄源深. 英语专业课程必须彻底改革——再谈"思辨缺席"［J］. 外语与外语教学，2010(1): 1−16.

［11］ 黄源深. 大学英语阅读课应该抓什么——兼谈《阅读教程》（第五至八册）的编写思路［J］. 外语界，2011(2): 5−10.

［12］ 黄源深. 译海拾零［M］. 上海：上海外语教育出版社，2018.

# 博大精深，大家风范

## ——祝贺冠连先生七十五寿辰 [1]

欣闻广东外语外贸大学钱冠连先生七十五大寿，谨在京致以遥远的问候和祝贺！

冠连先生以他的四本专著《美学语言学》(1993)、《汉语文化语用学》(1997/2002)、《语言信息论》(2002) 和《语言：人类最后的家园》(2005)，以及百余篇具有理论深度和创新意义的学术论文，在我国语言学界和外语界素享盛誉。我个人比冠连先生虚长 6 岁，但在做学问上差了一截。扪心自问，自愧不如。借此机会，与冠连先生交交心。

冠连先生自 1982 年开始学术生涯，治学博大精深，为学界所公认。1980 年发表《语言冗余信息的容忍度》后，主攻语用学。就我掌握的不完全材料，自 2001 年至今的 15 年中，他发表的有关语用学的研究论文近 30 篇，几乎每年 2 篇，其中以"西方语言哲学系列研究"为副题的专题系列论文达 10 余篇，说明了他对该项研究的全面性、深入性、系统性。其选题关涉西方语言哲学的三个问题，中西哲学的不同走向、语言哲学的修辞论、证伪法与语言学研究，等等。冠连先生的用意很清楚，语言学虽然曾经被誉为领先科学，但它的"领先"离不开哲学思想的启示和引导。

学海无涯苦作舟。冠连先生在语言哲学和语用学研究上之所以取得如此惊人的成绩，达到融会贯通、游刃有余的境界，这在于他的知识渊博，功底扎实。这鲜明地反映在他三十多年学术活动的另一面，那就是他对理论语言学、认知语言学、美

---

1　胡壮麟. 博大精深，大家风范——祝贺冠连先生七十五寿辰 [J]. 当代外语研究，2014(6): 5-7.

学、修辞学、外语教学与研究、汉语和方言、网络和多模态语言学、翻译学、对比语言学等学科，都有研究，都有建树。应该承认，我们有时不善于辩证地处理"专"和"博"的关系，往往对"博"有所好者嗤之以鼻，常会简单地扣上做学问"不踏实""好高骛远"之类的帽子。现在冠连先生以自己的实践表明，两者是可以统一的，也就是说，该专的专，该博的博。

那么，人们为什么有时会不分青红皂白，一概否定专博之人呢？我个人认为，这里存在两个深层次的原因。第一个原因是建国初期我国学习苏联高校办学经验，开展院系调整，过分强调了专业化。在外语教学中把所谓的外语专业片面地解释为"听说读写"四项技能的训练。在四项技能中，又不顾国情，把"听说"凌驾于"读写"之上，使各个语言技能不能起到互补的作用，这对中小学英语教学、高校的大学英语教学和专业英语教学的负面影响之深远，至今仍未全部肃清。第二个原因有关我国的治学传统。"师道尊严"走到极端，学生易为老师的知识所囿，难以超越老师，难以突破；另一方面，过分强调对个别词语和句型的研究，缺乏对外语语法和语言系统的全面认识。其结果用冠连先生的话说，就是"投入多，收益少"（钱冠连，2001b）。因此，冠连先生对"专"与"博"辩证结合的思想和实践为我们树立了一个良好的、成功的治学典范。

冠连先生博大精深的学术成就还在于他正确的治学理念和方法。首先，他非常重视对理论的学习和研究。他认为，有些学者对理论所持态度不适当，他们既不了解理论形态的一般特征，又对形而上学持有错误认识。为此，他提出要正确认识理论的价值，理论既有助于我们深刻地认识研究对象，也有助于我们将"明白"与"睿智"结合起来，更好地走上理论的原创之路（钱冠连，2011a）。在这里，冠连先生没有对上述错误认识"跟着转"，也没有停留在空口说白话上，而是以自己的实际行动投入理论研究。不论是语言哲学和语用学业，还是其他课题的研究，他从不放过对一个理论的理解、梳理、质疑、讨论和创新的探索过程。例如，为了解决语言理论研究中的原创性，他提出应当重视有理据的范畴化过程（钱冠连，2011a）。显然，"钱氏语用学"的问世也得益于他对理论研究的执着和对结合中国情况搞好理论研究的切身体会。

如上所述，冠连先生总是把正在研究的理论与中国的实际情况结合起来，他一贯反对外语界与汉语界不相往来的"两张皮"现象。冠连先生指出，对外语学者来说，他们应在回归母语研究方面做出重大贡献。"在不同语言价值观的冲突中才能质疑语言本身，由此探明真相。"（钱冠连，2001b）坦率地说，冠连先生这些话语击中了我的认识误区。我过去一直认为，作为中国的外语专业教师，做好本岗位的研究和教学工作就可以了，手不要伸得太长，以至于造成"吃不了，兜着走"的尴尬局面。在我指导英语专业的研究生和博士生时，我总是"告诫"学生，当他们用所学理论分析语言时，语料尽量选用英语而不是汉语，不然在学术委员会上难以通过。可见我缺乏冠连先生那样的认识高度和大无畏精神，也缺乏他在障碍前面或是跨越或是绕着走的灵活性。为了解决人们对理论研究的错误认识，冠连先生系统地介绍了启功先生的治学经验：一是敢发疑问，二是大胆设想，三是走自己的路，四是敢负责任，五是再思，六是要有理论勇气。这六条经验组成的启功模式可作为母语为汉语的学者对待国外语言学时所应持有的心态、方式与思路。冠连先生是这么说的，也是这么做的。他在介绍一个国外理论后，总是进一步研究这个理论在国内的引进情况和展望。例如，他研究语用学，便写了《语用学在中国：起步与展望》（钱冠连，1990），指出我们不单是引进语用学，更重要的是要发展具有中国特色的语用学。就冠连先生对西方语言哲学的研究来说，我们至少可以找到四篇文章是讨论西方语言哲学在中国的发展情况的。在这些文章中，冠连先生不仅反复强调我们要引进西方语言哲学，而且明确指出这是"一种可供借鉴的发展之路"（钱冠连，2006）。

一不做，二不休。冠连先生挺身而出，公开批评我国的汉语界。他指出还有比外语界更严重的问题，那就是"老谈隔壁人家的事情，而不联系自己家里的事情"，以及"拿不出本土的材料来，很难说完成了自己的任务"的问题（钱冠连，1999）。冠连先生在这里批评我国汉语界不重视理论研究，更没有创建学派意识的雄心壮志。为此，他激励我国汉语界学者也应对语言学理论做出贡献，也应创建自己的学派。他还勇于担当起治疗医师的职责，帮外语界、汉语界学者找出心理障碍的病因（钱冠连，2007）。对这个问题，冠连先生曾和我交流过，我认为隔行如隔山，少管闲事，何况自己的汉语知识非常浅薄，不想给自己找麻烦。其实，我本人内心非常赞同冠连先生的意见，但没有他唯真理是问、把问题摆到桌面上的胸怀。后来，北京大学中文系语言学教研室召开纪念高名凯先生 100 周年诞辰的学术会议，我才大胆回顾高名凯先生对理论研究的重视和贡献，提出如何发展中国特色的语言理论研究（胡壮麟，2011）。榜样的力量是无穷的，冠连先生迈开了第一步，给了我智慧和力量。

作为外语教师，冠连先生更注意理论与外语教学的结合，如《西方语言哲学在外语界的传播与未来的发展》一文，其用意是说明外语院校的教师和学生应当具有西方语言哲学的基本知识（钱冠连，2008a，2008b）。如果说，20 世纪 80 年代末我国高校大谈"复合型人才"的培养，只是为了帮助外语专业的学生日后多一个找工作的渠道，那么让外语院校的学生学习西方语言哲学才是真正为我们国家培养高素质人才出谋划策。自改革开放、高校恢复招生并开始实行研究生教育以来，人们长期片面地坚持外语语言文学专业只包括语言和文学两个方向，把翻译拒之门外，其理由是有些学者片面坚持翻译只是一门实践课，没有理论，不能作为学科或专业。直到 21 世纪初，国内许多高校才陆续设置翻译专业，翻译得以和语言文学并驾齐驱。可见冠连先生（钱冠连，1994，1997）所做的工作既证明了设置翻译专业的必要性，帮助人们认识了翻译专业的理论和实践研究，又推动了我国高校的学科发展。

冠连先生在学术讨论中的包容精神令人难忘。我曾用语用学理论分析《北京日报》的社论和报道，也分析个人的言论，这种自认为"不偏不倚"的立场引起了国内外学者两方面的负面反应。从此以后，我不再参加国内外语用学的学术活动。唯独冠连先生能正确评价我在语用学方面曾经做过的工作，不时鼓励。在语言哲学方面，冠连先生肯定了海德格尔的语言观，认为"人活在语言中，人不得不活在语言中，人活在程式性的语言行为中"（钱冠连，1998）。与之对比，我本人 2012 年末在四川外国语大学讲学时，却是对海德格尔的语言哲学观从五个方面提出质问（胡壮麟，2012）。当时，同样作为嘉宾的冠连先生很淡然地从不同视角解释了我们两人的分歧：一个是哲学视角，一个是语言学视角，缔造了健康的学术氛围。

这就联系到冠连先生有关人品和学品关系的论述。"做学问先要做人。"做学问要具有高尚的人品，具体表现为诚悫淳朴，坚韧坚定，目光远大，定位正确，容忍宽厚，有独立人格和原则性，淡泊名利，生活质朴，性格挥洒自如，等等（钱冠连，1998）。可见冠连先生在学术上的大家风范来自于他在人品方面的自我修养、严于律己。再举一例：冠连先生在 2008 年创建了"中西语言哲学研究会"并担任第一任会长后，在第二届改选时，断然隐退，坚决推举四川外国语大学王寅教授为会长，以发挥各校的作用，更好地培养学术骨干，这种以事业为重、以学术为重的心态令我钦佩不已。这才是真正的大家风范。

向冠连先生的博大精深学习！向冠连先生的大家风范学习！

## 参考文献

[ 1 ] 胡壮麟. 发展中国特色的语言理论研究——纪念高名凯先生诞生 100 周年 [ J ]. 当代外语研究，2011(8): 1−9.

[ 2 ] 胡壮麟. 人·语言·存在——五问海德格尔语言观 [ J ]. 外语教学与研究，2012(6): 803−814.

[ 3 ] 钱冠连. 语用学在中国：起步与展望 [ J ]. 现代外语，1990(2): 23−28.

[ 4 ] 钱冠连. 美学语言学：语言美和言语美 [ M ]. 深圳：海天出版社，1993.

[ 5 ] 钱冠连. 从文化共核看翻译等值论 [ J ]. 中国翻译，1994(4): 14−15+34.

[ 6 ] 钱冠连. 翻译的语用观——以《红楼梦》英译本为案例 [ J ]. 现代外语，1997(1): 32−37.

[ 7 ] 钱冠连. 汉语文化语用学 [ M ]. 北京：清华大学出版社，1997/2002.

[ 8 ] 钱冠连. 人品向学品的正负迁移 [ J ]. 外语与外语教学，1998(2): 1, 46.

[ 9 ] 钱冠连. 对比语言学者的一个历史任务 [ J ]. 外语研究，1999(3): 5−10.

[ 10 ] 钱冠连. 有理据的范畴化过程——语言理论研究中的原创性 [ J ]. 外语与外语教学，2001a(10): 1−4.

[ 11 ] 钱冠连. 外语研究四难与学者个人素质 [ J ]. 福建外语，2001b(3): 1−3.

[ 12 ] 钱冠连. 语言全息论 [ M ]. 北京：商务印书馆，2002.

[ 13 ] 钱冠连. 语言哲学翻译论——简评工具性语言扩展式 [ J ]. 中国翻译，2003(5): 31−35.

[ 14 ] 钱冠连. 语言：人类最后的家园——人类基本生存状态的哲学与语用学研究 [ M ]. 北京：商务印书馆，2005.

[ 15 ] 钱冠连. 西语哲在中国：一种可供借鉴的发展之路 [ J ]. 中国外语，2006(1): 5−6.

[ 16 ] 钱冠连. 以学派意识看外语研究——学派问题上的心理障碍 [ J ]. 中国外语，2007a(1): 28−30.

[ 17 ] 钱冠连. 以学派意识看汉语研究 [ J ]. 汉语学报，2007b(2): 2−8.

[ 18 ] 钱冠连. 钱冠连语言学自选集：理论与方法 [ M ]. 北京：外语教学与研究出版社，2008a.

[ 19 ] 钱冠连. 西语哲在外语界的传播与未来的发展 [ J ]. 外语研究，2008b(2): 1−16.

[ 20 ] 钱冠连. "跟着转"：输在理论贫乏上——从理论形态的一般特征到创造 [ R ]. 中国英汉语比较研究会第九次会议论文，2010a.

[ 21 ] 钱冠连. 思在昆仑山下 —— 眼光与定力 [ J ]. 当代外语研究，2011b(10): 1−4.

# 从语义学到体认语言学的
# 七十寿星王寅[1]

 

 

欣闻我的好友，四川外国语大学资深教授王寅先生渗透其毕生心血的语言学研究文集（共二十卷）即将出版，又悉他在 2019 年即将迎来七十大寿，双喜临门，谨在此表示衷心祝贺。

我闻王寅先生大名在先，相识在后。1993 年我在书店买到他编著的《简明语义学词典》，翻阅后思想上顿时产生了种种反响。作为改革开放后外语界第一代的语言学教师，我一直满足于理论语言学、词汇学、句法学、语音学的教学，唯独对语义学总感到力不从心，敬而远之。首先，不仅是我们这些半路出家的语言学教师有如此想法，国际上一些著名的语言学权威也流露出不同形式的公开表态，如著名的生成语言学家乔姆斯基宣称他的转换生成语言学只研究结构形式，即句法，不考虑语义学；我的老师，系统功能语言学家韩礼德在 An Introduction to Functional Grammar（第二版）的序言中承认把该书定名为"功能语法"，而不是"功能语义学"，因为他的理论在语义学方面的进展还不够充实。其次，有关语义学的专业词汇一般都收入语言学词典，只是作为其中的一个范畴。如今我从未见过面的王寅先生居然能把语言学中的一个范畴内容扩编成一部词典，说明他阅读语义学书籍较多，研究颇为深入。买这部辞典，成了推动和引导我进一步学习语义学的动力。那个时期语义研究尚属空白，王先生这本词典算是第一步，本身就具有意义，发挥了"为国人迎接语义功能的转向做出了基础性铺垫"，参见我为王先生《认知语言学探索》所作的序言。

---

1　本文选自《王寅文集》总序——兼贺王寅先生七十大寿"。

1995 年在北京大学召开第一届全国系统功能语法会议，我曾期待王寅先生亲临指导，最后他因有事没有参会。从来自山东的与会者了解到他从政搞外事工作了。正在惋惜一位搞语言学的优秀人才从此要转行之时，我又听说他被引进到了他的母校——苏州大学外国语学院了，我才在那里与王寅先生初次见面。此后，我对他产生了亦喜亦忧的复杂心情：喜的是他能回到母校从事教学和学术研究，忧的是他当上了外语学院的院长。做行政工作，必然会耽误学术研究，占掉不少时间，我深有体会。但可喜的是，他竟然能一手做好行政工作，带领他的团队为苏大外国语学院争取到了博士点；另一手还未耽搁科研，于 2001 年在上海外语教育出版社出版了《语义理论与语言教学》，还写出了后在我国外语界产生重大影响的专著《认知语言学》的草稿。此书先作为研究生教材试用于多所院校，后在此基础上不断修改，并于 2002 年申请到了国家社科基金项目，2007 年在上海外语教育出版社正式出版，竟然是每年重印一次，直至 2018 年已第 11 次印刷了，成为学界的一本专业畅销书，为我国语言学界的研究生教育发挥了十分重要的作用，实在难得。他于 2004 年被四川外国语大学引进，在那里勤奋读书，笔耕不辍，又出版了十多本在国内一直叫好的语言学专著。到目前为止，王先生已出版专著和教材 30 多部，论文近 300 篇，总字数达 1 800 万，这样的科研成果在国内语言学界稳居前列。

我有幸应邀为他的四部著作写过序：《语义理论与语言教学》（上海外语教育出版社，2001）、《认知语言学探索》（重庆出版社，2005）、《认知语言学》（上海外语教育出版社，2007）和《构式语法研究》（上海外语教育出版社，2011）。就我个人的认识来说，我感到王寅先生治学很有特色，值得自己学习。

（1）领域逐步拓宽，一步一个脚印，步步深入。如他能从最初对语义学的研究，进入到认知语言学、语言哲学、语篇分析、隐喻理论、符号学、传播学等学科，在创新的道路上不断取得重要成果。他在认知语言学理论框架中所论述的像似性理论引起国内外很多学者的高度关注，曾一度有不同声音，但随着认知语言学的普及和推广，学界已接受了这一观点。他的汉语功底还较为扎实，这与他的家学渊源有密切关系，听说他父亲是研究训诂学的，王寅先生率先在外语界进行了一项前无古人（但愿后有来者）的研究，将西方的语义理论与中国的训诂学进行了对比研究，于 2007 年在高等教育出版社出版了《中西语义理论对比研究初探——基于体验哲学和认知语言学的思考》一书，在学界引起很大的反响。我们知道，汉语界鲜有学者熟悉西方的语义理论，外语界更无研究训诂学的人，王先生依靠自己的优势将这两者进行对比，且运用体验哲学和认知语言学的有关理论来加以论述，确实填补了学界的一项空白。

（2）掌握信息全面、清晰，不拘泥于一派之见。他于 2011 年在上海外语教育出版社出版了《构式语法研究》（上下卷），篇幅达一百多万字，正如我在为这本书作序时说"这是一部呕心沥血之作，阅后惊叹不已！……没有为事业献身的钻研精神和废寝忘食的巨大毅力，是难以完成的。他为我们树立了治学的榜样，这样的学者在我国高校为数不多。"他在书中先后讨论了 Langacker、Fillmore、Goldberg、Croft 等学者的观点，并进行了系统的综观比较，这种不拘一派之见，博采众家之长的立场，使得我们享有巴赫金所倡导的多声部的经验感受。特别是在下卷，能将上卷所阐发的理论较好地运用于英语和汉语具体语料的对比分析之中，为广大学者（包括研究生）如何运用构式语法理论进行英汉对比研究提供了可资参考的极好样板。

（3）对所研究的专题进行评论，指出存在的问题，并提出自己的想法和观点，这就是他反复强调的"既有继承，更有发展，重在创新，意在应用"的科研思路。如对双宾动词的语义分类，能在 Pinker、Goldberg 和徐盛桓等学者的分类基础上提出自己的"五分类法"，很有见地。又如，他对狭义认知语言学能提出自己的定义，即"坚持体验哲学观，以身体经验和认知为出发点，以概念结构和意义研究为中心，着力寻求语言事实背后的认知方式，并通过认知方式和知识结构等对语言作出统一解释的、新兴的、跨领域的学科"。值得注意的是，定义中的"统一"二字令人印象深刻。有些人写文章（包括写书），常常堆砌理论，未能将它们贯穿成线，而王先生能基于上述定义，统一地解释各种认知策略和分析语言各个层面，这才是研究之正道。

（4）理论与实践相结合，中西结合，洋为中用，这是他著作的又一明显特点。如在构式语法研究中，他对比研究了汉语的双宾构式、动结构式、动名构式、明喻成语等，这无疑对于英汉语对比研究和语言教学具有较大的指导意义。他还运用构式语法理论论述了汉语中的副名构式、动结构式（特别是 BD 组词方式）、拷贝构式等，擅长用国外的理论来分析汉语的具体情况。从《语义理论与语言教学》这本书的书名可知，他不仅较好地梳理了国外有关语义学的理论，而且还将其较好地运用到语言教学中来。他在《构式语法研究》一书中提出的"构式程序分析图"不愧为语法教学的一个极好方案。在他的其他著作中，这种理论结合应用的研究可谓比比皆是。

(5) 他基于"哲学是语言学的摇篮（罗宾斯）"这一理念，与钱冠连先生一道大力推动语言学界的同仁学好哲学和语言哲学，努力发展他所倡导的"中国后语言哲学"，将其作为中国的一个语言学理论来打造和建设，在国际上也产生了一定的影响。他是国内外较好地打通哲学和语言学之间关系的著名学者，十分清晰地梳理了西方哲学和语言哲学的简史、主要内容和研究方法。近来王先生还提出了"哲学与语言学互为摇篮"的观点，认为不仅哲学为语言研究提供了很多理论基础，语言学（特别是认知语言学和体认语言学）还帮助哲学家解决了很多未解或难解的命题，这一全新观点得到了学界的高度赞许。

(6) 以马克思主义的历史唯物论和辩证唯物论来分析语言问题，如在论述形式 vs 意义、理论 vs 应用、任意性 vs 像似性、点性意义 vs 线性意义等关系时，强调其间的对立统一关系。特别是近年来他尝试将国外的"认知语言学"本土化为"体认语言学"，亦已引起国内外学者的重视，"认知"二字所含内容较多，凡经过心智加工的都可用此术语，就连乔姆斯基本人也称自己为认知语言学家。为能有所区分，王先生力主用汉语已有的词组"体认"来揭示语言之成因，解释语言各层面的诸多现象，且可贯穿到语言的教学实践之中。"体"指对现实世界的互动体验，"认"指在感觉经验基础上的认知加工，这既强调了马克思主义的唯物论立场，也突显了"人有主观能动性"的观点。用王先生本人的话来说，唯物论重新回到了语言学研究的殿堂，而语言学界的两位国际大师都是基于唯心主义哲学来建构语言理论的，索绪尔持语言先验观，乔姆斯基持语言天赋观。他的这一研究在我国语言学界，乃至全世界的语言学领域，都具有领先的地位和重大的意义。

王寅先生在学术上的成就已得到国内外学术界的充分肯定，他不仅在国内多所高校兼职和讲学，还多次应邀去国外和境外讲学，是一位名副其实的著名语言学家，一位勇攀学术高峰的奇才。他的学术生涯可谓绚丽多彩。王先生的研究从语言教学到语义学，又到认知语言学和像似性，接着是构式语法和对话句法，还在研究语言哲学的基础上提出了具有我国特色的"体认语言学"新理论。真可谓一步一个脚印，步步深入，一直行走在学术前沿，发挥了学界的"引领性"作用，为我国语言学事业做出了重要贡献。2008 年在由中国科学技术信息研究所信息资源中心与万方数据股份有限公司推出的《中国期刊高被引指数》的"学科高被引作者榜"语言文字类中，王寅先生名列前三，在 2009 年名列第二。在学术团体中，他被选为中西语言哲学研究会第二任会长，曾当选全国语言符号学研究会副会长，中国英汉语比较研究会副会长，中国认知语言学研究会副会长，在我国语言学界产生了较大的影响。

王先生还具有乐于助人的优良品质，对此我深有感触。我本人在撰写《英语语法及其发展史》（《北京第二外国语学院学报》，2017.11.29）一文时，就英语语法与不同时期哲学思想的关系方面向他请教。他不但帮助我进行了梳理，并提供较多新信息。听人说起他有一句名言：谁愿意学习他就帮助谁。他是一个有名的热心人，一接触到国内外的新理论、新观点，不仅会马上搬进研究生课堂，还适时转告给各位同仁，将这些新文章发给他们，带动大家一起搞科研，这就是他常说的"做科研一定要有团队"。他在四川外国语大学带出了一个认知团队，将认知语言学和体认语言学的基本理论扩展到了翻译学、语篇学、英汉对比研究、地名学、传播学、政治学、诗学等领域。

时光荏苒，当年的壮汉王寅先生居然亦将步入七十高龄。令人喜悦的是他毕竟给我们留下了多达 1 800 万字的作品，这都是他多年来埋头伏案、努力奋斗、不断探索、志在追求的写照，再次表示祝贺；同时也愿他在安度晚年时还能为我国语言学的发展继续发挥引领作用。我也想利用这个机会，感谢四川外国语大学的领导和同事对王寅先生教学科研的关心和支持！也感谢苏州大学能培养出像王寅先生那样的优秀人才！如今《王寅文集》的出版不仅是他个人的成就，也是他对学术界和社会的重要贡献和积极回报。当然，这也是语言学界在庆祝改革开放四十周年时应给予充分肯定的一项杰出成果。

第三部分

# 贺词

# 《牛津高阶英语词典》（第 8 版）发布会发言[1]

　　本次书展上，商务印书馆推出经牛津大学出版社授权在我国境内出版发行的《牛津高阶英语词典》（第 8 版）（*Oxford Advanced Learner's Dictionary*, *8th Edition*）。该书原版于 2010 年在英国出版，商务印书馆经过一年多的准备，今天在这里正式发行，这说明商务的领导和编辑对本词典的引进非常重视，措施得力，立见成效。我对此表示钦佩、表示祝贺。

　　去年 12 月，在商务印书馆编辑的盛情邀请下，我有幸为这本词典写过序。今天，商务印书馆希望我在这次新书发布会上向大家做一个介绍。我这里就几个要点做个口头汇报。

　　第一点，《牛津高阶英语词典》（第 8 版）在中国境内出版，一方面标志着我国出版业在新时期取得的巨大成就，另一方面也是中英两国出版业强强联合的成果。商务印书馆和牛津大学出版社都是各自国家中历史悠久、声名卓著的出版社，而《牛津高阶英语词典》又是辞书出版界公认的名牌。该词典自 1948 年出版第 1 版以来，多次修订，经久不衰，至今在全球已有 3 500 万册的发行量，引领英语辞书出版的世界潮流。

　　第二点，在座的也许会发问，这部英语词典厚近两千页，全是密密麻麻的英文，中国读者能看懂吗？在大陆有销路吗？我对这个问题有如下看法。本词典名称中的"高阶"意味着它是为进入"高级阶段"的英语学习者和使用者编写的。目前，我国已经形成一个达到高阶英语水平的巨大群体。据了解，每年参加我国高校英语专业四级考试者已达 20 万左右，再加上英语专业的硕士生和博士生，以及每

---

1　2012 年 8 月 29 日，商务印书馆在第 19 届国际图书博览会上举办《牛津高阶英语词典》（第 8 版）发布会。这是本人作为该书序言作者之一在发布会上的发言稿。

年大批归国人员，总体人数相当可观。商务印书馆此次推出的这本词典恰恰满足了这一部分人群的需要。没有汉语释义和译文，高阶学习者的阅读不会被打断，可以自由徜徉在英语的世界里。

第三点，本词典是专为英语非母语者编写的英语词典，编者重视目标读者的特殊需要，该繁则繁，该简则简。先说繁的方面。本词典不仅有释义和例证，还提供语法、用法、搭配、同义词、语体色彩、用语库等信息，由点及面，触类旁通。再说简的方面。词典附录中有"牛津 3 000 词"（The Oxford 3 000™），这"3 000 词"就是这本词典的释义词汇，也就是说，使用者只要具备这 3 000 词的水平，就能确切掌握其他单词的词义及其具体应用。

第四点，本词典的学术性很高。我是研究语言学的，想着重从语言学方面谈谈本词典的特点。我认为本词典吸收了很多当代语言学的先进成果。

在语言哲学和语用学理论的应用方面，编者强调在自然语境下使用和学习英语。例如，"搭配"（Collocations）和"同义词"（Synonyms）栏目的设置，有助于词典使用者有效扩展词汇量，并根据不同语境选用多种表达方法。

从功能语言学和外语教育学的视角看，"第 8 版"一个新增特色是增加了 32 页的"牛津写作指南"（Oxford Writing Tutor），具体内容包括写作过程，各种文体的写作方式及布局、技巧、窍门，并列有实用表达，对提高写作能力极有帮助，从而大大增强了该词典的产出性。这一点在我国特别重要，多年来我们过多关注防治"聋哑英语"，对书面交际和写作有些忽视。

编者继续关注当代符号学的理论和成果。第 8 版将第 7 版原有的 34 页"彩色专题页"（Colour Topic Pages）扩编成 64 页的"图解词汇扩充"（Visual Vocabulary Builder），增加了新栏目，对已有栏目的内容作了丰富和扩充。这符合我国看图识字的固有传统，用当代的术语说，体现了多元符号学和多模态技术的应用。

第五点，也许有人会问：既然是英英版的词典，我们为什么不直接从国外引进呢？我只想说明这么一个情况，纸版的第 8 版在英国的售价为 21.84 英镑，相当于人民币 216 元。加上邮寄费或运费，价格还会更高一些。如今商务印书馆出版发行的第 8 版售价仅为 118 元，便宜了一半。应该说，商务印书馆出版这本词典，为中国读者带来了实惠。

愿《牛津高阶英语词典》（第 8 版）惠及越来越多的英语工作者和学习者。

谢谢大家。

# 第 40 届国际系统功能语言学
# 大会发言 [1]

Dear Professor Michael Halliday,

Dear Professor Guowen Huang, Chairman of ISFC,

Distinguished guests, scholars and all participants,

Ladies and gentlemen,

On this great occasion of the opening of the 40th ISFC, together with the launch of Sun Yat-sen University's Michael Halliday Library and the publication of the journal *Functional Linguistics*, you can't imagine how excited I am, especially to come to this campus where Halliday had been studying about 60 years ago. And now with all these activities I witness the return of Michael Halliday to this campus.

First, I will talk about my participation in ISFC's congresses. I had chances to attend the 14th ISFC held in Sydney in 1987, the 16th ISFC held in Helsinki in 1988, the 20th ISFC held in Victoria Canada in 1993, and the 26th ISFC held in Singapore in 1999.

So far as China is concerned, I was honored to host the 22nd ISFC held at Peking University in 1995, to cooperate with Professor Fang Yan to sponsor the 36th ISFC held at Tstinghua University in 2009, and now attend the 40th ISFC sponsored by Professor Huang Guowen in Sun Yat-sen University. I sincerely hope when China is luckily enough to sponsor the conference several years later, I would be still healthy enough to follow the step of

---

1　第 40 届国际系统功能语言学大会，广州中山大学，2013 年 7 月。

Professor Halliday and be present to meet all of you again.

At this point, I can't help mentioning that I am here with my teacher Prof. Halliday again this morning. It is Michael who brought me to this big family of ISFC. I still remember when I first talked to Michael Halliday in his office in January 1979, I told him friendly and naively that I planned to do Chomsky's TG Grammar. Michael answered me frankly that he did not know much about it. I simply knew nothing about the academic confrontation between the two approaches! Then I said I wanted to do London School. At that time, I also had no knowledge about the historic and theoretical connection among London School, Neo-Firthian Linguistics and Systemic Functional Linguistics. After all these were turned down, I started to do Systemic Functional Linguistics.

Anyway, I have witnessed the development of Systemic Functional Linguistics since then. Today, Michael would be happy to find that, apart from his work, the systemicists in China are also quite familiar with Hasan's generic structure potential, Fawcett's Cardiff School, Martin's Sydney School, Matthiessen's Cartography and other contributions made by systemicists in Australia, Britain, Canada, the United States and elsewhere. Today Systemic Functional Linguistics research has developed in various directions and made contributions to various fields from the end of last century to the present day.

Now, allow me to skip over the well-known concepts of transitivity, the three metafunctions, contexts and texts, etc. I would like to mention some new developments in SFL. Halliday remarked as early as 1973 "the internal organization of language is not arbitrary but embodies a positive reflection of the functions that language has evolved to serve in the life of social man." This helps us understand that it is Michael who has on the one hand realized Saussure's founding insights: that semiotics is "the science of the life of science in society", and, on the other hand, further remarked creatively that meaning and semiotics are shaped by the relations of power. Following Halliday's unyielding work, we now have social semiotics by Robert Hodge, Gunther Kress, van Leuween and others as well. At the turn of the new century, we have been amazed by the work done by Jay Lemke, Paul Thibault and others that we have begun to see the study of meaning from social ecological perspective, the system of which conveys not only the traditional link between concept and sound image, but also the role of social man, object, context, time, culture, etc. in reflecting the world from various perspectives. This finally leads to the development of social ecological semiotics today.

In the development of text linguistics and discourse analysis, it was Fowler, Hodge and Fairclough who managed to apply Michael's views in appraisal theory and critical discourse analysis at the ideological level. This has pushed forward the work of discourse analysis, text linguistics, varieties of language, stylistics, etc. Here, I would mention the work of James Martin on PDA (1999, 2004). As emphasized by Martin, in communication, we should also learn how to use language properly to get problems solved in our life and live harmoniously.

Linguistics, although a branch of semiotics, dominated the semiotic scholarship in the last century, as represented by structuralism, generativism, functionalism, and cognitivism. Today we have come to see that meaning can be communicated by multiple modes, such as sound, image, picture, touch, smell, etc., and now we have multimodal linguistics and multimodal semiotics. It goes without saying Michael's insights have played an active and influential role in this new domain of knowledge pursuit.

Michael Halliday is one of the early pioneers of transdisciplinary research. In 1990 Michael Halliday explored the nature of theme-based research as well as complexity in the history of intelligence. According to his illustration,

— academic work in the early period of Europe was marked by the study of mathematics;

— the study of the natural law was the theme of knowledge research in the 18th century, which put the dynamic perspective within the synoptic perspective;

— the theme of the 19th century was shown by historical transition, which took the form of "evolution" or "change", and was seen as the adoption of dynamic perspective;

— the theme of the 20th century in academic research is structuralism, which studied the law of any phenomenon autonomously, and thus returned to the synoptic perspective.

From the end of the 20th century to the present, Halliday further argued that the study of knowledge structure should be theme-based, which covers both how things are organized and how things have been changing. Thus we need both the synoptic perspective and the dynamic perspective. Halliday also noticed the complementarity between transdisciplinarity and the 3 metafunctions of systemic functional theory.

Halliday knows quite well to apply his theme-based notion of transdiciplinarity to the study of educational linguistics, which deals with grammar, language planning, language strategies, the difference between FLT and ESP, etc. Following Michael's guidance, we also have Ruqaiya Hasan's comparative study of code and consciousness as well as her elaboration of synoptic and dynamic approaches. Jim Martin, Francis Christie, Eija Ventola, Claire Painter and many others have been doing well on the study of the relation among language, knowledge and education, which is a wonderful illustration of how SFL's Sydney School has made contribution to language education by means of transdisciplinary research.

In face of all the new orientations as well as problems or complexities in our research, it was Halliday again, at the turn of this century, stood out and introduced the notion of "appliable linguistics", which summarizes the work of systemicists in the past decades and informs us of what is the guiding principle of judging the value of our work and points out the right direction of our work in the new century.

Now allow me to shift to the work of Chinese systemicists. Apart from the many Chinese scholars attending the ISFCs held in different years and in different parts of the world, the Chinese systemicists have kept running the national conferences, systemic weeks and high-level forums biannually. I'd like particularly to mention some latest developments.

With an increase in returned scholars trained abroad as well as new PhD and MA graduates in China every year, we can find more universities well known for their teaching and research in Systemic Functional Linguistics, such as Sun Yat-sen Univeristy, Beijing Normal University, Xiamen University, China University of Science and Technology, Tongji University, Tsinghua University, Peking University, Shanghai Jiaotong University, Nanjing University of International Relations, Northeast Normal University, etc.

In the past decade, in addition to the increasing papers of SF linguists in Chinese academic journals, more SFL publications can be found in China. Peking University Press has published Michael Halliday's ten-volume collected works edited by Jonathan Webster in 2007, Shanghai Jiaotong University Press has published Martin's eight-volume collected works in 2012. Beijing Foreign Language Teaching and Research Press has published Ruqaiya Hasan's *Selected Works on Applied Linguistics* in 2011.

As for the work of Chinese systemicists, apart from the biannual proceedings of the selected collections of papers from each conference. I would like first to mention Prof. Yang Xueyan's publication *Modelling Text as Process: A Dynamic Approach to EFL Classroom Discourse* published by Continuum in 2010. In Chinese mainland, the textbook *Introduction to Systemic Functional Grammar*, and later the second version *Introduction to Systemic Functional Linguistics* co-authored by myself, Zhu Yongsheng, Zhang Delu and Li Zhanzi was published by Peking University Press in 2005. Peking University Press also published *Systemic Functional Grammar: The Cardiff School*, co-authored by Huang Guowen, He Wei, Liao Chuyan in 2008. Under the co-editorship of Huang Guowen and Xin Zhiying, *The Study of Systemic Functional Linguistics: Present and Past* was published by Foreign Language Teaching and Research Press in May, 2012. This collection of papers is a comprehensive review of the work done not only by Halliday but also by his students and systemicists elsewhere. I would like to point out that the Chinese contributors of these books are of different ages, old, middle and young. This guarantees the continuation and constancy of Systemic Functional Linguistics research in China. Accompanying these books, I am glad to learn that Jonathan Webster and Peng Xuanwei are working together on a new book, which will focus on the creative work done by Chinese systemicists.

Finally, if we open our eyes wide, we will find Chinese systemicists have also been playing an active role in the study of language education and FLT, semiotics, stylistics, discourse analysis, cognitive linguistics, computational linguistics, multimodal linguistics, etc. In a word, Halliday's call on appliable linguistics will no doubt serve as the guiding principle of the future world of SFL in China.

Wish the 40th ISFC a great success.

# 北京大学金婚庆典贺词 [1]

各位领导，各位老师：

我是北京大学外国语学院的退休教师胡壮麟，很荣幸我和老伴陈文绮，原西苑医院《中国中西医结合》杂志编审，能获得学校的邀请，参加这次北京大学的金婚庆典大会。我和老伴 20 世纪 1960 年初结婚，至今已 58 年。这还是我有生以来第一次参加如此大规模的、有组织的金婚庆祝活动，既感到新奇，又感到无比激动。谨向校领导、院领导、大会组织者离退休工作部表示感谢。

还记得，当我和老伴新婚之时，从亲属、朋友和同事们的祝贺中听到最多的话语，是"相敬相爱""相濡以沫""相依为命""白头偕老"这类贺词。未想到五十年后，这些话语已经成为我们两人今天朝夕相处的实际生活，因而也最能体会这些话语的深远意义。我和老伴很高兴在这五十多年中，两人相互关心和帮助，经历了政治上的各种锻炼和考验，接受了学业上不同形式的"再教育"，亲眼看到教室中年轻学子的年年更迭，承受了科研工作的日夜思考和探索的劳累，体会到养儿育女的烦恼和乐趣，忘不掉从集体宿舍搬筒子楼、从筒子楼搬一房一厅、从一房一厅搬两房一厅、从两房一厅搬三房两厅的那些岁月，以至享受了退休后的生活放松和闲适。

坦率地说，能够攀登上金婚的高峰，在座的会有各种不同的体会和经验。有的经历了"风风雨雨，跌跌撞撞"的漫长过程；有的"平平淡淡才是真"；有的"爱情已经化为血浓于水的亲情，彼此也就都成了对方最美的风景"。有一点是共同的，

---

1　2018 年 9 月 19 日，北京大学召开全校金婚夫妇庆典大会，我代表全校 913 对金婚夫妇发言。

两个人的携手相依，互相关怀，终于迎来了一起欢度金婚庆典的今天。我们没有虚度此生。我们是在艰苦奋斗中成长的一代。我们也是为祖国崛起欢呼的一代。

我相信，我们的切身经验和感受，将引领下一代、更年轻的下一代，迎接各自的"锡婚""瓷婚""珍珠婚""蓝宝石婚"，最后在像今天这样的金婚大典上相聚。

我相信，在这种精神的感召下，我们自己，今天在座的一对一对金婚老人，会在力争身体健康、心情愉快的基础上，继续相互尊重、相互宽容、相互信任、相互勉励，一起继续攀登更高的高峰，翡翠婚、钻石婚！

我们虽然退休了，愿我们这些老人能继续为北京大学增光，为社会上培养更多的金婚老人创造经验。这是祖国富裕强大的一个标志！这是巩固中国特色社会主义的一个标志！这是我们为之奋斗的人类命运共同体的一个标志！

胡壮麟
外国语学院
2018 年 9 月 19 日

# 北京语言大学语言学系成立大会致辞

尊敬的刘利校长,

尊敬的各位领导、各位老师、各位同学,

女士们,先生们:

首先衷心祝贺我们期待已久的北京语言大学语言学系的成立。

北京语言大学在我国语言学界享有很高的优势和声誉。我深有体会。我本人就是带着深厚的感情来参加这次建系大典的。

41 年前,1977 年教育部与英国文化委员会合作,在北京语言大学举行了为期长达一个月的英语师资培训班。通过 Geoffrey Leech 的讲学,我第一次接触到转换生成语法、功能语法,和他所擅长的交际语法和交际教学法。我也是第一次领悟到语言学对外语教学的引领作用。也是在这个培训班上,我结识了北京语言大学的方立老师,在他的主动邀请下,共同撰写了第一篇语言学文章,那就是有关乔姆斯基的转换生成语法的文章。1978 年,当我通过教育部中青年教师出国培训计划的全国性测试后,我又在北京语言大学接受了出国前的培训。在这个培训班上,我正式表态在我要去的是悉尼大学,志愿去语言学系学习,而且表态我不仅是进修,我要攻读学位,以了解语言学整个学科的培训过程。

回国后,我与方立教授,以及他的同事和学生多次接触,相互在对方的学校讲学。方老师除教授转换生成语言学外,还参加北京大学的功能语言学的学术会议;我则参加方老师学生的有关生成语言学的论文答辩。

最近几年,我又有幸与刘利校长、李宇明先生、卢德平教授、司富珍教授、高明乐教授、吴平教授等有过多次接触和学术来往。我还和从北京语言大学毕业、现在北京林业大学任教的史宝辉教授和范莉教授时有接触。两位学者分别在语音学和语言习得方面取得成就。

在我与司富珍教授的接触过程中，她对有关语言学系建设的人才培养目标、学科建设目标、师资队伍目标、团队管理目标均有清醒认识，符合时代的要求。相信在司富珍教授领导之下，北京语言大学语言学系不仅能为国家培养更多优秀人才，在推动"一带一路"建设上做出更大贡献，而且会对我国语言学学科的建设提供宝贵经验。

再次祝贺北京语言大学语言学系的建立！

胡壮麟
北京大学外国语学院
2018 年 10 月 29 日

# "功能语言学青年学者京师论坛"开幕式致辞

尊敬的苗兴伟院长,

尊敬的于晖副院长,

各位领导、各位老师、各位同学:

首先祝贺由北京师范大学外国语言文学学院主持的"功能语言学青年学者京师论坛"胜利召开。

不久前,国内功能语言学研究者曾经讨论过后韩礼德时期功能语言学研究的走向,这次论坛是最好的回应。尽管这一年新冠肺炎疫情给我们带来诸多苦难和不便,这次论坛是对疫情的最好回击。

学术界早已肯定北京师范大学外国语言文学学院在外语教学和研究方面的水平和成就。像王蔷、程晓堂、罗少茜、陈则航等老师在国内外都有很高的知名度。我所知道的程晓堂老师在外语教学方面的研究便是得益于他掌握的功能语言学理论。

从21世纪开始,在已故钱瑗教授的倡导下,北京师范大学又成为我国系统功能语言学的一个重要基地。我用3张照片供诸位参考。

令人高兴的是,这次论坛的召开标志着一个新的起点:北京师范大学外国语言文学学院在继续做好系统功能语言学研究的基础上,在后韩礼德时期,依据韩礼德适用语言学的理论,关注和学习国际上各个功能语言学理论的流派,一方面更好地为新世纪国家战略服务,一方面让我国功能语言学研究走出国门,进一步国际化。

感谢我国高校著名中青年学者参加本次论坛，有的宣读报告，有的参加讨论，给我以向各位专家学习的大好机会。在后浪的推动下，让我们继续前进。

胡壮麟

北京大学

2020 年 12 月 12 日

# 清华大学 110 周年校庆、 95 周年系庆贺词

尊敬的彭刚校长，

尊敬的万俊人院长，

尊敬的吴霞主任：

值此我的母校清华大学校庆 110 周年、系庆 95 周年之际，请容许我首先表示热忱祝贺。

我的祝贺也代表北京大学外国语学院我的师姐 1949 级的孙亦丽教授和 1950 级的同学祝畹瑾教授，也代表在不同单位工作的黄用仪、赵森、王璐璐、崔思淦同学。这几位同学在退休前曾分别在总参二部、最高人民法院、商务部和团中央工作。

我今天的发言主要谈以下三点。

第一点，我们这批新中国成立后入学的学生的政治生命和学术生命源自清华大学校、系领导的培养和教育。我们是在"清华园是革命家庭，外国语乃斗争武器"的口号下长大的，参加了中国共产党。我们入学后，外文系主任吴达元先生和我们新生谈话，强调外文系要为国家培养翻译人才，因而课程设置的重点不是英美文学，提高了我们对为什么要学习外语的认识。

第二点，1950 年我考取了四所大学，最后选择清华就是因为清华大学的外文系全国有名。但今天我想谈的是我们亲眼看到清华大学外文系对我国外语教育所做出的巨大贡献。如我们入学后听学长们谈论抗战胜利后，清华一批学生出国留学，新中国成立后王佐良、许国璋、周珏良、许渊冲等老师如何支援从延安迁京的北京外国语学校扩建成北京外国语学院，即今天的北京外国语大学；1952 年高校院系调

整，清华大学派外文系的主要力量，如钱钟书、赵昭熊、李赋宁、杨周翰等支援了新北大西语系的建设；中国社会科学院成立时，原清华老师钱钟书、罗念生、杨绛等又从北京大学调到新建的社科院文学所、语言所。我们为此感到无比骄傲。

第三点，我们也目睹了清华大学 1983 年重建外文系所做的大量工作和所取得的成就。这表现在清华大学校、系领导奉行了"内外结合"的正确方针。如积极发挥本系老师的作用，其中有我原来在清华大学的老师李相崇和陆慈，以及程慕生、罗立胜、方琰、何福顺等。与此同时，清华大学又从北外聘用了吴古华和崔刚，从北大陆续引进了范亚刚、范文芳、刘世生、杨永林、封宗信、王宁等博士，后来都成了教授。此后，又从湖南和上海分别引进了罗选民和颜海平教授。我还要指出的是清华大学制定了"双聘教授"的政策，先后从北京大学聘请了我和申丹教授，从北京外国语大学聘请了刘润清和何其莘教授。

在大家的努力下，清华大学外文系建立了英语和日语两个本科专业，英、日、德、俄、法五个语种的公共外语课程，外国语言学及应用语言学、英语语言文学、日语语言文学三个硕士学位点，以及英语语言文学博士点。此外，清华大学外文系已经有了 4 个研究中心，承担了 11 项国家社科基金项目，8 项教育部资助项目，1 项国务院学位办、中国学位与研究生教育学会资助项目，以及多项清华大学"985 学科建设项目"。

我再次祝贺清华大学外文系所取得的成就。它在许多方面成了许多高校的学习榜样。

胡壮麟

2021 年 4 月 17 日

# 北京大学"光荣在党 50 年老党员纪念章"颁发仪式上代表发言

尊敬的邱水平书记、郝平校长，老师们、同学们：

大家好！

我叫胡壮麟，今年 88 岁，是外国语学院的一名教师，1952 年 7 月加入中国共产党，迄今已在党 69 年。很荣幸能代表学校 1 600 余名"在党 50 年老党员"发言，我感到非常高兴，也感慨万千。

我自幼在上海长大，见证过美英法日统治的租界时代，也经历过日寇占领上海的沦陷时期，还目睹过抗战胜利后，国民党接收大员的腐败。全家落难在上海法租界的边缘一角，面对时局的混乱，我内心苦闷、思想彷徨，对现实感到不满，但又不知如何行动。直到上海解放前夕，我在进步书籍中第一次读到了毛主席的《新民主主义论》，以及解放区作家何其芳的《画梦录》和《夜歌》，在我年幼的心中播下了探求光明、迎接解放的火种。1949 年 5 月 25 日，解放军进入上海，我激动万分，兴奋地写下了一首短诗——"黎明的第一次钟声敲响。我睁大双眼，空间的黑暗再也挡不住我的视野。我要起来！我要起来！要唤醒睡着的同胞起来！"

随后，我参加了新中国成立后的第一次高考，成为新中国培养的第一代大学生。怀揣着对新中国的期待与向往，来到首都北京开启自己的大学生涯。记得是抗美援朝时期的一个下午，我在成府路上的小餐馆里用餐，碰巧在桌上的《人民日报》中读到了魏巍写的《谁是最可爱的人》，文章的结尾写道："亲爱的朋友们……当你喝完一杯豆浆，提着书包走向学校的时候……你是否意识到你是在幸福之中呢？"这句话深深地触动了我的内心，是志愿军战士的浴血奋战换来了我们"平静的课桌"。我和周边的老师、同学都觉得应该做些什么。我在思想和行动上也更加要求进步，于 1951 年 12 月被接收为中国新民主主义青年团团员，1952 年 7 月入党宣誓，于 1 年后转正成为一名光荣的共产党员。

自从入党以来，我的人生信念就是"党要干啥就干啥"，听党话、跟党走，积极为党和人民奉献自己。

北大毕业后，我响应党的号召，参加军队，来到解放军总参二部工作，深刻体会到了"外国语乃斗争武器"，在军事领域从事情报研究工作。当时，美国将在太平洋某岛屿进行大规模的氢弹试验，我将全部情况研究分析后整理上报，由彭德怀同志直接报送给中央领导同志，总参政治部还因此给我颁发了"先进工作者"证书。

后来，我又从事农业研究工作。1959 年，我按照组织安排，转业到中国农业科学院情报资料室工作，先后担任编译组长和情报组长，在 60 年代困难时期，提供了以美国为代表的工业大国的农业生产情况，以及同为农业和人口大国印度的农业生产经验。

1972 年底，我回到母校北京大学工作，开始了我的从教生涯。我把对外语教学科研精益求精的追求，与对党、对国家的赤诚之心融为一体，深深感到不能仅仅满足于传统教学的"听说读写"课，外国语学院要开创中国自己的语言学研究。1978 年改革开放，我已经 45 岁，在学校和西语系领导的鼓励下，我通过考试前往澳大利亚进修语言学。1981 年回国后，我努力将国外的语言学理论本土化，做了许多开创性的探讨。一方面我尽心尽力教书育人，开设多门语言学课程，先后培养了数十名研究生。自 1985 年起，我一直代表北大外语专业参加教育部国家外语教育指导委员会和中国英语教学研究会的工作。另一方面，我埋首学术，勇攀科研高峰，由我牵头主编的教材《语言学教程》获 1992 年国家教委优秀教材一等奖。我发表了 60 余篇论文，出版了多部专著，积极钻研语言学。退休后，我仍然笔耕不辍，出版多部著作，发表上百篇论文。

我可以自豪地说，虽然我已经年近九十，但"还是从前那个少年，没有一丝丝改变"，时至今日我仍然把我的全部精力与热情奉献给党和国家托付于我的事业。

我自己在党工作的 69 年，是与民族复兴的伟大事业结合在一起的 69 年。2021 年是中国共产党百年华诞，借此机会，我想代表学校 1 600 余位"在党 50 年"的老同志，祝福伟大的中国共产党生日快乐！希望在中国共产党带领下，我们的国家更加繁荣富强，人民生活更加幸福安康！希望在座的各位朋友永葆初心，牢记使命，共同为党和国家的伟大事业奋斗终生！

谢谢大家！

# 第八届文体学国际研讨会
# 开幕式贺词

尊敬的郭佳宏秘书长，

尊敬的申丹名誉会长，

尊敬的刘世生会长、各位副会长，

尊敬的苗兴伟院长，

各位领导、各位专家，老师们、同学们：

　　首先祝贺第八届文体学国际研讨会暨第十二届中国逻辑学会文体学研究会在北京师范大学隆重开幕。

　　也感谢苗兴伟院长再三邀请我这个耄耋之年的老者参加这个盛会，让我有机会倾听国内外著名学者的精彩报告。令人无比高兴的是研讨会还有 57 名来自全国著名高校的中青年学者在五个小组宣读论文，内容涉及文体学与修辞学研究、小说文体研究、文体学理论与方法研究、语体及体裁特征研究和文体学应用研究。

　　1982 年，作为改革开放后在北京大学英语专业第一个开设文体学课程的英语教师，我最能感受文体学这门课程在外语教学中的实用性和重要性；最能感受在文体学引领下，这四十年中相关课程的兴起和发展，如叙述学、语篇分析、多模态文体学、认知文体学、语料库文体学、文体与翻译，等等；也最能感受文体学教师队伍的成长。我内心的激动一言难尽。

　　再次祝贺本次文体学学术会议的胜利召开！

胡壮麟

2021 年 8 月 20 日

# 第六届中国教育语言学高端论坛致辞

尊敬的俞理明会长，

尊敬的苗兴伟院长、尊敬的黄国文院长，

各位领导、各位专家，老师们、同学们：

在赖良涛副秘书长和余晖副院长的操劳下，第六届中国教育语言学高端论坛在北京师范大学顺利开幕！谨在此表示衷心的祝贺！

感谢中国教育语言学会邀请我参加这个盛会，让我有机会聆听全国各地的专家学者的发言，赶上时代的步伐。

也感谢北师大外文学院领导的关心，让我有机会与北师大的老师，特别是从事教育语言学研究的老师相聚。毕竟我曾在北师大兼职多年，与北师大的老师共同讨论过外语教学。在本次会议对北师大外文学院的简介中，我也注意到在提到的学者名单中，刘宁是我在清华的同班同学和班长，关心我政治上和学术上的成长；钱钟书的女儿钱瑗，推荐我这个退休教师到北师大担任兼职教授，发挥余热，为北师大外文学院培养了9名博士生。这种友情永远不会忘却。

与以往几届高层论坛比较，这次论坛有它的特色，那就是重点在于以我的老师韩礼德先生所倡导的功能语言学理论为指导，共同探讨教育语言学的理论与实践，共同推进我国教育语言学事业的发展。从适用语言学的视角，我们也期待其他教育语言学理论的指导和启示。

大会的主题为"语言的功能、生态与教育教学"，具体的议题有6个。这些议题既考虑到理论，也考虑到实践，更考虑到当前国际国内形势。面对国际形势的多种变化，"人类命运共同体"的深远影响和"一带一路"建设的推进，我国教育政策，包括语言政策，正在经历从上到下的广泛讨论和改进，更需要我们集思广益，总结经验，提出倡议。难怪本次高层论坛的分组发言多达 9 个，这说明本次高端论坛受到各地高校外语教师的重视和热情支持。

预祝会议取得重大成绩！

胡壮麟

2021 年 11 月 13 日

# 《淮南子》研究点评 [1]

　　《淮南子》随同淮南王刘安在西汉初期受到政治上的打压，但东汉许慎、高诱等仍能进行注疏、校勘等传统考据研究，说明它不可磨灭的学术影响。其"道法自然"观与传统的"天人合一"一脉相承，也体现了当代唯物辩证观和体验哲学的若干理念。《淮南子》最早完整记录了二十四节气名称和确定方法。二十四节气被联合国教科文组织正式列入"人类非物质文化遗产代表作名录"。这都说明在新世纪研究《淮南子》具有很高的学术价值。

　　丁立福的《〈淮南子〉传承和译介研究》是基于他研究课题的汇报，重点有二，一是研究分析 2010 年同时出版的中国学者翟江月、牟爱鹏英译的 *Huai Nan Zi* 和美国汉学家马绛领衔翻译的 *The Huainanzi*；二是研究与此孪生译本有关的既包括封面、出版信息、署名、标题、致谢、题辞、序跋、插图、注释、附录等在内的内文本，又包括回忆录、媒体访谈、出版报道、谈话记录、信函、日记等在内的外文本。这表明，本项目通过副文本展开了对该书的大规模的义理研究，从政治、哲学和文学等传统层面，拓宽至伦理学、生态学、民俗学、心理学乃至养生学等层面。

---

1　本文系受淮南师范大学丁立福教授邀请，对他主持的《淮南子》翻译和研究项目所作的点评。

该项目的意义更在于它根据时代需求和国家政策，让地方文明走出去，让国外全面深入了解中华文明，为共同发展人类文明做贡献。研究成果也体现了国内外学者，特别是港澳台地区的学者，安徽理工大学和安徽省哲学社会科学办，对作者和该项目的大力支持。

胡壮麟

北京大学资深教授

2020 年，北京

# 《"文明互鉴·文明互译"百家谈》
# 创办一周年有感

由王铭玉先生发起和主持的《"文明互鉴·文明互译"百家谈》创办已越一年，谨在此表示衷心祝贺。

本刊问世意义深远。这是我国高校外语教学界、语言学界和符号学界在以实际行动响应和贯彻习近平主席构建人类命运共同体的号召："文明因交流而多彩，文明因互鉴而丰富"。为实现此远大目标，"文明互译"凸显了桥梁作用，体现了"和而不同"和"美美与共"的主旨作用。

我非常赞同铭玉先生的观点，即文明因"差异""互补""共生""创新"而互鉴；"世界因多色""文化因多样""语言因多种"而互译的论述。

祝愿铭玉先生和《"文明互鉴·文明互译"百家谈》在新世纪为构建人类命运共同体做出更大贡献。

胡壮麟
北京大学外国语学院
2021 年 10 月

# 发挥余热，与时俱进

## ——商务印书馆建馆 125 周年有感 [1]

近日，正在回忆思考本人耄耋之年的日日夜夜。在此过程中突然获悉商务印书馆已建馆 125 周年，而我这十来年与商务印书馆过从密切，我的学术活动有不少竟然与商务印书馆有这样那样的联系，有必要先整理一下，与众共享。

## 1.《牛津高阶英语词典》(第 8 版)

2012 年 8 月 29 日下午，商务印书馆在第 19 届北京国际图书博览会上举办了《牛津高阶英语词典》(第 8 版)发布会。作为该版序言作者之一，我与北京外国语大学教授、前副校长庄绎传先生也受邀参加此次发布会并致辞。

《牛津高阶英语词典》(第 8 版)是商务印书馆和牛津大学出版社强强合作的产物。它比第 7 版新增 20% 的内容，体现了英语世界的新变化、新特点和新趋势，同时更加突出"学习性"这一"牛津高阶"系列的招牌特色。词典后所附 32 页的"牛津写作指南"更是一大亮点，指导使用者循序渐进地掌握写作要点。为此，我在序言中指出"本词典是专为英语非母语者编写的英语词典，编者重视目标读者的特殊需要"，而且"没有汉语释义和译文，高阶学习者的阅读不会被打断，可以自由徜徉在英语的世界里"。

---

1　商务印书馆编辑部. 商务印书馆一百二十五年（1897—2022）——我与商务印书馆（下册）[ C ]. 北京：商务印书馆，2022: 923-929.

## 2. "西方语言学系列丛书"专家研讨会

2013 年 6 月 22 日在商务印书馆礼堂召开此会。我对总经理于殿利的讲话印象很深。他认为商务印书馆应当"学术引航，做好工具书出版""服务学术，担当文化，引领潮流"。他特别指出，要在目前已有丰富众多的语言学著作出版情况下，做好西方语言学系列丛书的出版工作，不走弯路，不重复工作，不浪费资源。

我也记得项目负责人杨子辉介绍相关情况时提出商务印书馆引进、出版语言学著作应遵循的出版标准：抓住学术性、代表性、前沿性、经典性；读者对象应该是语言学专业本科生、研究生及相关研究人员。我在发言中提到我本人与商务关系渊源已久，如与徐世谷、周欣、栾奇等编辑的合作。结合那次专家研讨会，我提出商务除引进西方语言学著作外，也可讨论相关工具书的引进或编写，也可组织国内专家编写专著和论文集等，思路可放宽，更可以思考翻译非英语国家语言学著作，也可将国内语言学名著翻译后输出。就前沿性而言，可考虑近十年中青年学者的论著。切入的角度可以考虑只收录 2000 年之后的西方语言学著作，系列名称建议定为"21 世纪西方语言学新著"。

## 3. 商务版"剑桥应用语言学年度评论"丛书

自 2013 年 8 月起，商务印书馆与剑桥大学出版社开始商洽在大陆出版 *Annual Review of Applied Linguistics*（《应用语言学年度评论》，以下简称《年度评论》）事宜，至 2014 年春末签约。此后，商务印书馆英语编辑室领导栾奇、马浩岚和责任编辑杨子辉博士先后来我家访问，约我办三件事，一是代为组织国内学者为各卷评论写导读，二是承担导读的审稿任务，三是为商务版《年度评论》写一个总序。作为对我的照顾，商务印书馆领导同意我邀请复旦大学朱永生教授和北京师范大学田贵森教授参加导读审定工作。

我的总序于 2015 年元旦完成。在内容上，我谈到刊物方针、主编更迭、国人参与和"商务"特色。这里仅就最后一点稍做介绍。商务版《年度评论》始自第 20 卷，而不是从第 1 卷出版。其原因有二，一是《年度评论》的第 20 卷实际上已对前 20 年中的发展做了系统总结，帮助读者了解总体，起到承前启后的作用；二是商务印书馆此举着眼于让读者以更多精力把握应用语言学在新世纪的发展，急读者之所急。当然，商务版《年度评论》增加了满足中国读者需求的新内容，那就是每卷都有一篇 1.5 万字左右的中文导读。这便于帮助读者掌握每卷的基本内容和背景材料，对汉语界的教师、研究者和学生很有帮助。由于《年度评论》涉及多个学科和领域，各卷原版的体例不尽相同，我们对每位导读作者只要求对本卷各章内容都能做提纲挈领的介绍和解释，帮助读者理解和抓住要点。导读作者各自的特色则表现在：(1) 能在正文之前对本卷的总主编、客座编辑做介绍，并对总主编的引言深入分析，起到画龙点睛的作用；(2) 对本卷主题进行了解释；(3) 对有关主题在 20 世纪的研究状况或《年度评论》已经发表过的专辑做必要回顾；(4) 对每卷论文内容进行归纳，指出其特点；(5) 坦率指出某卷内容的不足之处；(6) 结合国内现状进行讨论，并进行反思；(7) 在讨论中，引入当代先进理论；(8) 向我国学界和领导部门提出今后有待深入展开研究的问题。

## 4. 《牛津中阶英汉双解词典》

早在 21 世纪初，牛津大学出版社便邀请我为该社在香港出版的《牛津中阶英汉双解词典》和《牛津进阶英汉双解词典》(第 3 版增补本) 写过序。牛津大学出版社后来和商务印书馆合作，以《牛津中阶英汉双解词典》第 4 版、第 5 版等名称在中国大陆出版。《牛津中阶英汉双解词典》与《牛津高阶英汉双解词典》《牛津初阶英汉双解词典》是一个完整的学习词典系列，满足不同英语水平的中国读者的需要。该词典系列问世以来，深受我国广大英语教师和学生的喜爱。非常荣幸，商务印书馆在其新版本中保留了我写的序言。

与此同时，经牛津大学出版社惠允，商务印书馆在内地出版发行该词典的简体汉字本，并对原词典进行了必要的编辑加工和技术处理，以便更适合内地读者使用。

2016 年 8 月 24 日，第 23 届北京国际图书博览会开幕第一天，商务印书馆和牛津大学出版社联合举行了《牛津中阶英汉双解词典》(第 5 版) 新书发布会。商务印书馆总编辑周洪波先生在简要介绍第 5 版《牛津中阶英汉双解词典》修订内容时，提到我为该词典撰写了序言。我本人则在发布会上向读者热情推荐这本词典，认为该词典具有"通俗性、创造性、时代性和实验性的特点"，"继承了牛津词典系列的一贯优点，编排条理清晰、图文并茂，内容丰富实用、与时俱进，释义深入浅出、融会贯通，译文通顺流畅、符合国情"。

## 5. "剑桥应用语言学年度评论"丛书发布会暨"语言学及应用语言学名著译丛"研讨会

2017 年 2 月 24 日，商务印书馆召开发布会，正式推出"剑桥应用语言学年度评论"丛书，首批出版共 15 种（2000—2014）。

我在会上回顾了丛书的作者遴选和审稿过程，肯定了导读撰写专家团队为丛书的高学术水准做出的贡献。令人鼓舞的是，商务印书馆特地安排了向长期合作的北京大学外国语言学与应用语言学研究所赠送一套《剑桥应用语言学年度评论》丛书的活动。张薇教授代表北京大学外国语言学与应用语言学研究所接受赠书。更使我兴奋不已的是商务印书馆向我这个八五老汉颁发了"荣誉顾问"聘书。我在答谢辞中深情地回忆了家族与商务印书馆的患难情缘，以及商务印书馆与北京大学在合作过程中缔结的紧密关系。此前，我在商务印书馆创立 120 周年时，将家传珍藏的商务印书馆民国版《辞源》（一套 3 册）和一整柜"小学生文库"无偿捐给了商务印书馆。

发布会结束后召开的"语言学及应用语言学名著译丛"研讨会更具战略意义。鉴于"汉译名著"中语言类著作的实际情况，商务印书馆通过这次研讨会，听取了与会者就出版语言学译著发表的种种意见，并统一思想，确定了引介国外语言学名著的思路，最后决定了"语言学及应用语言学名著译丛"的出版计划。这在下一节细谈。

## 6. "语言学及应用语言学名著译丛"出版座谈会暨"汉译世界学术名著丛书"第二十辑语言类名著专家论证会

2021 年 10 月 24 日，"语言学及应用语言学名著译丛"出版座谈会暨"汉译世界学术名著丛书"第二十辑语言类名著专家论证会在商务印书馆成功举行。出席会议的北京大学教师除我本人外，尚有"名著译丛"专家委员会顾问陆俭明先生和北京大学语言学及应用语言学研究所高彦梅副所长。

"语言学及应用语言学名著译丛"选择国际一流语言学专家的经典作品，邀请国内生成语言学、布拉格学派、语义学、语音学等领域的顶尖学者进行翻译。目前列选书目 42 种，涵盖理论与方法、语音与音系、词法与句法、语义与语用、教育与学习、认知与大脑、话语与社会七大板块，对于国内语言学专业学生、教师和研究者，以及与语言学相融合的其他学科师生均具有极高的学术价值。截至 2021 年 10 月，本套译丛已出版 15 种。

我在发言中肯定，本套译丛目前已取得了阶段性的胜利，相信商务印书馆会不忘初心，坚持把语言学出版事业继续下去，并适时扩大至比较语言学、计算语言学、语言政策和语言战略等学科。我还提出更高的要求，其实也是我多年来一再坚持和强调的要求，力争将本土的语言学名著翻译成外文，本土化与国际化结合，这才是为实现真正的语言学的中外交流、相互观察和学习贡献力量。

行文至此，容许我归纳一下上述的各项活动。这十来年中，我不仅仅是参加商务印书馆的若干会议而已。会前会后的思考和具体活动所花的精力和时间是难以估量的。这就是说，我在八十以后的许多时日有不少贡献给了商务印书馆的种种出版活动；反之，正是商务印书馆的种种活动，让我得以发挥余热，没有虚度此生。我将继续和商务印书馆共同战斗，站好最后一班岗！

# "中华学术外译项目" 开题
# 讨论会发言

祝贺中国人民大学杨敏教授和外语教学与研究出版社成功获得"国家社会科学基金中华学术外译项目"。

感谢杨敏教授和她的团队翻译我编写的《韩礼德学术思想的中国渊源和回归》一书。该书由外语教学与研究出版社于 2018 年 1 月出版。

感谢协助杨敏教授翻译本书的北京科技大学外语学院任虎林教授、中国科学院大学外语系高原教授、澳大利亚墨尔本半岛文法学校周晓康博士和国防科技大学李战子教授。

感谢孙有中副校长对本项目的指导和支持。

我在《韩礼德学术思想的中国渊源和回归》中主要试图说明韩礼德的许多学术思想得益于王力、罗常培和高名凯先生等中国学者的启示。这是"渊源"。我们今天在国内宣讲韩礼德的"系统功能语言学"则具有"回归"的意义。最近我在《当代修辞学》发表了《中国功能语言学的先行者——庆贺陈望道〈修辞学发凡〉问世90周年》一文,说明陈望道先生从 20 世纪 30 年代起就已经介绍了以"系统"和"功能"为主的许多观点,更进一步证实了我的判断。

《韩礼德学术思想的中国渊源和回归》一书的出版揭示了这样一个现实:由于国内科研成果很少用外语在国外发表,因此国外学者很少了解中国学者的科研成果。特别是韩礼德鉴于个人的政治原因,在 20 世纪 50—70 年代回避中国的语言学研究,也回避引用中国的语言学论著。这样,中国科学技术的发展出现了"本土化"与"国际化"脱节的现象;国内外语言工作者也不了解韩礼德的学术渊源。直到 20 世纪八九十年代后,韩礼德先生公开说明他的学术思想首先来自中国学者。

本书的出版也揭示了另一个现象。中国有一支强大的翻译队伍，能把国际上的重大成果翻译成中文，但国外掌握汉语的学者为数很少，水平不高，很少将中国科研成果翻译成外语。因此，在实现"本土化"向"国际化"发展的过程中，中国学者除了翻译国外学术论著外，也应当一方面争取在国际刊物上用外语多发表研究成果，另一方面要依靠自己的力量，把国内成果翻译成外语，帮助国外学者掌握和学习中国的科研成果。

正是在这个认识基础上，我认识到"国家社会科学基金中华学术外译项目"的重大战略意义。为了弘扬"人类命运共同体"的价值观和推进"一带一路"建设，作为具有悠久文明的古国和世界人口大国，我们应当在促进和加强不同国家不同民族的交流上多承担责任，多做出贡献。这些都有赖于翻译作为互相沟通和交际的手段。

再次祝贺杨敏教授和她的团队立项成功，并预祝这一光荣任务早日完成！

胡壮麟

北京大学外国语学院

2022 年 4 月 17 日

# 第四部分

# 访谈和观点

# 读书之乐何处寻 [1]

"我现在也犯了读书碎片化的毛病，看整本书眼睛不行了，所以可能对你们的帮助不大。"83岁的胡壮麟老师精神依然矍铄，在了解了我们采访的来意之后，如此谦逊地告歉，但是作为"爱书"之人，还是热情而又诚恳地向我们讲述了他的读书经历。

## 年少光阴书中寻

生于1933年的上海，胡壮麟经历了日军侵华的浩劫，从前居住的房子被炮弹炸毁，举家搬迁至租界避难。"所以能活下来已经不错了，不去考虑看什么书。"在国家危难、人民生活水深火热、生存大于一切的年代，读书就显得有些奢侈了。尽管是商人家庭，胡家还是有着一定的藏书。胡壮麟回忆道，当时家中有一书架商务印书馆的《万有文库》，虽然年纪小看不懂什么，但还是会经常翻一翻，可能也就是在这种潜移默化的环境中，培养了自己对于书的爱好和兴趣。

上了小学之后，胡壮麟自告奋勇地来到学校的图书阅览室帮忙，抱着厚厚的一摞书从楼梯上走下来的时候还曾经不慎从楼梯上滚下来，这也成了他如今回想幼时读书经历时较为清晰的一段记忆。"这说明我是喜欢书的，但要问我那时候看什么书，我是说不清楚的。"小时候看的多是连环画（在上海叫"小人书"）。中学之后，

---

1 任真如，赵金山，马紫钰. 胡壮麟教授谈"读书之乐何处寻"[Z]. 北京大学青年研究中心、离退休工作部"读书在前网络时代"栏目.

胡壮麟看的书从连环画慢慢转向了小说、诗歌、戏剧、散文等，对于其中的名著名篇，至今仍可以背诵，整个人的生活完全被书所占据。"那个时候书店比现在开放，我一进书店，就坐在地上一本一本地看。父母给我的零用钱大多都用来买书，我也不看电影，不听音乐，所以他们给我起了外号叫'书蠹虫'（念书的傻瓜），家务事什么都不会干，就只会看书。"他对书的喜爱也表现在他对书的爱护，他对自己的教科书每本都会包上封皮。他书架上的书没有一本是卷角的。

在文学的世界里浸淫许久，胡壮麟对中文产生了浓厚的兴趣，而且在这一科目上也取得了不错的成绩。他所就读的教会中学圣芳济中学与别的学校不同，每周都有一次就某科目的考试，周考成绩要家长签字，而由于对中文的偏爱太严重，他一度闹出了"中文第一、英文倒数第一"的笑话，让家长也无可奈何。

## 家国动荡志不休

随着年龄的增长，国家形势也发生了一定的变化，这些变化也影响到了胡壮麟的读书选择。"我中学的附近有一家'时代书店'，那个是苏联人开的，可以买到《战争与和平》《静静的顿河》这类书籍，以至一些介绍苏联十月革命和反法西斯的书，如《青年近卫军》《丹娘》等。我家在徐家汇，家后面就是上海交通大学，在那儿可以买得到进步书籍，如赵树理的《小二黑结婚》和关于新民主主义革命的书，这对我的思想影响很大。"

胡壮麟坦言，由于自己所喜欢的作家都是站在共产党一边的，所以自己对共产党也产生了好感。阅读了许多当时的进步书籍之后，他对于新中国也有了憧憬，思想上也开始要求进步。在鲁迅、茅盾、郭沫若、臧克家、艾青、何其芳等文学大师的熏陶之下，胡壮麟曾经提笔写作，并在当时的上海《新闻报》《新民夜报》等发表了几篇诗歌和散文。那时他才十五六岁。但是，他也渐渐发现了自己的不足。"我开始懂得了小说来源于生活，我从小在城市里生活，对农村不了解，对植物、对花草都是说不清楚的。词汇量太小，古文功底不深，让我觉得自己不是这块料。"

1950年，上海解放一年之后，胡壮麟参加高考。"那时的高考分地区考，我当时连续考了一个月，考了四个大学。华北区的清华大学，华东区的复旦大学，和上海两所私立大学。"从小怀揣着像萧乾一样当记者的梦想，他有两个学校的志愿都填了新闻系（复旦大学和圣约翰大学）。同时，在邻居的指导下，再加上在教会学校学习时积累的英文基础，他又报考了两个学校的英文系，最终他收到了四所大学的录取通知书。经过同学的劝说和自己的比较权衡，他最终选择了清华大学外文系英文组。

"进入清华之后，我是班上最年轻的一个，喜欢玩，踢足球、打桥牌，到城里面去玩，上课说闲话。"连最喜欢他的李赋宁先生也会瞪着眼睛看他。回想起刚上大学时的情景，胡壮麟不禁露出了笑容。可是好景不长，由于贪玩耽误了学业，在第一学期结束的时候，他因成绩不好被系主任叫去谈话。如此经历之后，对于大学生活胡壮麟有了新的认识和规划，思想上发生了变化，决定好好学习。"从第二学期开始，我加入班委，当了政治干事，去帮助其他同学。清华设立了抗美援朝宣传员，我也报名了，又报名校刊的记者。所以一年级的下学期我的主要时间用在班委事务活动上，当时首先想到的是革命。"受到国际形势的影响，胡壮麟开始关注政治理论方面的书籍，但也未完全放弃自己挚爱的小说散文，只是出于"补课"的目的，开始阅读英文原本。1952 年全国院系调整，胡壮麟来到北京大学西语系英语专业继续学习。

## 思义患不明

说起自己的读书经验，胡壮麟讲述了这样一个故事。小时候到父母朋友家做客，趁着大人说话的时候，他经常和小伙伴们跑到附近的小学里玩耍。小学校长对他们非常友善，拿出许多书让他们看。当他看完一本书准备再拿另一本的时候，校长按住他的手问他，小朋友，刚才那本书都讲了什么，你还能记得吗？而他却答不出来。这时候他才认识到，自己仅仅是翻了一遍书，并没有用心地看进去。"这对我的教育是很大的。所以看书要静静地看，仔细地看，要思考书中的内容，才能增长知识。"他表示，网络时代的读书人，每天接收的信息难免芜杂，也更容易浮躁，因此更需要沉得下心来，把全部的心思和注意力投入到书中，这样才能取得好的读书效果。

"几千年来，人们的知识最早是口口相传，通过言语传递。后来有了文字，通过文字来传递。但是现在也不得不承认，我们已经进入了信息时代，所以不可能完全回到过去的老路。"胡壮麟也承认自己受到了网络较大的影响，同时由于年龄原因，身体状况也不允许自己整本整本地阅读。但是他还是认为，对于青年人来说，整本书的阅读还是很有必要的。因此，他在指导研究生时首先培养他们如何在图书馆和网上找书的能力。其次，在阅读时做笔记也十分重要，这实际也是一个学习过程。回北大任教后，胡壮麟由于当时经济实力不足，买不起卡片，曾经利用旧台历的空白背面做过读书卡片。20 世纪 90 年代初，他给听课的学生每人送了一张光盘，培养他们用数字技术记录学习资料和心得的习惯。

对于读书的方法，胡壮麟有自己的看法，他谈到我们需要明确看书的目的，并不是所有的书都需要整本阅读。例如，选修一门专业课，老师往往在第一堂课给大家发一张书单，其中主要的参考书最好通读，仔细看，其余的就要有所选择了，在重复的内容上不要停留太久。他不时告诉同学，要学会利用目录和书后的索引，迅速找到自己需要的内容，节省时间，提高效率。采访中，他讲述了钱钟书的例子。"钱钟书有一次到北京图书馆借书，借了好多书，然后找了一个人力车，把他拉回到清华，人力车拉了快两个钟头，到了清华之后，他那些书基本都看完了。很显然他不能一篇一篇地看，他是借助索引快速找到了他需要研究的内容。"

谈到书籍的选择，胡壮麟的语气变得非常严肃，并且略带忧虑。他认为，中外优秀的作品都应该成为青年人汲取营养的食粮，不要轻易打倒一切、否定一切；而对于社会中的不良现象，也应该正视并且进行批判，而不是一味地唱赞歌；青年一代，应该学会选择把握尺度，去创作更多直面现实的作品，为国家更好的发展建言献策。经历过国家浮沉跌宕，胡壮麟深刻体会到社会形势的变化对于读书生活的影响。"在大学的时候为了思想进步，我就看马列主义的书比较多；工作以后，我要根据我的工作，看与工作有关的书。"结合这些经历，他表示读书过程中，需要不断调整目标，以适应需要，不能"两耳不闻窗外事"，要把读书和实践恰当地结合起来。

"如果你培养的学生超不过老师，那么你作为一个老师是失败的。这说明知识在你这一代没有增长发展。"采访最后，胡壮麟老师的这句话透露出对青年人的殷殷期望。人生很短，书途很长，文化的传承和发展，我们还在路上。

# 博观而约取　厚积而薄发 [1]

## 乐于学，年少初拾笔墨香

1933 年，胡壮麟出生于上海。简短的信息，却承载着许多的时代印记。回忆童年的经历，在那个急剧动荡变迁的年代里，新思想的传入、国家民族的苦难都深深留在了胡壮麟的记忆中。记忆最深的就是满街的各色外国兵，刚开始胡壮麟很是好奇，后来发现自己总是只能被迫站在街道边，给外国大兵让路。慢慢才开始明白，这是一个民族的屈辱。大街上的景象让人厌恶！

1944 年秋，他进入上海的教会中学圣芳济中学学习。后来的胡壮麟专注于英语语言学研究，但其实中学时代的他对英语缺乏兴趣，尤其害怕填介词的练习和考试。虽然不喜欢，但是由于英语是他们的必修课，每堂课几乎都有听写测验，这些都在不知不觉中强化了他的英语功底。值得一提的是，专业学习不算太好的胡壮麟，在英语书法上却在班上得过第一。用蘸水笔摹写十七、十八世纪的花体字母对胡壮麟来说轻而易举。

课余时间，时代书店成了他接受新思想的一个绝佳地点。每个月的零花钱他都用在买书上。没钱买的时候，他就坐在书店的地板上看。后来因为战争，胡壮麟的家搬到了徐家汇。那里靠近上海交通大学，附近有许多进步书店，在这里看到的进步书籍为他打开了那扇通往新思想、新世界的大门。

喜欢读书，也喜欢文字。胡壮麟从小就梦想当一名像萧乾一样世界知名的记

---

1　胡蓉. 博观而约取，厚积而薄发 [A]. 马春英编. 君子志道——北大：那些人，那些事 [C]. 北京：北京大学出版社，2016.

者。为此，他经常参加学校的校刊或校报的记者工作。有时候，他甚至自己在家办一些手抄报，寄给在外求学或工作的兄姐，希望得到他们的指点。后来，一位很有见识的邻居告诉他，要想成为像萧乾一样的世界记者，不仅要会英文，而且还要学得好。这让他意识到外语的重要性。

1950 年报考大学时，胡壮麟报考了沪江大学、圣约翰大学、复旦大学和清华大学，均被录取。他选择了清华大学外文系英语组。1952 年院系调整后，胡壮麟转入北京大学继续学业。

从清华到北大，胡壮麟都很幸运地跟随了一中一西朱德熙、李赋宁两位大师学习。朱德熙先生是我国知名的古文学家、语言学家、语法学家，李赋宁先生是西方语言学大师。两位先生一位擅长中文写作，一位擅长英文写作。虽然是不同的语言，但是两位先生的观点如出一辙，都注重写作的练习，都强调写作对生活真实的表达与反映。他们时常提到多写、多思，才能自如地表达自己的情感，文章也因为情感而自是不同。这些教诲都让胡壮麟受益匪浅。

1952 年 7 月，胡壮麟光荣入党，先后担任合校后的中西俄党支部的宣传干事、中西俄团总支委员、西语系团总支书记。这一段时间他花了不少时间参加党团工作，"我们这批人是受党的教育成长的，所以那个时候的思想就是一切都服从党的安排，党要我们干什么就干什么"。由于工作挤占了不少宝贵的学习时间，因此胡壮麟不得不更加苦学、巧学。

## 数流离，梅花香自苦寒来

1954 年春节，团总支和学生会安排了春节联欢活动，和留校的师生共度春节。有一个二年级的同学在晚会上模仿某位老师在课上讲英语的口音，刚巧那个老师也在场，他很生气。指导员听闻后让学生们作检讨，一开始学生们不同意，认为表演的学生只刚刚大二，而且他的节目并不是专门来嘲笑老师的，只是春节期间博大家一笑而已。但是学生们的解释，并不能使老师满意。此时的胡壮麟作为团总支书记，只得代表学生会和团总支向全系老师进行检讨。

1954 年胡壮麟大学毕业，他填报了军委作为第一工作志愿，结果也颇为欣慰，他被分配到了总参二部。这个机构是军队的情报部门。从小热爱新闻的胡壮麟在这里找到了情报工作与新闻工作的共通之处，那就是材料的收集整理。

1957 年，胡壮麟向上级递交了一份情报，他发现了美国在未来两个月内要在太平洋进行氢弹试验，并获取了诸如试验规模等诸多细节。这份情报直接交到了当时的国防部部长彭德怀手中，他看了非常满意，就批给中央书记处看，包括毛主席、朱德、刘少奇、周恩来等党和国家重要领导人。

1957 年反右已经开始，情报部领导说这个部队不搞反右运动，但是大家可以畅所欲言。于是胡壮麟大胆地就部队中存在的一些问题提出了自己的意见。比如，军事课程都是书本知识，比较教条化，应该做出改进，更好地为实战做指导；一些早去军队的学生，在部队的工作都很优秀、尽职，很多却未受到重用，这对培养人才十分不利。这些意见反映上去，一条"攻击党的政策"的罪名就落在了他身上。胡壮麟因此被"发配"到北大荒农场去劳动改造。在北大荒劳动一年半后，他被转业到北京的中国农业科学院。"文化大革命"开始后，他又被送到了黑龙江、河南、辽宁等许多干校去劳动了几年。

"别看我教了几十年书，是个知识分子，干起农活来我可是把好手，那几年北大荒、干校的生活，就像个老农一样，身体力行地干农活。"一句带些骄傲口吻的玩笑话，是那些风云变幻的岁月中唯一的礼物和一个积极面对生活中挫折的人的宝贵财富，也是这位 80 岁老人积极乐观精神的反映，在不断变动的生活中，他坚信只要一直努力走下去，到哪里都是会发光发热的。

1972 年底，经历了多次工作调配，胡壮麟终于重新回到北大西语系工作。

## 游天涯，泛舟沧海志千里

20 世纪 70 年代中期，四人帮被打倒后，人们的日子逐渐转好。那时候，英国等西方国家在中国已经设有办事处或大使馆，国家开始派遣工农兵学员出国留学，但他们基础较薄弱，回国后不能胜任专业课程。于是，自 1977 年起，派遣中青年教师出国留学必须通过教育部举行的全国性考试。当时一个学校只有 6 个报考指标，按照成绩予以录取。

那时的胡壮麟已经 44 岁了。"我英语水平不高，也没有考不上丢面子的担忧，所以大胆地选择参加了考试。"优异的成绩使胡壮麟成为北大外派的两名老师之一。

胡壮麟的中学老师有很多讲法语，所以原来他十分想去加拿大，既学了英语，也学了法语，但是后来却被派到了澳大利亚。正在纳闷之际，当时社科院语言学研究所的副研究员赵世开给他解释说中国对伦敦学派的理论了解尚少，去澳大利亚，可以跟着一位叫韩礼德（M. A. K. Halliday）的英国教授学习。韩礼德是世界两大主要语言学派之一的系统功能语言学的创始人、世界语言学界的杰出代表和语言大师。这给了胡壮麟莫大的鼓舞，也给他指明了新的前进方向。

外派到澳大利亚留学的 9 个人，最后一共有 3 人去念语言学。语言学系主任韩礼德教授曾经在中国留过学，就读于北京大学和岭南大学，受教于王力先生。澳大利亚的研究生学位制度和英国一样，一种叫 MA Pass，一种叫 MA Honors。前者只需完成学位要求的课程，学制一年；后者还需要写学位论文，学制两年。韩礼德教授规定的课，胡壮麟他们一年内都学完了，论文也写了，韩礼德就同意他们继续攻读 MA Honors。

韩礼德对中国很有感情，他给予这些进修教师很多指导。他告诉胡壮麟等，高名凯（语言学家，当时在国内受到排挤）的书也要看。而在平时的课堂上，他告诉胡壮麟："你们对汉语的了解比我多，所以不要只是挑问题。作为研究生，你们要研究问题，一起解决问题。拿学位并不是为了拿高工资。"这些话对胡壮麟启发很大，他视之为学术研究上的一笔宝贵财富。


## 志于道，教学相长意精进


1981 年，胡壮麟留学归来，在北大担任英语教研室主任，后来是副系主任、系主任。他并不只急于一展所长，而是根据学生的需要来设置课程。他认为，对学生用处大的，要先开。考虑到英语专业学生出来当老师的很多，所以他首先开了"教学法"课程。他自己的"系统功能语法"直到两年后才开设。

改革开放后，国家开始大力抓英语教学与教材建设。西语系推荐胡壮麟去参加中国英语教学研究会。孰料因为讲师身份，胡壮麟被告知没有资格去参加当时的中国英语教学研究会。尽管如此，他仍然积极参加其他会议，关注教材建设和教学的问题。比如他积极推动开设"文体学"课程。文体学是一门研究文本体裁的特征、本质及其规律，介于语言学、文艺学、美学、心理学等学科之间的综合性学科。很多学文学的学生和老师都不关心语言学，胡壮麟始终耐心地向他们解释，语言学的很多理论都影响过文学。刚巧北大请来几个专家，对文体学也有研究，他们也支持胡壮麟的想法。文体学课就此成功开设，并在北大英语系发展为一套具有北大特色的系列课程，如"文学文体学""英语语体学""语篇分析""篇章语言学"等。这些课程的开设，奠定了英语语言学学科的基础。

在长期教学实践的基础上，1988 年，胡壮麟与人共同编写了《语言学教程》一书。这本书是第一部通过外语教材编审委员会审核的英语语言学教材。该教材在北京大学出版社出版后，一版再版，在学术界和教育界获得了较好的反响。值得一提的是，在国内学习英语语言学课程的学生，多数是从这本书开始入门的。

1994 年，胡壮麟出版了专著《语篇的衔接与连贯》。胡壮麟认为，韩礼德对连贯的概念讨论不多，主要是围绕语篇的衔接展开讨论。但是在研究语篇的过程中，对连贯的探讨是不可避免的。并且，汉语语篇必然有其不同于英语语篇的特色。为了进一步完善系统功能语言学的语篇研究理论，在硕士论文的基础上，胡壮麟展开了相关的主题研究，并获得了丰硕的研究成果。之后，胡壮麟又陆续出版了专著《理论文体学》（2000 年）、《认知隐喻学》（2004 年）以及合著《系统功能语言学概论》（2005 年）和《语言学理论与流派》（2010 年）。

做了大半辈子的语言学研究，胡壮麟还一直热切关注着中国语言学的发展。他认为中国语言学的研究在新中国成立以前还是做得比较好的。但是西方国家的许多新理论、新学派在 1950 年以后仍然大量出现并走在我们前面，如乔姆斯基、韩礼德和现代认知语言学。知识是无穷无尽的，每个做学术研究的人都要努力去探求属于自己的新大陆，去勾画自我领域的蓝图，这样我们国家的学术才能异彩纷呈，百家争鸣。


## 寄青春，涵泳工夫兴味长


1993 年，从系领导岗位上卸任的胡壮麟，又坚持教了三年书。但由于身体健康等原因，他不得不于 1996 年退休。当初只是想专心安度晚年，偶尔出国去看看孙子。事实上，胡壮麟发现自己过的仍然是"退而不休"的生活。学术工作上的事务，只要有需要，他仍是努力承担，不辞辛苦。在自身的学术创造上，胡壮麟也持

　　　　　　　　博观而约取　厚积而薄发

续了他一贯的积极向上、追求进步的态度，可谓笔耕不辍，老当益壮。

在不忘初心的同时，胡壮麟也一如既往地关心着青年人的成长。在园子里，他最喜欢的还是朝气蓬勃的青年学生们。他动情地表示，在北大燕园待了这么些年，在这里经历了自己的青年、中年、老年，这几乎是一个人的一生了。校园几经变化，不变的是一代又一代年轻、富有朝气的莘莘学子，这也是北大的宝贵财富。他也不忘勉励我们青年学生："学术道路是一条需要耐性和韧性的道路，在读书学习上，不要死念书。"除了念书，他也时常鼓励青年学生全面发展。胡壮麟曾经为几个申请留学美国的学生写推荐信。写信的时候，胡壮麟不仅肯定了他们的学术研究功底，还专门强调他们在校期间的社会实践活动，比如担任过班干部、参加过文艺演出，等等。在胡壮麟看来，全方位的发展我们强调了很多年，但是我们需要在学习生活的实际中去发现它的真正意义。

# 对中国符号学之展望：
# 胡壮麟教授访谈 [1]

## 1. 语言符号学：符号学研究的起点

**彭佳**（以下简称彭）：胡壮麟老师，您好！非常感谢您愿意接受我们的访问。胡老师的《语言学教程》一书，对于中国语言符号学的发展，有奠基之功。大多数外语符号学界的学生，其符号学启蒙都是始于此书，我自己便是如此。胡老师不仅为语言符号学理论在国内学界的普及打下了坚实的基础，更重要的是，对其中不少概念都加以清晰而独到的辨析，这对语言符号学的进一步研究具有重要的启示作用。例如，在谈到索绪尔最重要的概念"能指／所指"时，不少学者都认为，这个概念只涉及语言的声音形式和其引发的概念之间的二元关系，并不涉及具体的事物对象本身；但胡老师（胡壮麟，2009）却指出："'事物'和'概念'是一个不同视角的问题，当我们谈某事物时，在心理上必然有该事物的概念的反映；当我们在心理上出现某个'概念'时，必然联系到客观世界的某事物。这两者应是共存的。"不少当代的符号学家也指出，索绪尔的语言符号学概念其实有很大的延伸发展空间，并且仍然具有重要的指导意义。如布依萨克（Bouissac, 2010）就认为，索绪尔的基本理论体系对其他人文学科有着启发作用；王铭玉教授（王铭玉等，2013）也指出，索绪尔的"能指／所指"概念其实是在关系网络中、在整体上而言的，这种"连带关系的整体"观念其实可以在新的理论框架中和其他理论体系相互整合。我的问题是：在符号学日益走向广义的今天，索绪尔对于符号学研究的重要意义何在？我们应当

---

1 胡壮麟，彭佳. 对中国符号学之展望——胡壮麟教授访谈［A］. 蒋晓丽，赵毅衡主编. 传播符号学访谈录：新媒体语境下的对话［C］. 成都：四川大学出版社，2017.

以何种方式、或者说从哪些方面对他的研究进行重访和阐发呢？

**胡壮麟**（以下简称胡）：国内有不少对索绪尔研究很深入的老师，如南京国际关系学院的郭鸿教授和东北师范大学的张绍杰教授等，他们最有发言权。我个人认为，索绪尔有关符号和语言研究的最大贡献是指出符号存在"能指、所指"的二重性；两者关系的建立是奠定意义的基础；除少量特殊情况外，这种关系是"任意性"的。此外，索绪尔在语言与言语、组合关系与聚合关系、共时与历时等方面都有精辟的论述。这反映了在他所处时代，人们对"一分为二"研究方法的高度认识和掌握。

在符号学研究大力发展的今天，我认为索绪尔有关"能指、所指"的"任意性"理论的覆盖范围有待进一步界定。例如，任意性主要是考虑能指的语音和所指的事物和思想是任意的，但语言中存在"形声字"是一个客观事实；又如，中文的问世是"任意的"？是"象形的"？还是"约定俗成的"？再者，随着社会和语言的发展，"能指、所指"的关系还继续是以"任意性"为主吗？"约定俗成"的比例是否有所增加？不论是汉语和外语，新词语如何产生？这些问题都有待我们去分析解释。

鉴于这个认识，我个人认为符号学研究的发展应当把重点放在"约定俗成"和"理据性"上，而不是"任意性"。任意性可以说明人类社会早期的符号形成的现象，但它很难说明符号的发展和如何为现代人类的进步服务。

**彭：**除了索绪尔之外，您对其他语言符号学家的学术思想也有深入讨论，其中，引介最为全面的是您的导师韩礼德教授的研究。韩礼德教授提出的"适用语言学"（appliable linguistics），具有非常重要的意义，这一学说对"社会理据"的强调，使其能够深入地透视语言意义生产中的实际编码过程（胡壮麟，2007）。正是由于韩礼德教授的视野超越了一般语言规则研究的范畴，将语言的社会理据作为基本的语义学发生原则，才使得他的理论更具有鲜活的生产力。不少符号学家甚至将他视为"社会符号学"（social semiotics）的重要代表人物。能否请您进一步介绍一下韩礼德教授在将语言符号学和社会符号学相结合这一方面做出的杰出贡献？

**胡：**关于这方面的理论可看韩礼德本人的论述，如 2008 年韩礼德的文章 "Working with Meaning: Towards an Appliable Linguistics"（Halliday，2008）和著作 *Complementarities in Language*。我国学者中山大学黄国文教授、复旦大学朱永生教授、同济大学张德

禄教授等都有论述。

就我个人的认识来说，我认为韩礼德提出"适用语言学"主要是为了说明如下观点：第一，理论研究不能与实践脱节，理论要为实践服务，理论要在实践中检验其价值。第二，不论是索绪尔，结构主义语言学，生成语言学，还是系统功能语言学，过去的主要工作把重点放在词汇语法和话语的研究上，并取得巨大成就。现在大家应当联合起来围攻语义学这道难关。因为意义是人们使用语言进行交际的根本目的。就以上两点来说，这是韩礼德对所有语言学家的期望。由于系统功能语言学派内部有着不同的流派和研究方向，而韩礼德年事已高，他希望以此对系统功能语言学提出今后发展的方向和检验标准。

你谈到适用语言学与社会符号学的关系，这是可以理解的。从韩礼德来说，他在强调语义研究的时候，必然要联系索绪尔符号学中的"能指、所指"观点。不过，他的重点在于指出：首先，尽管"意义"是"能指、所指"结合的体现，但这种结合不是固定的、一成不变的，而是变化的、动态的。这里，韩礼德发展了索绪尔的语言学和符号学理论。其次，由于意义是动态的、复杂的，人们在使用中，要在可能的众多意义中进行精准的选择，表达所期待的或正确的意义。如何选择呢？那就是，精准选择的标准是"社会理据"（social accountability）。因此，人们把适用语言学首先与社会符号学挂上钩。对此，可参阅张德禄（2010）的《适用性社会符号学的理论与实践研究》一文。

我本人在从事符号学研究的过程中，感到韩礼德在语言学理论研究中所谈的"适用性"（appliability）不仅是对社会符号学，而且是对整个符号学研究都有借鉴作用。具体来说，适用性也是研究和发展符号学理论时应考虑的指导原则。详细观点见我的文章《谈符号学研究的适用性》（胡壮麟，2016）。

**彭：**韩礼德教授不仅在语言符号学和社会符号学领域做出了非常突出的成绩，更为重要的是，他对符号学研究的不同范式秉持着"both-and"的态度，而不是"either-or"（Halliday et al.，2010）。这种兼收并蓄的多重视角态度，在您的研究中也有着非常鲜明的体现。您认为当今的语言符号学有哪几种基本的范式？它们各自的发展前景如何呢？

**胡：**关于符号学研究的不同范式，我认为你应该访问王铭玉教授。他系统整理过符号学研究的全面发展。我本人由于种种原因，仅仅做了零敲碎打的工作。

韩礼德秉持着"both-and"的态度，而不仅仅是"either-or"。这才是以唯物辩证法来指导研究。我国的政治家和哲学家过去谈"一分为二"，不能说不对，但只谈这一点，那就片面了，严重的甚至对"合二为一"进行政治批判，如对杨献珍的批判，那就过头了。真正的唯物辩证法，既承认"一分为二"，也承认"合二为一"，用以分析和说明不同情况下对不同问题的分析和解决办法。现实中有大量的"合二为一"的现象。我国高等教育过去学习西方强调"专业化"，现在开始重视"文理并重"和不同学科的融合，是一个很好的开端。（2016 年）9 月 20 日北京大学举办人文社会科学研究会挂牌仪式，研究院的学术委员会和工作委员会的成员来自哲学、经济、法学、社会学、历史、考古、中文、外语、教育、国学、国际关系、政府管理、艺术等学科。这是一个重要的动向。

至于符号学中的不同范式的发展前景，就要看研究者如何掌握"适用性"了，也就是说某个理论最能解决当前和未来实际工作和生活中的问题，那就最有价值和最有发展前途。

由于上述看法，我不太同意在众多符号学研究理论中脱离现实，去谈论某个范式最好，最有发展前途，而是要把精力转移到关注哪个理论在哪个方面已经解决了哪些问题，将可以解决哪些问题。如果我们能在不同理论或范式中相互观察、相互学习，取长补短，实际上也体现了"both-and"的精神。

## 2. 认知符号学：对符号意义实现的纵深研究

**彭：** 在我国的符号学者中，您是较早谈到"认知符号学"这个问题的专家之一。在《认知符号学》一文中，您对"施事"（agency）这个概念进行了较为全面的讨论，认为它从现象学而言，是"主动的、有意向的主体与其他施事主体的互动"（胡壮麟，2010: 21）。在我看来，这种对符号认知中的互动关系的强调，在您的研究中是一以贯之的。早在 1993 年，您在讨论认知和语篇产生的关系时，就曾引用过沙夫（Wallace Chafe）对无声电影的分析，来证明语境之于语篇的重要性，以强调故事的复述者在生产语篇时必须先交代背景，他们作为施事的主体对于听众（受述者）施事主体的预期（胡壮麟，1993）：语篇的叙述在本体上就是对话性的、互动的，它们的认知过程也必然是互动的。那么，是否所有的符号认知过程都是互动性的呢？

如果说是，那么，在符号的认知过程中，是符号的发出者还是解释者、还是符号的既定意义本身更为重要呢？

**胡：**我发现你了解我过去写过的东西比我自己还清楚、还深入。

不论是语言，或是语言以外的符号，都立足于这样一个认识，它们是人类因某种"情境"下的交际的需要而产生和应用的。它必然是互动的。

这里的"情境"是广义的，包括当事人、时间、社会、文化和物质背景。就"人"的因素来说，研究者有的强调符号发出者，有的强调符号接受者。我个人认为不能极端地认为前者重要，还是后者重要。这取决于当事人的不同背景和所处的不同情况。但我并不排斥在某种特殊情况下，某一方会在交际中起更大的作用。

就"时间"而言，我举这样一个例子。我曾经问过一位国外学者，国内外的博士生和硕士生围绕莎士比亚写了不少论文，对莎士比亚有这么多东西可写吗？他的回答对我有一定启发，其大意是由于时代和社会的不同，个人掌握的知识、兴趣和注意力的不同，人们会以他所处时代的标准和个人认识去重新解释和评论莎士比亚的作品。因此，这些论文总会有一些新的突破。

同样，对同一个事件、同一个语篇以至同一个符号，处于不同文化、不同社会、不同宗教、不同年龄、不同性别的人（群）对其意义往往会有不同的理解和反应。例如，乌龟作为符号在古代是长寿的象征，今天可能指妻子不贞的男人。我想你会找到太多的例子加以说明，这里从略。

**彭：**对于符号修辞的认知，胡老师也有过很多讨论。您曾提出一个重要的观点，即隐喻不仅仅是修辞方式，事实上，语言的本质就是隐喻性的。在和宗炎先生讨论隐喻的创造性时，两位先生提到了隐喻能够跨越不同的义域，如"流芳百世"跨越了香味和名声，而这种跨越是"诗性隐喻"的创造性的体现（王宗炎、胡壮麟，2005：18）。这个观点无疑是相当深刻的：事实上，在语言符号的生产和传播过程中，这种"跨渠道性"（跨越不同的感官）非常明显，如萨福将爱情称为"苦甜"，我们用"冰冷"来形容声音，等等。那么，在非语言符号中的生产和传播中，这种"跨渠道性"的隐喻也存在吗？

**胡：**隐喻本来是一个文学用语，当代不同学科将隐喻的概念移植到本学科的研究，推动了本学科的发展，如韩礼德的"语法隐喻"对同一件事可以有不同的语言结构表述，推动了词汇语法学的研究；认知隐喻学把"隐喻"作为立论的基础，推动了对个体或儿童认知过程的研究；语言学家从生态学获得启示，开始研究语言生态或生态语言学。作为英语老师和语言工作者，我非常关注语言生态问题。所不同的是，我们既要关注防止一些语言和方言的消失，也要研究现有语言的不断完善和提高的问题。汉语和相应的中华文化之所以经久不衰，得益于数千年中对文字的不断的改革。因此，我对汉字简化的不断修订和推广普通话是赞同的。这些工作推动了我国社会经济的发展。这方面，请看我的"The Standardization of Chinese Characters–An Eco-linguistic Perspective"一文（Hu，2015）。

同样，在非语言符号中，你所说的"跨渠道性"的隐喻，应该是存在的。例如，在舞蹈动作中有不少是模仿人类实际生活的动作，歌声的响亮和低沉反映了人们的兴奋和哀怨，微信中的表情符号被广泛应用，等等。当然，大量的有待人们或去"发现"，或去"创新"。它是人类社会持续发展的基础。

但我认为，更重要的问题是，我们目前缺乏对"跨渠道性"隐喻的符号学理论研究，或者说，我们对符号学理论的认识，没有像语言学家那样，去深入系统地整理有关非语言符号的基本成分或分析单位，它们的组合，它们如何体现意义的表达。这方面的研究成果要发表也很困难。例如，有位对符号学感兴趣的舞蹈老师研究了少数民族的舞蹈，分析舞蹈者如何通过舞蹈动作模仿人们的生产劳动，但最后这样的成果不能在语言学杂志发表，也不能在舞蹈专业杂志发表。令人高兴的是，他的文章在你们研究所的期刊《符号与传媒》上发表了（袁杰雄，2015）。今年你们的杂志被选入了 CSSCI 辑刊，希望大家今后继续共同努力。


**彭：**谢谢胡老师对研究所工作的肯定。对于隐喻的认知，您还曾经指出，有人能够更多地使用隐喻，盖其原因，各人的认知能力有所不同（胡壮麟，1997: 54）。同样，对于隐喻的本体与喻体之间的相似性，人们的理解程度也是因其认知能力而异的。既然语言本质上就是隐喻性的，而人们又能普遍地使用它，这是否意味着，语言的隐喻性是隐藏的，或者说是建立在人们基本的认知能力基础上的？

**胡：**国内外的认知语言学家应当能更好地回答这个问题。

我个人同意隐喻的理解和使用与个人天生的认知能力有关。但我更认为，后天的培养和教育对于个人认知能力的开发和提高更有帮助。这就是说，先天的认知能力是爹娘给的，花时间去证明这个事实，不如花时间去解决和提高某人当前的认知能力。一个有经验的老师看到学生在某个方面卡住了，应当学会用不同的方式，包括隐喻的方式去感触他、启发他。

我认为符号学研究应注意"适用性"，就在于我们需要能解决实际问题的符号学理论。


**彭：** 认知符号学的确应当解决实际问题，但目前的问题在于，它的理论地位还没有得到证实确立。其实，不少西方符号学家，如兹拉台夫（Jordan Zlatev）就认为，从索绪尔到皮尔斯、艾柯，都是认知符号学者，因为符号学本来就是探索符号是如何被理解和认知的[2]。您同意这个看法吗？认知符号学是一种研究路径或方法，还是一门独立的子学科？

**胡：** 基本上同意 Zlatev 的观点。当然，这取决于有关学者对"认知符号学者"如何定义。应该说，我们对符号的认识是一步一步走过来的，在认识上逐步提高的。所有关于符号学的研究，都与我们的认知水平有关。

既然有这么多"认知符号学者"，我们就要分析他们的理论和概念有何不同，又是如何一步一步发展起来的。这样，才能清楚我们应当继续研究哪些问题。

你问我"认知符号学是一种研究路径或方法，还是一门独立的子学科？"。在过去的确有人这么看问题，把某种学问看作理论研究，或是方法。例如，在语言学研究中，有人把理论语言学和应用语言学分得很清楚，互不相干。我接受韩礼德"适用性"的看法，理论与应用的结合。一个理论，只有明确它所要解决的问题，提供具体的研究方法，最后在实践中检验，才是适用的理论，有价值的理论。我们要以自己的理论来论证它的学科性。这里，让我回到你上面提出的问题："从索绪尔到皮尔斯、艾柯，都是认知符号学者，因为符号学本来就是探索符号是如何被理解和认知的。"最后的一句话如果加上一些内容就更妥当了，那就是"因为符号学本来就是探索符号是如何被理解和认知的，而且是如何为人类的生活和进步服务的。"

因此，在符号学研究中，我们经常要考虑当前在语言和非语言的符号方面究竟存在什么问题，这些问题如何解决。举例说，1952 年我国高等学校院系调整设置好多专业，没有人考虑翻译是一门独立学科；改革开放后，我国开始招收本科生、研究生、博士生，仍然没有翻译专业。由于认识水平的改变和提高，在 21 世纪初

---

2　Jordan Zlatev. "What is cognitive semiotics?" *SemiotiX New Series.* http://semiotician. com/semiotix/2011/10/what−is−cognitive−semiotics/. Accessed 01−02−2017.

翻译成了独立的子学科了。

当前主要的问题不是认知符号学的"子学科性"问题，而是从教育部，中国社会科学院，以至高等院校的领导们，对整个"符号学"的"学科性"都很少讨论。

**彭：**说到这里，在符号学的研究重镇塔尔图，它已经成为独立的学科：塔尔图大学已经成立了符号学系，招收专业的硕士生、博士生。但塔尔图的符号学、哥本哈根的符号学，以及隆德大学的认知符号学，都体现出自然科学化的特征，用神经生物学、细胞生物学的方法来进行生物符号学和认知符号学研究。作为人文学科的研究者，您对符号学，尤其是认知符号学日益自然科学化的趋势如何看待呢？

**胡：**你的问题包括两个方面。

第一，符号学在塔尔图大学已经成为独立的学科，并成立了符号学系。对比之下，我们国家对符号学的重视还不够。我把上面的看法说得再具体一些：中国社会科学院没有设置符号学研究所，也就是说，没有专职研究人员；教育部没有在高校中建立符号学系，或在哲学系、中文系、外语系中设立符号学专业或方向，没有培养符号学人才的规划；民政部基本上没有考虑批准中国符号学会的建立。我们现在的学会是在符号学前加上"语言"，即中国语言与符号学会，挂靠在其他一级单位下的（胡壮麟，2014）。为了摆脱这个被动局面，符号学研究必须突出理论的适用性，即理论与实践结合，理论为国家需要服务，理论为消费者服务，才能赢得政府和社会的肯定和支持（胡壮麟，2016）。

第二，国外一些大学在符号学研究上体现出自然科学化的研究特征。我认为这是很自然的发展。当人类进入 21 世纪，已不过分强调专业化，把学科越分越细，而是注重"融合"或"整合"（胡壮麟，2008）。这有利于对一些知识的深入研究，我自己也写过生态符号学的文章（Hu，2015）。因此，搞人文科学的要经常关注和借鉴理工科在符号学研究方面的工作和成就。反之亦然。当然，会有一些困难。不过，教育部和我国高校已开始注意文理并重的招生工作，或在新生入学第一年自由选课。我对未来还是有信心的。

## 3. 新媒介时代的符号学：符号学的整合与更新

**彭：**近年来，您也非常关心符号学在其他领域的发展，在计算机符号学、生态符号学领域都有不少相关论著。您在十几年前就已经注意到了电子时代的超文本（hypertext）传播，并从口述和读写的对比视角出发，指出超文本是口述、读写和技术化的结合。您指出，超文本有部分原生性口述的特征，但也有读写的某些特征（胡壮麟，2004）。那么，在超文本中，主要的媒介或感知渠道是什么呢？或者说，不同的超文本，如 MV、电影和电子游戏，起主导作用的媒介或者说感知渠道（们）是不同的？

**胡：** 超文本的概念指一个文本或语篇由多个"模态"或你所说的"多种渠道"体现。前者强调人际交流的成果及其体现形式，后者强调交际的模态或方式。我认为，超文本虽然涉及多个模态的应用，但它不是杂乱凑合的。人们仔细分析总会发现其中一两种模态起到主要作用，有的模态只是陪衬而已。这决定于交际的目的，交际时的不同情况和不同参与者。以上海电视台的某明星秀来说，主要模态应该是"言语"，但有时会夹杂着一小段"歌声"或"舞蹈动作"，以及主持人眉飞色舞的神情。在文艺演出时，以歌舞模态为主，主持人的言语只是起到穿针引线的作用。你不妨参阅我的文章"On the Chief Modes of Multimodal Prose"（Hu，2014）。

**彭：** 不少学者都指出，当今社会已经从文字时代转向了图像时代。能否请您谈谈，这种媒介上的转向对语言符号学研究将产生什么影响？语言符号学者们该如何拥抱这样的转变？

**胡：** 由于科学技术的发展，图像制作和保存，包括动态的图像，比过去方便多了。肯定有一部分语言符号学研究者转向图像研究。这是正常的。语言符号学研究者对这种转变持欢迎态度。

但也应该看到，从符号学来说，从索绪尔时代开始，主要的成就是在语言研究方面。我们在图像方面的符号学研究刚刚开始，并不影响对语言的研究。其次，即使人们在讨论非语言学符号时，仍然离不开语言，口语的或书面的。这并没有抹杀语言作为主要符号的功能。

从理论指导方面看，当前非语言符号者往往首先接受语言学理论的教育。人们研究非语言符号时，仍然更多地借鉴现有语言学理论的成果。在这种背景下，语言学理论研究者应当一方面考虑如何将现有的语言学理论妥善地应用于符号学研究，另一方面应考虑非语言符号的特殊性，如何描写和分析非语言符号的各个特征，从而发展契合非语言学符号特征的理论。我国一位学者，发现系统功能语言学有关

"级"（rank）的范畴并不适用于对非语言符号的分析，但苦于尚未找到能分析非语言符号成分的方法（Zhao，2010）。

**彭：** 在您对生态符号学的研究中，您非常全面地对当今生态符号学的研究进行了概括和总结。相应地，也有学者在进行"符号生态学"的研究，即，讨论符号传播过程中各个要素之间的生态关系。波斯纳（Roland Posner）提出的"符号污染"理论，就是这方面的代表性研究之一。他认为，发送者、接收者、代码、渠道、语境等符号传播中的要素，都可能受到污染，从而干扰正常的表意过程（罗兰·波斯纳、李红霞，2004）。在您看来，当今社会的符号传播过程中，最严重的符号污染是什么？对我们的影响何在？

**胡：** 非常惭愧，我对符号学生态的"符号污染"了解不多。看了波斯纳的文章后，感到他从"发送者、接收者、代码、渠道、语境等符号传播中的要素"的多个方面进行了论述。尽管他把这些影响符号传播的一些干扰要素统称为"污染"，强调其负面影响，我认为这些方面还是值得我们分析研究的。

为什么这样说？我原来是按生态符号学最基本的内容理解的，那就是像保护各个物种那样，保护人类各种已有的语言的健康存活。如果与通常观点有所不同的话，我认为我们不能停留在被动地保护稀有语种，而是要研究这些语种消失的原因。据说美国曾试图保留印第安民族和他们的语言，把有的印第安民族圈在一定地域内生活，但年轻的印第安人不同意，他们要追求新的生活方式，要学会英语和非印第安人交际，找工作，当然也享受现代生活的乐趣。又如，改革开放后，我国许多城市发展很快，许多外地人涌入这些城市，就在于他们能用普通话进行交际。深圳能在几十年内发展为我国一个与北京、上海、广州比肩的大城市，也是最好的例证。在这个意义上，如何保持山沟沟里的语言或少数民族的语言还有许多有待解决的现实问题。

就"当今社会的符号传播过程中，最严重的符号污染"及其影响来说，我熟悉的当然是语言符号，如经常听到有人反映人们口、笔语中经常出现自造字、洋文和简写符号。许多专家批评这类"污染"现象。但从语言学视角看，情况要复杂得多。这是一个语言维护和发展的问题，人们对"污染"的语言批评揭发后，有的此后逐渐消失，原有语言被维护了；但也有个别语言表述居然被接受了，还收入词典，这促进了语言的发展，这些词语不再被认为是"污染"了。所以，"污染"是一个有待讨论的问题。

我对非语言符号的污染没有深入研究，但知道在体育场上有些运动员对观众竖起中指是不道德的，是对观众的侮辱，是"污染"。但有些是不同民族不同文化之间的不同标准，如在有的地方妇女浑身要包裹起来，戴上头巾，而在法国不能这样做，认为这是对妇女的不尊重，这意味着不同国家不同文化有不同的"污染"标准。我认为对这些现象进行讨论是可以的，这有利于符号的正常使用，便于交际。

总的来说，讨论符号污染要把握一些问题。首先，大家对"污染"应该有个共识，是符号的内容？还是形式？还是使用的场合？第二，人们往往把当前交际中共同接受的符号认为是正统的，排斥其他形式，认为是"污染"。这样，我们永远不会有新的符号出现。实际情况是当一种新的形式出现时，有人反对，认为这是污染；也有人接受，认为生动，有创意。可以说，一种新的符号就是在这样一个争论过程中问世的，大部分夭折了，不必大惊小怪。符号学研究者可以发表意见，但最后取决于使用各种符号模式交际的社会公众。


**彭：**世界符号学运动发展到今天，自身理论更新是否遇到了困难？如果要突破，这种突破在哪个方向？中国符号学研究的出路又在何方呢？

**胡：**如果把索绪尔提出符号学作为起点，就 20 世纪而言，我认为人们把主要精力放在研究语言符号上了，对符号学的研究刚刚起步，因此还谈不到符号学"自身理论"的更新。如果我们把索绪尔和美国符号学家的理论作为已有的"自身理论"，那就是我们如何对这些现有理论"在实践中"进行讨论和验证（过去有过讨论，但结合实践的少）。由于现有的符号学研究不少借鉴源自语言学的理论和方法，因此应该对这些理论和方法进行审核，决定取舍。最后，还要思考对各种不同模态的非语言符号如何分析和整理，探讨其理论和方法。

就中国符号学研究来说，除上述研究方向外，我认为我们还担负一个重大使命，那就是西方的符号学者和语言学家接受索绪尔的"能指、所指"关系任意性的观点，而中国文字更强调"象形"和"约定俗成"。这些都有待中国符号学家自己研究讨论和表态。这些问题极为重要，因为这进一步涉及汉语的繁体字和简体字的问题，汉字要不要全面拉丁化的问题，汉字与中华文化的问题，等等。

中国符号学家应尽可能以自己的理论和实践证明符号学研究与国计民生的紧密关系，使有关领导感受到符号学研究的存在和重要性。清华大学杨永林教授花了多年时间收集国内外有关社会公众标志的语料和翻译，完成了 3 部著作，包括《常用标志英文译法手册》《标志翻译 1 000 例——理论篇》和《标志翻译 1 000 例——方法篇》，受到教育部领导的重视，是我们学习的榜样。

**彭：** 在新媒介时代，您对符号学总体发展的寄望是什么？当代符号学家在这个时代应该承担什么样的学术责任呢？

**胡：** 随着科学技术的发展，人类进入了新媒体时代，采用种种新的模态进行交流，这为国内外符号学研究的发展提供了动力。这意味着符号学研究者要熟悉和掌握各种新媒体、新技术。

当代符号学家应该研究开发有关符号学研究的种种理论和方法。许多新的问题有待我们发现和深入思考。例如，过去我们经常听到这样的反映：汉语难学，汉语书写慢。但我们也会发现汉语简练的优点。一部英语小说，译成汉语可以省略不少篇幅。从计算技术的发展来说，同样的内容，采用 word 输入系统，汉语比英语快。显然，这与不同符号的使用效果有关。

最后，为了应对新媒体时代的种种问题，我们应加强符号学研究者的队伍的建设。这意味着政府部门和高等院校领导应给予必要的支持。

**彭：** 是的，符号学必须跟上新媒介时代的发展，才能不断突破自我，向前进步。谢谢胡老师，您提出的寄望是当今符号学者前进的动力。

## 参考文献

［1］ Bouissac, P. *Saussure: A Guide for the Perplexed* ［M］. London: Continuum, 2010.

［2］ Halliday, M. A. K. Working with meaning: Towards an appliable linguistics ［A］. In J. J. Webster (ed.). *Meaning in Context: Implementing Intelligent Applications of Language* ［C］. London: Continuum, 2008: 7–23.

［3］ Halliday, M. A. K., Z. Hu & Y. Zhu. Interviewing professor M. A. K. Halliday by Hu Zhuanglin and Zhu Yongsheng ［J］. 中国外语，2010(6): 17–24.

［4］　Hu, Z. On the chief modes of multimodal prose ［J］. *Language and Human Sciences*, 2014(3): 207−219.

［5］　Hu, Z. The standardization of Chinese characters: An eco-linguistic perspective ［J］. *Chinese Semiotic Studies*, 2015(2): 123−133.

［6］　Zhao, S. Rank in visual grammar. Some implications for multimodal discourse ［A］. In A. Mahboob & N. Knight (eds.). *Appliable Linguistics* ［C］. London: Continuum, 2010: 251−266.

［7］　胡壮麟. 认知与语篇产生 ［J］. 国外语言学，1993(2): 1−6.

［8］　胡壮麟. 语言·认知·隐喻 ［J］. 现代外语，1997(4): 50−57.

［9］　胡壮麟. 口述·读写·超文本——谈语言与感知方式关系的演变 ［J］. 外语电化教学，2004(6): 2−8.

［10］　胡壮麟. 解读韩礼德的 Appliable Linguistics ［J］. 四川外语学院学报，2007(6): 1−6.

［11］　胡壮麟. 闲话"整合"［J］. 中国外语，2008(5): 19−23+109.

［12］　胡壮麟. 对语言象似性和任意性之争的反思 ［J］. 北京大学学报，2009(3): 95.

［13］　胡壮麟. 认知符号学 ［J］. 外语学刊，2010(5): 20−25.

［14］　胡壮麟. 论当代符号学研究的学科地位 ［J］. 语言学研究，2014(1): 75−83.

［15］　胡壮麟. 谈符号学研究的适用性 ［J］. 语言与符号，2016(1): 5−12.

［16］　罗兰·波斯纳，李红霞. 符号污染：对符号生态学的思考 ［J］. 国外社会科学，2004(4): 7−12.

［17］　王铭玉等. 现代语言符号学 ［M］. 北京：商务印书馆，2013.

［18］　王宗炎，胡壮麟. 关于《认知隐喻学》的对话 ［J］. 中国外语，2005(4): 17−20.

［19］　袁杰雄. 符号学视角下非物质文化遗产的保护探析：以文山州马关县苗族芦笙舞蹈为例 ［J］. 符号与传媒，2015(1): 127−137.

［20］　张德禄. 适用性社会符号学的理论与实践研究 ［J］. 外语与外语教学，2010(5): 5−10.

# 要发展，要创新，特别是年轻人[1]

**记者**（以下简称记）：您在 40 年代就读于上海市私立圣芳济中学，在那里读书的日子应该是一段对您影响深远的岁月吧，想听您谈谈您的少年时光。

**胡壮麟**（以下简称胡）：我的中学叫圣芳济中学，原名圣芳济书院，是法国天主教在上海办的。这个中学的资格老到什么程度呢？比北大还早，1874 年就成立了。在上海四个男中当中，它的影响力非常大。它的淘汰制度非常厉害，每年要淘汰一个班，直到高二为止，保留一个文科班，一个理科班。从今天的教育角度来说，你应该想办法让全部学生能够提高快一点，所以这不是我们学习的榜样。

这个学校对体育运动比较重视，比如说我所在的高一丙班就有三个足球队。上海是从三年级开始有英语的，我进小学是 1938 年到 1944 年，一共 6 年，1944 年到 1950 年是中学。但是 1931 年到 1945 年之间，爆发日本侵华战争，日本侵略上海。我对日本侵略者很痛恨，那个时候我家住在复旦大学附近，炮弹打过来把我们家炸掉了，只好逃难到徐家汇，那是个生活设施很落后的地方，家里没有抽水马桶。到五六年级的时候让你学日语，日本教员觉得你学得不好，就要打你手心。

1945 年抗日战争胜利了，这个时候就是中学了。蒋介石从重庆回来，上海还有租界。外国人的军队在租界上耀武扬威，我看了觉得心里不舒服，这是我们中国人的土地。罗马的天主教派了一个比较高级的神父来学校视察工作，带了饼干分给每人一小块，说你们上海人喜欢吃五香小蚕豆，说在他们国家那是牲口吃的，人不吃。我们听了以后非常不舒服。

---

1　田淼，陈斓，缑清睿. 胡壮麟：要发展，要创新，特别是年轻人 [A]. 北京大学 120 周年校庆筹备委员会秘书处编. 北大记忆 [C]. 北京：北京大学出版社，2018.

**记：** 兴趣是最好的老师，您是怎样培养自己的兴趣的？

**胡：** 这个我倒是体会很深的。我在中学对英文不感兴趣，我喜欢中文，我所有的零用钱都是买书，或者是到书店里坐在地上看书。当时我是想当记者。因为有个记者叫萧乾，很有名，我想当他那样的记者。那么为什么我后来学的英文呢？因为另外一个人，他是郭沫若的学生，是我的邻居，他说你要想当记者，英文要学得好，不然你做不到萧乾这样的记者。

我很喜欢文学，写东西什么的。当时高考如果国文好的话，分数达到一定程度大学可以免修的，但是我没有免修，说明我写得还不够好。我的国文老师朱德熙先生就强调，写作时要把心里的话说出来，这对我以后的写作有一定的影响。后来到了部队以后，部队的领导一再强调，你提供情报，每一个字都要有每个字的分量，空话不能有，因为领导都很忙，一百字就是一百字，不要长篇大论，所以以后我就是这个风格。就是这样，我在 17 岁上了清华的外文系。

到了清华，第一个学期我因为贪玩没有好好学习。第二个学期开始参加学生会的活动，出黑板报。我主要负责采访。因为我粉笔字写得不好，写了人家会擦掉重写。表面上我毕业后没有当记者，没有去新华社；实际上，我的工作都是和此有关系，比如说我毕业以后到总参二部工作，搞的是情报工作，一开始我在资料室是翻译，整天翻阅国外的英文报纸，美国的、英国的，然后把有关内容弄成中文。这跟我的兴趣是吻合的。

**记：** 您入读大学两年后，从清华到了北大，能谈谈这段特殊的经历吗？

**胡：** 新中国成立以后，大学按大区统一招生，如华东区、华北区、东北区等，另有一些私立大学单独招生。一个暑假我考了四次，因为报了四个学校：华东区的复旦大学，私立的圣约翰大学和沪江大学，华北区考的清华。东北我没有报，我有同学报了那边。在这四个学校中，上海的复旦和圣约翰，我报的都是新闻系。因为我对新闻感兴趣，从中学我就想当记者。虽然我考上了复旦和圣约翰，可是我没有念。一个原因是清华的牌子比较大，另外一个原因，我一直都在上海生活的，我没有到过北京，所以就想离家远一些，到北方去看看。

到了 1952 年，教育部决定进行高等教育改革，学习苏联的路子。我那个时候在清华已经学了两年，读文科就要到北大。

我在 1950 年—1952 年是清华大学外文系英文组的学生，1952 年秋院系调整后被统一调派到新北京大学西语系英语专业三、四年级继续学习。1954年夏从北京大学毕业离校，获得马寅初校长签名的毕业证书。1972年底我又被母校接纳，回到北大任教，直到1996年退休。在此校庆120周年的时刻，往事浮现，百感交集。这里，谈谈我对北大1952年后的一些感受。

人们谈起北大，不是谈京师大学堂或者是沙滩旧址的老北大，以及蔡元培、胡适、李大钊、陈独秀、毛泽东等历史人物，就是联想到以"一塔湖图"为象征的新北大。但我印象最深刻的新北大，是我亲身经历的1952年院系调整后的新北大。我是从这个新北大走向社会、走向世界的。

1952年暑假，院系调整后的新北京大学迁校址到原燕京大学校址。我当时正被借调，参加新中国成立后的第一次大型国际会议——亚洲及太平洋区域和平会议，在校的同学告诉我，他们已把我的行李从清华新斋全部搬到新北大了。

此前，我去过原燕京大学多次，对未名湖和博雅塔、沿湖北侧的男生宿舍和1—6院的女生宿舍还是熟悉的。待我在当年12月到新北大报到后，才发现情况变了。

新北大宿舍是挨着燕南院墙外小胡同南边的一个临时建起的小区（现经济学院和电教中心所在位置）。在小胡同上搭了一个天桥，连接宿舍区和燕京旧址。新建宿舍区有15栋二层的简易宿舍，每栋宿舍上下左右共有4个大房间，每个大房间有2个隔断，在隔断之间的3个空间各有4张双层床，也就是说，可容纳三八二十四人。这样，新北大西语系英语专业一、二、三、四年级的男生各占一个房间。在这样的空间内，保持宿舍安静异常困难。一人打呼，另外23人就得"洗耳恭听"。在四个双层床之间有两张桌子，只能供四位学生使用，其余同学或躺在床上看书，或"另找出路"。原燕京大学的图书馆（现档案馆）座位很少，我们只能去教室或临时搭建的阅览室做作业，练就一套抢座位的硬功夫。

也就是在这个时候，我发现新北大设有三个外语系。由于国家需要大量俄语人才，俄语专业学生最多，独立成系，占俄文楼。另有东语系和西语系，分占外文楼和民主楼。东语系最能体现老北大的传统，下有日语、越语、朝语、蒙古语、阿拉伯语等专业；西语系下分英、法、德、西四个专业。就综合大学的外语院系设置来说，新北大的规模为全国之冠。

**记：** 您从翻译到当情报组组长，差不多在中国农科院待了13年。您从那个时候开始搞了 13 年农业情报工作，后来又到高校做老师，您觉得这中间情报工作有什么实践的意义？

**胡：**清华第一次动员参军，我不敢违抗家长意志，没有报名。第二次，我思想觉悟提高了，但体检后因为我高度近视也没有去成。毕业时，我觉得我应该继续去完成我过去没有做到的事情，又加上我的中学和大学同学（后来成了我的亲家）比我早一年提前毕业，就在总参二部。所以我就参军了，参军后搞了四年情报工作。

应该说我的人生的发展有顺利的方面，也有曲折的经历。当时一进清华，系主任就找我们新生谈话，说中国刚解放，国家需要大批的翻译，你们这批人是培养当翻译的。所以让我当翻译我是没有意见的，但在后来的翻译工作中，领导发现我有研究分析的天赋，就把我调到情报处专门去研究情报了。

研究情报时我还立了一个功。就是美国在太平洋搞氢弹试验，8 月份要搞试验，我 5 月份就把这个情报汇报了。这样，处长交给部长，部长刘少文看了觉得不错，直接交给彭德怀。当时的国防部部长彭德怀又传给书记处，毛主席、刘少奇、周恩来、朱德等。所以不到一年我就立了一个功。而且部长在军人大会上介绍时，就说他才 20 来岁，我们这群老参谋已经 30 岁了。搞情报大多是把事情发生了以后写个总结，打仗死了多少人。仗已经打完了，就失去情报价值。胡壮麟把 8 月份的事情在 5 月份就提出来，我们需要这样的情报。所以这是对我的表扬。（后来）反右时我写大字报出了问题，因为我立了功，没有打成右派或中右，而是参加十万转业军人建设北大荒了。

在北大荒劳动一年半，刚巧农业部外事局局长在一次外事活动中遇到总参外事局局长，就把我和另一位五七战士调到农业部去了。那么到了农业部以后呢，人事局局长就通知我们去下属的中国农科院报到。农科院领导又跟我们谈话，问我们愿意去外事处，还是去情报室？我说我愿意去情报室，因为外事处政治条件要求比较高，我觉得我已经是不合适的了；那么情报室不管怎么样，我还是搞过情报工作的。

**记：**在您身上可以看到很多身份，语言学家、教育家、翻译家、作家，您自己最喜欢哪一个身份？

**胡：**就是教师。我以前想成为作家，但我始终不是作家。尽管我在中学写过一篇很短的小说，但是后来我发现，我不是当作家的料。为什么呢？我从小生长在城市里

　　　　　　　要发展，要创新，特别是年轻人

头，小说里头要描写自然景物，如一棵树，这样的风景，我都不熟悉，你没有这种体会，你写不出来的，所以我不适合当作家。

我也不是一个翻译家，尽管一开始说我们将来是当翻译的，而且我在部队和农科院也当过翻译，但是我没有太多能够公开发表的翻译成果。除了我和我的大儿媳妇黄倩，她是北师大外语系的学生，合翻过一本尤金·奈达的《懂英语》，但还不能称为翻译。但是我支持翻译家的工作，他们搞研究我都给他们"点赞"，但我不是翻译家。

我不是教育家，我没有在这方面做过系统研究。我回国以后，教育部找我开会，一步一步受到外语教学指导委员会的指点。我认为北师大的王蔷才是专门搞外语教育研究的，跟她合作，我学到不少东西。

我也不是一个语言学家。我教过国外的语言学理论，特别是功能语言学，也写过一些文章，但我没有形成自己的语言学理论和流派。至于符号学研究、澳大利亚研究等都是领导下派的任务。

不是专家，是什么呢？我是一个杂家，什么都知道一些，但不精通。我承认，确实有一些人是往专家的方向发展，除某个专业或方向外，其他什么都不管，我不是这样的人。因为我刚刚说了我首先是党员，党要我干什么我就干什么，在我力所能及的范围内把事做好，发挥我的作用。


**记：** 您对未来外语系的教学有什么期待？

**胡：** 从外语教学方面来说，我们要有辩证唯物主义的看法。也就是对传统跟创新，都要一分为二，同时要互相融合。有创新才能有进步。

另外一个方面，从如何培养我的学生来说。我对我的博士生、硕士生，我从来不要求，因为胡壮麟是搞系统功能语言学的，你们都搞系统功能语言学，我都是让学生自己选择，你觉得你搞哪一方面你最感兴趣，而且觉得能搞出成绩来，你就去选择。我是这个宗旨。

我认为一个教师做得好，就是能培养出来能超过自己的学生，这个是起点。如果你培养的学生都超不过你，那你白活了，你这个教师白当了，这是我的看法。那么就有一个问题，人家就说了既然这不是你的特长，可是你要去带他，你不是唬人吗？对这个问题的解决方法是，我跟我的学生一块学，就学生探索的新课题充实自己，然后对学生进行指导。

**记：** 现在西方世界想要进一步了解中国，在"讲好中国故事"方面，您有什么意见和建议？

**胡：** 这应该是我们党今后的政策。从我们搞外语的来说，应该考虑如何从外语角度，发挥我们的作用来推广政策。

我碰到过一些情况，有一些单位或者老师们对学外语好像看不起，又比如说我那时候是英语系主任，有一次去参加学校的学术委员会，讨论学术问题和博士生的审批等等。我经常听到其他系的老师发牢骚，说学校太重视外语了，这些意见相当多。像我去年年初参加教育部的两个会，一个是高中的教材，一个是基础教育的教材审议。在分组讨论以前大家都在一块，物理系、化学系、中文系的提意见，说中学教材外语的课时太多，每周 6 个小时。那时我是不好吭声了，但是我注意到主持人没有搭理他们，因为他知道国家政策和领导意图，这个不是他要解决的问题。

**记：** 您对年轻人有什么建议？另外，2018 年是北京大学 120 周年校庆，您认为，我们今天如何更好地传承北大的精神？

**胡：** 第一，就是希望你们在做到学习好以外，要把身体锻炼好。第二是希望你们该玩的时候玩，该跳舞的时候跳舞，该交朋友的时候交朋友。

除了刚才说的那些，再有就是要发展、要创新，就得依靠年轻人。因为我现在出去做报告，像我们这个年纪搞研究比较困难了。为什么呢？尽管都是用电脑，但是电脑稍微有些变化，有些新的操作技术和程序出来又要重新去学，非常费工夫。其次，要找材料，好多找材料的方法我老是学不会。有的时候好容易从网上看到国外一个什么材料，它要你网上放多少钱可以拷贝下来，这些都学不会。因此，我干脆跟领导说，我不招研究生了，这下更没有年轻人来帮我了，所以搞研究就比较困难。

当然，年轻人不能仅仅满足于掌握新技术，而是要善于发现问题，分析问题，寻找解决问题的方法，并在实践中检验效果。我们既要对事物一分为二，也要探索其合二为一的途径。新时代提倡多种知识和学科的融合，有助于创新能力的培养。

最后，学习和工作中碰到困难，不要轻易放弃，情绪低落。这个时候，应该冷静下来，仔细琢磨。

# 我在新北大早年的那些事 [1]

我在 1950—1952 年是清华大学外文系英文组的学生，1952 年秋院系调整后被统一调派到新北京大学西语系英语专业的三、四年级继续学习。1954 年夏从北京大学毕业，获得马寅初校长签名的毕业证书。

1972 年底，我又被接纳在"文化大革命"中复课的北大任教，直到 1996 年退休。在此校庆 120 周年的时刻，往事浮现，百感交集。这里，谈谈我对新北大 1952 年诞生后的一些感受。

人们谈起北大，不是谈京师大学堂或者沙滩旧址的老北大，以及蔡元培、胡适、李大钊、陈独秀、毛泽东等历史人物，就是联想到以"一塔湖图"为象征的新北大。但我印象最深刻的新北大，是我亲身经历的 1952 年院系统调整后的新北大。我是从这个新北大走向社会、走向世界的。

1952 年 8 月末，清华大学外文系领导通知我和另外几位同学，我们被借调到中国人民保卫世界和平委员会，参加 1952 年 10 月 2 日至在 12 日新中国成立后召开的第一个大型国际会议——亚洲及太平洋区域和平会议——的外宾接待工作。在外调期间，我国政府仿效苏联高校的体制，对全国高等院校进行院系调整，清华大学和燕京大学的文理科的学生及部分师资并入北京大学。院系调整后的新北京大学迁校址于原燕京大学校址。在校的同学告诉我，他们已把我的行李从清华新斋全部搬到新北大了，我在大会的任务结束后直接到新北大报到即可。

1　胡壮麟. 我在新北大早年的那些事［A］. 蒋朗朗主编. 精神的魅力 2018［C］. 北京大学出版社，2018：80-86.
本文承蒙新北大同学祝畹瑾（北京大学英语系退休教授）、王璐（原外贸部驻美公司总裁）、张信威（深圳大学退休教授）审阅并提出宝贵意见，特此致谢。

此前，我去过原燕京大学多次，对未名湖和博雅塔、沿湖北侧的男生宿舍和1—6院的女生宿舍还是熟悉的。待我在当年12月到新北大报到后，才发现情况变了。新北大宿舍是挨着燕南园院墙外小胡同南边的一个临时建起的小区（现经济学院和电教中心所在位置）。在小胡同上搭了一个天桥，连接宿舍区和燕京旧址。新建宿舍区有15栋二层的简易宿舍，每栋宿舍上下左右共有四个大房间，每个大房间有两个隔断，在隔断之间的三个空间各四张双层床，也就是说，可容纳三八二十四人。新北大西语系英语专业一、二、三、四年级的男生各占一个房间。在这样的空间内，保持宿舍安静异常困难。一人打呼，另外23人"洗耳恭听"。在四个双层床之间虽然有两张桌子，但只能供四位学生使用，其余同学或躺在床上看书，或另找出路。原燕京大学的图书馆（现档案馆）座位很少，我们只能去教室或临时搭建的阅览室做作业，因此练就了一套抢座位的硬功夫。也在这个时候，我发现新北大设有三个外语系。由于国家需要大量俄语人才，俄语专业学生最多，独立成系，占俄文楼。另有东语系和西语系，分占外文楼和民主楼。东语系最能体现老北大的传统，下有日语、越语、朝语、蒙古语、阿拉伯语等专业；西语系下分英、法、德、西四个专业。就综合大学的外语院系设置来说，新北大的规模为全国之冠。应该承认，1952年全国范围的高校是否有必要学习苏联进行调整，不论在当时还是今天，从教师到学生都有不同意见，褒贬不一。也应该承认，作为当时西语系的学生，对出现在自己眼前的集三校之力的教师队伍颇为自傲，如卞之琳、曹靖华、陈占元、钱钟书、冯至、季羡林、金克木、马坚、潘家洵、田德望、闻家泗、吴达元、杨业治、朱光潜、李赋宁、杨周翰、俞大纲、赵萝蕤、赵诏熊、罗念生、张谷若、吴兴华等，可谓群星荟萃、大师云集。

曾任燕京大学外文系主任的俞大纲教授是我们三年级甲班（快班）班主任。她待人亲和，讲课生动。新中国成立后我国外语教学一度采用苏联教材，曾强调词汇教学，但俞大纲教授发展的"活用词"教学法别有新意。她让我们把课文中的活用词串联起来，在课堂上讲一个故事或谈一段自己的感受。这样，帮助我们通过活用复习了这些词汇，但更主要的是这个教学法把读写和听说技能的教学结合起来了。我认为俞先生当时实际上已经试用了今天公认的先进的语篇教学法。为此，当时的教育部组织了北京外国语学院的老师前来观摩听课。我们做学生的非常兴奋，个个摩拳擦掌，要为老师争光，要为新北大争光。

我第二年在大四甲班的班主任为赵诏熊教授。他擅长英国诗歌、英国戏剧等课程，课外指导学生排戏。不过，在我心目中，他更是一位英雄，因为他曾从原清华大学被借调到军委，在朝鲜战场从事中国人民志愿军的翻译工作。

说到老师们对学生的关怀，还可以举李赋宁教授为例。他 1950 年从美留学回国后，即任我在清华一年级英语组的班主任，二年级连任。新北大合校后，就不再教我了。令人不能忘怀的是，只要在燕园中相遇，他总会问我的学习情况。有一次，他让我把每周写的作文给他审阅，并在我的作业上提出严厉的评论，当然也有热情的鼓励。

在人们的回忆中，新中国成立后的高校总是和全国的政治运动或一些特殊情况联系在一起的。以此为背景，我认为新北大诞生后的头两三年是相对平静的，是学校获得比较稳定发展的两三年，是教师专心教学、学生发奋学习的两三年，是新北大得以顺利奠基的两三年。这得益于两大原因。一个原因是美国自 1950 年发动侵朝战争后，久攻不下，在上甘岭战役失利后，不得不在 1953 年 7 月 27 日与朝鲜政府和中国人民志愿军在朝鲜停战协定上签字。中国政府开始考虑国内的和平建设。另一个原因是，中国新民主主义青年团第二次全国代表大会 1953 年 6 月 23 日至 7 月 2 日在北京举行。会议精神是动员全体青年团员和广大青年为逐步实现国家工业化和逐步过渡到社会主义社会而奋斗。毛泽东主席在 6 月 30 日接见了大会主席团，提出了"身体好、学习好、工作好"的"三好"作为青年团的工作方向。为此，团中央书记胡耀邦同志在中国人民大学的广场上召开全北京市的团干部会议，传达主席指示。我有幸以西语系团总支书记的身份参加了此会。因此我此后在新北大的学习和社会活动都是在这个精神指导下进行的。

从"身体好"谈起。作为团干部，我们和学生会研究后做了共同决定，每晚 10 时统一熄灯，早上 6 时起床。起床后先去楼前做广播操，然后洗脸刷牙。我们又组织团员和学生每天下午 5—6 时坚持锻炼，在当时叫"劳卫制"十项运动，有短跑、长跑、跳高、跳远、体操、举重、单杠、双杠、铅球、爬绳。我在这些项目中全部达到优秀标准，最后获得"劳卫制"优秀奖章。全班才两人获得此奖章。为此，班上的文体委员黄均同学（现为暨南大学退休教授）对我的表现很是满意。

"学习好"最难做到。尽管学校领导、团委和学生会多次号召党团员在学习上以身作则，取得优秀成绩，但效果并不理想。道理很简单，党团干部每天下午有两个小时的政治学习和社团活动。这意味着学生干部每天要比群众或普通团员少学两个小时，再要取得好成绩谈何容易。有一次期末考试后，我接到汇报，说二年级的团支部委员和小组长在女生宿舍关起房门，一起号啕大哭。我赶忙前往做她们的工作，开导她们"学习好"不是非要考试成绩超过其他同学，而是学习态度端正，为党、为祖国、为社会主义建设而学习。其次，要与自己过去的成绩相比有所进步。那么，我自己的情况又如何呢？我初入大学时年幼贪玩，踢足球、打桥牌、进城逛街，上课时讲闲话，使李赋宁先生大为失望，经常用两个眼睛严厉地盯着我。后来我思想上有了转变，特别是"三好"开始后，一有时间，便看各种英文小说和散文，通过阅读提高自己的英语水平。期末考试得了"4+"，比上不足，比下有余，何况我所在的甲班是快班，平均水平比乙班高。

由于高校里的团员多半是学生，因此我们对"工作好"的理解是做好党团、学生会和班会工作，并鼓励同学积极参加学校的社团活动。有的上面已经谈到，下面再举一些印象比较深刻的活动为例。

首先，西语系的学生除北大、清华和燕京大学外，英语专业实际上还有北京师范大学和辅仁大学的部分学生，更有西北师范大学的插班生。不同的学校带来了不同的校风和生活方式。其次，原清华和燕京从上海和南方其他地方来的同学一般外语水平较高，生活条件优裕。考虑到同学之间时有摩擦发生，团总支和系学生会一致认为要抓好"团结"教育，强调学习上互相帮助，生活上艰苦朴素。

作为团总支书记，我还参与过学校的人事工作。1953年8月，暑假还未结束，新北大的人事处干部找我了解同学的情况。原来中央军委因工作迫切需要，要求新北大从三年级学生中找两位同学提前毕业，于是我推荐了英四团支部书记赵森和副班长黄用仪两位同学。后来，这两位同学表现都不错。黄用仪曾在中国驻联合国军事代表团工作，后任驻丹麦使馆武官，赵森则调任最高人民法院外事局副局长。

再一项工作是普选。自1953年暑假后，新中国第一次人民代表的普选正式启动。我们根据学校步骤开展有关活动，如学习普选的意义，推荐人民代表，保证人人投票等，最后在1954年1月10日组织同学在第一大饭厅投票。该饭厅现已拆除，原址改建为大讲堂。

我没有想到在"工作好"方面，我摊上大事了！那是1954年初的春节，我们组织留校同学举行新春联欢晚会，还邀请老师参加。那天晚上，大二的一位姓周的同学，上台表演一位教授讲课的模样。这位教授出生于江苏无锡，英语中夹带着较强的无锡口音。小周同学的表演惟妙惟肖，赢得满堂大笑。不料，这位教授也在场，认为这是对他的莫大侮辱。寒假后，教师党支部书记让我通知这位同学做检查，我不表同意。我认为这位小周同学 20 岁都不到，他只是模仿而已，不怀恶意，以后注意就行了。我个人还认为，春节联欢，大家都是高高兴兴的，何必搞得如此紧张，而且这位教授讲的英语的确有无锡口音，何必要学生给他背黑锅。过了一段时间，这位教师党支部书记和学生党支部书记（我的同班同学）一起找我谈话，非常严肃，命令我这个团总支书记在全系教师会议上公开检查，当众道歉，不然……在这个巨大压力下，我只能服从。检讨那天，在民主楼一个教室内挤满了老师，我代表团总支和学生会做了检查，给自己套上好几顶帽子。在此以前，这位教师党支部书记曾通知我毕业后和那位学生党支部书记一起留校。事情发生后，我不能想象我将来如何面对这些老师，于是做了毕业后不留校、参加统一分配的选择。

我之所以谈以上这段遭遇，主要是想说明在新北大成立初期，教师在学校中的地位还是相当高的。如果这个晚会发生在此后的某个运动时期，也许我就不用检讨了。话也得说回来，我自己也有可能因为知错不改，在某个运动中写大字报，发泄怨气，从而使矛盾变性了。天命不可测！

对我参加统一分配的要求，组织上同意了，于是我选了五个志愿，即军委、外交部、公安部、新华社和外贸部，最后接到通知，我和其他外语毕业生共八人去军委总干部部报到。总干部部又把我们中的六人分配到总参二部，把另两位分到第二炮兵司令部。在总参二部报到时，负责接待我们的干部处徐处长热情地看着我们，对我们说了一句语重心长的话，我自己事先都没有意识到，听了后又感到无比激动、无比自傲："你们是我们党在新中国成立后自己培养的第一批大学生！"

# 筚路蓝缕　以启山林

## ——胡壮麟先生学术思想与治学心得访谈[1]

**李战子**（以下简称李）：胡老师好，非常感谢您接受我的访谈！您学术著述丰硕，思想深邃，如最近出版的《韩礼德学术思想的中国渊源和回归》被出版社评为最受欢迎的语言学著作之一。很想知道您在科研中感到的最大的惊喜是什么？最大的烦恼是什么？

**胡壮麟**（以下简称胡）：是这样，最初外语教学与研究出版社在网上让大家投票，这本书开始排在第三，后来获得 1 000 多票，成了第一。最近在网上看到一个"语言学联合书单——2018 年好书榜单"的帖子，其中每个出版社一本，《韩礼德学术思想的中国渊源和回归》也在其中。

下面谈谈科研中让我感到"惊喜"的时刻。

能很好地完成任务会惊喜。1979 年初，我刚去澳大利亚悉尼大学进修，收到社科院语言所赵世开先生来信，他要求我写有关语用学文章。那是我第一次听到 pragmatics 这个名称，于是请教了导师韩礼德（M. A. K. Halliday）。他认为系统功能语言学中有关语境的研究非常契合语用学领域，并介绍我看 *Journal of Pragmatics* 杂志。我看了好多篇，居然把任务完成了，最终在社科院的杂志上以"语用学"为标题发表，这让我有过惊喜之感。

成果受到肯定会惊喜。如我主编的《语言学教程》荣获 1992 年国家教委优秀教材一等奖。

如果说及外语教学或语言学研究之外的惊喜，令我终生难忘的是 1957 年还在

1　李战子，胡壮麟. 筚路蓝缕　以启山林——胡壮麟先生学术思想与治学心得访谈 [J]. 英语研究，2019(2): 1–10.

部队时，经过资料分析，我写了一份关于美国将在太平洋进行氢弹试验的报告，上报给了国防部及党中央，并被当时的总参授予"先进工作者"称号。

最后，能成功培养出几位超越自己的学生也会感到惊喜。请看这几位：高一虹在教学、科研和管理方面都非常出色，现在还是我的领导（北京大学外国语学院外国语言学及应用语言学研究所所长）；李淑静现在是北大外院的党委书记，也是我的领导；还有我教过三年的七五级工农兵学员刘振民现已是联合国副秘书长。他们都让我感到在教书育人的漫长生涯中收获颇丰。

至于"烦恼"问题，不是太多，我就略举一二。20 世纪 80 年代，许国璋先生曾让我负责英语专业四、六级测试的项目。每年暑假集中阅卷和讨论都很费时间，要是全国高校都参加，那我就更没有暑假了。许先生发现我的思想情绪后，曾批评我。有时参加一些成果的评奖会议，我也曾为如何平衡领导与评审委员的不同意见、如何满足不同单位和申报者的要求感到难办而烦恼。

**李：** 胡老师，大家都知道您担任系统功能语言学研究会会长多年，之后又担任荣誉会长。在多年来的功能语言学研讨会上您都做了大会发言，一直有新的研究成果呈现给大家。您还记得 1995 年在北京大学组会的情景吗？那是国际系统功能语言学研讨会首次在中国召开，随后又在清华大学举行了国内的第一次功能周。请问，这一次和随后的十几次研讨会及功能周对推进中国的系统功能语言学研究发挥了怎样的作用？

**胡：** 1995 年 7 月 18 日至 22 日，在北京大学召开的第 22 届国际系统功能语言学研讨会对我来说是一次锻炼和考验。我有个缺点，怕负责大型学术会议，既费时间，又要想办法筹集经费。考虑到此次大会无法推托，我便采取了几个措施：与香港理工大学的特伦斯（Terrance Low）合作，总经费由他负责，境外与会人士由他联系；与清华大学的方琰教授合作，会前的功能周在清华大学召开；我的博士生田贵森、范文芳分别负责境外专家和国内参会者。因此，这次会议的成功召开是集体的力量。

从日后的发展看，这次会议上我认识了你，并接受你来北大读博，同时也结识了黄国文，他当时随同其导师——英国的福塞特（Robin Fawcett）参会。再则，当时天津的汉语界语言学家马庆株也来了，后来他在汉语界推动了系统功能语法的研究。也正是通过这个会议，我国的系统功能语言学者日后与国际有了更多的合作，并参加学会的理事工作。

**李：**胡老师，这些年您曾经接受过一些学术访谈，和读者分享了您的学术历程。那您觉得在您的学术成果中，哪一项或哪几项研究是您最珍视的呢？早些年您曾经和我说过，您很看重在《北京大学学报》发表的论巴赫金（Bakhtin）的论文，现在您的看法改变了吗？

**胡：**先谈谈你提出的我在北大学报发表的论巴赫金的论文。的确，我很珍视这项成果，因为它与符号学和文学有关。

苏州大学在 20 世纪 90 年代中期准备成立符号学会时，曾提出要求挂靠在北京大学对外文学比较学会下。北大除了建议把"符号学会"改成"语言与符号学学会"，这样与语言专业结合更为密切以外，还提出让我代表北京大学任该学会会长。我准备了"巴赫金与社会符号学"这篇论文参加成立大会，受到肯定。当然，我个人心里清楚，在《北京大学学报》上发表文章不如在《外语教学与研究》《外国语》《中国外语》等刊物发表，后者在外语界有更多的读者，会产生更大影响。鉴于上述原因，我此后非常珍惜与文学有关的成果，如"让巴赫金给巴赫金定位——谈巴赫金研究中的若干问题""谈康拉德的《黑暗的内心深处》""'光明使者'与'白人奴隶'——谈谈《黑暗的内心深处》中的库尔茨""澳大利亚和新西兰讽刺诗四首"等。

我当时特别注重多开设语言和语言学课程，是为了协助教育部解决有关语言方向的课程和培养问题，更具体地说，是为了帮助王佐良、许国璋、李赋宁等老先生解决英语语言文学专业中语言方向的本科生和研究生的课程建设及培养问题。这涉及的问题是：把我国的大学外语专业办成只会开设听说读写课程的"外语专科学校"，还是需要再增设一些语言学、对比语言学、外语教学法、外语测试等专业课程。

现在，我的内心非常坦然，我们这些从事语言教学和从事语言学研究的老师问心无愧，我们对得起这些老先生，我们对得起教育部的改革开放，我们对得起语言方向的学生，我们对得起这个时代。

继续谈我对哪些研究项目重视的问题。除上述之外，我认为能提出一些别人尚未认识到的问题是自己的进步。除韩礼德学术思想的中国渊源外，据说我对日语主位的研究推动了日本学者的系统功能语言学研究。我对美国语言问题和语言政策的研究也是国家领导和外语教育决策者感兴趣的问题之一。对于一些新的领域，如符号学、澳大利亚研究、修辞学、多模态学等，我也能提出自己的观点，如北京大学出版社 2016 年 3 月出版的《跨越太平洋——胡壮麟澳大利亚研究论文集》、语文出版社 1990 年 2 月出版的《修辞的理论与实践》中的"现代汉语言语类型及其修辞功能"、外语教学与研究出版社 2000 年 9 月出版的《功能主义纵横谈》等。

也正是这个原因，我不太喜欢别人说我是语言学家，我认为自己只是教语言学课程的老师。我重视语言学，是希望它有助于外语教学。为了完成各种任务，我要熟悉符号学、外语教学、文体学、修辞学、澳大利亚研究等内容，因此我认为自己是"杂家"更甚于"专家"。

**李：**胡老师，您领衔编著的教材和您的几部专著在语言学界都具有深远的影响。可不可以说，迄今为止您的教材代表作是《语言学教程》和《系统功能语言学概论》？它们分别获得过国家教委优秀教材一等奖和北京市哲学社会科学优秀成果一等奖。更重要的是，它们是英语语言学考研和教学以及功能语言学学习者的口碑佳作。关于这两部教材的编写和打磨，您有什么故事和我们分享吗？

**胡：**就我本人来说，当时主要考虑的是如何搞好教学，思想上还没有写教材的准备。应该表扬的是山东大学李延福先生，是他首先提出了这个想法。由于我是教指委英语组副组长，又负责教学大纲的制订，他很谦虚地请我牵头。

这本教材由北京大学出版社出版后，我抱着让它自生自灭的态度，没有再太多考虑。可我没想到的是，十多年后，北京大学出版社汉语部突然找我，要我负责修订第二版。也没有想到第二版出版后，各方反应难度较大，它可能只适合像北大那样的少数学校，难以在更多学校推广。于是，我们决定出第三版，由我邀请部分兄弟院校的老师一起编写，适当控制难度，社会效益较好。第三版聘任姜望琪老师为副主编。

后来的第四版增加了两位副主编：姜望琪和钱军。因为当时我已 78 岁，为了保证这本教材的持久性，主编必须后继有人。出版社同意这个想法。姜老师是在英国获得语言学硕士学位后回北京大学任教的，底子厚，经验丰富。钱军是我国研究布拉格学派的权威，在国内外多次获奖。在大家的努力下，《语言学教程》从第一版到第五版已经印了近 250 万册，为语言学教学和研究做出了较为显著的贡献。

考虑到《语言学教程》是用英文编写的，中文系的师生阅读会有困难，我们又决定把它译编成中文，由汉语部负责。这样，中文系学生也能学习《语言学教程》的内容。后来，许多学校要求为语言学研究生提供教材，于是有了《语言学高级教程》。这样一来，过去因难度大而被从《语言学教程》中取下的内容有了出路，同时许多本科生难以驾驭的专题也能收入，如生成句法学、功能语法学、比较语言学、认知语言学、语用学、计算语言学、语言习得等。此外，高职高专院校的老师提出内容需更简单些的要求，于是，我积极组织原解放军国际关系学院的老师们，出版了《语言学简明教程》。总的来说，有关语言学教程的系列教材是一步一步走出来的，是个逐步完善的过程。

1989 年，我与朱永生和张德禄合编的《系统功能语法概论》由湖南教育出版社出版。对此，我有以下几点认识：我虽然跟着韩礼德学习系统功能语法，但 1981 年回国后，心中牢记的始终是完成学校和外语系要求我完成的教学任务，而不是当语言学家。在开设课程中首先考虑的是英语专业语言方向学生所需的课程，如文体学、语篇语言学、语言测试等。2005 年，经过修订和增补，《系统功能语言学概论》改由北京大学出版社出版，这是历史的必然。20 世纪中期，国内外对"语法"和"语言学"两词有时混用，但到该世纪末就有了较明确的区分。经过十多年的课程改革，不论是本科生还是研究生，他们的语言学知识水平均有提高。因此，需要修订旧版。新版除了介绍传统的三大元功能、衔接与连贯等，还增加了有关语类、语域、评价理论和理论应用等新内容。这样不仅系统介绍韩礼德的相关理论，也介绍系统功能语言学其他学者的成就，对这个理论的介绍更为全面。当时，国内系统功能语言学的研究队伍已日益扩大，我也很高兴邀请了你撰写《评价理论与意识形态》这一章。


**李：** 胡老师，我简单梳理了一下，可否认为迄今为止您的专著代表作是《语篇的衔接与连贯》《韩礼德学术思想的中国渊源和回归》《功能主义纵横谈》和《理论文体学》？关于这几部厚积薄发、理论深厚、观点新颖、叙述清晰的著作，您自己是怎样评价的？

**胡：** 你所谈的《语篇的衔接与连贯》完成于 1992 年底，于 1994 年由上海外语教育出版社出版，这是我最早完成的一部专著。1981 年，我在悉尼大学攻读 M. A. Honour 学位，最后递交的论文是"Textual Cohesion in Chinese"。把学位论文重新整理作为专著出版是学术界的惯例，不同的是我在十多年后才完成。这本书突出的特点是不仅有汉英对比，也考虑到符号学、语用学或语境学在语篇分析中的应用。

2018 年，华东师范大学出版社出版了我的《新编语篇的衔接与连贯》，主要增加了第二章关于语篇研究在此期间的发展，如两种视角、语篇研究发展的四个时期、全国语篇研究的发展和语篇研究的重要性等。还增加了第十二章有关多模态语篇研究的内容，如模态和多模态的区别、多模态化和多模态符号学、多模态语篇的设计和连贯、多模态语篇分析、理论框架、PowerPoint 演示稿图形程序等。

我很高兴，你所列举的《韩礼德学术思想的中国渊源和回归》和《功能主义纵横谈》都是论文集。这说明我们某些观点比较接近。为什么这么说？一般在人们心目中，会把专著看得比论文更重，其实不然。我回到北大后，在学校召开的一次学术委员会上，主持会议的校领导曾明确表明这样的观点：论文比专著更为重要，因为许多创新思维和实验数据首先是在论文中提出的。因此，我在治学过程中，更多的是研究问题，写成论文。

回到《韩礼德学术思想的中国渊源和回归》这本论文集上。我对它非常器重是因为我敢于否定自己一度存在的错误认识。从 20 世纪末，我就有一个牢固的错误思想，由于种种原因，我把韩礼德看作弗斯（J. R. Firth）伦敦学派的继承人，但通过日后的研究和韩礼德本人的论述，我逐步发现韩礼德学术思想主要源自中国，即王力、罗常培、高明凯等。这从另一面阐明了系统功能语言学为何在中国有如此大的影响。

这本论文集从不同方面介绍了系统功能语言学在理论方面的最新研究成果，如语式变异、语法隐喻、语言象似性和任意性、语法化、诗性隐喻、主位分析、超学科研究、认知等。这在《系统功能语言学概论》这类普及著作中很难得到深入介绍。这本论文集也是我在语篇分析方面的部分主要成果的汇集，如语音系统、语言教学、语类、意义的多模态构建、积极话语分析和文体学等，表明我如何将理论应用于实践。我特别重视在第四部分将系统功能语言学理论应用于汉语研究，如语序和词序、小句和复句、语言类型及其功能、关系、汉语语法、中国特色的语言学理论等。其中好几篇论文受到汉语界的肯定，并收入他们主编的汉语研究的论文集中。尽管我一方面向韩礼德表示歉意，未能在汉语研究上投入较多力量，但在内心和行动方面，我觉得自己还是做到了力尽所能，问心无愧。这些论文就是例证。

2010 年外语教学与研究出版社出版的《功能主义纵横谈》是我前 30 年有关功能主义的主要论文汇集。该论文集除了介绍系统功能语言学外，还较多地介绍了美国功能主义，谈到该流派代表性学者派克（K. L. Pike）、切夫（Wallace Chafe）、吉汶（Thomas Givon）等，理论涉及位学与素学、可证性等。这本书的其他主题还有语篇分析、汉语和汉英比较、符号学和认知等。其共性是强调功能研究。我始终认为科学研究不能局限于某个国家某个学者，而应关注不同国家不同学者的不同成就。

关于你谈到的最后一本书，即 2000 年 10 月北京外语教学与研究出版社出版的《理论文体学》，写作的前后过程在"前言"中已有交代，在此我不赘述。就今天的认识，我想谈以下几点：我是教语言学的，课程面向语言方向的学生，但我认为文体学实际上是语言学和文学的结合，也可以吸引英语系内部文学方向的学生来听课。事实证明，情况的确如此。在教指委开会时，我发现北外从事文学研究的王佐良先生也很重视文体学这门课，这无形中对我的上述认识又是个支撑。

与此相关的还有一本书你没有提到，那就是 2004 年北京大学出版社出版的《认知隐喻学》。我觉得有些想法也可以和你交流：它与《理论文体学》的共同之处是结合课程教学整理的。虽然我从事系统功能语言学研究，但我也意识到，认知语言学家对隐喻有较多研究，因此提出《认知隐喻学》这个书名。尽管我对认知语言学了解不多，但我对认知语言学的发展是肯定的。


**李：**韩礼德等第一代功能语言学家是从研究系统功能语法转到语法和语篇的关系的研究，而马丁（J. R. Martin）和麦锡森（C. M. I. M. Matthiessen）等第二代研究者则在语篇、语义上走得更远。您的新版著作《语篇的衔接与连贯》是兼具了语法和语篇研究的杰出代表。我看到第三代年轻人更热衷语料库和功能语言学的应用，如翻译等领域。您能否预测一下，功能语言学研究在新世纪还会呈现出怎样的趋势？您在多次大会发言和论文中都提及的多模态研究是否正在成为功能语言学蓬勃发展的新领域？

**胡：**系统功能语言学在完成理论建设后，通过语篇研究表明它的实用性并进一步完成、充实理论的方方面面，这是必然的趋势。你谈到的有关语料库语言学、翻译、多模态语言学等领域的发展，我也同意。除上述情况外，黄国文和何伟等对生态语言学的研究趋势已非常明显。你所谈到的翻译，实际上是系统功能语言学在对比语言学这一领域的研究，在这方面我们应注意彭宣维的研究动向，他毕竟是北京师范大学王宁先生指导下从事过多年的汉语研究，并组织韩礼德全集的翻译工作。

有必要指出，上海交通大学"马丁适用语言学研究中心"的建立，说明韩礼德已考虑到今后发展的指导方向。一方面是系统功能语言学与其他语言学理论，如结构主义语言学、生成语言学、认知语言学等的对比；另一方面是系统功能语言学内部，如悉尼学派（the Sydney School）和卡迪夫学派（the Cardiff School），悉尼学派内部马丁（Martin）和韩茹凯（Hasan）观点的不同等。我们不能轻易肯定一个，否定另一个，而应从适用语言学的角度考察不同理论、不同学派在哪个方面更有应用价值，更具适用性。

**李：** 系统功能语言学对于汉语研究的启示是非常大的，而另一方面，韩礼德的理论渊源有来自汉语语法学家的深远影响，您在《韩礼德学术思想的中国渊源和回归》中对此有深入论述。我们看到一些学者目前致力于英汉语的对比研究，您的很多论文也涉及汉语的语料，您认为在未来我国的功能语言学研究者是应该更多展开对汉语的研究，还是应该在拓展应用领域方面做出新的努力？

**胡：** 我认为有充分材料证明韩礼德的学术思想主要源自其中国导师和中国语言学家，因此这个理论必然适用于汉语研究。但有若干问题亟待考虑。

我一直在思考，为什么韩礼德能把他中国导师在不少场合发表的观点进行系统整理，并发展成系统功能语言学？为什么中国语言学家，包括王力先生的中国学生，没有做到？可能的原因是 20 世纪五六十年代国际语言学界被乔姆斯基（Noam Chomsky）垄断了，中国学者的注意力都转向了生成语言学的研究。

中国的系统功能语言学家肯定应当研究汉语。如果我国高校有语言学系，这个问题就好解决，可问题是我国研究系统功能语言学的多半是学外语的。如果注意力不放在外语，特别是英语上，而放在汉语上，如何向教育部、校系领导汇报自己的工作？正是这个原因，我没有把太多的精力放在汉语上，而且我认为由于自己的专业是英语，我比不上以中文为专业的语言学家。

**李：** 胡老师，下一个问题还是关于研究路径的。您在语言学领域特别是系统功能语言学领域有卓越建树。您发表了两百多篇论文，出版了十余部著作及教材，在文体学、语用学、认知语言学、多模态研究、英语教学、语言政策和规划、澳大利亚研究等众多相关领域都有突出的见解和贡献。当然，这经历了几十年长期的积累，有您的勤奋、敏锐和活跃的学术交流为基础。对于年轻学者，您的建议是应该在一个领域深耕，然后或同时多领域开拓？还是应该在一个领域持续深耕直到成为真正的专家？

**胡：**就我本人来说，有个人的特殊情况。我是英语教师，搞好英语教学是我的主要任务。我之所以研究语言学，是因为 1977 年教育部请英国专家来中国教学，他认为要教好英语语法，需有一点普通语言学的知识。我之所以研究"语用学"，是因为我在澳大利亚时，社科院语言所赵世开先生要我向国内介绍这门学科的情况。我之所以给研究生开设语言学课程，是因为"英语语言文学"的"语言方向"不能单单单学听说读写等课程。我之所以从事外语教学和外语政策研究，是因为北京大学英语系要我参加中国英语教学研究会。我之所以从事符号学研究，是因为北京大学比较文学研究会知道我退休了，有时间了，于是让我代表北京大学去苏州大学担任其"中国语言和符号学研究会"会长。我之所以从事澳大利亚研究，是因为北京大学国际交流处和英语系领导要我出任"北京大学澳大利亚研究中心"主任。可见，各人有各人的具体情况。对年轻老师来说，应该先专一门，熟悉后再向外扩展。但从另一个角度看，知识面广了，能多一个视角观察和分析问题。

**李：**胡老师，有的年轻学者可能还未关注到，您在北大的澳大利亚研究会发挥了非常重要的作用，著有《中澳合作的广阔前景》，多次受邀参加澳中文化教育合作的一些活动。放在当今外语专业新发展的语境中，您对外语专业开拓国别区域研究有什么基于亲身经历的见解或建议？

**胡：**我与澳大利亚的缘，是因为 1981 年 1 月教育部指派我去澳大利亚悉尼大学进修，当时一同前往的有九位中青年老师。回国后，我们的领队北外胡文仲老师开展了澳大利亚研究活动，我参加了第一次会议。1997 年北京大学校方和英语系商量后，决定成立澳大利亚研究中心，让我担任中心主任。为了参加会议，我每两年递交一篇论文。我写的论文涉及教育、经济、文化、军事等内容，题材很广泛，最后这些论文被收入《中澳合作的广阔前景》一书。鉴于上述原因，加上 21 世纪初教育部决定设置翻译专业，我认为"外语语言文学"除原有的文学方向和语言方向外，还应增加"文化"方向和"翻译"方向，使外语人才的培养能满足不同需求。现在又有了区域国别研究方向，从我亲身经历来看，这很好地呼应了国家对外语人才在新时代的新需求，值得嘉许。

**李：**最近我重新翻阅《八十回眸：北京大学资深教授胡壮麟自选文集》，为老师学术人生的丰富容量和满满的正能量而深深赞叹。老师您对这些年来交往中的亲情友情和学界情谊都有清晰的记录，并以图片为证，还在多人合影中分别列出每一位的名字。请问您在科研中怎样对资料进行分门别类、有序管理？有什么经验可以传授给现在的年轻学人？

**胡：** 如果我没有理解错的话，你这个问题侧重于要我谈谈自己的治学方法。

从事任何研究，首先离不开资料的收集和整理，这与我的兴趣和成长经历有关。上小学时我就喜欢去学校的阅览室，主动帮老师整理图书。至今我记得最清楚的是，有次课间休息时，我帮老师把一摞图书从二楼搬到楼下，结果下楼时一不小心，直接从二楼滚到楼下。其次，我喜欢去书店看书买书，对书店里各个书架的内容和位置非常熟悉。对买回家的书籍我也会很好地分类管理，至少在那时能把一些文艺书籍按小说、戏剧、诗歌、散文等进行有序排列。

随着电脑的广泛运用，我注意把一些材料储存下来。最初只是把一些有价值的论文以英语首字母保存下来，文件积累多了，就很难从这些首字母的组合回归这篇论文的原名，得一篇一篇打开核对，浪费不少时间。因此，文件的标题，不论是英文还是中文，一定要清楚。

为了研究和写某篇论文，在查找资料过程中往往也会接触到自己感兴趣的其他好文章或新内容。为了不影响当前工作，我会把这些材料分别储存在不同文件夹中。如2018年末我参加了北京语言大学的一次有关人工智能和语言智能的会议。我认为，首先，两者关系的问题有必要进行深入研究；其次，语言智能的培养还与其他智能，如音乐智能、交际智能、数理逻辑智能、空间智能、动作智能等多元智能有关。于是我把有关材料收入"19 Intelligence"这个文件夹内，等有时间再进一步研究。

不久前，你邀我进行访谈，我新建了一个"19李战子访谈"的文件夹，并把与访谈有关的资料存入该文件夹。北京大学老干部处要求我们退休教师写新中国成立70周年的感受，我就建了一个"19国庆70周年"的文件夹。看到网上热烈讨论英语专业是否对得起自己的良心，其中提到文学体现了"人文"精神，而语言只是"工具"的观点，对此我不完全同意。因为"工具"本身就是文明的依据和体现，如中国的四大发明、中国的文字演变等。我觉得这个内容将来大有文章可做，于是又列了"19文明文化人文"这个文件夹。

这样，到2019年1月20日为止，我已有四个准备研究的课题。多年来我都是这么做的。2016年以"16"开头的有关学术研究的文件夹有22个，2017年以"17"

开头的文件夹有 21 个，2018 年的有 31 个。当然，在一定条件下，当年未能深入研究的课题，我可以将它转入下个年度的选题。因此，我不会为文章写什么内容而发愁，我脑子里琢磨的是哪个题目更有价值，材料更多，思路更清晰。

**李：**老师您在《八十回眸》一书中，收入了很多篇为年轻学人和同行写的序言，我数了一下，有 82 篇，肯定还不止。我知道您目前还在做推荐学术著作和科研项目等学术公益。您花费了大量心血撰写这些序言，这些序言的学术影响力超越了您的著作和论文的学术影响力，您成为许多年轻学人热爱和敬重的伯乐。那您在写序言时是怎么想的呢？您是否拒绝过一些请求？

**胡：**我的确写过好多序。到 2019 年 1 月为止，总共写了 136 个序或前言。有的作者我认识，有的不认识。我支持其他老师的科研成果，特别是中青年老师的成果，而对这个作者认识与否不是我决定是否支持他的标准。能完成一部专著，或一本教材，或一部词典，本身表明这个作者是花了心血的。因此，我一般在序中都以肯定和表扬为主。对不足的问题我再私下和作者交流，在序中的确谈得不多。我始终觉得在序中批评和否定书中的内容不符合这种语类的要求。一般来说，作者所谈的内容在某些方面超过我自己原来的认识或水平。虽然我为该书写序，但也是一个向作者学习的过程。单就这一点，我不会轻易否定或拒绝这个成果。

**李：**您对学界的动态非常关注，您认为目前的国内功能语言学研究和认知语言学研究各自具有什么特点？您对语言学的理论和应用研究有什么寄语？能否透露一点您目前手头还在从事哪些研究工作？

**胡：**韩礼德强调系统功能语言学的社会功能，其作用和价值是值得肯定的。国内有许多学校和教师开设系统功能语言学方面的课程，并充实这方面的研究。如有兴趣，可参阅我的论文《系统功能语言学的认知观》。在该文中，我提出功能语言学和认知语言学是同路人的观点。评估一个语言学理论必然要联系它的应用价值，也就是韩礼德在最近几年提出的适用语言学的观点。

至于我目前的计划，都是别人要我完成的任务。如外语院校请我讲学，一些学术会议要我参加，一些杂志刊物要我写稿，一些朋友完成专著要我写序，甚至校内外一些教师写了文章要我提意见或者帮助发表等。总之是满满的学术日程。

**李：** 胡老师，您不仅是我国功能语言学研究的先行者和开拓者，语言学研究和外语教育的杰出前辈，国家外语教育政策的资深咨询专家，还是年轻学者的伯乐，也是学术养生达人！对弟子们来说，您是我们可亲可敬的好导师！在此祝您身体健康，思想之树长青！谢谢您的慷慨分享！

**胡：** 感谢《英语研究》编辑部，也谢谢你的访谈。

# Theories and Practices of Language Education: An Interview with Prof. Zhuanglin Hu[1]

**Abstract**

In this interview, Professor Hu showed his insights in the linguistic basis of language education. Among the various schools of linguistic theories, he lays special emphasis on the influence of communicative grammar, systemic functional linguistics, pragmatics and cognitive linguistics on language education, on foreign language teaching and learning in China in particular. According to him, language education should fall within the scope of applied linguistics, and there should be a combination of the narrow-sense applied linguistics and the machine-oriented applied linguistics for better development of language education research and practice. Educational linguistics is considered as able to integrate language studies that focuses on the way to teach first, second or foreign language and education studies that emphasizes how to use a language in teaching different courses. Professor Hu highlighted the important role of functional linguistics in foreign language education in China, and drew our attention to the positive role of social semiotics in language teaching at all levels of education. He advocated to apply to language education the principle of Halliday's "appliable linguistics", according to which we should learn to find out for what purpose, under what condition and with what result a theory is better than other theories in practices in general and in language teaching in particular, while the task of an experienced teacher is to choose an appropriate approach to cope with a particular problem and the

---

1 Lai, Liangtao & Hu Zhuanglin. Theories and practices of language education: An Interview with prof. Zhuanglin Hu [ J ]. *International Journal of TESOL Studies*, 2021(3): 80−90.

teacher himself/herself is expected to be a resource in language teaching. Professor Hu summarized the major stages of foreign language education since the founding of new China, and highlighted the shift of the objective in foreign language education in China from literature to language. He reminded us of the major challenges to foreign language education in China in the new century: including those due to the need of cross-discipline and cross-specialty personnel, the new development of technology, and the increasing importance of multiple intelligence and Internet education in foreign language learning. He also advocated the adoption of new teaching approaches in teaching Chinese as a foreign language.

## Introduction

Zhuanglin Hu is senior professor, former director of Australian Studies Centre, former head of the English Department of School of Foreign Languages, Peking University. He is guest professor of 41 universities, member or chief advisor of editorial boards of over 10 renowned academic journals. As a leading authority with brilliant achievements in linguistics and semiotics, Professor Hu holds leading positions in many academic institutions, including honorary chairman of China Language and Semiotics Association, honorary chairman of China Association of Functional Linguistics, honorary chairman of China Stylistics Association, and honorary chairman of China Association of Discourse Analysis. Professor Hu is also a leading figure in the academia of foreign language research and education in China: he is member of Advisory Committee of Basic Education Curriculum, Ministry of Education of China; former member of the Academic Committee of Foreign Language Education Research Centre at the Ministry of Education; former vice-Chairman of China English Education Association. His great contributions to foreign language research and education can be witnessed by his winning of 2015 Life Achievement Award of Xu Guozhang Foreign Language Studies Prize, 2013 Brilliant English Education Contribution Award of China Foreign Language Supervisory Committee of Higher Institutions, and 2010 Australia China Alumni Lifetime Achievement Award. He has published more than 20 books and over 240 journal articles in linguistics, semiotics, foreign language research and education.

**Part 1: Theories in Language Education**

**Lai:** In your understanding, what role has theoretic linguistics played in language education? Which schools of theoretic linguistics have exerted influence on language education?

**Hu:** In 1977, when China started her policy of "Reform and Opening up to the Outside World", the Chinese Ministry of Education, in cooperation with the British Council, invited two British scholars to hold training courses with young and middle-aged teachers as participants in Beijing, Nanjing, Shanghai and Guangzhou successively. The two scholars are the late Professor Geoffrey Leech and Mrs. Christie Nuttle.

On the first day of the training course in Beijing, I expressed my wish that Professor Leech would tell us something about the new development of English grammar. Professor Leech smiled and explained to me patiently that if I wanted to know the development of English grammar, I needed some knowledge about linguistics, otherwise it would be difficult for me to follow his interpretation. Another participant, Fang Li hoped that Professor Leech would give some lectures about Chomsky's transformational grammar. Leech explained clearly that he did go to the U.S. in the late 1960s in order to learn Chomsky's grammar, but he was disappointed at the fact that transformational grammar did not deal with language education, so he decided to come back to the British linguistic tradition as represented by Malinowski and Firth. This left me the impression that Chomsky's TG grammar is only a matter of formal linguistics and has nothing to do with language education.

In the course of Leech's lectures, I noticed he talked a lot about communicative grammar, and his partner, Mrs. Nuttle taught us how to teach English with the help of communicative approach. This left me another impression that communicative grammar is closely related to language education.

Shortly after the course, the participants got 4 articles published in *Language Teaching and Research*. The 4 articles are: "On the 3 systems of modern English grammar" (Fang et al, 1977), "Language theories and teaching methods" (Fang & Wu, 1977), "Mrs. Nuttle's textbook compilation principles and communicative approach" (Hu et al., 1977), and "Prof. Leech's talk on the evolution of English" (Wu & Fang, 1977). It has to be pointed out that Chinese scholars, influenced by the terms used abroad, did not make a clear distinction between "grammar" and "linguistics" at that time. Therefore, "the 3 systems" mentioned above actually referred to Bloomfield and Fries' structural linguistics, Chomsky's transformational-generative linguistics, and Halliday's functional linguistics. Frankly speaking, the Chinese scholars heard the names of Bloomfield and Chomsky more often than the name of Halliday at that time, but they practiced Leech's communicative grammar more often than other linguistic theories. This can be proved by the fact that those English syllabuses or teaching programs prepared by Chinese university's foreign language scholars or departments, and issued officially by the Ministry of Education in the 1980s were guided by the communicative approach (Hu, 1982).

In January 1979, I was one of the 9 teachers appointed by China's Ministry of Education to receive advanced education in Sydney University. Habitually, I should choose to study in the Department of English. Yet, before my departure, Zhao Shikai, a linguist working in the Linguistic Institute of China Academy of Social Sciences came to visit me, telling me that Chinese linguists knew very little about the London School. Since Halliday, Chairman of Sydney University's Department of Linguistics, was a student of Firth, he hoped that I would learn something about the London School which might help with Chinese linguists. This led me to make the decision to choose to study in the Department of Linguistics instead of the English Department. However, when Halliday met me in his office, he made it clear that those courses offered in his department were all related to the London School. As for Chomsky's transformational grammar, it was not taught in his department as he did not know transformational grammar very much. Anyway, I managed to present a paper entitled "Some linguistic differences in the written English of Chinese and Australian students" during my stay in Sydney University. The paper was written jointly with Professor Dorothy Brown of Sydney Institute of Education. In this paper, I analyzed the experiential component, the interpersonal component, the textual component, and the logical component of the written texts collected from Australian students and Chinese English learners. In the last paragraph of our conclusions, we made the following suggestions: When language teachers emphasize native speaker insights in the teaching of English in China, they should not overlook the different socio-cultural context there. Malinowski's observation that "language is essentially rooted in the reality of the culture, the tribal life and customs of a tribe, and it cannot be explained without constant reference to these broader contexts of those verbal utterances." obviously extends to the way English is used. Consequently, we called for close cooperation between native-speaking teachers and Chinese teachers of English to work out an approach which allows students in China to express their own experiences and knowledge in acceptable English and enable them to appreciate the English culture (Hu & Brown, 1982).

After I returned to China in May 1981, I started to introduce Halliday's systemic-functional grammar to the Chinese linguists and foreign language teachers (Hu, 1983, 1984). Since then, the term "the communicative approach" is sometimes mixed with the notion of functional grammar, as functional grammar covers not only the relation between the speaker and the hearer, but also what function is to be performed by means of words, word groups, clauses, sentences, paragraphs, and the whole text (Hu, 2005).

For another thing, pragmatics has also exerted great influences in China. When I was in Sydney University, the above-mentioned Mr. Zhao Shikai wrote to me, hoping that I could write a paper about pragmatics, which was still new to Chinese scholars. Honestly, it was the first time for me to hear about the term "pragmatics". I immediately got in touch with my supervisor, Professor Halliday, hoping he could tell me something about pragmatics. Halliday explained to me that it was close to the contextual theory of his systemic-functional linguistics and suggested that I could find the journal *Pragmatics* in the main library myself. This led me to the writing of my introductory paper about pragmatics to Chinese scholars as early as in 1980 (Hu, 1980). As a result, pragmatics has very often been related to functional grammar or communicative grammar. Interestingly, after I finished my paper, I reported to Halliday that I found his name in the editorial board of the journal *Pragmatics*, Halliday answered "Yes, they insisted on listing my name there." Anyway, there is close relation between functional grammar and pragmatics.

With the arrival of the new century, cognitive linguistics has started to exert its influence in foreign language teaching and learning. From the record of CNKI network, one can find that 120 articles about cognitive linguistics were already published in China. Apart from language teaching and learning, these articles cover a wide area, such as metaphology, artificial intelligence, network language, etc.

**Lai:** Applied linguistics as a discipline has narrow and broad definitions. Do you think language education/teaching fall within the scope of applied linguistics either in its narrow or broad sense? What can language teachers learn from the studies of applied linguistics?

**Hu:** I would like to take this opportunity to introduce to you the late Professor Gui Shichun (1930—2017) of Guangdong University of Foreign Studies, who played a leading role of teaching and researching applied linguistics in China. As early as in 1973, he had the chance to visit Britain for 3 weeks and brought back a lot of publications about applied linguistics and psycholinguistics as well as teaching plans and programs practiced in British universities. Based on these materials, he started the first major of applied linguistics in China. He was also the first organizer of a national applied linguistics conference held in 1980 (Gui, 2017). In 1985, he went to Britain the second time through the financial support of the British Council, and had the chance to visit Lancaster University, Edinburgh University, and Reading University. His achievements can also be proved by the publication of the following books, which are all related to applied linguistics and psychological linguistics (Hu, 2010a), such as *Psychological Linguistics* (Gui, 1985), *Standardized Testing: Theories, Principles and Methods* (Gui, 1988a), *Applied Linguistics* (Gui, 1988b), *Applied Linguistics and English Teaching* (Gui, 1988c), *Essentials of Experimental Psychologic Linguistics* (Gui, 1991), *Mentality of Chinese Students in English Learning* (Gui, 1992), *Psychological Linguistics, New Edition* (Gui, 2000).

With regard to the narrow sense and broad sense of applied linguistics, the narrow sense refers to the teaching of one's first language, second language and foreign language, that is, language education in all. In this case, the narrow definition is closer to its role in language education.

In addition to this, there is another way of dividing applied linguistics into two definitions, that is, the general sense and the machine-oriented sense. The general sense of applied linguistics coves: (1) language education: (2) standardization of language; (3) compilation of dictionaries; (4) translation. It also covers speech therapy, the study of staged language, the setting up of international auxiliary station, the development of short-hand system, etc.

As for machine-oriented applied linguistics, it refers to the use of advanced electronic computer in processing the natural language. It covers: (1) experimental phonetics; (2) machine translation; (3) information retrieval; (4) Chinese character processing. It may also cover interpretation of natural language, language statistics, and the processing of minority languages.

Based on this understanding, personally I hold the view that there should be a combination of narrow sense applied linguistics and machine-oriented applied linguistics, if we restrict ourselves to the category of language education.

Some people are interested in studying the distinction between applied linguistics and theoretical linguistics, but I hold the view that the majority of researchers are interested in the effective application of a particular theory. It goes without saying that language education or teaching should fall within the scope of applied linguistics.


**Lai:** Do you think educational linguistics as a new field, will help integrate language studies and education studies to further improve language education theory and practice?

**Hu:** As for the topic of educational linguistics, I think you should know more than I do as you have written a book about educational linguistics (Lai, 2015). Your book mainly touched upon its theoretical background from the perspective of social semiotics, and discourse formation and meaning interaction as well.

What I want to say here is very general, that is, educational linguistics will help integrate language studies and education studies. As the name suggests, it involves two disciplines: pedagogy and linguistics. Because of this, it is a course popular in both education department or language department in normal universities. Naturally, the education department emphasizes how to use a language, either through the students' mother tongue or a second/foreign language, in teaching different courses; whereas the language department explores the way to teach the students' mother tongue, a second language, a foreign language, or bilingual education.


**Part 2: Systemic Functional Linguistics and Language Education**

**Lai:** What role has functional linguistics, systemic functional linguistics in particular, played in language education?

**Hu:** Functional linguistics has played a very important role in foreign language education in China. This can be illustrated by the joint opening of the 22$^{nd}$ International Systemic-Functional Congress and the 4$^{th}$ China Systemic-Functional Congress held in Peking University in July 1995. Apart from 110 foreign scholars, there were 116 Chinese participants representing 50 universities in China. Thus, this is regarded as a milestone of the development of systemic-functional linguistics in China.

After the conference, a collection of essays entitled *Advances in Functional Linguistics in China* was co-edited by Hu Zhuanglin and Fang Yan and published by Tsinghua University Press in 1997 (Hu & Fang, 1997). The proceeding consists of 4 parts:

(1) General theory, including 6 papers, such as "A functional trend in the study of Chinese" (Fang & Shen, 1997), "Jesperson's Approach to Grammar" (Ren, 1997), "Functionality on Halliday's Functional Grammar" (Xiong, 1997).

(2) Functional grammar, including 17 papers, covering topics such as multilevel model of textual cohesion and coherence, Chinese word order, patterns of lexis and information distribution, the interaction between mode and the textual meta-function, conversational implicature, grammatical metaphor, quantifiers in Chinese, and thematic structures in Modern Chinese.

(3) Discourse analysis, including 18 papers, covering topics related to stylistics, literary narration, categorization of gender and characters, temporal interpretation, advertising language and analysis, discourse cohesion and rhetorical device, etc.

(4) Foreign language teaching and translation, including 21 papers, covering topics such as context and the teaching of EFL, ESL students' compositions, TEFL strategies, generic structure, discourse features of English writing in Chinese students, bilingual text production, the use of mother tongue in L2 classrooms, register theory, cross-cultural communication, third-person reference forms, teaching English in a setting of Chinese culture, etc.


**Lai:** Social semiotics has now become a heated field of academic studies in the world. What can we learn from social semiotics for language education?

**Hu:** Before going on to the topic of social semiotics, I have first to mention the name of Bakhtin, whose theory of dialogism appeared earlier than Halliday's systemic-functional linguistics. Bakhtin was also well known for his view of heterogeneity in dialogues (Martin, 1992). Bakhtin's dialogism has the same function of "exchange" in Halliday's system, that is, people involved in dialogue exchange their views as commodities (Hu, 1994).

Since you are more interested in the function of social semiotics in language education, I will center on this. From the more than 900 papers found in the Chinese National Knowledge Infrastructure (CNKI), one can find that social semiotics does play a positive role in language teaching in primary, secondary and tertiary education, the improvement in literacy, the teaching of novel reading, the writing of legal English, the way of making public talk, the description of photos and pictures, etc.

However, as we are dealing with semiotics rather than linguistics, I will draw your attention to the development of multimodality from the perspective of social semiotics in China. Li Zhanzi was the first scholar writing about multimodal discourse with the help of social semiotics in 2003 (Li, 2003). This was written after she came back from her scholarly visit to Sydney University under the guidance of Professor James Martin. I myself wrote several papers concerning social semiotics since then (Hu, 2015). Here, I could only mention some titles of my papers listed in my proceedings, e.g. "Hypertext and its discourse features" (Hu, 2004a), "Hypertextual novels-a new literary genre based on electronic techniques" (Hu, 2004b), "Orality, literacy, supertext–on the change of the interrelationship between language and perception" (Hu, 2004c), "Blog–a new form of internet exchange" (Hu, 2006), "Powerpoint–tool, text, genre, style" (Hu, 2007d), "From multi-semiotics to multi-literacy" (Hu, 2007a), "Multimodality in social–semiotic research" (Hu, 2007c), "Image iconicity in the Chinese language" (Hu, 2010b), "The outcome and development of multimodal sketches" (Hu, 2010c), "On the chief mode of multimodal sketches" (Hu, 2011).

After these papers, I have the following papers published in the last decade:

(1) "Human being, language, existence–5 questions on Heidegger's linguistic views" (Hu, 2012);

(2) "Let semiotics and linguistics get married–Critical introduction to *Modern Linguistic Semiotics*" (Hu, 2014);

(3) "On the appliability of semiotic research" (Hu, 2016);

(4) "The fragmentation era of multimodality" (Hu, 2018b);

(5) "Fragmentation from the semiotic perspective" (Hu, 2018a).

Those papers about ecological semiotics and cognitive semiotics are not mentioned here.

**Lai:** What is appliable linguistics? In what sense can language education studies be regarded as a branch of appliable linguistics?

**Hu:** In August 2005, Hong Kong City University announced the founding of "The Halliday Centre for Intelligent Applications of Language Studies" (HCLS) with Jonathan Webster as Head of the Centre. A conference was held on March 26 the next year. Professor Halliday delivered the opening speech entitled "Working with meaning: towards an appliable linguistics." In this talk, Halliday pointed out that the task for all linguists is to work jointly in pushing forward the study of semantics, which has lagged behind the study of phonetics, phonology, lexicology, syntax, and discourse analysis. This was the first time for Halliday to introduce the term of "Appliable Linguistics" to the public.

Personally, I hold the view that the reason for Halliday to use the term "appliable" instead of "applied", is that there is some difference in meaning between the two words. Halliday wanted us to keep the following views in mind: we should not only learn to apply a theory in practice, but also to find out for what purpose, under what condition, and with what result, a particular linguistic theory is better than other theories. In this sense, appliable linguistics is not a substitute expression for systemic-functional linguistics. The principle of appliable linguistics applies to all linguistic theories, say, structural linguistics, generative linguistics, cognitive linguistics, etc. Of course, within systemic-functional linguistics, this principle also applies to the co-existence of the Sydney School headed by Martin and the Cardiff School headed by Fawcett (Hu, 2007b). On the whole, there is no point arguing for what linguistic theory should be ranked as the best today. What should draw our attention is what linguistic theory can get better result in solving a particular problem in a particular context. To put it another way, one can never find a linguistic theory which can solve all the problems about language.

Now, let's come to the last part of your question "In what sense can language education studies be regarded as a branch of appliable linguistics?" I don't like the expression "a branch". I would rather say the principle of "appliable linguistics" can also apply to language education. As we know, there are various approaches to language teaching and learning, especially foreign language education, for instance, the structural approach, the functional approach, the communicative approach, the cognitive approach, to say nothing of China's learning by rote. There is no point arguing for which approach is the best. In language education, we should pay our attention to the objective, the time taken for a particular course, the teaching and learning equipment, and the intelligence of each student. Therefore, it is the task for an experienced teacher to choose a particular approach to cope with a particular problem. This is the reason why we expect the teacher to be a "resource" in language teaching.

## Part 3: Foreign Language Education in China

**Lai:** What are the major stages of development of foreign language education in China since the founding of new China?

**Hu:** In 1952, on the eve of the end of the Korean War and the preparation of the first 5-year plan, China's Ministry of Education learned from Soviet Union's experience in higher education and started a National Adjustment of Universities and Institutes. On the whole, emphases were laid on the teaching of science and engineering. As a result, foreign language education can be found only in 9 comprehensive universities according to the original plan. Instead of the traditional literature approach, the teaching of four skills, that is, "listening, speaking, reading and writing" was emphasized in foreign language education. This can be shown from the use of the term "foreign language and literature faculty" instead of the traditional "foreign literature faculty", the term "language" going before the term "literature". In addition, Russian became the major foreign language taught in China. What is more, the task of a university is "to teach", not "to do research".

Because of the "Cultural Revolution" beginning from the mid-1960s, universities and institutes stopped enrolling students for about 4-5 years. As a temporary solution, universities and institutes were allowed to start enrolling "worker-peasant-soldier students" since 1970. Most first-year students had to learn from "a, b, c" once enrolled into universities as English and Russian were no longer taught in their secondary education. Therefore, their command of foreign languages was much lower than those students in the 1960s. However, one has to admit that this policy was better than none because the government and enterprises were in need of new hands to replace those staff of old age and those who had to drop off because of political reasons. I have also been proud of the fact that one of my worker-peasant-soldier students, Liu Zhenming, is now under-secretary-general of the United Nations (Hu, 2019a; Hu, 2019b).

Thanks to "Reform and Opening up to the Outside World" policy, foreign language education has undergone an amazing development since 1977. This can be witnessed from the following aspects:

(1) All the university applicants have to pass the national enrollment examination.

(2) Some Chinese universities are allowed to enroll postgraduates and doctoral candidates.

(3) Chinese professors and lecturers are allowed to receive advanced education abroad or pay scholarly visit to foreign universities.

(4) Foreign professors and lecturers are allowed to teach in China.

(5) Apart from Korean students and Vietnamese students, students from other countries are allowed to study in Chinese universities.

(6) English regained its role as the first foreign language in China.

**Lai:** What lessons can we learn from the past experience of language education in China?

**Hu:** As you use the term "language education", I would like to restrict myself first to the following points: (1) All children have the right to receive primary education in China freely. (2) Simplified Chinese Character is the official written language in China. (3) Putonghua (Standard Mandarin) is the official spoken language in China.

When we talk about foreign language education, I would first mention the shift of the objective in foreign language education, that is, from literature to language, as one can tell from the change of the name for relevant departments, for instance, "department of English Literature" is renamed as the "English department", "department of Russian Literature" is renamed as the "Russian department", etc.

Secondly, the traditional literature approach in foreign language education has shifted to the teaching of the 4 skills, namely, listening, speaking, reading and writing in 1950s and

1960s. Since the "Reform and Opening up to the Outside World", some language-oriented majors have the chance to do courses such as lexicology, phonetics, phonology, syntax, semantics, history of the English language, stylistics, discourse analysis, language testing, pragmatics, textual linguistics, comparative linguistics, etc. At this point, I would admit that some literature-oriented professors in some universities do not like this change. They prefer to follow the Western tradition of emphasizing the teaching of English and American literature. I don't agree with their views, because English is a foreign language in China. Several years ago, I had a chance to talk to an American professor who taught in University of California at Santa Barbara. He said they do have a Department of English Language and Literature in their university, because English is their mother tongue, whereas Chinese is taught in the Center of Chinese, because it is a foreign language. The reason for them to teach Chinese is to serve the need of politics, foreign trade, tourism, etc. Therefore, he agreed that the objectives of teaching Chinese and English should not be the same in China, because they serve different purposes.

Thirdly, in early 1990s, China's Ministry of Education took actions to the teaching of foreign culture instead of the teaching of foreign literature. As a result, the English names of the former "Beijing Foreign Language Institute" and "Shanghai Foreign Language Institute" were changed into "Beijing Foreign Studies University" and "Shanghai International Studies University" respectively. In Peking University, the former "Department of Oriental Language and Literature" changed its name into "Department of Foreign Language and Culture".

Fourthly, beginning from this century, translation has been approved as one of the majors in foreign language education by the Ministry of Education. In the past 50 years, quite a few leading foreign language professors refused to take translation highly as a must in foreign language education.

Fifthly, Chinese scholars have learned a lot about language teaching and learning theories from abroad, such as the structural approach, the functional approach, the cognitive approach, etc. This is the reason why the government invited many language-oriented scholars to be members of Foreign Language Teaching Steering Committee, Foreign Language Teaching Research Association, Foreign Language Testing Group, etc., to the disappointment of literature-oriented scholars.

**Lai:** What challenges are foreign language education in China faced with? How can we meet these challenges?

**Hu:** I think you might have noticed already that the latest strategic policy of "New liberal arts, big foreign language" in teaching foreign language in China. This is a reflection of the need of cross-discipline and cross-specialty qualified personnel. Foreign language scholars have been busy recently with holding various academic conferences discussing the ways to realize this objective.

In foreign language education we are also faced with the new development in technology, especially electronic equipment and technology. 30 years ago, a foreign language teacher used to stand before a blackboard, teaching the language with a notebook in one hand and a piece of chalk in another. Today, you could find the appearance of computers, projectors, amplifiers, and other equipment in the classroom. I could still remember that at that time, one of my colleagues argued with me that she learned her English without these tools but still learned quite well. Today, I still hold the view that she might have changed her view, at least she might have failed to get favourable response from her own grandchildren.

Foreign language teachers would like to think that their students are good at language intelligence, but today they start to notice the importance of multiple intelligence. Every university FL teacher must know quite well that their students are good at language intelligence, but they should also think about the fact that although their students were enrolled into the university with about the same marks, chose to do the same courses, and were taught by the same teacher, the course teacher would find quickly that some students are good at speaking, some at listening, some at reading, and some at writing. This shows that multiple intelligence, such as logic, mathematics, music, space, body, nature, and communication will all help with the learning of a foreign language (Hu, 2019c). An experienced teacher should learn to find out what particular intelligence is needed by a learner.

Allow me to further talk about the importance and popularity of Internet education. This can be proved by the continuance of primary, secondary, and university education today even after the serious attack of Covid-19 this year. I myself learned from young lecturers to attend several network conferences through the help of Tencent App or Zoom lately.

**Lai:** Is there any mutual influence between foreign language education and the education of Chinese languages?

**Hu:** So far as I know those teachers of teaching Chinese as a foreign language know little about the development of various teaching approaches outside China, because they tend to stick to rote learning, such as memorizing the Tang poems without comprehension at the very beginning. Since many universities in China today have set up the School of Teaching Chinese as foreign language to foreign students and some of Chinese young and middle-aged lecturers have the chance to study abroad in the faculty of education, they might have practiced some new approaches they have learned abroad.

When it comes to the education of Chinese languages, those who teach translation and interpretation of a foreign language will show interest in standard Chinese, I guess.

## References

[ 1 ]  Fang, L., Z. Hu & K. Xu. On the 3 systems of modern English grammar [ J ]. *Language Teaching and Research*, 1977 (Supplementary Issue 1): 1−28.

[ 2 ]  Fang, Y. & M. Shen. A functional trend in the study of Chinese. In Z. Hu & Y. Fang (eds.). *Advances in Functional Linguistics in China* [ C ]. Beijing: Tsinghua University Press, 1997: 1−14.

[ 3 ]  Fang, L. & X. Wu. Language theories and teaching methods [ J ]. *Language Teaching and Research*, 1977 (Supplementary Issue 1): 29−41.

[ 4 ]  Gui, S. *Psychological Linguistics* [ M ]. Shanghai: Shanghai Foreign Language Education Press, 1985.

[ 5 ]  Gui, S. *Standardized Testing: Theories, Principles and Methods* [ M ]. Guangzhou: Guangdong Higher Education Press, 1988a.

[ 6 ]  Gui, S. *Applied Linguistics* [ M ]. Changsha: Hunan Education Press, 1988b.

[ 7 ]  Gui, S. *Applied Linguistics and English Teaching* [ M ]. Jinan: Shandong Education Press, 1988c.

[ 8 ]  Gui, S. *Essentials of Experimental Psychologic Linguistics* [ M ]. Changsha: Hunan Education Press, 1991.

[ 9 ]  Gui, S. *Mentality of Chinese Students in English Learning* [ M ]. Changsha: Hunan Education Press, 1992.

[ 10 ]  Gui, S. *Psychological Linguistics, New Edition* [ M ]. Shanghai: Shanghai Foreign Language Education Press, 2000.

[ 11 ]  Gui, S. Mr. Gui Shichun's talk on scholarly learning [ J ]. *Modern Foreign Language Learning*, 2017(4): 15.

[ 12 ]  Hu, W. A tentative exploration of communicative teaching approach [ J ]. *Journal of Foreign Languages*, 1982(5): 15−22.

[ 13 ]  Hu, Z. Pragmatics [ J ]. *Linguistics Abroad*, 1980(3): 1−10.

[ 14 ]  Hu, Z. Halliday [ J ]. *Linguistics Abroad*, 1983(2): 60−63.

[ 15 ]  Hu, Z. Halliday's linguistic views [ J ]. *Foreign Language Teaching and Research*, 1984(1): 23−29.

[ 16 ]  Hu, Z. Bakhtin and social semiotics [ J ]. *Journal of Peking University (Philosophy and Social Sciences)*, 1994(2): 49−57+127.

[ 17 ]  Hu, Z. Hypertext and its discourse features [ J ]. *Shandong Foreign Language Teaching*, 2004a(5): 3−8.

[ 18 ]  Hu, Z. Hypertextual novels–A new literary genre based on electronic techniques [ J ]. *Foreign Language and Literature Research*, 2004b(2): 1−10.

[ 19 ]  Hu, Z. Orality, literacy, supertext–On the change of the interrelationship between language and perception [ J ]. *Technology Enhanced Foreign Language Education*, 2004c(6): 2−8.

[ 20 ]  Hu, Z. The development of foreign language pedagogical notions [ J ]. *Foreign Language Pedagogical Research of Fundamental Education*, 2005(1): 21−24.

[ 21 ]  Hu, Z. Blog–A new form of Internet exchange [ J ]. *Foreign Languages and Translation*, 2006(4): 1−8.

[ 22 ]  Hu, Z. From multi-semiotics to multi-literacy [ J ]. *Foreign Language and Translation*, 2007a(4): 1−8.

[ 23 ]  Hu, Z. Interpreting Halliday's appliable linguistics [ J ]. *Journal of Sichuan International Studies University*, 2007b(6): 1−6.

[ 24 ]  Hu, Z. Multimodality in social-semiotic research [ J ]. *Language Teaching and Research*, 2007c(1): 1−10.

[ 25 ]  Hu, Z. PowerPoint–Tool, text, genre, style [ J ]. *Foreign Language Teaching*, 2007d(4): 1−5.

[ 26 ]  Hu, Z. Gui Shichun's path to learning–In celebration of Gui Shichun's 80th birthday [ J ]. *Foreign Languages in China*, 2010a(5): 4−7.

[ 27 ]  Hu, Z. Image iconicity in the Chinese language [ J ]. *Chinese Semiotic Studies*, 2010b(1): 40-55.

[ 28 ]  Hu, Z. The outcome and development of multimodal sketches [ J ]. *Technology Enhanced Foreign Language Education*, 2010c(4): 3−9.

[ 29 ]  Hu, Z. On the chief mode of multimodal sketches [ J ]. *Foreign Language Teaching*, 2011(4): 1−5.

[ 30 ]  Hu, Z. Human being, language, existence-5 questions on Heidegger's linguistic views [ J ]. *Foreign Language Teaching and Research*, 2012(6): 803−812.

[ 31 ]  Hu, Z. Let semiotics and linguistics get married–Critical introduction to *Modern Linguistic Semiotics* [ J ]. *China Social Sciences*, 2014.

[ 32 ]  Hu, Z. *Language, Sign, Education-Collection of Hu Zhuanglin's Papers in*

*the New Century* [M]. Beijing: The Commercial Press, 2015.

[33] Hu, Z. On the appliability of semiotic research [J]. *Language and Signs*, 2016(10).

[34] Hu, Z. Fragmentation from the semiotic perspective [J]. *Language and Semiotic Studies*, 2018a(+4): 1−12.

[35] Hu, Z. The fragmentation era of multimodality [J]. *Foreign Language Research*, 2018b(5): 1−6.

[36] Hu, Z. The re-start of China's foreign language education in the new era (in Chinese) [J]. *Shandong Foreign Language Teaching*, 2019a(1): 45−46.

[37] Hu, Z. Multiple intelligence and integration from the perspective of language intelligence [J]. *Foreign Language and Literature*, 2019b(2): 115−127.

[38] Hu, Z. & D. Brown. Some linguistic differences in the written English of Chinese and Australian students [J]. *Language Learning and Communications*, 1982(1): 39−49.

[39] Hu Z., K. Xu, L. Deng, X. Wu & L. Fang. Mrs. Nuttle's textbook compilation principles and communicative approach [J]. *Language Teaching and Research*, 1977, Supplementary Issue 1: 42−62.

[40] Lai, L. *Educational Linguistics—A Social Semiotic Approach* [M]. Beijing: Foreign Language Teaching and Research Press, 2015.

[41] Li, Z. Social semiotic approach to multimodal discourse [J]. *Foreign Languages Research*, 2003(5): 1−8+80.

[42] Martin, J. R. *English Text: System and Structure* [M]. Philadelphia/Amsterdam: John Benjamins, 1992.

[43] Ren, S. Jesperson's approach to grammar [A]. In Z. Hu & Y. Fang (eds.). *Advances in Functional Linguistics in China* [C]. Beijing: Tsinghua University Press, 1997: 15−29.

[44] Wu, J. & L. Fang. Prof. Leech's talk on the evolution of English [J]. *Language Teaching and Research*, 1977, Supplementary Issue 1: 63−73.

[45] Xiong, X. Functionality on Halliday's functional grammar [A]. In Z. Hu & Y. Fang (eds.). *Advances in Functional Linguistics in China* [C]. Beijing: Tsinghua University Press, 1997: 30−41.

# 坚守信念　服务国家

## ——从外语实践到语言教育与研究 [1]

### 1.　外语教育亲历：从语言到专业

1949 年 10 月 1 日中华人民共和国成立，当时我还是上海一所天主教办的圣芳济中学高三学生，时年 16 岁。次年我考入清华大学外文系英文组，成了新中国成立后第一批高校外语学生。我为什么要学习外语？我如何认识新中国的外语教育？对我来说，这是一个长期的逐步深入的过程。

从上海新中国成立前作为一个到处都是租界的国际大都市和我出生的商人家庭这个背景来看，我熟悉当时的主流思想，学外语者可以在洋行里当买办，相当于今天的外企职员。不过，就我个人而言，我少年时希望成为像萧乾那样的名记者，所以要像他那样学好外语。我报考清华大学外文系就是基于这个目的。

1950 年秋我一跨入清华园，便看到外文系到处张贴着"清华园是革命家庭，外国语乃斗争武器"的标语和宣传品。清华大学外文系下设俄、英、法三个组。没过多久，外文系主任吴达元先生就找我们新生谈话，明确提出由于国家需要，我们这一级新生的培养目标是"翻译"，因此不给我们开设传统的有关英美小说诗歌戏剧类课程，但我们可以在课外阅读这些书籍。1952 暑期末，学校抽调我们英文组部分学生参加新中国成立后的第一次大型国际会议——亚洲及太平洋区域和平会议。经过培训后，我们去广州与中山大学外文系的学生汇合，一起迎接经香港从深圳入境的外宾。这样，我们每天坐 6 个小时的火车去深圳，在车站草棚里住上一

1　胡壮麟. 坚守信念　服务国家——从外语实践到语言教育与研究［J］. 外语教育研究前沿，2019 (3):37−7+90.

晚，第二天接到外宾后，把他们送到广州，再由其他人员接待，陪他们从广州经武汉飞往北京。我们则再去深圳车站继续迎接。与我们同车厢的中山大学外文系学生与我们闲聊时，不时说到中山大学外文系为他们开设的课程有"xx 世纪英美小说""xx 世纪英美戏剧""xx 世纪英美诗歌"，给人以外语教学水平比清华大学高一头之感。唯可以自慰的是这些学生谈到的 *Jane Eyre*（《简·爱》）、*Wuthering Heights*（《呼啸山庄》）、*David Copperfield*（《大卫·科波菲尔》）、*The Great Gatsby*（《了不起的盖茨比》）、*Catch 22*（《二十二条军规》）等小说，我们在课外阅读中并没有少看。令我自己高兴的是通过参加这次亚太会议，我了解到这次会议的背景。当时美国片面制造对日和约，加速了日本军国主义的复活；另外，美国侵略者破坏朝鲜停战谈判和在亚洲区域到处建立军事基地，准备发动更大规模的战争。这些对亚洲及太平洋区域的和平和安全造成严重的威胁。这时，我最能体会"外国语乃斗争武器"的现实意义了[2]。

也是在 1952 年暑期末，教育部在全国范围内进行了高校院系调整。清华成了工业大学，理科和文科转入北京大学。因此，会议结束后我们没有回到清华园，而是直接来到北大报到。这以后，我第一次了解到院系调整的另一个内容是向苏联高校学习"专业"设置的思想，即外语语言文学专业，以至具体到俄语语言文学专业和英语语言文学专业等，"语言"置于"文学"之前。这样，原来的外文系成了西语系、俄语系、东语系，英语属西语系下的一个专业，没有像俄语系那样，独立成系。这个变化，我能理解和接受，因为在刚上清华时吴达元先生就已经给我们进行过类似的教育，国家培养目标侧重语言，而不是文学（胡壮麟，2008）。

1954 年毕业后我被分配到总参二部工作，先后任翻译、参谋。1959 年末又调任中国农业科学院情报室做翻译。1972 年年末，我从农科院下放到当时归北京市领导的北京大学，从此，对外语教育又有了新的认识。1978 年我国开始实行改革开放政策。我亲身体会了高校的"请进来，派出去"政策，既参加了英国语言学家在北京为英语教师开设的培训班，又通过了教育部 1978 年中青年英语教师出国培训的全国统考，并于 1979 年 1 月被派去澳大利亚悉尼大学进修学习。我很荣幸，赶上了这个时代。也正因为抓住了这个机会，我才能回国后更好地为我国的外语专业建设贡献自己的力量。

---

2　胡壮麟：我所经历的新中国外语教育［N］. 21 世纪报，2019-04-01（第 298 期）.

# 2. 外语专业建设：定位与发展

70 年来，我国培养外语专业人才的教学水平经历了一次起伏，那就是从 20 世纪 50 年代末总体水平下降，到改革开放后逐步恢复和提高。

20 世纪 50 年代院系调整后，我国一度出现教学与科研分家的情况，当时的主导思想是大学主要搞教学，科研由中国科学院和此后的中国社会科学院负责。在此情况下，北京大学一些有经验的、外语水平高的教授被调离大学去科学院工作，如钱钟书、罗念生、冯至、潘家洵等。

改革开放以后，教育部专门在全国范围进行中青年外语教员出国培训选拔考试，笔试和口试并重，成绩合格者才能被选派出国进修。我被派去澳大利亚悉尼大学进修，一行 9 人，组长为后来任北京外国语大学副校长的胡文仲教授。

我们回国后除完成本校教学任务外，多人还参加了教育部"全国高校外语教材编审委员会"（后易名"全国高校外语教学指导委员会"）、中国英语教学研究会等组织，协助王佐良、许国璋、李赋宁先生等开展工作，特别是制订外语专业教学大纲和讨论专业课程的开设。英语先行一步，其他语种跟上。在讨论大纲时，北大与北外曾强调在本科生三、四年级开设专业课，不然很难保证外语专业的国际标准，至少应让北大和北外先行一步，摸索和积累经验。现在看来，我们当时的建议很有价值。我们培养的外语专业人才不仅要求会听说读写，而且要能应用广博的知识，适应日后不同岗位的工作需要：不仅要懂外语，而且要具有分析和研究问题的能力。

1992 年，教育部外语处领导来北京大学召集东、西、俄、英四系的系主任开会商讨将语言文学专业易名为语言文化专业的设想。当时我们对这个举措的深远意义理解不够，事后获悉北京外国语大学和上海外国语大学的英文校名都改动了，北京语言大学曾一度易名为北京语言文化大学，这些都表明教育部领导站得高、看得远，一直在考虑如何让我国的外语教育更好地为国家建设需要服务。

如今，随着"一带一路"倡议的逐步实施，外语专业正在发挥更大的作用。这涉及各个领域，如政治、外交、外贸、商业、科技、教育、文体、旅游等。这就需要外语专业帮助其他专业人才掌握一定的外语知识。而且外语专业也有必要帮助其他国家培养掌握汉语的人才。即使是推广中国文化的"孔子学院"如果没有外语专业人才的协助，也很难开展工作。这里还得强调一点，如果说传统的外语专业偏重俄语和英语等通用语种，那么新世纪的外语专业人才的需求则推动了非通用语种的教学和研究。

总的说来，我最大的感受是我国的外语专业已经从当年的"请进来，派出去"发展成昂首挺胸地"走出去"了！

## 3. 语言学与外语教育：在应用中引领

外语教学中是否需要语言学教学，以及语言学在外语教学中究竟起到何等作用，这是一个至今仍然在热烈争论的问题。这里，我只能谈谈个人之见（胡壮麟，2018a，2018b）。

我本人作为外语专业的教师，最初对语言学毫不了解。直到改革开放前夕，教育部商得英国文化委员会同意和协助，从英国聘请语言学家利奇（G. Leech）教授和教育家纳特（Nuttal）女士来华教学，我参加了在北京为期一月的培训班（胡壮麟，1977）。我当时一心想教好英语语法课，因此希望利奇教授介绍英语语法研究的最新进展。不料，他一再提示我如果要懂得语法，就首先要具备语言学知识，不然他很难把一些问题讲清楚，我们也难以理解他讲课的内容。这是我第一次听到"语言学"这个概念，也是第一次了解到语言学与外语教学竟然有如此紧密的关系。我事后了解到，利奇教授擅长交际语言学，而纳特女士则将该理论应用于外语教学实践。这次培训班影响之深远表现在我国 20 世纪 80 年代后期的几个教学大纲上，英语专业、高职高专英语、大学英语、基础阶段英语的教学大纲基本上都是以交际教学法为理论指导。

语言学的引领作用更表现在改革开放后外国语言文学专业的课程设置上。众所周知，我国的外国语言文学专业实际上包含两个方向：文学方向和语言学方向。由于新中国成立之前高校外语教学长期走的是"文学道路"，通过学习外国文学来学习外语，因此当时我国高校年长的外语教师对开设外国文学课程都很熟悉，但对语言学方向的课程了解不多。如果按 20 世纪 50 年代以来只是开设听说读写课程，那么高校的外语院系和中专外语学校还有何区别？再进一步考虑，对比外语专业本科生档次更高的硕士生和博士生又应该如何培养？开设什么课程？我的老师李赋宁先生当时担任英语系主任，正在为难之际，我们这批改革开放后有幸出国进修的中青年教员临危受命，挺身而出，找到了前进的方向，为本科生逐年开设了语言学、语音学、词汇学、文体学、社会语言学、心理语言学、语篇分析等课程；为研究生开设了理论语言学、功能语言学、生成语言学、认知语言学、语用学、教育语言学、计算语言学、语言测试等课程。

最近，我为北大黄必康教授编写的《英语散文史》作序，读到黄必康教授在"前言"中的一段话：各种散文语类"既有传达事实、表述思想和教育的功能，又有文学陶冶和审美的功能"，对我触动很大。这是因为黄必康教授提出了学习英语的"散文道路"。在这一点上，我有亲身的体验。我所念中学的英语教学就是走英语散文的道路。我读高中时的英语课本采用了美国作家 Washington Irving（华盛顿·欧文）的散文集 *The Sketch Book*（《见闻札记》）。1952 年院系调整后，我进入北京大学西语系英语专业三年级就读，为了响应毛泽东主席倡导的"三好"号召，在"学习好"，即学好英语方面，我课后再次认真阅读了欧文的 *The Sketch Book*。在日后的工作中我发现，除非日后从事英语文学研究和教学工作，英语专业毕业生在政治、经济、外贸、科技、新闻等岗位上很少用到文学作品中的许多词汇和表达方式。而学习英语散文作品对英语实际使用能力的提高帮助更大。这表现在散文语篇中的词汇都很实用，语篇逻辑性强，结构严密合理，长度短小精干。阅读者可以根据自己所从事的工作，选择有关内容阅读学习，如从事旅游工作的可多看游记，从事科学类工作的可多看科技通俗文章，从事政治新闻类工作的可多看报刊评论，等等（胡壮麟，2019a）。

## 4. 语言学与社会发展：诠释与推动

语言学研究包括不同理论，如生成语言学、社会语言学、心理语言学、功能语言学、认知语言学、教育语言学、计算语言学等。这些理论都有各自的特色、发展目标和研究重点。它们对国家社会发展的某个方面都能起到这样或那样的作用。由于篇幅和本人知识有限，这里仅就其中若干理论发表一些个人看法。

先谈谈我所熟悉的功能语言学，特别是系统功能语言学。"功能"一词本身就说明了它所关心的是语言如何表达思想（概念功能），语言如何进行交际（人际功能），词语组合如何为表达思想和进行交际服务（语篇功能）。这被统称为语言的三大元功能。在这个意义上，不论是外语教学，还是结合国家社会发展的政治、外交、经济、科技、文化艺术等，系统功能语言学都能发挥它的应用价值。它在国内受到较多外语教师欢迎的另一个原因是其缔造者韩礼德的一些主要学术思想源自中国学者，如王力、罗常培、高明凯等，因此较易为国内学者理解和消化，并应用于适合中国国情的研究。

生成语言学擅长语言形式和逻辑思维的研究，对语法学、计算语言学、机器翻译等起到了很大作用。不论哪种语言都是为人类交际服务的，一些词语的语义、发音和搭配取决于说话人共同态度，也取决于使用时的不同场景，作为形式语言学的生成语言学如与功能语言学相结合，会取得更好效果。20世纪50—60年代兴起的机器翻译研究曾一度停滞不前，自从融合了基于大数据的统计语言学思想后就取得了很大突破，对电脑和手机用户已能提供即时翻译，翻译质量也大有提高。

由乔姆斯基的学生莱可夫（Lakoff）结合功能语言学而开创的认知语言学已成为近年来的显学。认知语言学既回避了生成语言学有时无法解决和回答的若干语言生成问题，又开拓了功能语言学未能充分研究的心理学领域。我们知道，功能语言学强调语言在社会交往中的使用和共同认识，但在外语教学中它难以回答外语教师经常碰到的问题：为什么一些学生具有同样的年龄、同样的社会背景，接受过同样的基础教育，进大学后又接受同样的老师和课程的教学，但最后在学习成绩上却会有这样或那样的差异？问答这些问题就需要从认知差异去探索。

基于上述认识，我们才能正确对待教育语言学、测试语言学、比较语言学、计算语言学等理论的研究目标和用途，并用这些理论解决国家社会发展中有待解决的问题。

也是基于这样的认识，我一直坚持如下的信念：一个外语教师最好不要固守一种理论，而是把自己看作一种理论"资源"，根据不同问题不同背景，采用不同理论、不同方法。

## 5. 新时代：应对新的挑战

不论是改革开放40周年，还是新中国成立70周年，外语界都在热烈谈论我国外语教学的问题和今后的发展。这是一个好现象，因为外语教师都希望把我国外语教育事业做得更好，在落实"一带一路"倡议和建设人类命运共同体中发挥更大作用（胡壮麟，2019b）。

从讨论中，我发现一部分意见涉及新中国成立初期的一些问题，如第一外语的选定、教学与科研的关系、教师的作用等。对此，我只发表我的简单看法，不做深入讨论。我认为新中国成立后我国第一外语从英语转为俄语，改革开放后又从俄语转回英语，是与国家某一时期政治经济情况有关。关于教学与科研，我国高校如想成为国际一流大学，那二者就宜合不宜分。

有一类意见涉及今后如何给外语专业的学科定位，有强调文学的，有强调专业英语、学术英语的，也有强调大学英语的。我对教文学和学文学的老师和学生始终表示尊敬，但从国家需要来说，需要量相对要少，这是事实。有些意见要求把英语语言文学专业改为专业英语或学术英语，我认为最好让有关学校根据本校特色自己决定，如开设外贸英语、外交英语、旅游英语、传媒英语、科技英语等。综合大学很难完成这些任务。对此，我建议外语教师主要承担基础阶段的外语教学，各院系可以让从国外回来的博士或专家用外语给三、四年级学生讲授专业课。至于大学英语是否独立，如何进行教学？我只是提供这样一个信息：改革开放初期，北京大学教务部曾经撤销大学英语教研室，把该室教师分到有关各系工作，并根据各系情况，编写结合有关专业的教材进行教学。但在1983年突然又决定把这些教师调回新成立的英语系，恢复大学英语教研室建制。为此，我建议有关学校和感兴趣的外语教师最好访问一下北京大学教务部，了解一下前后情况再做决定。这样有利于更全面地考虑各自的观点，少走弯路。总的来说，我建议今后的外语专业可以多设几个方向，如语言、文学、翻译、文化、国别研究等，由各个高校自行选择，构建自己的特色，不一定完全按一个模式。

随着信息技术的发展，我们今天经常能接触到慕课、微课和其他网络课程，希望有关领导对外语教师经常进行这方面的普及教育，因为许多外语教师都是文科出身，对外语教学中采用的这些新技术不太熟悉。

最后，我就外语教育中语言智能的问题发表一些看法。1983年，美国发展心理学家加德纳（H. Gardner）提出了"多元智能"（multiple intelligences）理论。他在《思维框架：多元化智能理论》一书中提出，传统的心理测量学有关智能的观点过于笼统狭窄，事实上，人都具有各种不同智能，即多元智能。他先后具体地谈到语言智能、逻辑智能、空间智能、运动智能、音乐智能、人际智能、内省智能、自然智能、存在智能。这个理论说明了哲学家、政治家、科学家、音乐家、语言教师、运动员等所表现出来的不同主要是因为对智能的掌握存在差别。它也说明同样的外语专业学生为什么有的发音正确，朗读清晰；有的口语流利，善于交际；有的博览群书，知识面广；有的语法概念强，正确无误；有的擅长逻辑思维，论辩有理有据，论文录用率高……

正是这个原因，语言智能研究和应用十几年来在我国从事大学外语、高职高专和基础阶段外语教学的老师中受到重视，被广泛应用于教学实践。特别是近一两年又受到教育部和许多高校的关注，各类语言智能的研究机构陆续成立，有关语言智能的学术会议已多次召开。我更认为在外语教育中，语言智能如能融合其他多元智能，将会进一步提高我国的外语教学水平，取得更大的教学效果。

## 参考文献

［1］ 胡壮麟. 纳特女士介绍的一些教材编写原则和外语教学法［J］. 语言教学与研究，1977(6): 42−62.

［2］ 胡壮麟. 我与中国英语教育［A］. 胡壮麟英语教育自选集［C］. 北京：外语教学与研究出版社，2008.

［3］ 胡壮麟. 语言学与中国外语教学四十年［J］. 外语教学与研究，2018a(4): 803−805.

［4］ 胡壮麟. 改革开放开启了我的语言学之道［A］. 庄智象主编. 往事历历 40 年回眸［C］. 上海：上海外语教育出版社，2018b.

［5］ 胡壮麟. 序［A］. 黄必康. 英语散文史［C］. 北京：外语教学与研究出版社，2019a.

［6］ 胡壮麟. 新时代中国外语教育再出发［J］. 山东外语教学，2019b(1): 45−46.

# 胡壮麟教授访谈记录

## ——关于学校"十四五"规划 [1]

**江晓丽**（以下简称江）：您觉得就是在国内领军的高校当中，在世界一流大学当中，人大应该是一个什么样的地位？

**胡壮麟**（以下简称胡）：这方面的情况，我掌握的不多。而且我觉得就是，要冲到世界上的话，要做好全学科工作，因为国外的大学就是都强调综合性大学，尤其是理工科，而且这个文科、社会学科也都有。但（人大做）这个就是要成立好多新的学院，投资比较大，不是一天两天就能做到的。领导在思想上要有长期准备。

**江**：您觉得人民大学有哪些优势和劣势？

**胡**：优势应该来说，（人大是）我们当时新中国成立以后比较早的一所大学。后来才知道它有辉煌的历史，是在长期革命中成长起来的。那么当时在我看来，它就是和新中国一起发展起来的，这个就是它的优势。其次，就是人大和政府的联络比较密切，就业去向很好，都是政府机关，因为它是政府办的学校。

从今天的情况来说，也是你们人民大学可以大有作为的机会。因为现在党的政策就是要搞新文科、大外语，要为"一带一路"建设服务。为国家政策服务，国家现在需要这样的干部。这也是人大的有利条件。

那么不利的地方，就是总体来说，学科范围比其他的学校稍窄了一点。

**江**：您觉得在"十四五"规划的背景下，人民大学面临的机遇和挑战是什么？

---

1　本文是中国人民大学外国语学院江晓丽老师进行访谈后，于 2020 年 11 月 24 日整理上报学校的材料。

**胡：** 在机遇上就是国家战略上需要人大培养的人才来为国家的政策服务。挑战就是原来就有的学科是不错的，但是要发展成立更多的学科，就需要更多的人才。这方面还有很多工作要做。

**江：** 您怎么看现在我们人民大学发展的态势和形势？

**胡：** 我觉得因为每一个学校都有它的特色。一个学校想在所有方面都达到最好是比较困难的。不管怎样还是要根据人民大学的特长，就是刚才我说的政治、经济、商业这方面都有优势。

**江：** 对人民大学的外语学科发展有什么意见跟建议？重点应该关注哪里，包括在新文科背景下，我们外语学科该怎么发展？

**胡：** 新文科就是比较强调跨学科的人才。我不反对培养跨学科的人才，但是对外语系来说，你让外语学院满足每个学院每个系，这个困难比较大。外语学科对其他学科和专业来说，重点主要是培养基础教学，一、二年级的教学；至于三、四年级的专业课，涉及其他学科的一些专业知识，应该发挥国外留学回来的人才的作用，比如说经济也好，外交也好，许多归国学者，在国外学过这个东西，让他们用英语和其他外语给学生们上这类专业课，这样的效果会好一些。国内外学术界把它叫作"双语教育"课程，有的达到"全英语教育"（English Mediation Instruction，EMI）水准。

另外一个是我个人的看法，就外语系或英语系本专业的学生而言，我觉得我们要从政策上掌握，说明跨学科的重要性，让外语系的学生根据他自己的志愿和兴趣到外系去选课学习专业的知识。让学生自己选择，外语系的领导主要是考虑给他多少学分到外系去选课，他可以自己去选择这些学分。

**江：** 就外语学科本身来说，新时期外语学科的发展重点应该放在哪里，或者说应该有什么重点举措？

**胡：** 第一点，我们现在说的是新文科、大外语，还有新时代、大格局等这些都是国家的政策，说明我们国家的战略政策有这样的需要，所以在这个情况下，我们首先要讲政治教育，提高学生的政治觉悟和政治水平，学外语就是为了满足国家对外语人才的需要。另外一个是满足国家需要也要学会掌握国家的政策。这都需要政治学习。

其次呢，要加强交际能力，在为国家"一带一路"建设服务中讲究不同的交际策略。还有从跨学科来说，包括新一代的技术，计算机技术，计算机辅助教学等等，也都要学习。最重要的是培养学生的多元智能，一方面是因为培养的英语人才要在英语各方面都达到一定的水平，这样才能够去完成任务，另一方面，多元智能的养成有利于培养出的学生迅速适应不同的岗位，完成各项任务。

**江：** 在外语人才、科学研究、师资队伍建设这方面需要注重哪些问题？

**胡：** 首先要学会掌握情况，不管你从事什么工作，你一定了解这个单位的基本情况是什么，你要做什么工作，你要怎样去做，这样你才能够去适应它。第二就是要能够发现问题，分析问题。找出自己的不足，然后分析、弥补，这样才可以继续提高，把工作做得更好。

# 学无止境，贵在超越

## ——胡壮麟教授访谈录 [1]

**黄新炎**（以下简称黄）：胡老师好！您 1944—1950 年在上海市私立圣芳济中学学习。我之前请教过上外的钱绍昌老师，他也是这个学校毕业的。请您介绍一下当时的学习情况和课程开设情况，以及对您人生的影响。

**胡壮麟**（以下简称胡）：这是欧洲天主教会在上海开设的学校，原名圣芳济书院（St.Francis Xavier's College），有悠久的历史，1874 年成立，比北京大学还早。原圣芳济书院，校址在虹口，后将总校迁入延安中路福熙坊。我祖父、父亲、哥哥和弟弟都是该校学生。但我们都不是天主教徒。学校有自己的管理系统，分一、二、三、四、五、六班（相当于高三至初一）；另有七班和八班（各一个学期，小学毕业后成绩不及其他同学，入八班）。我当时入校时就进了八班，但一个学期后在七开学时，校长通知我由于成绩进步，直接跳入六班下学期学习。学校管理严格。六班有 6 个分班，一年学习后成绩如不合格，不能升级入五班，也不能留级，需转到其他学校就学。五班有 5 个班，按同样情况处理。四班保留 4 个班，三班保留 3 个班。至二班保留一个理科班，一个文科班，就不再淘汰了。鉴于上述情况，最后能毕业的学生一般说来水平较高。如我已故兄长胡壮麒是中国工程科学院院士，比我低两班的柳百成和柳百新兄弟入职清华大学，为"两院"院士；北京外国语大学的两位教授梅仁毅和楼光庆都是圣芳济中学毕业的。但我本人并不赞同这种淘汰制。学校更应考虑如何帮助有困难的同学学会学习，提高学习效果。

---

1 黄新炎，胡壮麟. 学无止境，贵在超越——胡壮麟教授访谈录［A］. 黄新炎编著. 聆听外语界前辈的声音（第二辑）［C］. 上海：上海外语教育出版社，2021：182−183.

学校英语水平较高。这是由于外籍老师都是来自欧洲的传教士（称 Brother，相公）。除中文外，各门课程都用英语讲授（如几何、代数、物理、化学、外国历史、外国地理等），作业用英语完成，接触和使用英语机会多。缺点是外国传教士基本上来自法国、德国等地，所讲的英语带有欧洲英语口音。中国教员的英语也有一定水平。中国教员（除去中文）也用英语授课。就我所知，陆佩弦和一位姓石的老师 1952 年后在上海外国语学院任教；童鉴青老师在北京外交学院任教。学校重视体育锻炼。例如，我在高一时，全班 40 来个同学就有 3 个足球队，按年龄、身高和体重分别参加学校的甲组、乙组、丙组联赛。中学的足球、篮球、排球、棒球和桥牌在上海市名次在前。足球运动员董庭威、袁光裕等曾分别代表上海和江苏的代表队参加全国联赛；万嗣全是我国 2008 年奥申委秘书长、北京市桥牌协会主席；闻义昌是全运会第三至第八届排球裁判委员会副主席和主席。我的体会是：由于我在考中学时就经历过失败，未能直接进入六班，在以后人生中碰到问题时能经受打击，冷静思考。与老外接触多了，以后碰到老外，无特殊感。不过，圣芳济是个男中，日后不太会与女生接触。我印象最深的是进清华后，有一次在校园里碰到远处有高班的女生走来，不知道如何打招呼，怕得赶快往回跑。因为学校重视体育锻炼，学生的身体情况可以。

**黄：**圣芳济中学的学习经历给胡老师打下了良好的身体基础和学术综合素养，还经受了一定的挫折教育，为您日后进入大学学习奠定了根基。您 1950—1952 年在清华大学外文系英文组学习，1952—1954 年为北京大学西语系英语专业学生。两个学校可以这样流动听课吗？当时的课程和教学给您留下了哪些深刻的印象？对当下有什么启迪意义？

**胡：**1950 年没有全国高考，但有分区统考。我报考了华东地区统考的上海复旦大学的新闻系，华北地区统考的清华大学外文系。另报考两所私立大学，圣约翰大学的新闻系和沪江大学的英文系。我都被录取了。就我本人专业志愿，是想当萧乾那样的新闻记者，但一些朋友劝我说要做名记者，英文一定要好。同时，清华大学在上海有校友会，一些高班学长向我宣传清华将来会成立新闻系。这样，我上了清华大学。1952 年中国进行院系调整，清华成了工科大学，北京大学是文理科大学。我是奉命从清华调到新北大的。新北大从城里搬到原燕京大学旧址。入清华后，系主任吴达元先生曾找我们新生谈话，说国家急需翻译人才，我们这个班是按这个方向培养的。但 1952 年学习苏联在全国进行院系调整后，建立外语语言文学专业，没有翻译专业。改革开放后大学恢复招生，仍无翻译专业。旧大学以文学为主。清华和北大都能按国家需要，开设外语课程。但几位老师用多种方法，如课外阅读，让我们看英美文学作品。三年级班主任俞大纲，原燕京大学教授，采用"活用词教学法"，让我们把活用词串成一个故事，在课堂上念给同学听，然后写成文章。这具有当代"语篇教学法"的雏形。老师关心同学。例如，我在清华大学两年的班主任为李赋宁先生。新北大成立后，他教四年级，见到我时仍关心我的学习，让我把所有写过的作文交给他审阅。在新北大时，老师有一定地位。1954 年初春节联欢，一位二年级同学表演节目，模仿一位教授带有无锡口音的英语上课，得罪了这位教授。事后，教员党支部和学生党支部责令我（当时是团总支书记）代表团总支和学生会在全系教师大会上检讨。

**黄：**尊师重道一直是我国的优秀传统，只是在"文革"中受到了严重的冲击。改革开放以后，您作为首批 9 位进修教师之一，被公派到澳大利亚留学。1979—1981 年在澳大利亚悉尼大学研究生院的这 9 位进修教师，回国后成为中国外语教育事业的中坚力量。当时黄源深老师选择了文学，您选择了跟韩礼德先生学习语言学。朱永生教授、张德禄教授后来也去跟他学习，经过几代中国学者的研究，系统功能语言学成为语言学发展的一个重要理论，至今仍然是一个重要的语言学派。请您介绍一下在悉尼大学与韩礼德先生学习交往的经历。

**胡：**韩礼德先生于 2018 年 4 月 15 日去世，享年 93 岁。噩耗传来，悲痛难抑。种种思绪，涌上心头。1977 年教育部通过英国文化协会，邀请英国 Geoffrey Leech 来华讲学，我了解到语言学对外语教学的引领作用。社科院语言所赵世开先生希望我通过韩礼德学习伦敦学派的语言学理论。抵达悉尼大学后，我和另两位老师决定就读语言学系。报到当天，系主任韩礼德先生便要求我们攻读硕士学位，不仅要选所读学位所规定的研究生课程，而且要我们比澳大利亚本国研究生多选两门课程。我们正在困惑之际，他耐心解释道："我了解中国大学的水平，也了解中国学生的勤奋。我相信你们能完成学习任务。"他又进一步开导，"澳大利亚的研究生有的是在职教师，有教学任务。有的年轻学员要打工挣自己的学费和生活费。你们中国留学生享受政府奖学金，全心学习，多学几门课应该没有问题。"这样，我和龙日金在一年内学完所有课程并完成学位论文，达到获得"普通文学硕士"（M. A. Pass）

学位的要求，并在第二年进一步攻读要求更高的另一个学位——"优等文学硕士"（M. A. Honours）。能获得这个成果，是我始料所未及。

悉尼大学研究生课程一般采用课堂讨论法（seminar），由一两位学员先作准备，在课堂上给其他同学介绍该周课程内容，然后相互讨论，最后由授课讲师做总结，回答问题，并补充讨论时未提到的重要内容。在听韩礼德先生的语言学课程时，我们中国学员喜欢提一些结合汉语的实际问题要他回答。虽然他也回答了一些问题，但他更多的是对我们提出这样的看法，大意是：这是 seminar, 你们不要老等着我回答，你们应该自己互相发表意见和讨论。你们都是"postgraduate"，用汉语说，是"研究生"。研究生就是要学会研究问题，不是光听老师讲课，记笔记。毋庸置疑，他的这些开导对我终身受用。

在清华大学召开的一次语言学大会上，我对韩礼德先生进行公开访谈，试图了解他对语言学各流派如何评价。他不予回答。我当场表示道歉，因为我立刻发现我不该提这个问题，他在 21 世纪提出的"适用语言学"（Appliable linguistics）实际上便是对发展任何语言学理论的指导意见，如意义的发生、所追求的目标、工作机制、社会理据和意义、可行性、适用性等等。我认为，这个理论不仅可用来客观地评价系统功能语言学内部的不同流派，也可用来评价非系统功能语言学的其他语言学理论。这都说明韩礼德先生一方面认为不同理论和流派，各有其自己的目标、理论基础、方法和价值，没有必要去肯定或否定其中一个；另一方面，我们的注意力应当在总结过去和现在的研究的基础上，指向未来，探索新的突破点。

**黄：**学无止境，贵在超越。韩礼德先生早年来中国学习，把中国的学术传统和西方的语言哲学思想相结合，从而将语言学理论研究和实践推向一个新的平台。这一点，对当下中国学术思想走出去有什么样的启发作用？如何看待汉语语言现象和英语语言现象的比较，系统功能语法与汉语语法的对比研究是不是有利于提升中国学术自信？

**胡：**中国的学术传统和西方的学术传统互相结合，应该是努力的方向。韩礼德先生的功能语言学思想受王力、罗常培、高明凯思想的影响是肯定的。1991 年北京大学中文系举办庆贺王力先生九十周年诞辰学术研讨会，邀请我参会，并提交论文。为此，我仔细拜读了《王力文集》所收录的各个论著。我当时的体会是既熟悉又亲切，那是因为王力先生的观点与韩礼德的系统功能语言学有不少共通之处，于是写了一篇《王力与韩礼德》的论文。但在那时我脑海中根深蒂固的思想仍是把韩礼德看作弗斯学派传承人，因此没有进一步思考王力和韩礼德的学术联系。1977—2001韩礼德先生曾多次接受各国学者访谈，其中的 14 次由他的学生 James Martin（悉尼大学语言学首席教授）编成《韩礼德访谈录汇编——韩礼德畅谈自我》一书。这时，我才注意到韩礼德在多个场合用他自己的方式阐明，他的学术渊源来自中国。例如，当一位学者在访谈时流露出韩礼德的语言学思想来自弗斯时，韩礼德立刻把话题转到王力和罗常培："我最早是在中国由两位杰出的学者教我语言学的，特别是其中的一位帮我打下了现代语言学和音系学的基础，那是王力。"他还特地明确指出王力是"第一个输入资源"，"弗斯是第二个输入资源"。在另一次访谈中，韩礼德使用了被动语态，"I was called a Firthian by my friends."这意味着，他自己并没有这么称呼，是他的一些朋友这么称呼的。曾经有人在我之前发表这样的看法：王力自己也是在国外留学的，用意是想说明中国语言学最后还是来自国外。我回答说：你有看法很好，但我希望坐下来比较一下王力先生的哪些观点来自国外，哪个语言学家？然后思考一下，王力先生有没有完善和发展？我曾经思考这个问题，为什么中国不能培养出像韩礼德这样的国际上有影响的接班人？我未找到答案。我曾经有过这样的想法：中国的治学传统是"师道尊严"，学生不能超过导师，因而不是去完善和进一步发展。我本人对汉语语法研究不多。韩礼德先生曾多次批评。但我有我的观点。我是英语教师，后来又是英语系主任，因此我首先要完成教育部、王佐良、许国璋、李赋宁和北大校长交给我的任务，特别是在改革开放初期，关于中国的外语语言文学专业如何建设的任务。国内老师对文学课程很熟悉，但对语言教学只懂得"听说读写"，开不出其他课型。因此我总认为自己不是语言学家，而是从事英语教学和语言学课程教学的教师。

**黄：** 正是有着这样的学术定位，您才开始立足本土需求编写教材。您主编的《语言学教程》，成为我国英语专业学习的必修课目，从第一版到第五版，到中文版，还有简明教程和高级教程。您在写作过程中是如何处理好国外理论介绍引进和理论创新的关系的？

**胡：** 应该说，第一版最初是山东大学李延福先提出的，然后请我牵头。不料完稿后在山东审稿时意见不一。审稿会成员中北大邀请的老师对内容要求高，李延福邀请的老师认为太难。评审领导意见也不一致，许国璋先生要我们达到国际标准，桂诗春先生要求简易，学生能掌握。因此，最后请刘润清支持，得以通过。而我认为，任务已经完成，以后让此教材自生自灭了。不料，过了十多年，北大出版社汉语部突然感兴趣，要我出第二版。在当时情况下，如果走第一版老路，我又得处理老问题。因此，我向汉语部提出，由北大老师自己组成写作队伍，便于领导，统一思想。其次，按北大学生接受水平编写，出版社同意了。不料，第二版出版后，校外反应难度太大，因为各校学生水平不一。其次，光是北大自己用，销售量受限制。在此情况下我改变主意，出第三版，由我邀请学生水平较高的兄弟院校老师一起编写，难度适当控制，效果良好。《语言学教程》原来是北大出版社汉语部的项目，但供英语专业学生使用，是用英语写的。出版社的外语部有意见，经过社领导同意，由外语部负责，因而又改成第四版。另外汉语部译编中文版。许多学校要求为语言学研究生提供教材，于是出了《语言学高级教程》。有些学校，特别是高职高专院校，要求简单一些，于是与解放军国际关系学院（今改为国防科技大学国际关系学院）老师合作，出版了《语言学简明教程》。因此，这套教材的路是一步一步走出来的，原来没有想得那么多。有一点可以肯定，试图以一部教材满足不同需求很难做到。

**黄：**感谢胡老师提供了一系列的经典教材，适合我国高校众多、需求多元、分层次满足教材需求的实际情况。符号学研究是当下研究热门领域。您在 1994 年就写作了"巴赫金与社会符号学"一文。1993 年苏州大学倡导建立符号学研究会，您出任会长。目前符号学已经超越了外国语言文学的领域，成为一个重要的研究领域，您对中国符号学的发展起了很大的作用，请您详细介绍一下，谢谢。

**胡：**我最初不是研究符号学的，因为我与语言学同行交谈时，大家认为符号学难度太大，不适合外语专业的教学。1993 后，苏州大学要成立符号学会，要找挂靠单位，于是找到北京大学比较文学中心。中心提出若干要求：(1) 学会不能单是"符号学会"，因为是外语学院办的，要与"语言"挂得上，于是改成"语言与符号学会"；(2) 学会会长由北大派人担任。碰巧，1993 年我从北京大学英语系主任的岗位退下，中心认为我有富裕时间，把这个任务落到我头上。当时说好我只挂名，不管具体事务。中国语言与符号学召开成立大会，作为会长，我不得不硬着头皮，写了"巴赫金与社会符号学"一文。第二次会议在山东召开。会前，我去美国，借机逃会，可以让他们改选会长。不料，事后听说这次会办得不太成功，当时还在洛外的王铭玉一再做我的思想工作，为大家着想，继续参加符号学的活动。就这样，过了很长时间，才退下来推荐王铭玉教授当选为会长。符号学的确很重要，不论是语言学、教育学、传媒、多模态研究、人工智能，以至音乐、舞蹈、绘画、着装、广告都离不开符号学。

**黄：**您在 2015 年时曾经写道："我进一步把符号生态学的理论应用于语言生态的研究后，我发现单就我们国家来说，许多问题有待解决或统一思想，如汉语和少数民族语言及方言的关系，汉语的拉丁化，简体字和繁体字之争，普通话的推广，等等。尽管我心里明白，从生态学的经典理论出发，我们应该多关心传承反映祖国文明的繁体字，保护少数民族语言文字和各地方言等，最后在我脑海中思考更多的、具有更大倾向性的是如下观点：作为象形文字，汉字从甲骨文起，便有多种形态；两千年前的秦始皇进行了统一文字的重大改革；新中国成立后，汉字简化和规范化有助于扫盲和全民文化程度的提高；普通话的推广有利于全国人民的交流和祖国建设。我始终认为深圳从一个边境渔村数十年内发展成我国第四大城市，这得益于各地前往深圳的建设者能用普通话交流。回顾历史，全球四大古代文明，唯独中华文明岿然不动；展望未来，中国的话语权将获得更大加强。这都有赖于我国在不同时期的文字改革和规范化。"这一点与习近平主席的顾大局思想是不是一致的？如果从人类学观点看或者说从保护生态多样性和保护民族语言文字的多样性的角度看，您还会坚持您的结论吗？

**胡：**我主要发表自己的看法，即如何正确理解生态语言学的研究。我认为生态语言学研究物种保护是一个方面，但不能忽视如何积极发挥其作用的问题，如端正对"改繁为简"和推广普通话的观点。我不反对保护濒危物种，但要考虑投入力量，更要考虑是什么原因导致"濒危"？从根本上解决问题。我认为我的想法符合习近平主席的"顾大局思想"，既要考虑国家发展，也要考虑保护"濒危物种"；或者说，既要考虑保护"濒危物种"，也要考虑国家发展。如果把保护"濒危物种"作为唯一选择，或首选，或重点的重点，那秦始皇统一各国文字永远不能实现，中国的汉字还停留在图画符号阶段。正因为如此，我也不同意有些专家提出当代我国文章中不能出现拉丁字母，如"X 光""U 盘"等。文字的用途不是套在人们头上的"紧箍咒"，而是如何有利于表达思想、促进交际、发展生产。如果有人仔细研究的话，我国文字中实际上已有不少源自"一带一路"沿线国家和地区和近数百年与国外交往时输入的文字，即使一些汉语术语也有不少来自日本等国家。如果为了保护汉语的纯洁性，把"1、2、3、4、5、6、7、8、9、0"等符号剔除，我不知道当代中国人如何生活。正因为如此，语言的纯洁和发展是一个复杂的需要不断研究、不断讨论的课题，不能完全一刀切。

**黄：**胡老师的意见非常中肯。"一带一路"倡议已经布发好几年了。最近学界发现不少关于的决策问题，以目的语为日语、朝韩语、蒙语、泰语、缅甸语、印地语等非通用语种的翻译和教学并没有受到应有的重视。我国各类学术成果文献等主要的输出语言还是英语，您在改革开放初期曾经提出了外国语言文学学科重点是培养翻译人才，可惜最后没有得到应有的重视。今后我国的外语教育应当如何与国家需要相结合？"胡壮麟杰出翻译奖"的设计与此有相关性吗？

**胡：**非通用语种近几年已经开始受到重视。北京大学在外语教学排名靠前，我认为得益于非通用语种。当前的问题是有的学生学后，未能找到与非通用语种有关的工作，应帮助解决。其次，非通用语种的第二外语一般是从小学开始学的"英语"，这个很好，必要时有个退路。英语是我国主要外语，这是根据国际情况决定的。多年前，曾有人向国务院领导提出，为什么把英语看得如此重要，不强调汉语和其他外语？一位副总理解释道，英语使用范围较广，这是国际上多数国家形成的共识，不是自己要强调什么，就是什么，要国际上大家同意。当然，随着"一带一路"的发展，国外学习汉语的人群会有增加。从发展预见看，汉语不太会成为国际上第一通用语言，因为国际上多数国家的语言是以语音字母为基础的，而汉字是象形文字。翻译学过去没有受到应有的重视，不是它没有用，而是我国外语界一些老先生认为它理论性不强，不能成为学科。教育部在 21 世纪把它列为专业，我认为是正确的。从最近 10 多年的情况看发展很好，理论上探讨的文章也开始多了。各个外语期刊都有翻译专栏。随着比较语言学、对比语言学、语篇语言学、机器翻译、语言与文化等学科的研究发展，前途光明。"胡壮麟杰出翻译奖"不是我要搞的，事前也不知道。这是北京大学澳大利亚研究中心搞的一个活动。我辞去中心主任后，他们又给我挂上"名誉主任"的头衔。因此，我不能给他们拆台。

**黄：**您是清华大学"大中小英语教学一条龙"实验项目顾问，何其莘教授一直提倡"一条龙"思想，您对此有何看法和行动？

**胡：** 我的学生，在清华大学外文系工作的范文芳教授负责清华这个项目，她常找我讨论有关问题。我认为一条龙有利于学生培养，少走弯路，少重复。当前问题不在下面，而是教育部的高教司和基础教育司如何合作、如何协商的问题。之所以产生这个矛盾，我的看法是高教司对一条龙寄予更大希望，如果一条龙试验成功，我国高校不必为"大学英语"操心了；而基础教育司则担心学生负担太重。我曾建议教育部应该有位副部长协调这两个单位。类似问题时有发生。如大学英语起点原来是1 800英语词汇。基础教育司为了减轻学生压力，把标准减为1 600词。这样，原来大学英语的教学大纲要彻底修改。其次，原来计划一条龙成功后高校不必开设大学英语这个设想也出现问题，像清华和北大所招的本科生实际上的确达到大学英语六级的水平，后来两校领导发现这些学生不学英语后，英语水平大大降低，赶快要他们完成一定学分的英语课程。当然，如能让国外回归的有关专业教师用外语讲专业课也可考虑。

**黄：** 胡老师已培养博士几十人，这些学生也已成为外国语言学界的专家学者，推进了中国在该学科的高度。请您谈谈教书育人方面的体会。

**胡：** 我本人是半路出家回到学校任教的，经验不太丰富。我选拔学生，一是看这位学生的基础，对学习外语的认识。应该承认，如果该学生在大学或研究生阶段已经从事过研究和具有成果，我会对这个学生更有好感。但我更要求学生能明确自己的研究方向和课题，不要求学生按我的方向去做，更不让他们给我打工，像国外喜欢把导师叫作"老板"那样。所以尽管我是搞系统功能语言学的，我大部分学生的论文不是这个内容。另一方面，如我学生选题是我所不熟悉的或未研究过的，我也会同意。怎么办？我也会自己找材料看，与这个学生共同研究。如上面提到的范文芳研究"语法隐喻"这个课题，我就自己也找材料看，不然我没法指导她。我不会因为我不熟悉，不让她写。我的一个主导思想是鼓励学生超过自己。我认为一个老师，如果没有培养出一两个能超过自己的学生，说明这个老师白干了，忙了几十年，学生还在跟自己原地踏步。

**黄：** 衷心感谢胡老师，您用非常简洁而准确的话语为我们描绘了您人生路上的道道风景和独特的心得体会，保留了大量的一手资料，具有丰富的史料价值。学无止境，贵在超越的学术思想，一定会烛照未来，影响更多的学人。

# 征途漫漫　初心不改

## ——胡壮麟教授语言学与外语教育再回顾学术访谈 [1]

**李战子**（以下简称李）：胡老师好，很高兴您再次接受我的访谈。我们还是围绕语言学和外语教育这个说不尽的话题吧，另外也想请您介绍一些您的为师之道。

关于外国语言文学学科，您曾经在《不忘初心，改革开放——高等教育改革40周年有感》（胡壮麟，2018c）中，从自身经历谈到专业和方向设置与国家需求之间的关系，特别是语言学研究在当下的重要作用，您能否再展开阐述一下？

**胡壮麟**（以下简称胡）：这个问题在改革开放之初很复杂，在今天更复杂。就当时的情况来说，北京大学擅长各种文学课程的开设，对语言学课程的开设缺乏经验。根据教育部的建议，当时北京大学西语系主任李赋宁先生先请姜望琪老师，后又请我和祝畹瑾老师给研究生开设语言学课程。之后，北京大学开始招收语言学硕士生。1986年，教育部特批我为博士生导师。1996年，我从北京大学退休。

在北京大学停招语言学博士生之后，我应邀到北京师范大学从事语言学博士生的培养工作。钱钟书先生的女儿钱瑗病重时，嘱托我关心北京师范大学博士生的培养工作。从1999年到2007年，我在北京师范大学总共培养了9名博士生。

2010年，北京大学外国语学院成立外国语言学及应用语言学研究所（以下简称"语言所"），我作为现代外语教育方向的学科带头人，负责培养和引导年轻教师。后来，我在语言所指导理论语言学和现代外语教育方向的博士生。前几年，我主动提出不再招研究生了。尽管如此，我还是在语言所做着传帮带的工作。

"新文科、大外语"的历史发展阶段要求我们妥善解决不同国家、不同文明之

---

1　李战子，胡壮麟. 征途漫漫　初心不改——胡壮麟教授语言学与外语教育再回顾学术访谈［J］. 浙江外国语学院学报，2022(1):6–13.

间的语言交流问题。语言学是以人类语言为研究对象的学科，探索范围包括语言的性质、功能、结构、运用和发展历史，以及其他与语言有关的问题。在这个意义上，同属语言学的汉语语言学和外语语言学应该融合。这符合国际上的统一认识，有利于"一带一路"倡议的推进，呼应了人类命运共同体理念。

当前，国内设有语言学系的高校很少。我认为正是这个原因，不同高校各走各的路，分别在一级学科中国语言文学和外国语言文学下设置二级学科语言学及应用语言学和外国语言学及应用语言学。同时，我们也得承认，外语界和汉语界在语言学研究的广度和深度上，在对语言学不同理论的关注和认识上，的确存在着一些差异。或许正因为如此，外语界对桂诗春先生等当年关于保留独立的外国语言学及应用语言学学科的倡议表示肯定和支持。

**李：**您在《不忘初心，改革开放——高等教育改革 40 周年有感》（胡壮麟，2018c）中谈到，20 世纪 80 年代后，在外国语言文学学科中引入语言学和应用语言学的教学内容较好地解决了高层次人才的培养问题，一些高校在本科层面也开设了语音学、语法学、语义学、文体学、语篇分析、英语史和外语教学法等课程。在 2020 年发布的《普通高等学校本科英语类专业教学指南》中，这些课程都已经成为本科英语类专业课程体系的有机组成部分。您觉得这些课程对于学生素质及能力的培养有哪些积极作用呢？

**胡：**对于《普通高等学校本科英语类专业教学指南》将这些课程作为本科英语类专业课程体系的有机组成部分，我感到非常高兴，因为在这个问题上，并不是所有相关高校的看法都一致。作为我个人，我一直认为，这些课程有多重意义。

首先，大学的英语教学之所以不同于英语专科学校，是因为其对相关理论的重视。

其次，英语语言文学专业有多个方向，可以让不同院校根据国家和社会的需要，结合本校特色，培养本科生和研究生。学校应指导学生依据国家和社会的需要，结合个人实际情况，进行合理的职业规划。

再次，从多元智能的视角来看，这些课程能使学生的外语能力全面提高。比如逻辑智能可提高学生理解和掌握语法规则的能力，音乐智能可提高学生的外语听说能力，内省智能可提高学生独立思考和分析的能力。详情可参阅我于 2019 年在《外国语言文学》上发表的《从语言视角看智能多元化及其融合》一文。

尽管外国语言文学学科的名称将"语言"放在"文学"之前，强调语言教育的重要性，但有些学校只是停留在开设外语技能等课程的层面上，对语言学理论重要性的认识仍显不足，未能充分发挥语言学对外语教学的引领作用。事实上，除词汇学、语音学、句法学、语义学等课程外，语用学、语篇语言学、教育语言学、多模态语言学、计算语言学等课程对外语人才的培养也是具有积极意义的。

**李：** 在 2019 年我对您的访谈中，您简要回顾了开创中国功能语言学研究的经历（李战子、胡壮麟，2019）。从国内功能语言学与外语教育紧密结合的发展历程来看，您觉得我们如何才能更好地立足本土，培养国家急需的高端外语人才呢？

**胡：** 应该说，改革开放后，我国功能语言学的研究有了很大发展，对国家建设起到了重要作用。

我认为，应肯定外语教学对理论的重视。改革开放后，通过对国外语言学理论的研究，外语教学大纲的制定有了理论指导。无论交际教学法，还是外语教学改革，都离不开语言学理论的指导。任何理论的价值和效果都需要经过实践的检验。教师具有一定的语言学知识，才能总结出恰到好处的经验和理论。我们虽然主攻功能语言学，但也要注意学习其他理论的长处，或对不同理论进行融合，不要有门户之见。

**李：** 在《语言学教程》（胡壮麟，2020b）中，您亲自撰写了《计算语言学》这一章，我记得您在很多学术会议的发言中都会提到计算语言学的新发展。在数字社会飞速发展的今天，您认为计算语言学和认知语言学的发展前景如何？

**胡：** 我对计算语言学和认知语言学都是持肯定态度的。

我十分重视计算语言学，在 20 世纪 90 年代末便向教育部申请过计算语言学的科研项目，由姜望琪老师负责。我自觉数理知识比较欠缺，因而在计算语言学的研究中需要经常向我过去的硕士生魏爽求助。

语言学分支学科之间的关系并非泾渭分明，它们相互关联、相互支撑。例如，乔姆斯基提出句子的生成和转换，但未能交代清楚为什么要这样生成，为何要这样转换。回答这些问题必然离不开功能语言学。

我也写过有关多模态的文章，我认为不论有几种模态，起主要作用的都是语言。老师画的图表，要使用语言来标识。哪怕唱一首歌，也需要借助语言来表达内容。我的导师韩礼德先生肯定了我的这一观点。随着现代信息技术的发展，意义的表达除可采用语音和文字模态外，还可采用音乐、图像、表情、动作等模态。因此，语言学习的认知过程不仅有赖于学习者的语言智能，还取决于逻辑智能、音乐智能、运动智能、空间智能等多元智能。

**李：**国内语言学界一直以来有功能语言学和认知语言学之分，而您在很多论文中通过对隐喻的研究，揭示了功能语言学的认知层面，您还著有专著《认知隐喻学》（胡壮麟，2004）。您对功能语言学的认知特征为什么这么关注呢？

**胡：**其实是韩礼德先生首先关注的，因为功能语言学强调生物和社会因素。20 世纪 70 年代，他和同事们集中研究过儿童语言发展，涉及很多认知和心理因素。进入 21 世纪，他在这个方面有了更多的阐述。

认知语言学最初是为了解决乔姆斯基形式语言学存在的问题而发展起来的，在当时是一门新兴学科。认知语言学研究隐喻、认知语法、心理空间和概念合成等内容，与语言类型学、功能语言学和语用学等都有很多交集。功能语言学研究概念意义时，涉及各种概念意义的范畴化，与认知语言学也有很多的共同关切。以往我认为功能语言学和认知语言学是"同路人"，现在进一步认为两者是互补关系。

**李：**国内功能语言学界有多个与地域、高校及研究领域关联的研究团队，适用语言学、生态语言学、教育语言学及英汉对比研究等在其中发挥着重要的影响力。您对国内功能语言学的研究现状有什么评论？对这些研究的未来有什么寄语？

**胡：**我个人认为靠一个学校或一个团队解决所有问题，是不现实的。因此，不同学校重视某个方面的研究是应当鼓励的。

从国家政策来说，在本土化的基础上，强调走出去，注重国际化，是功能语言学学者需要牢记的。现在已有不少学者在国外发表论文，这应该予以肯定和鼓励。在此，我要特别提一下，中国的功能语言学学者在国际上已经取得重要成就，一些学者进入了国际系统功能语言学学会的领导层，例如黄国文老师曾担任学会执行委员会主席。

**李：**2021 年，您主编的《语言学教程》（胡壮麟，2020b）获得了首届全国教材建设奖（高等教育类）一等奖，这部教材的参编者来自国内多所知名高校，祝贺您在教材的编写和修订中带出了一支优秀的语言学团队。在与您的沟通中，我感到您总是用启发的方法，鼓励我们将国外的前沿成果编入教材。例如，在修订我编写的第一章时，您让我添加一些动物语言研究方面的新发现。您能否与我们分享一下您和其他几位学者在编写教材过程中比较难忘的经历呢？

**胡：**《语言学教程》这一品牌是在摸索过程中成长的。每次谈到这部教材时，我都要提到山东大学的李延福老师，是他最早提出写教材的建议的。我当时只想教好书，当好系主任，没有那么远大的理想。

《语言学教程》第一版由北京大学出版后，各位编者对其难度有不同意见，因而我决定不再找这个麻烦了。十多年后，北京大学出版社中文部请我负责修订《语言学教程》。后经出版社集体讨论，《语言学教程》的主编部门由中文部改为新成立的外语部。我在年近 80 岁时主动提出请姜望琪老师任副主编，他是在英国获得语言学硕士学位后回北京大学任教的，底子厚，经验丰富。考虑到姜老师也将退休，我们请国内研究布拉格学派的权威钱军老师任《语言学教程》第四版的第二副主编。在大家的努力下，《语言学教程》自 1988 年初版以来，四次再版，为语言学的教学和研究做出了重要贡献。

我认为应该根据不同需要，编写适应不同程度读者的教材，如高级语言学教程、简明语言学教程、中文版语言学教程。多种教材并存，有利于互相参照、互相促进。因此，我也为其他老师编写的教材写序。

**李：**您的代表作之一《新编语篇的衔接与连贯》（胡壮麟，2018b），产生了广泛的学术影响，在语篇研究领域，特别是汉英语篇衔接对比方面成为必读书。最近，我的一名研究生以您的论述为理论基础，正在撰写关于人工翻译与机器翻译的衔接对比研究的硕士论文，他想通过我请教您一个问题，即《新编语篇的衔接与连贯》在论述每个内容时，都选用了大量的汉英双语语料作为例证，您在序言中指出这是出于汉英对比研究，以及满足汉语和英语读者需求的考虑，那其中是否融入了您对翻译中衔接与连贯的思考，为什么当时没有直接选用汉英互译的语料作为例证？

**胡：**谈到《新编语篇的衔接与连贯》，让我回想起自己在这个领域的研究过程。当我在澳大利亚悉尼大学攻读优等文学硕士学位时，学位论文最初准备写澳大利亚英语的特征。韩礼德先生提出三点不同看法：一是这样的论文，我不会比澳大利亚学生写得好，因为我不是土生土长的澳大利亚人；二是作为中国学生，我的论文选题应考虑如何帮助中国学生学好本国语和外语；三是应考虑如何结合我在悉尼大学学到的系统功能语言学理论来写论文。鉴于此，我把论文选题改为汉语语篇衔接。1981年，我顺利完成学业，回到北京。

按理说，学术界的惯例是尽快把学位论文整理成专著出版，但我的《语篇的衔接与连贯》直到1992年才成书，1994年由上海外语教育出版社出版。其中的原因是多方面的：其一，回国后，我的工作头绪比较多。一方面，我要完成教学任务，不仅给英语专业的本科生开课，也给研究生开课，并担任硕士生和博士生导师；另一方面，我要从事行政工作，如担任西语系英语语言文学专业教研室主任。与此同时，我还要参加教育部高等学校外语专业教材编审委员会（后更名为高等学校外语专业教学指导委员会）编写外语教材和教学大纲的工作，以及中国英语教学研究会的活动。其二，专著的实际整理工作比原来估计的要复杂。例如，要把英文学位论文翻译为中文；为了保证学科的完整性，不仅要考虑句子的衔接，也要考虑整个语篇的连贯；因为要供英语专业学生使用，所以不仅要有中文的例子，还要有英文的例子。坦率地说，当时我思想中的确没有从翻译角度考虑，或从对比语言学角度考虑，我只是想对学位论文做些适当的补充。我期待国内学者在这方面有所突破。

相隔二十余年，在《语篇的衔接与连贯》基础上修订而成的《新编语篇的衔接与连贯》于2018年由华东师范大学出版社出版。正如我在《作者的话》中所言，语言学已成为显学，有了多方面的发展（胡壮麟，2018b）。

**李：**这几年来关于新文科的讨论非常热烈，您一定关注到了。2020年，您在《当代外语研究》上发表《对外语学科人才培养的若干认识》一文，从操作层面提出四点关于外语学科人才培养的具体做法（详见胡壮麟，2020a），特别契合新文科的精神。那么，关于新文科建设中外语教育所能发挥的独特作用，您能否再分享一些见解？

**胡：**我所理解的"新文科、大外语"的基本精神是要扩大包括外语专业学生在内的文科学生的知识面，这是非常有必要的。正像我在许多场合所强调的，外语专业学生毕业后不仅可能从事外语教学、文学研究等工作，也可能从事政府管理、商务贸易、新闻出版、旅游等工作。只有知晓和熟悉相关知识，才能把工作做好。

我觉得，开设国学和国别研究课程、培养思维和分析能力的课程、科技课程及培养国家意识的课程，于综合大学而言问题不大，但像外国语大学或理工科大学，因为缺乏这方面的经验和专业人才，可能要承受一些压力。因此，应该让各个学校发挥自己的特色，不要千篇一律。

我认为，学生也面临一些困难。他们如果选修了这方面的课程，必然会相应减少对本专业学习的投入。因此，学校应处理好必修课与选修课之间的比例及衔接关系。院系领导不必硬性要求学生学习所有课程，而可以规定一定的学分，让学生根据自己的兴趣和日后希望从事的工作，自主选择课程。我们要指导学生选修一些覆盖面较广的课程，如唯物辩证法、计算语言学、逻辑学等。我们要培养学生在较短的时间内适应新岗位的能力。

我谈这些是有切身体会的。我毕业后先在部队，然后在农科院，最后在教育部门工作，每次都能在较短的时间内适应新岗位。这是因为我在清华大学和北京大学上学时，学校在开设专业课程之外，还经常安排学生去政府部门和企事业单位短期工作。在 40 岁回北京大学教书后，我仍有机会或个人，或带领学生参加各类实践活动，如广交会、亚运会、工业展览会、首都机场英语培训班、学校图书馆的相关工作、蔚秀园的基建工作，甚至假期在学校东门值班。


**李：** 目前，高校正在积极开展"双一流"建设。在课程建设中，课件制作是一项必不可少的工作。您曾经撰写过关于 PPT（PowerPoint 的缩写）课件的多模态话语分析文章，您认为 PPT 课件在课程教学中发挥着怎样的作用，课程建设在课堂师生互动、教师教学与科研水平提高、教材选用、课件制作等着力点之间该如何平衡呢？

**胡：** 我回北京大学教书时，首先放下架子，虚心向我的老同学祝畹瑾老师和比我年轻的老师请教如何上课。我印象最深的是他们强调要把教案准备好。

随着科学技术的发展，上课大多需要准备 PPT 课件。事实上，PPT 课件的每个页面都应紧紧围绕教学重点，同时要尽可能生动活泼，以激发学生的学习兴趣。如果讲课人仅在页面上简单呈现自己的讲稿，那么 PPT 课件就失去了意义，与念稿子也没有什么区别了。

这里，我还要强调放下架子。每个单位总会有些技术人员，或者电脑技术比一般老师高一个档次的中青年教师，我总是能虚心向这些"专家"请教，寻求帮助。

**李：** 您的与时俱进给我们留下了深刻的印象。记得 2020 年夏天，您应国防科技大学国际关系学院邀请，采用腾讯会议方式给我们做了一场题为"军事外交语言与文化"的讲座，分享您在认知隐喻翻译研究方面的最新成果，深受广大师生的欢迎。那是您第一次采用腾讯会议方式做讲座吗？后来我注意到您多次参加了该类学术活动，从个人讲座到学术会议的主旨发言。在后疫情时代，线上线下混合教学与科研或成为常态，您在这个方面有什么心得体会可以与我们分享吗？

**胡：** 在某种程度上，线上模式的确解决了我们在教学与科研中遇到的新问题。

此刻，我似乎不太确定那次是否是第一次采用腾讯会议方式做讲座了。惭愧的是，我本人年龄较大，有些电脑技术学习了多次，还不能很好地掌握和运用。每次参加会议，我都要提前与主办方的技术人员交流、沟通，因而每次都有第一次的感觉。

我很荣幸，外语教学与研究出版社的何伟老师还请我去上过一次慕课。我们要做到即使面对摄像头，也要谨记是在给学生讲课。

我还有一点体会就是，由于收到很多线上学术活动的邀请，我投入科研的精力更多了，科研成果也增多了。

**李：** 做学问与建立良好的人际关系并行不悖。胡老师，您在这方面为我们树立了很好的榜样。记得您当时代钱瑗老师在北京师范大学上语用学课，我正好在跟您读博，每周三下午都去北京师范大学听您上课。有一天，您告诉同学们钱瑗老师去世了，请全班同学起立默哀。您具有大家风范，不仅是中国功能语言学研究的开创者和引领者，而且与国内语言学各个流派都保持着良好的关系，在文体学、符号学、认知语言学等领域也非常有建树。那么，您是如何看待门户之见的呢？

**胡：** 我始终认为不同学科、不同理论都有其独特之处和存在的价值。从我个人来说，最初我和北京语言大学的方立老师从事生成语言学研究，去澳大利亚后才师从韩礼德先生学习系统功能语言学。尽管如此，我和方立老师互相尊重、互相支持，我们去彼此的学校讲课或参加学术活动。

我与你谈到的几个学科关系密切是有其历史原因的。我从悉尼大学回到北京大学后，由于学校有文学传统，文体学是可以为文学方向的学生所接受的，便开设了文体学课程。申丹老师从国外回来后就接着开这门课。

我与符号学发生联系又是另一个原因。苏州大学在 20 世纪 90 年代准备成立符号学会时，曾提出想挂靠在北京大学的比较文学学会之下。乐黛云老师获悉我已从英语系主任岗位上退下来了，便推荐我担任会长。在王铭玉老师的"督促"下，我自 1994 年开始担任中国语言与符号学研究会会长，干了好几年。

1988 年，我参加了中国第一届澳大利亚研究学术讨论会。然而，我的论文 "Aspects of Present-day Australian English" 受到与会者的质疑，认为其不属于澳大利亚研究（胡壮麟，2016a）。此后，我不再参加这方面的活动。不料，多年后北京大学决定成立澳大利亚研究中心，郝平老师点名让我担任主任，并在学校召开全国会议。在那次会议上，我发表了两篇论文，即 "The West Review: From the Discussion Paper to the Final Report"（胡壮麟，2016b）和 "East Asia Crisis and Australia"（胡壮麟，2016c）。

**李：** 了解您的人都知道，在您这几十年间所指导的学生尤其是博士生中，很多都成为各自工作单位的中坚力量。您在指导博士生选题时，是根据他们各自的兴趣爱好还是将他们都整合在您的某项研究计划之中？您在指导博士生时有什么趣事可以与我们分享吗？

**胡：** 我带博士生的基本原则是培养方向按照他们自己的志愿或兴趣。我认为这样更能发挥他们的自主性和积极性。这就是说，我不是所谓"老板"那样的导师，我不让学生帮我干活。

我这个认识会面临这样的问题，即如果学生的选题并非我的专长，该如何指导？我有我的做法。例如，范文芳要把语法隐喻作为博士论文选题，我没有反对。事后，我自己也去看这方面的论著，然后进行指导。有趣的是范文芳取得博士学位后，把她收集的材料全部送到我家，方便我继续学习。后来，我在语法隐喻研究方面也发表了一些论文。

有一个情况比较特殊，那就是我接受钱军读博之前和他有过一次谈话。我主动提出，希望他能研究布拉格学派，当时国内没有人专门研究。当然，我不会勉强他，会尊重他自己的选择。钱军很快同意了，入学后专攻布拉格学派，并取得了很大成绩，他的成果曾得到捷克共和国政府的嘉奖。

至于指导博士生的趣事当然很多，在此举几个例子与你分享。

1987 年，我招了第一批博士生，即高一虹和周晓康。上课时，教室里站着我这个老师，下面就两名学生，这个场面我过去没有经历过。周晓康在杭州大学硕士毕业后，留校在中文系工作。她喜欢听课，把中文系的课程都听了一遍。她来到北京大学跟着我读博士后，又去北京大学中文系听这样那样的课。后来她去了澳大利亚墨尔本大学，又到英国听韩礼德先生的大弟子福塞特的课，可谓博采众长。

1994 年，我招了两名博士生，即田贵森和范文芳。这两名博士生报到后和我谈话时，我才发现田贵森是范文芳在河北师范大学读本科时的老师。田贵森已 41 岁，是名"老学生"了，他既是范文芳的老师，又是她的同窗。田贵森认为我做导师还是有水平的。1979 年，我开始在澳大利亚悉尼大学攻读优等文学硕士学位，那时我 46 岁，是名地地道道的"老学生"了。也许因为我在班里年龄最大，我的老师马丁去英国参加学术活动时，让我给他代课，我就成了班里同学的"老师"。

我还有一名博士生杨雪燕。她在硕士生阶段的研究方向涉及韩礼德先生的系统功能语言学，因而经常向我请教问题。当我在北京师范大学最后一次招收博士生时，她尽管已经是外交学院的教授了，还是决心跟着我读博士，最终得以圆梦。我相信师生之间也是有缘分的。


**李：**从您的大作《韩礼德学术思想的中国渊源和回归》（胡壮麟，2018a）一书可以看出，您非常重视学术传承，经常鼓励中青年学者，您为他们的著作或教材写了两百多篇序。据我所知，您最近又应邀写了好几篇序。您能否结合自身的经历给我们讲述一下您对老中青学者之间关系的看法呢？

**胡：**写出一本书很不容易，因而中青年学者请我写序，我通常不会拒绝。即使书中存在不足之处，我也不会在序中乱批一通，而是先交换一下意见。无论作者是否曾经是我的学生，我都会为其所取得的成绩而感到由衷的高兴。

我希望能培养出超过我的学生，这也是学科发展的一种必然趋势。有些人可能不认同这种看法，学生哪能超过老师？其实，某个方面的超过也是超过，我觉得我的很多学生都已然在某个方面超过了我。例如，范文芳先于我研究语法隐喻，你首先将多模态话语分析理论引入国内。就教学管理而言，这种超过更为明显，李淑静、高一虹、高彦梅工作能力强、业务精湛，她们从我的学生成长为我的领导。我教过三年的刘振民现已是联合国副秘书长了。

你上次对我进行访谈时，我曾说过学生做出成绩，当老师的感到光彩，他们为老师争光。还有一点我当时没有说，那就是作为老师，我也要为学生争光，我做出些成绩，我的学生在他们的单位里或朋友圈里也会感到光彩。其实，老师和学生就应该相互成就。

**李：** 胡老师，谢谢您在访谈中对语言学和外语教育所作的精辟论述。征途漫漫，初心不改，祝您在学术征途中乘风破浪，永葆青春！

## 参考文献

［1］ 胡壮麟. 语篇的衔接与连贯［M］. 上海：上海外语教育出版社，1994.

［2］ 胡壮麟. 认知隐喻学［M］. 北京：北京大学出版社，2004.

［3］ 胡壮麟. Aspects of present-day Australian English［A］. 胡壮麟. 跨越太平洋——胡壮麟澳大利亚研究论文集［C］. 北京：北京大学出版社，2016a: 16–27.

［4］ 胡壮麟. The west review: From the discussion paper to the final report［A］. 胡壮麟. 跨越太平洋——胡壮麟澳大利亚研究论文集［C］. 北京：北京大学出版社，2016b: 31–53.

［5］ 胡壮麟. East Asia crisis and Australia［A］. 胡壮麟. 跨越太平洋——胡壮麟澳大利亚研究论文集［C］. 北京：北京大学出版社，2016c: 54–58.

［6］ 胡壮麟. 韩礼德学术思想的中国渊源和回归［M］. 北京：外语教学与研究出版社，2018a.

［7］ 胡壮麟. 新编语篇的衔接与连贯［M］. 上海：华东师范大学出版社，2018b.

［8］ 胡壮麟. 不忘初心，改革开放——高等教育改革 40 周年有感［J］. 当代外语研究，2018c(3): 1–2.

［9］ 胡壮麟. 从语言视角看智能多元化及其融合［J］. 外国语言文学，2019(2): 115–127.

［10］ 胡壮麟. 对外语学科人才培养的若干认识［J］. 当代外语研究，2020a(1): 5–8.

［11］ 胡壮麟. 语言学教程（第 5 版）［M］. 北京：北京大学出版社，2020b.

［12］ 李战子，胡壮麟. 筚路蓝缕 以启山林——胡壮麟先生学术思想与治学心得访谈［J］. 英语研究，2019(2): 1–10.

# 第五部分

# 自序、前言和导读

# 《语言·符号·教育——胡壮麟教授新世纪论文集》序<sup>1</sup>

本自选集是应商务印书馆外语部的热忱约请编选的，共收入如下内容。

第一部分选入我 1999 年之后有关语言学，主要是有关系统功能语言学研究的 10 篇文章。就具体内容说，除第 1 篇是介绍"如何操作"型语篇的文体特征外，都是对语言学研究中的理论问题，如语境、主位、概率、适用语言学、社会语言学渊源、评价理论和本位理论进行讨论。我在 1995 年曾出版过《当代语言理论与应用》（北京大学出版社），2000 年出版过《功能主义纵横谈》（外语教学与研究出版社），为了节约版面，20 世纪的一些文章就不再重复了。

第二部分主题为"符号学和学科建设"的 19 篇文章，内容似较庞杂，但仍然有矩可循，那就是有 14 篇（2—5，7—12，14—16，19）的内容与符号学研究的方方面面有关。1996 年北京大学"比较文学"中心给我一个任务，代表该中心出任总部设在苏州大学的中国语言与符号学研究会会长之职。正如我搞语言学是半路出家一样，我搞符号学更是从头学起，其水平可想而知，难怪国内一些专门从事符号学研究的行家看不上眼。我唯一能够"强辩"的是，当时给我的任务就是，团结外语界老师从语言这个视角研究符号学，并将符号学研究的成果应用于外语教学。其次，就意义的表述来说，我们还是注意到从计算科学、超文本、多模态、多元智能等视角研究语言学和符号学，也就是说，我和外语界的老师们的工作还是具有创新意识的，对当时国内死气沉沉的符号学研究敲敲边鼓，但无喧宾夺主之意。在本部分中，第 6 篇和第 19 篇与认知科学和认知语言学有关。我曾经在多种场合表态，

---

1　胡壮麟. 语言·符号·教育——胡壮麟教授新世纪论文集 [C]. 北京：商务印书馆，2015.

就像我支持语用学研究一样，我也支持认知语言学的研究，但我本人限于已承担的任务和年龄，实在顾不过来，没有锐气与这个领域的专家和老师们一起拼搏，因此这两篇文章多少能表示我对认知语言学界的一番心意。有4篇（1，13，17，18）文章与学科建设有关。如果说，在19—20世纪之交人们提出建立一个自主语言学和形式主义语言学的远大理想值得称道的话，我觉得在21世纪我们应该站得更高、看得更远，既需要语言哲学的指导，也需要不同学科的整合，以至有时需要采用超学科的视角。

　　第三部分的13篇文章涉及教育，特别是外语教育。就我个人来说，有时人们把我叫作"语言学家"，我总是"半推半就"。因为英语的linguist有两层意思，一是研究语言的专家，一是会讲多种语言或外语者。我总觉得自己离前者很远，因此至今我没有参加中国语言学会。曾经有几年我参加过北京语言学会的活动，后来不再接到该学会的通知，无形中"脱"会了。对后一说法，我勉强能接受，因为我毕竟是学英语教英语的，入大学后学过俄语，也自学过法语、日语，虽然不能张口，做这样一个linguist还能凑数。正是在这个意义上，我接受了教育部和校领导布置的有关外语教育的任务，也参加一些与外语教育有关的会议和讨论。这些文章大致有以下内容：对中国外语教育的认识和评估（1，3，12，13）、语言教育理论及其应用（2，4，7—11）、其他（5，6）。我对中国以英语为主的外语教育所持立场基本上是肯定的，对各种外语教育理论认为切忌肯定一种，否定一种，而是应当根据不同目标和环境灵活应用。需要说明，2008年外语教学与研究出版社出版了我的《胡壮麟英语教育自选集》，因此在此之前的文章未予收入。

　　我1996年在北京大学英语系退休，因此所有这三个部分的内容都是"退而不休"之作。我感谢与我国高校外语界有密切联系的出版社（如商务印书馆、北京大学出版社、高等教育出版社、外语教学与研究出版社等）。学术期刊（如《中国外语》《外语教学与研究》《外国语》《外语电化教学》《当代外语研究》《外语教学》《外语与外语教学》《中国大学教学》《语言教学与研究》《中国外语教育》《外语与翻译》、Chinese Semiotic Societies），以及各高校的学报，和有关学会（如功能语言学研究会、语言与符号学研究会、文体学研究会等）延长了我的学术生命。正如我的一位学生说我是50岁后开始写文章的，有的朋友说我是退休后开始做学问的，都有一定道理。如果有人给我戴上"少小不努力"的帽子，我会接受；不过如今我"老大"了，竟然没有"伤悲"之感，还想和时间拼搏一下。这是因为我的前半生是在战乱和各种政治运动中挺过来的，能在下半辈子，特别是退休后继续做些力所能及的工作，这对我非常珍贵，不然我真是虚度此生了。其次，此自选集完稿于2013年，不知不觉中我在 21 世纪又度过了 13 年，这是本自选集冠以"新世纪"的用意。我虽已老迈，但仍能在新世纪和朋友们切磋学问，总感到是一种乐趣，是我对生命价值的一种解读和追求。

胡壮麟

北京大学蓝旗营

2013 年 3 月

# 《语言学高级教程》（第二版）前言 [1]

在《语言学高级教程》（*Linguistics: An Advanced Course Book*）第二版付梓之际，我们谨在此汇报此次修订的过程和改动细节。

《语言学高级教程》第一版出版于 2002 年。随着岁月的流逝，有些内容逐渐陈旧，不再适应读者的需要。为此，我们从 2011 年秋天开始筹划该教程的修订。我们联系了各位作者，征求了修订意见，确定了修订方案。为了不增加读者的负担，这次修订的总原则是一般不增加篇幅，增添新内容，因而要相应地删减部分旧内容。

在各位作者的努力下，2013 年 5 月完成修订，大多数章节都有一些改动。除了改正一些错误以外，变动比较大的是，原来的第二章（Phonetics）和第三章（Phonology）被合并成了一章，缩减了语音学的一些内容，更名为 Phonological Analysis；第七章 Linguistic Comparison（原第八章）增加了对比语言学一节；第九章（原第十章 Psycholinguistics）改成了 Cognitive Linguistics，以反映当代语言学新近的发展；第十章 Pragmatics（原第十一章）删减了一些内容，增加了一个新小节；第十二章 Computational Linguistics（原第十三章）删除了两个小节，充实了一个小节；原第十五章整章删除。

作者也略有变动，具体如下：

第一章　　李战子　　南京国际关系学院
第二章　　史宝辉　　北京林业大学外语学院
第三章　　张维友　　华中师范大学外语学院

---

1　胡壮麟，姜望琪. 语言学高级教程（第二版）［Z］. 北京：北京大学出版社，2015.

| 第四章 | 何　卫 | 北京大学外国语学院 |
|---|---|---|
| 第五章 | 钱　军 | 北京大学外国语学院 |
| 第六章 | 姜望琪 | 北京大学外国语学院 |
| 第七章 | 张德禄 | 同济大学外语学院 |
| 第八章 | 杨永林 | 清华大学外文系 |
| 第九章 | 卢　植 | 宁波大学外语学院 |
| 第十章 | 姜望琪 | 北京大学外国语学院 |
| 第十一章 | 刘世生 | 清华大学外文系 |
| 第十二章 | 胡壮麟 | 北京大学外国语学院 |
| | 李德俊 | 南京国际关系学院 |
| 第十三章 | 王初明 | 广东外语外贸大学 |
| 第十四章 | 封宗信 | 清华大学外文系 |

有人说，一部词典问世之日就是其内容老化之时。学术著作何尝不是如此？在信息爆炸的今天，在科学研究迅猛发展的语言学领域，著书永远赶不上研究的步伐。因此，我们衷心希望语言学界的各位朋友，使用本教程的各位老师、同学，一如既往关心、爱护我们。发现教程存在的问题、不足，能毫不留情地予以指正，以便下次修订能做得更好。

编者

2015 年 1 月

# *Crossing the Pacific*
# Foreword[1]

Thanks to the School of Foreign Languages, Peking University, for allowing me to step down from my position as Director of PKU Australian Studies Center at the end of 2014 because of my age and health. Thanks also to Peking University's BH Billiton Professor of Australian Studies David Walker, Professor Liu Shuseng and Professor Liu Hongzhong for helping me to get my collection of papers on Australian studies published, a book which records one important aspect of my academic life from 1979 to 2014, and expresses my deep love for this country and the people across the Pacific.

Foreign language circle in China has known me as a "linguist" of Peking University, in the sense of both "a person who knows several foreign languages well" and "a person who studies languages or Linguistics" (Oxford Advanced Learner's English-Chinese Dictionary, 8th edition, 2014), although I see myself only as a life-long learner in these two fields.

How is a "linguist" related to Australian studies? This is a long story to tell. To cut it short, I was one of the first group of "young and middle-aged teachers" (known as the "Gang of Nine" in Australia, see Article 8) sent by China's Ministry of Education in January 1979 to receive advanced education in the University of Sydney. Encouraged by Professor Zhao Shikai of the Institute of Linguistics, Academy of Social Sciences, I chose to do linguistics with Professor M. A. K. Halliday in the Department of Linguistics, and also took some literature courses with Professor Leone Kramer and Dr. Catherine Runcie in the Department

---

1 胡壮麟. 跨越太平洋——胡壮麟澳大利亚研究论文集［C］. 北京：北京大学出版社，2016.

of English. During this period, Professor Zhao persuaded me to write something about linguistics education in Australia (Article 1). The next year, the late Professor Lorry Brown of NSW University and Ms Dorothy Brown of NSW College of Education guided me to write a paper about linguistic differences in the written English of Chinese and Australian students for an English journal in Hong Kong (Article 2). To speak frankly, I had no knowledge of Australian studies at that time.

In 1988, the First Conference on Australian Studies in China was held in Beijing Foreign Studies University. Seeing that this event was sponsored mainly by other members of the first group of visiting scholars, I managed to present a paper about the features of Australian English (Article 3) to voice my support, the result of which made me feel very sad. My friends told me later that some participants held the view that this is not a paper about Australian studies. As a result, I had to stop attending the following conferences for about a decade, as I was not well trained in Australian literature.

Since then, I concentrated my mind on teaching linguistics courses and writing linguistics papers in Peking University. After my term of Chairman of PKU English Department was completed, my life suddenly changed. The new Vice Chairman of the English Department, Professor Jin Hengshan and the department's Australian expert Mr. Tony Gallagher approached me, persuading me to be Director of the planned Center for Australian Studies of the university. Although I tried my best to explain to them that there is a difference between linguistics and Australian studies, they did everything to assure me that this position was only "nominal" and they would do everything themselves for the center. This ended in my acceptation of the head of PKU Australian Studies Center beginning from December 1996.

What came next was the 6th International Australian Studies Conference held in Peking University. In the course of preparing this conference, I had a chance to meet Mr. Stuart Simson, Chairman of Australia-China Council. When I reported to him the preparatory work of the coming event, he said something expected and unexpected. What was expected is that he hoped the participants would come from various disciplines of the university. I immediately assured him that my colleagues did approach different departments of the university, such as Department of International Relations, Department of Environmental

Science, etc. What was unexpected is that Mr. Simson used an expression: "not too many papers about analysis of novels and poetry." When hearing these words, I smiled stealthily because I didn't expect those Australian literature scholars in China would share the same fate as I experienced in 1988. However, I knew quite well, without their participation, the turn-up rate of the conference would drop greatly. So I told Mr. Simson that I would put those literature participants in a separate session. Anyway, I myself managed to present two papers, one about education policy (Article 5), and the other about economic crisis in East Asia (Article 6).

With what I have mentioned above in mind, it would be easier for the would-be reader of this paper collection to understand why a linguist would like to choose topics such as immigration (Article 7), the "Gang of Nine" (Article 8), crimes (Article 9), globalization (Articles 10&11), national identity (Article 12), Chinese overseas students (Article 13), U.S. marine deployment (Article 14), and Sydney University's industrial actions (Article 15). Being a visiting scholar in 1979 and the head of PKU Australian Studies Center, I had to. I should make my contribution to the promotion of Australian studies in China. At this point, I would like to apologize for the poor quality of some papers, especially for the missing of references in some early-written papers, which I found difficult to re-do in the new century.

Inspired by the notion of multimodality, I attempted to add some photos in most of the articles to help recalling those conferences I was present, and some photos which are related to my experiences in Australia and the university's Australian Studies Center as well. All this has constituted part of my life.

Finally, allow me to express my sincere gratitude to Professor David Walker for writing the preface for this paper collection. I would also take this opportunity to express my thankfulness to Professor Feng Zhongxin of Tsinghua University and Ms Li Hanbing of Peking University for helping me to adapt those pdf-readable texts to word-revisable forms. The book also owes a lot to Professors Hu Wenzhong, Huang Yuanshen, Zhang Yongxian, Du Ruiqing, Zhang Qiusheng, Chen Hong, and Li Jianjun for their contribution to some valuable photos.

Hu Zhuanglin

PKU Center for Australian Studies

February 20, 2015

# 《语言学教程》（第五版）序 [1]

自 2011 年 3 月北京大学出版社发行的《语言学教程》第四版问世后，转眼已是 6 年。如从 1988 年的第一版计算，则达 29 个年头，逼近而立之年。随着时光的流逝，世事变化，历历在目。即使从第四版后的五六年期间，我们目睹了各个领域的许多重要事件和颇具创新意义的变化。

习近平主席在 2013 年 9 月和 10 月分别访问哈萨克斯坦和印度尼西亚时，提出共同建设"丝绸之路经济带"和"海上丝绸之路"的历史性建议，从此吹响了"一带一路"的号角。国家需要大批具有家国情怀、国际视野、全球意识和跨文化沟通能力的人才，这便包括各种语言人才，汉语的和外语的。从这个视角，《语言学教程》对培养高质量的语言人才应当起到它应有的作用。

在此期间，我们也可以看到科学技术的迅猛发展，特别是信息技术的发展。最近几年，互联网、微信、脸书等多种电子通信手段为各种思想文化的传播，提供了更加便捷的渠道。这必然涉及语言学的各个分支，如语音学、词汇学、句法学、语义学、语篇分析，以及社会学、心理学、语境学等学科知识的掌握和运用。

机器翻译的正确率和普及率最近几年有很大提高，是目前人工智能中最活跃的一个研究领域。机器翻译是建立在语言学、数学和计算机科学这三门学科的基础之上的。语言学家的职责就是提供适合计算机进行加工的词典和语法规则，数学家则把语言学家提供的材料形式化和代码化，计算机科学家给机器翻译提供软件手段和硬件设备，并进行程序设计。因此，我们的教材应当及时反映这方面的变化，包括

---

1　胡壮麟，姜望琪，钱军. 语言学教程（第五版）［Z］. 北京：北京大学出版社，2017.

语言学的和其他有关符号学的知识。

从教育系统来说，我国义务教育、高中教育、大学教育、职业教育、研究生教育都在深入进行各方面的改革。各种思想的构建、表达、沟通和传送，都离不开语言。在教学方法方式方面，我们会发现许多教师一方面在课堂上采用各种先进技术，另一方面通过网络直接进入社会，如网络课程和慕课。这是 20 世纪的教师和语言学家所未能想象和掌握的。

所有这些表明修订此教材的重要性和紧迫性。出版社、编者、教师、学生都有一个共同的心愿，让这本教材随着时代的变迁继续茁壮地成长，更好地为我国的教育事业服务，培养更多的受过高等教育的人才。

在上述思想认识的基础上，第五版主要做了如下的改动：

（1）改写。第 3 章的题目改为 Words and Morphology（词和形态学），并对主要内容进行了改写，更切合本科生的水平和国内外同类教材的内容。第 11 章第 6 节有关语料库在语言教学中的应用在内容上也有更新。

（2）增添。这是本次修订的重点，使《教程》反映国内外语言学科的最新研究动向和成果。主要增添内容如下：

——Gesture（音姿），这是语音生成中除音素和音位外，可以通过图谱描写的要素。这方面的研究在国内刚刚起步（2.1.1）。

——Text（语篇）和 Coherence（连贯）及其描写。这有助于帮助学生提高对语篇本质和生成的认识（4.7）。

——对 Metaphor（隐喻）提到了 Lakoff 等 2003 年在理论上的重大调整（6.3.4）；对 Blending Theory（融合理论）的论述更为详细（6.3.6）。

——对文化与语言研究的关系增加了词汇及其故事，语法及其变化，和新称呼方式的内容 (7.1.4)。

——在社会语言学的实用意义方面，增加了社会语言学与语言教学、法律、医生 – 病人对话等内容（7.2.4）。

——对跨文化交际的内容增加了图示和说明（7.3.1）。

——在语言的使用方面增加了 A Socio-cognitive Approach（社会认知法）的章节（8.3.4）。

——在计算机辅助教学方面，增加了最近几年国内正在推广的 MOOC（慕课）教学的章节（10.1.3）。

——在使用计算机进行交际方面，增加了 Facebook（脸书）和 WeChat（微信）的内容，特别是后者在国内不同阶层的人群中已广泛使用，世界瞩目（10.4.4）。

　　——在语言教学和外语教学的第 11 章增添了一节 Foreign Language Education Policy（外语教育政策）。国内政府部门、不同层次的学校、家长和学生对我国的外语政策都非常关注（11.7）。

　　——21 世纪出现的 Appliable Linguistics（适用语言学）理论对如何构建、发展和评价各种语言学理论具有高度的指导意义（12.2.4）。

　　（3）简化和删除。为了给新增内容提供空间和适当控制本教材的篇幅，本次修改对某些章节略有简化和删除，这里不一一赘述。

　　参与第五版修订的专家如下：

| 第一章 | 李战子 | 南京国际关系学院教授 |
| 第二章 | 史宝辉 | 北京林业大学外语学院院长、教授 |
| 第三章 | 彭宣维 | 广东外语外贸大学教授 |
| | 胡旭辉 | 北京大学外国语学院助理教授、研究员 |
| 第四章 | 叶起昌 | 北京交通大学外语系教授 |
| 第五章 | 姜望琪 | 北京大学外国语学院教授 |
| 第六章 | 齐振海 | 北京第二外国语学院教授 |
| | 卢 植 | 广东外语外贸大学教授 |
| 第七章 | 杨永林 | 清华大学外文系教授 |
| 第八章 | 姜望琪 | 北京大学外国语学院教授 |
| 第九章 | 刘世生 | 清华大学外文系教授 |
| 第十章 | 胡壮麟 | 北京大学外国语学院资深教授 |
| 第十一章 | 程晓堂 | 北京师范大学外文学院教授 |
| 第十二章 | 封宗信 | 清华大学外文系教授 |

　　最后，由于本人年老体衰，本次修订工作主要由姜望琪教授和钱军教授全程主持，谨在此表示衷心的感谢。本人也愿借此机会感谢北京大学出版社外语部领导张冰和责任编辑刘文静对修订工作的规划和督促，使修订工作及时完成。

胡壮麟

2017 年 3 月

# 《韩礼德学术思想的中国渊源和回归》序 [1]

本论文集取名《韩礼德学术思想的中国渊源和回归》基于选文的主要内容和本人的认识。

本文集第一部分的 4 篇文章介绍和探讨国际上系统功能语言学倡导者韩礼德（M. A. K. Halliday）的学术思想及其渊源。虽然我本人知道韩礼德早期在中国留学，由于种种原因在很长时间内仍把他看作英国伦敦学派创始人弗斯（Firth）的学生，是弗斯功能主义学说的传承者。根据近年来多方收集的材料和韩礼德本人的态度逐步明确，我改变了原有的看法，开始认为他的学术思想最早和更多地来源于王力、罗常培、高名凯等中国学者，这才是他学术思想的主要来源。因此，本部分的 4 篇文章反映了我对此问题的认识过程。

本文集的第二部分重点介绍本人对韩礼德学术思想的阐述和研究，如韩礼德有关系统功能语言学的核心思想和模式（2.2、2.3、2.7）；对一些具体功能范畴的讨论，如模态（2.1）、主位述位（2.9）、语法隐喻（2.4、2.5、2.6）；语言与社会（2.8）、科学（2.4）、认知（2.11）和相关学科（2.10）的关系。对国人介绍这些理论和思想，在我认为这是韩礼德学术思想回归中国的一个方面。

当然，韩礼德学术思想的真正回归表现在本文选的第三部分，即如何将源自中国的思想在新的发展平台上重新应用于汉语（3.1—3.10）。我不敢说这些文章有多大学术价值，有一点可以肯定，汉语界的一些学术权威还是重视的，把我在汉语界会议上宣读的论文选入他们编辑的汉语语言学研究的论文集中，如 3.4、3.6、

---

1　胡壮麟. 韩礼德学术思想的中国渊源和回归［C］. 北京：外语教学与研究出版社，2018.

3.7、3.8 等。有关日语主位研究的文章（3.11），虽然我因故未能亲自与会，请当时在日本的杨潮光教授代为宣读，据说会上韩礼德曾用以此文鼓励日本学者重视对日语的研究。

在本文集交卷之际，有几点说明：(1) 本文集论文时间跨度 30 多年，对一些问题的认识在不同时期会有变化，但我没有做改动，因为这是一个历史过程，它真实地记录了我的认知过程。(2) 本文集所收录介绍和讨论的韩礼德学术思想的论文只是我个人的。国内有许多学者都有不同程度的研究成果。他们对一些问题的看法比我更全面、更深入。上海外语教育出版社这次出版这方面的丛书，便是对韩礼德学术思想通过中国学者回归中国的最好例证。(3) 即使就我本人而言，入选的论文也不是全部。有些已收入 2015 年商务印书馆出版的《语言·符号·教育——胡壮麟教授新世纪论文集》中，如"主位的类型学研究""社会语言学研究中的多模态化""语法研究中的本位观"等。(4) 有关语篇分析的论文将另行结集出版。

由于本人水平有限，年老体衰，眼力不济，在观点上和文字上会有这样那样的错误和可商榷之处，欢迎专家和读者指正。

胡壮麟
北京大学蓝旗营
2016 年 10 月 30 日

# 《新编语篇的衔接与连贯》作者的话 [1]

《语篇的衔接与连贯》成书于 1992 年。19 年中，各类与语篇和语篇分析有关的专著、教材和论文相继问世，学界空前繁荣。为了使本书能赶上时代的节拍，现对本书作了一定的修订和补充，易名《新编语篇的衔接与连贯》以示区别。

《新编语篇的衔接与连贯》的修订和补充主要放在以下几个方面：

（1）对原书有些已经陈旧或无参考意义的内容给以删除。

（2）对本书的重点"衔接与连贯"在新增的第 2 章中论述。

（3）考虑到在 21 世纪前后，对多模态语篇的研究在国内外已成为显学，增辟第 12 章作一介绍。

（4）在 3—11 章中，各增设一节介绍我国学者对有关课题在理论层面上的探讨。

（5）在 3—11 章中，各增设一节介绍我国学者对有关理论的应用研究。

（6）为便于查询，对国外学者名字不再译成中文。

（7）对原书的"英汉术语对照表"作了增补。

（8）原有的"结束语"比较单薄，主要思想见第 2 章。

需要说明的是，由于 20 多年来语篇分析已发展成一门显学，虽然本书力图把讨论范围限定在"衔接与连贯"，特别是置于系统功能语言学这一理论框架的范围之内讨论，仍不能概括国内外所有的研究成果，望读者见谅。其次，本人年事已高，诸病缠身，在学术上已难以与时俱进，对一些问题的考虑有不周之处，望读者

---

1　胡壮麟. 新编语篇的衔接与连贯［M］. 上海：华东师范大学出版社，2018.

多多批评和指正。

在修订过程中，黄国文、朱永生、张德禄、李战子、陆丹云、苗兴伟等教授多方面地给予帮助，谨在此一并致以衷心的感谢！

当我正在整理王宗炎先生早年为本书所写的序时，噩耗传来，先生已撒手人寰，驾鹤西去，再无机会审读此新编本。当然，我们也可对这一巧合作积极的解读，新编本既然已经脱稿，先生安息吧！

胡壮麟
北京大学蓝旗营寓所
2017 年 2 月

# 《认知隐喻学》（第二版）前言 [1]

1996 年，经北京大学外国语学院领导和校领导先后批准，我按学校规定按时办理了退休手续。由于种种原因，退休后我竟然与隐喻研究结上了缘，最后在 2003 年完成了《认知隐喻学》的教材，由北京大学出版社出版，前后 7 年。所有这些，我已在第一版的"前言"中如实做了交代。

不料，14 年后，北京大学出版社外语部编辑刘文静女士在年初找到我，说该书已脱销，出版社有意再版，并征求我的意见，是否需要做些修订增补工作。由于计算机技术的迅猛发展，原来储存文件的光盘已经报废，文静老师特地组织人员给全书打了一份电子版，减轻我全部从头敲打的负担。感恩之余，我只能仓促上阵了。

修订版的工作比原先想象的远为复杂，我手头还有其他书稿和论文有待完成，一些会议需要参加。更主要的是我这个八五老人眼力、体力、记忆力均已退化，如今要复习过去写过的内容，收集最近十多年国内外的新的有关材料，了解和复习本课题的最新进展，困难重重。这样，见缝插针，整整花了一年的时间，终于有了眉目。

这次修订的内容，除了文字上修修补补外，对每一章适当补充了一两节新的内容，特别是国内研究工作的进展。应该看到，在学科研究和发展方面，经过改革开放四十年，我们不光是引进，国内的学者对本学科的研究发展成绩显著。为此，修订本增补了"隐喻与翻译"这一章，但愿对 21 世纪获得发展并受到重视的翻译专

1  胡壮麟. 认知隐喻学（第二版）[ M ]. 北京：北京大学出版社，2020.

业的师生有所帮助。在其他各章中也酌情增添了一些内容。

这次修订比第一版自当有所改进，但离人们期待的学术标准仍有差距。愿本书的读者，教师和学生，特别是隐喻研究的行家，在阅读过程中，提出宝贵意见，使我能继续实现"活到老，学到老"的心愿。

胡壮麟

北京大学蓝旗营寓所

2018 年 6 月

# 《功能语法导论》（第三版）导读 [1]

　　《功能语法导论》第三版由英国阿诺德（Arnold）出版社出版，是根据英国语言学家韩礼德（M. A. K. Halliday）1994 年所著的第二版修订。由于韩礼德年事已高，除总体思想和个别段落外，韩礼德委托澳大利亚麦考瑞大学语言学系迈西森（Christian Matthiessen）教授负责修订。读者如需了解韩礼德有关系统功能语言学思想的发展脉络，可参阅外语教学与研究出版社出版的第二版的导读。为了方便读者，第二版导读的引言部分作为附录，置于本导读之后。在这里先对第三版作一说明。

## 1.　作者、修订者简介

　　**作者：韩礼德（M. A. K. Halliday）**

　　当代种种语言学理论分属两大思潮，一是以人类学为基础的语言学传统，一是以哲学为基本的语言学传统。在前者中影响较大的应数系统功能语言学派，其倡导者为本书作者韩礼德。韩礼德 1925 年出生于英格兰约克郡利兹。他在伦敦大学主修中国语言文学后，于 1947—1949 年来华深造，在北京大学罗常培先生指导下研究汉语历史语言学，1949—1950 年后专攻现代汉语，导师为广州岭南大学的王力先生。回到英国后在剑桥大学的弗斯（Firth）教授等著名语言学家的指导下，对我国 14 世纪用北方官话译述的《元朝秘史》作语言学分析，1955 年获得博士学位。韩

---

1　Halliday, M. A. K. 功能语法导论（*An Introduction to Functional Grammar*）（第三版）[M]. Christian Matthiessen 修订. 北京：外语教学与研究出版社，2008.

礼德的教学生涯始于剑桥大学和爱丁堡大学，后任伦敦大学学院交际研究中心主任，1965—1970 年任伦敦大学语言学教授。

自 20 世纪 70 年代起，韩礼德在世界各地讲学，如曾任美国耶鲁大学和布朗大学以及肯尼亚内罗毕大学的客座教授，美国加利福尼亚斯坦福大学行为科学高级研究中心研究员，美国伊利诺伊州立大学语言学教授。1976 年移居澳大利亚筹建悉尼大学语言学系，担任系主任工作。1987 年后为悉尼大学荣休教授，并在新加坡、日本、英国等地从事教学和科研工作。1995 年被聘为北京大学客座教授。韩礼德语言学理论的发展大致经历了如下阶段：

（1）阶与范畴语法（scale and category grammar）。这个体系是他在博士论文《〈元朝秘史〉汉译本的语言》（Halliday，1959）和专著《现代汉语的语法范畴》（Halliday，1956）两种著述中提出的。他认为语言有四个范畴：单位（unit）——体现一定模式的语段；词类（class）——具有在一定结构位置上出现的共同特征的词项；结构（structure）——各个成分按一定顺序的排列；系统（system）——对若干语言形式中应该出现某一项目而不是另一项目的选择。这四个范畴又和级（rank）阶、精密（delicacy）阶和说明（exponence）阶相联。级阶表示各范畴自上而下的不同层次的联系；精密阶说明对语言描写深入细分的程度，是选择在系统中前进的方向，在上者精密度低，越往下精密度越高；说明阶表示范畴与语料的关系。

（2）系统语法（systemic grammar）。韩礼德的主要观点表现为：(i) 在系统描写时，任何一个系统中的一个特征同时出现于另一个系统，可以是有序的、有等级的或同时的，如"陈述式／疑问式"系统和"直陈式／祈使式"系统有等级关系，如果要在前一系统中进行选择，先要在"直陈式／祈使式"系统中选择"直陈式"。(ii) 系统描写是对语言项目底层语法的描写。结构不是系统的起始点，而是系统特征配置的体现。(iii) 语调是不能从结构环境中预示的，但可作为系统特征的一个体现形式。它具有与结构成分同样的抽象程度，但没有结构成分。韩礼德约在 20 世纪 60 年代完成系统语法理论的基本框架。

（3）功能语法（functional grammar）。在讨论系统网络中应包括哪些系统和各个系统的起始点是什么这些问题时，韩礼德认为这取决于对语言的要求和语言所应完成的功能。所有文化都会在语言中反映出一些具有普遍意义的元功能或纯理功能（metafunction），即概念（ideational）功能、人际（interpersonal）功能和语篇（textual）功能，其中概念功能又可分为经验（experiential）功能和逻辑（logical）功能。对这些元功能应根据语言用途划分出若干语义功能及其相应的子系统，如概念功能包括及物性（transitivity）系统、语态（voice）系统和归一性（polarity）系统；人际功能包括语气（mood）系统、情态（modality）系统和基调（key）系统；语篇功能包括主位（theme）系统、信息（information）系统和衔接（cohesion）系统等。

除上述理论外，韩礼德对口语语法、语言发展、文体学、社会语言学、社会符号学、汉语语言学和语法隐喻等均有较深入的研究。

韩礼德的学术思想首先是在以英国语言学家弗斯为首的伦敦学派的基础上发展起来的。弗斯非常赞同人类学家马林诺夫斯基（Malinowski, 1923: 312）的观点：语言的功能是组织人类的共同活动，"它是活动的方式而不是反映的工具。"由于人类群体的活动不是千篇一律的，对语言的理解要联系"语境"。弗斯（Firth, 1957）本人的观点则有以下独特之处：(1) 语言是涉及语义、词汇语法和语音的多层次系统，强调对语义和韵律语音学的研究。(2) 区分系统与结构。弗斯把语言中存在的聚合关系的表现形式定为"系统"，把组合关系的表现形式定为"结构"。(3) 提出语言学应首先研究语篇和限制性语言（restricted language）的观点。在心理学家布勒（Bühler）的观点启示下发展起来的布拉格学派（Vachek, 1966）对韩礼德也有很大影响。韩礼德提出的概念功能、人际功能和语篇功能三大元功能，是对布勒的表达功能、表情功能、意欲功能和所指功能的进一步概括，并增添了反映语言本身特征的语篇功能。布拉格学派的主位理论和信息理论成为韩礼德功能语法中语篇功能的主要内容。丹麦学派的叶尔姆斯列夫（Hjelmslev, 1953）有关结构表现组合关系和系统表现聚合关系，以及系统才是结构的底层关系的观点，成为韩礼德系统语法的理论支柱。特别值得一提的是韩礼德（Halliday, 1985）在谈到自己的成长历程时，曾写过这样一段意义深远的话："在中国，罗常培赋予我对一个印欧语系以外的语系的历时观和见识。王力传授我许多东西，包括方言学的研究方法，语法的语义基础和中国的语言学史。"就语言观来说，王力和韩礼德师徒两人在语言的社会性、语法的合法性、语法的普遍性和特殊性关系、语法与语义关系等方面观点相同。

在研究方法上，王力比弗斯更早向韩礼德灌输把语篇作为研究对象、口语和书面语相结合、以小句为主要语法单位、语言作为一个多层次系统和盖然的思想。至于韩礼德的衔接理论（如照应、省略、替代、连接和词汇搭配）和语法范畴（如情态与意态、被动语态、词类划分和动词的及物性），在王力的著述中都有论述，因此可以说韩礼德在这些方面继承了王力先生的学术思想。

基于上述背景，我们可以发现贯穿韩礼德语言学的有六个核心思想：元功能的、系统的、层次的（stratificational）、功能的、语境的和盖然率的（probabilistic）思想（胡壮麟，1993）。黄国文（2000）多年来对韩礼德的研究历程提供了更新更全面的资料。

**修订者：迈西森（Christian M. I. M. Matthiessen）**

修订者瑞典语言学家迈西森教授1980年在瑞典伦德大学攻读英语和语言学，1984年和1989年在美国洛杉矶加利福尼亚大学语言学系获得硕士和博士学位，论文题目分别为《英语时态的选择》和《作为语言学研究任务的语篇生成》。1988—1992年任澳大利亚悉尼大学语言学系讲师，1992—1994年任麦考瑞大学语言学高级讲师，1994—2002年升任副教授，2002—2008年任教授和语言学系主任，2008—2009年任中国香港理工大学讲席教授，英语系主任。迈西森主要研究活动为儿童日常讲话中话语结构的学习倾向，读写学习的功能语法学和儿童图画书的社会符号分析，尤其擅长对语言有关范畴的系统描写。他的主要著作有：

（1）1991.（与 J. Bateman 合著）. 系统语言学和语篇生成——取自日语和英语的经验（Systemic *Linguistics and Text Generation: Experiences from Japanese and English*）. London: Frances Printer.

（2）1995. 词汇语法制图学：英语系统（*Lexicogrammatical Cartography: English Systems*）. Tokyo: International.

（3）1997.（与 J. R. Martin 和 C. Painter 合著）. 功能语法的应用（*Working with Functional Grammar*). London: Edward Arnold.

（4）1999.（与 M. A. K. Halliday 合著）. 通过意义识解经验——基于语言的认知（*Construing Experience through Meaning: A Language-based Approach to Cognition*）. London: Cassell.

## 2. 本书简介

《功能语法导论》出版后，汕头大学李杰、北京大学宋成方和国防科技大学国际关系学院李战子、施卫华在国内外就第三版的出版先后发表了3篇评论（李杰、宋成方，2005；李战子、施卫华，2006），颇有见地。在改写第三版导读时，本人较多地引用了他们的材料，谨在此预致谢忱。

总体来说，第三版有较大变动。这表现在：

（1）增加了系统网络的内容。语言是系统的系统。作为功能语法的主要支柱，系统语法的内容在第三版获得凸现。前两版只是在第 10 章讨论情态时绘制了 3 个系统。除其中两个在第三版中得以保留外，修订者提供了多达 27 个系统网络（system network）。

（2）通过系统网的描写，韩礼德有关精密度（scale of delicacy）的理论得以清晰地呈现。这在物质过程这一章节有极大扩展，体现在书中列出的大量图表描述的动词作为不同的物质过程小句的用法上，"动作类型"在"创造性"和"转换性"方面得到了具体化，使得复杂的及物系统变得像韩礼德在前言中所说的"更容易掌握"（p.xxxii）了。

（3）从小句描写走向语篇分析。系统功能语法不同于以句子为描写对象的形式语法或转换生成语法，它把语篇作为分析目标。第三版增加了许多来自真实语篇的实例，而且是在不同语境下的语篇，如教育、社会、文学、政治、法律、医学语篇等。语篇是对语言系统示例（instantiation）和体现（realization）的结果。语言系统和语篇并非不同的现象，而是同一现象的不同阶段，它们是一个连续统（cline），而不是一个二分现象。语篇是一个示例化的过程，语篇可以通过对系统选项不断的选择进行描述。

由于研究分析对象的确定，系统功能语法推动了有关语境（context）、语域（register）和语类（genre）的研究，以及对语料的真实性、语料库的建设、计算机的运用、概率理论等的研究。

（4）基于语料库的论述。韩礼德对语料库（corpus）的研究久感兴趣，也一直试图把这个领域的内容用到他的语言研究中。这在第三版中得到反映。本书的语料库包括 COBUILD、LOB、Kohlapur、London-Lund 以及澳大利亚口语语料库 UTS/Macquarie。由于实现意义的意义潜势受到许多变量的影响，以往语法学家往往生造例子来论证语法，但这已不具说服力，语料库为寻找语法现象和论证语法现象提供了便捷、有力的手段，同时口语语料的使用也开启了探索意义潜势的新通道，因为口语是最为"自发的并且不为人们自我监测的"（p.34）。

（5）理论的修订与扩展。第三版在章节安排上进行了调整，如减少了句子成分

（constituent）的内容，为系统网络和语篇的描写和分析提供了空间。但更主要的是第三版接纳了同行和读者的部分意见，对有些范畴的描写作了修订。如韩礼德把小句主位（theme）界定为它确定小句在语境中的位置，并指明其方向（p.64）。主位总是始于小句的开始部分，它是为小句设置情景的那一部分，并为解读语篇定位（p.66）。他们还说"小句的主位就是小句结构中具有某种经验功能的第一个词组或短语"（p.66）。这样的修改似乎表明，韩礼德想把主位打造成一个既能体现功能又能涉及位置的小句成分，以便于划分小句主位的操作。再如祈使句的主位问题。《功能语法导论》第三版除了保留第二版中已经得到改进的部分外，还增加了一个列表，将很多祈使句的主位情况列在表中，一目了然。

第三版和第二版一样，分成两大部分，共 10 章。第一部分的 5 个章节围绕小句（clause）展开。这里的小句相当于传统语法的简单句。第二部分的 5 个章节讨论大于小句的结构或小于小句的成分。

下面就各章的重点和所作的变动作简单介绍。

### 第 1 章　语言建筑

第 1 章改动最大，几近重写。改动的目的是为了凸现语言是由多种因素构成的。

第 2 版中作为本章主题的成分被压缩为第三版第 1 节的内容，扼要介绍了语法和音系的基本成分。读者应了解和学习成分及其组成结构的意义，这有助于讨论语法，不论是文字还是韵文结构。由于文字是将先已存在的口语符号叠印于视觉符号，故可了解文字是如何映现或重构语音范式的。

文字和韵文的成分都表现为层级绝非偶然，因为它们都是对更高层次语法的体现；语言是多种成分层级共存的系统，这些层级都表示和象征抽象的结构程序，各自独立，但相互匹配可产生各种不同的语义。这便是第 2 节的内容。第 2 节通过对音系学和语法学的讨论，树立了语言的层次观。

作为本章重点的第 3 节涉及语言"建筑"的主要概念，如结构（structure）、系统（system）、层次（stratification）、实例（instantiation）和元功能（metafunction）。阅读本章时，应掌握上述概念之间的关系，如结构和系统两者之间，系统（聚合关系）是第一性的，结构（组合关系）是选择的体现。又如，系统和语篇的关系是一个连续统，即"实例"的连续统。所谓的"层次"并非简单意义上的层次。层次间的关系是"体现"，以往关于"语篇由小句组成"的提法已经为"语篇由小句体现"所取代。语篇、小句分别属于语义层和词汇语法层。本书集中论述了词汇语法层和它以上的语义层及其下的音系层之间的关系。在"实例化"中，作者用了一个很好的比喻，说明了系统和语篇之间的关系犹如气候和天气的关系，语篇是系统的实例化。

第4节中则引入了语料库的概念。为了争取空间，传统的作为句法构成的主要内容——成分的介绍大大压缩。


### 第2章　建立功能语法

第2章将原来的前3节改为4节。

第1节强调，功能语法关注的是对诸如参与者（participant）、过程（process）、环境（circumstance）等功能成分的分析，而不是对名词、动词、副词等传统的语法成分的分析，后者只是语义在词汇语法层的体现。

第2节阐述了词汇和语法是一个连续统的概念。词汇和语法分别构成一个连续统的两端。词汇被看作最精确的语法。本书归纳了词汇语法中"中等精确度的语法"在结构轴和系统轴上的特点，使功能语法的层次观获得更好的解释。

第3节引入了语法化（grammaticalisation）的概念，从个体发生（ontogenesis）、系统发生（phylogenesis）和词语发生（logenesis）三个层面论述了意义是在互相关系的网络的对比中释解的。"语法化"的概念在上一版中没有全面的论述，第三版把它放在第2章"词汇语法"之后，便于读者理解；这一概念对于之后在第10章中论述语法隐喻也起了铺垫作用。本节在对语法化的论述中提到了语法化的三个特点："封闭性"（意义一旦被语法化，必然会作为一个封闭的系统存在，如肯定的或否定的）、"普遍性"（意义语法化后具有某个范畴的普遍特点，如所有小句都有某个特点）和"协调性"（语法化的意义和其他意义之间布局上的协调）；更重要的是指出了语法化的原因：语言中意义的产生不可能只依赖词汇，应从词汇、语法、语篇多重层次上考察。

语法和语料库的关系在第4节进一步讨论，再次说明语法不是先天的。

第5节和第6节讨论词类和功能范畴的关系，强调了功能语法和传统语法的不同之处，使读者将注意力转向功能语法。例如，传统语法中"主语"（subject）的概念只是在人际功能的语气范畴中起作用。为了表述概念功能的及物性系统，它是一个"动作者"（actor），而在实现语篇元功能时，它是"主位"（theme）。

由此，推导出第7节，小句同时表达三重意义，从而将读者引向本书的第3、4、5章。

### 第 3 章　作为信息的小句

第 3 章的主题为信息在小句中的体现。语言的一个功能是传递信息。就小句而言，它就是小句中的"主位"。小句就是按这个主位展开的，被展开的部分叫作"述位"（rheme）。主位与述位构成主位结构。

学习本章应注意简单主位和多重性主位的区别和体现方式。本章在修订中突出了两点：在第 3 节中专门讨论了概念主位、人际主位和语篇主位，从而进一步阐明了系统功能语法的主位观，体现了它与三大元功能的密切关系。

第 5 节系统介绍了由新信息和已知信息组成的信息单位，以及它们与主位、述位相互之间叠合的情况。这有利于讨论功能语法的系统性和完整性。

### 第 4 章　作为交换的小句

第 4 章谈小句的交换功能。第 1 节阐述对话的实质。语言作为交际工具必然涉及语言使用者的相互对话。对话的实质是语言使用者的交际角色，或是给予，或是需求，而所交换的商品或是货物和劳务，或是消息，分别表现为建议和陈述。这四个因素的组合构成"提供"（offer）、"声明"（statement）、"命令"（command）和"问题"（question）四个主要言语功能，它们又分别要求或给以正面的或负面的八种可能的反应。读者不妨把它与会话分析中的"临近配对"（adjacency pair）比较，可发现功能语法的描写更为系统，更具规律性。

上述四个言语功能是通过"语气"系统区别的。本章的第 2 节阐述英语的语气系统，语气（mood）包含主语和定谓语（finite element）两个成分，它们的出现和语序决定对语气的选择；语气以外的成分为"剩余成分"（residue），它包括谓语词、补语和修饰语（第 3 节）。读者应理解主语和定谓词孰先孰后的语义动因。阅读本节时，读者应把握功能语法对主语的界定不完全按主谓语一致，而是按"附加问句"来检验的。这为我们理解存在句中 there 的作用提供了崭新的认识。

本章第 4 节对特殊疑问句、惊叹句和祈使句的语气的特殊性作了交代。

第 5 节论述归一性和情态，后者是重点。（1）读者要弄懂归一性（polarity）回答的是肯定或否定，情态（modality）则表示语言使用者本人对事物认识的估量和不确定性。由于语言使用者所交换的内容或是"建议"（proposal），或是"陈述"（proposition），韩礼德选用了"情态化"（modalisation）和"意态"（modulation）分别示意，这样"情态"和"情态化"的内涵一宽一窄。"情态化"又可按概率程度和经常程度描写，意态可按"责"和"倾向性"描写。（2）读者还应掌握情态化或意态在传统语法中是由情态动词体现的，在功能语法中可有多种体现方式，除动词外，形容词、副词和名词以及相应的结构均可表示情态。（3）在表达否定语义时，读者应注意对论题的否定和对情态的否定。

第 6 节表明，在自然语言的语篇中，语气结构是可以省略的。

第 7 节讨论小句作为主语的情况。

总的来说，本章变动不大，但增加了不少列表和系统描述。

### 第 5 章　作为表述的小句

第 5 章谈小句的表述功能，稍有改写，以更好地介绍及物性（transitivity），帮助学习者对语篇进行分析。这表现在意义是从概念元功能释解和分析的。正因为如此，本章提供了大量语篇实例，便于学习者操作。

本章共分 8 节。第 1 节介绍及物性分析所含的三个成分，即参与者（participant）、过程（process）和环境（circumstance）。过程是及物性系统中的核心成分，它与参与者和环境呈现卫星状的辐射关系，一个过程可以关系到一个或一个以上的参与者和环境。参与者、过程和环境一般由词汇语法中的名词词组、动词词组和副词词组／介词短语体现。

人类活动和自然界的过程可区分为物质（material）过程、心理（mental）过程、关系（relational）过程、行为（behavioural）过程、言语（verbal）过程和存在（existential）过程。前三个过程是主要的，在第 2、3、4 节中分别论述，后三者合在第 5 节中论述。学习这些章节时，应注意到：（1）每个过程都有其相应的参与者，如物质过程的参与者通过精密度描写主要为"动作者"和"目标"（goal），心理过程的参与者为"感觉者"（senser）、"现象"（phenomenon）等。其中有些参与者可概括为第 5 节中的"受益者"（beneficiary）和"范围"（range）。（2）每个过程都有一定的鉴别方法，如对物质过程只要提问"x 在做什么？"即可。（3）有些过程可通过非标记性的体现方法来确定其归属，如物质过程主要采用"进行体"，而心理过程主要为"现在式"。一个过程如采用标记性的体现方式往往改变其过程属性，如动词"see"如以进行体的标记式出现，体现的是物质过程，而不是心理过程。（4）凡某过程具有两个参与者，在安排它们与过程的前后位置时便是对主动语态或被动语态的选择。这不同于结构主义语法中把动词形式作为界定标准。

（5）每个过程可按精密度细分，如关系过程按类型可分为"集约的"（intensive）、"环境的"（circumstantial）和"属有的"（possessive）；按方式可分为"修饰的"（attributive）和"认同的"（identifying）。

关于"环境"的阐述，详见第 6 节。这一节因与传统语法的"状语"接近，较易掌握，但应注意功能语法的"环境"在某些情况下可叠合于过程，最初与时空密切联系的"环境"可通过语法隐喻表示抽象的时空环境。

第 7 节引入了一种新的分析方法，即作格（ergative）分析法，读者应掌握它与及物性分析的不同。作格分析法比较客观简便，所需掌握的范畴较少，但不易反映主客观世界的复杂关系，特别是人的主观能动性。

### 第 6 章 小句以下单位：词组和短语

从第 6 章开始，本书进入第二部分，从小句向上或下或周围或其他层次延伸，在语法上作功能的描写。第 6 章即是对小句以下单位的词组（word group）和短语（phrase）进行描写。第三版的第 6 章保持原框架，介绍小句以下成分：词组和短语，但删节部分内容。如删去了较为复杂的 36 种限定、非限定和情态的时态。

学习第 6 章应抓住以下重点：（1）如果说小句按三个元功能可分别区分及物性、语气、主位和新信息等语义系统，那么在小句以下单位，不论是名词词组或动词词组，这三个元功能往往是结合为一体的。（2）词组和短语之所以放在一个级讨论，是因为它们体现小句中功能成分的作用是一样的。（3）在本章中可再次复习词组是词的扩展，而短语是小句的压缩的基本概念。这样的区分比结构主义语法中对词组和短语不作区分、统统称作短语的做法要清晰得多。

词组的三大类为名词词组、动词词组和副词词组，另有少量介词词组和连词词组。阅读时有以下重点：（1）在名词词组中要弄清指称语（deictic）、数量语（numerative）、修饰语（attributive）、类别语（classifier）、事物语（thing）和性质语（qualifier）等功能成分，它们的自左向右或自右向左的有序排列，以及它们通过冠词、数词、形容词、名词、小句和介词短语的体现。需要注意的是功能语法中的"classifier"不同于一般语言学著作中的"classifier"的概念，后者相当于"量词"。（2）一种词类既可体现修饰语，也可体现类别语，读者要善于识别。（3）读者也要注意，在语法功能上，有的功能成分可作词组的中心语（如事物、修饰语、数量语、指称语等），有的基本上不可（如类别语）。（4）动词词组则有定谓语、助动词和事件等区分。这里，位于动词词组首位的定谓语和名词词组首位的指称语都起到将事物和事件与话语产生时的情景语境相联系的作用，体现词组中的主位功能，而居于末位的事物和事件总是有关词组的新信息。(5) 功能语法的动词词组 (verbal group) 相当于结构主义语法的动词短语 (verbal phrase, VP)，但在功能语法中要区分动词短语和短语动词 (phrasal verb)，后者相当于一个实义动词。在英语中大量使用短语动词，是有其功能意义的。

由于词组都是词的扩展，对其扩展的关系和深度可用阿拉伯数字 1、2、3 等表示其并列关系，用希腊字母 α、β、γ、δ 等表示其从属关系。这都是概念功能中的逻辑关系。由此可以看到，功能语法并不排斥形式描写，但语义总是第一位的。

介词词组和介词短语是两个不同的概念。介词词组的中心语仍为介词，而介词短语中的介词的语义相当于动词，因此具有"微谓语词"(mini-predicator) 的功能，可后跟"补语"。

最后，应充分体会本章第 6 节的小结，各种词类可归结为名词化词、动词化词和状语化词三大类。名词化词包括名词、形容词、数词和限定词；动词化词包括动词和介词；状语化词则包括副词和连词。另外，最后一节对词类增加了词组功能，并提供分析表，清晰易懂。

### 第 7 章 小句以上单位：小句复合体

在第 1 节中，要领会从语法描写来说，句子以上单位为小句复合体 (clause complex)。韩礼德认为传统的句子只是从句号来定义的，它不能从语法特征上区分简单句 (即小句) 和复句，因此只是一个书写单位。

大于小句的单位应从相互关系 (interrelationship) 类型和逻辑语义 (logical-semantic) 关系描写。相互关系类型确定两个小句是并列 (paratactic) 型还是从属 (hypotactic) 型；逻辑语义关系则确定小句之间的关系是扩展 (expansion) 还是投射 (projection)，这是第 2 节的内容。

第 3 节进一步阐述相互关系类型。在上一章中用阿拉伯数字和希腊字母分别表示并列关系和从属关系的形式，也适用于对小句之间关系的描写。

第 4 节围绕对逻辑语义关系中的扩展手段展开，是本章内容最丰富、最重要的一节。扩展有 3 种方式，解释 (elaboration)、延伸 (extension) 和增强 (enhancement)。韩礼德在论述每一方式时，按并列和从属关系分别展开，两者又按限定（finite）小句和非限定（non-finite）小句展开，呈现错综复杂、步步深入的情况。本节还涉及包孕（embedded）小句和行为（act）小句等内容。

第 5 节对投射的讨论也很重要。投射分报道（report）、思想（idea）和事实（fact）三种情况。在本节中首先要理解韩礼德为什么采用"投射"来说明"投射句"和"被投射句"两个小句的关系，而不是把"被投射小句"看作"宾语小句"或"补语小句"。其次，要弄清楚所报道言辞和思想可原话直录，也可将意义按不同的过程类型转述。本节第三个主要内容为"事实"，它包括事例（case）、机遇（chance）、证明（proof）和需要（need）四个内容。读者要区分"事实"不同于"报道"和"思想"的原因在于它不是语言使用者的有意识活动。

第 6 节有改动，把小句复合体结合语调进行讨论。

第 7 节对语篇实例进行分析。

### 第 8 章　词组和短语复合体

原第二版的第 8 章（小句的邻近层次：语调和节奏）被分散到第 1、3、4 和 7 章中，使语音系统的功能性得到更完美的解释。新增的第 8 章实际上是原第 7 章 A 的内容，即有关小句以下的词组和短语复合体（complex）的描写。此章之所以重要是因为系统功能语法采用最小括弧法（minimum bracketing），许多功能范畴可直接通过词组和短语及其复合体得到体现。

事实的确如此，本章的框架就是按并列（第 2 节）和从属（第 3—8 节）展开的。我们在小句复合体中接触到的概念和方法有助于我们了解本章内容。

并列被细分为解释、延伸和增强三类，每一类扩展都就名词词组、动词词组和副词词组／介词短语举例。因此，通过理解这些举例便能抓住本节内容。

第 3—8 节都为从属关系，不过韩礼德先按名词词组、副词词组／介词短语和动词词组分类，然后再按扩展方式细分。名词词组和副词词组／介词短语各占一节（第 3 节和第 4 节）。

在名词词组中，应注意两点：（1）名词词组的后修饰语即使是短语，也有像小句那样作描写性的（非限定性的）和包孕的（限定的）之分。（2）扩展类型仅解释和延伸两种，无增强类实例。

在副词词组／介词短语一节中，我们可见到扩展的三种类型。也有两点需要一提：（1）介词短语中介词的功能意义往往相当于"过程"。（2）增强类的介词短语既可按包孕分析，也可按从属分析（使用介词 of），英语倾向于前者。

第 5 节集中谈动词词组的扩展，要掌握（1）在动词词组中，与解释、延伸和增强相对应的为相（phase）、意欲（conation）和意态（modulation）。（2）完成体和非完成体的区别及其相应的表示"非现实"（irrealis）和"现实"（realis）的语义的区别。

第 6 节和第 7 节也属扩展，但主要内容分别为被动语态和使役句（causative）。首先，就被动语态来说，要理解小句语态和第 2 级动词词组语态的不同。其次，意欲性的延伸扩展表示一种行为过程。较多的增强型动词词组复合体不宜有被动语态。有关使役句的情况，应首先区分及物性分析和作格分析的不同，然后区分及物性分析时涉及 2 个参与者还是 3 个参与者，以确定真正的"动作者"。

第 8 节有关动词词组的投射，应识别它与扩展的区别。投射往往是过程之间的关系，一类为言语过程和思维过程，另一类为其他过程。

第 9 节是新增的，着重分析其逻辑结构，以认清小句、词组和短语的复合关系，正确理解语义。


### 第 9 章　小句周围：衔接和话语

本书前几章对语法单位中的小句、大于小句的小句复合体，以及小于小句的词组和短语等进行描写，本章跳出这些语法单位的界限，从语篇的角度讨论那些使语篇得以保持衔接连贯的因素。这是第 1 节和第 2 节的主要内容，前者论述语篇的概念和词语发生范式之间的关系，后者论述衔接（cohesion）是词汇语法的重要资源。这便说明了在书面语和口语语篇中语法制造意义的过程；或者说，在一个已知系统中的不同选择产生的不同意义，从而充实了语法和语篇语义学之间的关系。

第 3、4、5、6 节分别讨论连接（conjunction）、所指（reference）、省略（ellipsis）与替代（substitution）和词汇衔接（lexical cohesion）。所有这些关系都超越了小句的范围。

第 3 节讨论的连接不限定于小句之间，而是出现在小句复合体之间或段落之间。首先，读者在学习本节时对三者的分类应有所了解。其次，读者还应分清连接的内在性和外在性，内在性是从语言使用者的视角建立事件之间的关系的，属人际功能，后者不受语言使用者的主观意志制约。

在所指一节中应掌握指称、指示和比较三大内容。其中，在指称衔接方面应进一步区分下指（anaphora）、回指（cataphora）和外指（exophora）；在指示衔接方面应掌握邻近性、定冠词"the"以及方位性指示词等的运用和意义；在比较衔接方面则要分清它与传统语法中的形容词和副词比较级的不同。省略和替代主要不是通过直接的语义关系作用，而是通过词汇语法关系来寻找所省略的词语或被替代的词语，从而了解语篇的完整意义。因此读者要了解它与指称的区别，前者主要指同样的词语，而后者指同样的事物。

词汇衔接共分重复（repetition）、同义性（synonymy）和搭配（collocation）三大类。在同义性方面，应注意指称有时相同、有时不相同的情况。后者还应区别上义词—下义词和整体词—部分词之间的语义关系。

搭配的概念对我们来说并不陌生，但在功能语法中应把它和语域的概念相联系，一些看来互不相关的词语在一定语域下常有较紧密的搭配关系。

### 第 10 章　超越小句：表达的隐喻式

第 10 章虽然保持隐喻表述的主题，但有多处改写。

第 1 节讨论了词汇语法和语义学的关系，论述了语义在词汇层可以有不同形式的体现，反过来又会导致意义的细微变化。

第 2 节进一步从语义的扩展和投射及其体现进行讨论。

本章直到最后 3 节才介绍情态隐喻、语气隐喻和概念隐喻，其中情态隐喻和语气隐喻均体现人际元功能，也可称为人际隐喻。第 3 版在讨论时比较深入，如讨论概念隐喻时，能结合不同语域的话语，如教育、科学、政府、法律等语篇内容。关于是否存在语篇隐喻的问题，第 3 版没有正面回答，但谈到了隐喻的语篇影响（textual effects）。

学习本章时，读者应把握：(1) 韩礼德所谓的"隐喻"有时是狭义的，有时是广义的（如包括转喻和提喻）。(2) 词汇隐喻（lexical metaphor）和语法隐喻（grammatical metaphor）的区别。(3) 语法隐喻在其底层意味着词汇语法层所发生的变化，不仅仅是词汇的变化。

鉴于大量真实语篇材料业已融入各个章节，原第 2 版的附录相应删除。

最后，谈谈第三版的一些不足之处。第一，第三版的一些优点也为它的缺点埋下伏笔，这就是由于增加了系统语法的内容，第三版大大增加了厚度和难度，作为"入门"教科书门槛太高。第二，第二版中的引言部分被删，而它最能传达原作者韩礼德编写本书的指导思想和基本观点。为此，我们把这一部分的导读作为下面的附录保留。第三，作者的署名虽仍保留韩礼德，但迈西森是修订者，这样，某些思想、观点，以至理论的归属难以分清，术语和风格也不统一。第四，第三版有时涉及其他系统功能学者的一些观点，如有关评价理论的讨论，谈的不多，也不达意。更具体的意见可参阅李战子、施卫华，李杰、宋成方的述评。

## 参考文献

［1］ Firth, J. R. *Papers in Linguistics, 1934−1952*［M］. London: Oxford, 1957.

［2］ Halliday, M. A. K. Grammatical categories in modern Chinese［A］. In *Transactions of the Philosophical Society*［C］. 1956: 177−224.

［3］ Halliday, M. A. K. *The Language of the Chinese Secret History of the Mongols*［M］. Oxford: Blackwell, 1959.

［4］ Halliday, M. A. K. Systemic background［A］. In W. S. Greaves & J. D. Benson (eds.). *Systemic Perspectives of Discourse*［C］. Northwood, New Jersey: Ablex, 1985.

［5］ Hjelmslev, L. Proleggamena to a Theory of Language［M］. Tr. F. J. Whitfield Baltimore, 1953.

［6］ Malinowski, B. The problem of meaning in primitive languages, supplement to C. K. Ogden & I. A. Richards［A］. In *The Meaning of Meaning*［C］. Routledge & Kegan Paul, 1923.

［7］ Vachek, J. *The Linguistic School of Prague: An Introduction to Its Theory and Practice*［M］. Bloomington, 1966.

［8］ 胡壮麟. 王力与韩礼德［A］. 张谷，王辑国编. 中外学者论王力：龙虫并雕 一代宗师［C］. 南宁：广西教育出版社，1993.

［9］ 黄国文. 韩礼德系统功能语言学 40 年发展述评［J］. 外语教学与研究，2000(1)：15−21+78.

［10］ 李杰，宋成方. 《功能语法导论》（第三版）评述［J］. 外语教学与研究，2005(4)：315−318.

［11］ 李战子，施卫华. 韩礼德系统功能语法面貌刷新——第三版《功能语法引论》述评［J］. 外语教学，2006(2)：92−94.

# 附录：《功能语法导论》（第二版）引言

　　韩礼德于 20 世纪 70 年代末在澳大利亚悉尼大学语言学系为研究生系统讲授"功能语法"时，给我们听课的学生每讲只发 2—3 页讲义。但 1983 年中国留学生带回的讲义已装订成册。1985 年本书才由 Edward Arnold 出版社正式出版，从此成为国内外许多大学讲授功能语法的主要教科书。经过近 10 年的使用，作者又作了认真的修改增删，于 1994 年出版第二版。外语教学与研究出版社已被授权在中国境内发行第二版。

　　阅读本书首先要理解"引言"，因为它反映了作者的基本理论观点和编写意图。引言共含 15 节，可概括如下：

　　1）本书的指导原则和编写计划

　　本书初稿原名 *A Short Introduction to Functional Grammar*，其中 short 一词不仅在于表示其原先仅为一百多页的讲义，更主要的是要传达本书浓缩了作者的精密阶的思想。韩礼德认为，对一个语言的语法描写只能求其简要，很难穷尽，如需深入了解，有志者可通过精密阶按需要进一步描写。Functional 一词，说明本书有关语言的使用、意义和成分的讨论都奉行功能主义的原则；而 grammar 在本书中的界定则是广义的，不限于句法，而是把语义、词汇语法和语音等层次都包括在内。

　　在"范围和目的"一节中，作者交代了本书的侧重点不在于对系统网络的描写和讨论，而是将系统的概念体现于语言之中。学习者学习功能语法可能出于多种目的，众口难调，但有两点是共同的，即对语篇的理解和对语篇的评估，两者都要了解语篇和语境之间的关系。

　　"理论方法"一节是"引言"的重点之一。韩礼德肯定了弗斯、叶尔姆斯列夫和布拉格学派对发展系统理论的贡献，并作了简明的介绍。由于在系统网络中的选择是由不同结构体现的，阅读本书时不应对系统语法视聚合性为第一性产生误解。在本节中，作者也对全书各章的重点作了穿针引线的工作，如介绍了小句的语篇功能（第 3 章）、人际功能（第 4 章）和概念功能（第 5 章）；主要的词组和短语（第 6 章）；小句复合体（第 7 章）；衔接（第 9 章）和语法隐喻（第 10 章）。由于功能语法是多层次的，本书也介绍了口语英语的某些特征，如节奏（第 1 章）、信息焦点和语调（第 8 章），但这并不意味着口语和书面语分属不同的语言系统。

韩礼德采用上述方法取决于他所遵循的语言理论。他认为 20 世纪下半叶语言学思潮的基本对立并不表现为结构主义和生成主义的对立，而是在组合性和聚合性之间孰为先的对立。就韩礼德的观点来说，聚合性先于组合性。在本节中我们可以看到他对"乔姆斯基革命"持保留态度。尽管如此，我们应注意到强调聚合的功能语法并不排斥"生成性"，功能语法通过系统网络来生成或切分语篇。

2）语法和语义

"'自然'语法"一节一方面说明词语编码为语音或文字多半是任意的，一方面说明语法和语义之间的关系是"自然的"。作者旨在说明人类语言发展大致经历三个阶段：第一个阶段是儿童的"原语"，这一阶段意义直接被编码为使用语音和姿势的表达，无语法可言；随着儿童的成长，儿童语言过渡到成人语言，将意义先编码为词汇语法，然后将词汇语法再编码为表达。最后，语言使用者进入"语法隐喻"阶段，对语义交叉编码，语义由不同的词汇语法，以至不同的表达方式体现。这构成第 10 章的基本内容。

韩礼德认为"语法和语义学"两者很难划分，涉及多个变数，因此系统功能语法不采用直接成分分析法，而是采用最大括弧法（参见第 2 章）；不采用连锁法，而是采用选择法。两者呈现"体现"关系，词汇语法"体现"语义，或给语义"编码"，因此我们不必对这种符号关系去纠缠其中哪一个为"决定"因素。但是就人类目前的认知水平，我们还不能对一种语言的语义系统进行系统描写，尽管对限定的语篇进行描写是可能的。

韩礼德在"句子和词"章节中阐述了如下主要观点：（1）句子和词是存在于通俗语言学中的两个单位。（2）句子以下表现为部分和整体的结构性关系；句子以上则为非结构性关系。（3）介于两者之间的为短语和词组。短语是句的压缩，词组是词的扩展（参见第 6 章）。在一般语言学著作中，未作这样的区分，较多使用短语一词。(4) 像"我们从旧词中产生新句"这样的说法不妥,这是因为句和词多半情况下都可重复使用,表示旧义,但两者均可在语篇中产生新义。(5) 语言使用者一般知道大概在何时使用脑中储存的句和词的盖然率,这里既指整个语言,也指该语言的不同语域。

3) 语法和语篇

"语法和语篇"的章节论述了任何有关语法讨论的第一步必然涉及对语篇的分析,而任何对语篇的分析必然涉及其底层的语法问题。当然这样的语法应当是功能的、语义的。韩礼德还指出对语篇作语法分析时常会出现难以确定或多种解释的情况,这关系到对语篇的理解。有时需要使用"盖然的"思想加以解决。

由此韩礼德提出功能语法既是关于语言系统的语法又是关于语篇的语法的观点。他不同意索绪尔的观点:一旦语篇作为系统的例证后便可摒弃。语篇分析的基础是对语言系统的研究,而对语言系统研究的目的是理解语篇,因此对系统和语篇都应重视,不可偏废。本节还提出语篇既是"成品"(product)也是"过程"(process)的观点。前者更多地指书面语,后者更多地指口语,只是我们分析作为过程的语篇会感到较为困难。考虑到书面语语法已有较长的历史,韩礼德建议应在构建言语语法上下功夫。

语篇可分言语和书面语。言语之所以重要,不仅仅在于它被长期忽视,还在于不论是群体或个体,言语的出现总是先于书面语,其深层的原因是语言系统的潜势在口语中表现得更为丰富、更为明显。另一个原因是书面语通过词汇表示的语义,在口语中往往通过语法体现。有关书面语与口语在复杂性方面的不同,在第 10 章中将有详细的论述。阅读本节时需主要弄清词汇密度(lexical density)的概念。

在"语言的无意识性"一节中,通过对语言使用者在说话时往往不假思索便脱口而出现象的观察,作者提出应在实际使用过程中掌握语言规则。

4) 应用

理论贵在应用,在"应用"一节中韩礼德列举了语言理论的 20 多种用途,重点放在宽度而不是深度,放在社会现象而不是个体现象,与此有关的理论是社会学的而不是心理学的。其可应用的范围涉及口语语篇和书面语语篇、文体学、计算语言学、语言发展和社会化研究;语言的功能变异;语言和情景语境和文化语境之间的关系;语言在教育中的应用。每一个领域还可进一步扩展,如最后一项可包括启蒙教学、儿童写作、中学教学语言、课堂话语、外语教学、教材分析、错误分析、文学教学、教师培训等。因此本节为读者学习本书后应用有关理论提供了极为宝贵的启示。

5）语码和文化

每种语言有自己的语义编码，语法既是为了编码，也是为了解码。在这方面，有以下观点可供参考：（1）文化相同的各语言在编码上非常接近。（2）对编码问题应有客观认识，不能够把英语世界的观点凌驾于其他文化之上。（3）把孤立的语法现象归于某种文化的特征是天真而危险的。（4）如同具体语篇的环境是情景语境一样，整个语言系统的环境是"文化语境"。（5）儿童是通过在一定文化语境和情景语境下的语篇构筑语码的，又是通过语码对语篇作解释来构筑文化的。

6）可能语法

本书是有关英语的功能语法，但也可理解为以英语为例的有关语言的功能语法。但要注意避免现代语言学中的民族中心主义的倾向，生搬硬套。当然，也没有必要对一些不同语言中的共同特征一概否认。正确的态度是比较其异同。一般地说，三大元功能的普遍性较明显，而各元功能在不同语言中的特征不尽相同。

7）存在的问题

由于本书不可能面面俱到，韩礼德坦言在阅读本书时会出现一些问题，如：（1）功能语法的聚合体概念主要不在词形变化上，而是出现在更大的单位如小句上。当将例证一一给出时，会给人以这是组合体的感觉，其实并非如此。（2）对语言成分做分析时，必然要对各种成分给以标记。问题是当我们一步一步引入这些标记，会显得非常繁琐，而有时不得不提到一些标记名称（label），以分清界限，这时读者会有突然之感。（3）功能语法强调对语篇的分析，而以语篇为例时，难以抓住其中的某个特征。因此本书不得不选名著片段，或从名著中选一个段落，或自编一个语篇。后者会失去语法的真实性。（4）在讨论语言时，存在两个问题：一个问题是对一些语言学范畴的意义没有恰当的定义；另一个问题是整个语法系统是互相牵连的，进入一个语言点时往往以尚未出现的其他语言点为前提。所有这些问题需要读者在阅读本书时在思想上有所准备。

对本章的一些主要内容可参阅胡壮麟、朱永生、张德禄、李战子四人 2005 年合著的《系统功能语言学概论》（北京大学出版社）。

# *Collected Works of M. A. K. Halliday* 序言

由香港城市大学汉语、翻译和语言学系系主任 Jonathan J. Webster 教授主编、英国 Continuum 公司自 2002 年陆续出版的 *Collected Works of M. A. K. Halliday*，共 10 卷，2007 年已全部出齐。北京大学出版社获得 Continuum 公司的授权后，该文集在中国境内出版，无疑是我国出版界和语言学界的一件大事。

就当代语言学研究来说，20 世纪下半叶一直表现为生成语言学和功能语言学的对峙，说得具体些，当乔姆斯基在 50 年代末一度以他的转换生成语法掀起一场革命，成为国际上特别是美国的语言学研究的主流时，能揭竿而起并与之抗衡的便是韩礼德的系统功能语法学派（胡壮麟等，2005）。如果说乔姆斯基的理论得益于后来成为他"革命"对象的美国结构主义，韩礼德则宣称他继承和发展了欧洲的弗斯学派、布拉格学派和哥本哈根学派。正是这两种力量的冲突、挑战和互补推动了 20 世纪下半叶精彩纷呈的语言学研究。

*Collected Works of M. A. K. Halliday* 在中国的出版还具有重要的意义，那就是韩礼德的成就除了受到欧洲语言学传统的影响外，也从中国语言学传统获得滋养。韩礼德在新中国成立前后来华求学，师从罗常培先生和王力先生，在韩礼德的论著中不时绽放这些大师的思想火花（胡壮麟，1993）。在这个意义上，*Collected Works of M. A. K. Halliday* 的出版是一次学术上的回归，为我国语言学研究实现全球化和本土化结合提供了宝贵的经验。

*Collected Works of M. A. K. Halliday* 充分反映了韩礼德所走过的治学道路，其轨迹分见于各卷的主要内容。韩礼德早年研究现代汉语。第 8 卷《汉语语言研究》的第一篇论文是最好的历史见证。这段经历也为韩礼德打下了音系学和方言调查的扎

实基础。回英国后，韩礼德进入对普通语言学的研究，从而为继承、发展和建立科学的语言学理论奠定基础，把握前进的方向。这见之于第 1 卷讨论语法的 16 篇论文，内容涉及语言系统、结构、类和级阶，范围包括从词到篇各种语法现象。第 3卷《论语言和语言学》的 18 篇论文，进一步从系统功能理论角度探讨语言的各个方面。为了在欧美学术界获得一席之地，韩礼德在第 7 卷中的 10 篇论文把英语作为研究分析对象，也是从社会符号的角度研究语言，收录了许多已经绝版的重要文献。在研究方法上，韩礼德注意第一手材料的收集，如第 4 卷有关"婴幼儿的语言"的 16 篇论文，涉及婴幼儿和原始母语，从儿童语向成人语言的过渡，以及早期语言和学习三个部分。在这方面，韩礼德的另一贡献是将语言学研究从句子层面提高到在具体语境中出现的语篇和话语，如第 2 卷中的 8 篇论文；韩礼德还探讨了语法是如何创造意义并改变我们的生活的。韩礼德特别注意语言学理论的价值在于它的应用、能说明和解决社会生活中的问题，并为社会服务。前者见之于第 10 卷的 10 篇从社会角度探讨语言的论文，后者反映于第 9 卷有关语言与教育以及文化关系的 19 篇论文。我国曾经有位学者向韩礼德提问：为什么转换生成语法在中国国内打不开局面，而系统功能语法却响应者如此众多？这两卷的内容有助于人们找到正确答案。第 5 卷的主题为"科学语言"，共 8 篇论文。在本卷中，韩礼德系统探讨了著名的语法隐喻现象，说明语法以至语言的变化和发展，来自人们对主客观世界的观察、认识和表达。20 世纪下半叶是现代科学技术，特别是电子技术，获得飞速发展的时代。韩礼德时已进入耄耋之年，仍能关注语言与科学技术的关系。第 6 卷《语言的可计算性与可量化研究》的 11 篇论文，包括范畴的概率问题，探讨区别于他前期经典语言模式的扩展模式。这种活到老、学到老的治学精神令人钦佩不已。

有必要指出，*Collected Works of M. A. K. Halliday* 只概括了韩礼德 2007 年以前的主要论著和节选，因此有关韩礼德的学术思想和成就有待我们进一步挖掘和学习。其次，这几年韩礼德本人一直是老骥伏枥，笔耕不辍，勤于思索。2006 年3 月 26 日韩礼德教授在香港城市大学的"韩礼德语言研究智能应用中心"成立大会上，做了题目为"研究意义：建立适用语言学"的主旨报告。韩礼德提出适用语言学（applicable linguistics）的长期目标是为了建立语言的意义发生系统，其工作机制是以社会理据来解释和描写语义发生，可见韩礼德已经认识到语言学研究最终要解决对"意义"的描写问题。对此，结构主义和生成主义学派不很重视，系统功能语言学在功能语义学方面也只是刚刚起步，因此，这将是语言学界在新世纪为之共同奋斗的目标。

最后，谈谈本次出版的《韩礼德文集》中译本。当北京大学出版社在 21 世纪初将 Collected Works of M. A. K. Halliday 纳入出版计划时，由于时间和力量所限，匆忙中我们只完成了对第 8 卷的翻译。令人高兴的是，在北京师范大学彭宣维教授的倡议和组织下，将《韩礼德文集》的翻译工作纳入北京师范大学功能语言学研究中心的五年规划之一，并作为 2007 年度国家社会科学基金项目（编号：07BYY063）之下的一个子课题申报成功。因此，这次推出的《韩礼德文集》中译本既是全面向国内汉语界介绍韩礼德的研究成果，也向国内其他学习和研究语言学、哲学、教育学、符号学和所有涉及语言应用学科的师生和研究者提供了国际前沿成果的研究资料和学习资料。可以肯定，中译本的出版对港澳台地区和国外华人学术界也将产生巨大影响。

根据项目总负责人彭宣维教授的介绍，《韩礼德文集》中译本的胜利完成有赖于国内多所高校的教授和学者的参与和译校工作。这里只能列举各卷的主要负责人。

第一卷：杨炳均，博士，上海交通大学外国语学院教授，博士生导师。

第二卷：潘章仙，博士，浙江工商大学外国语学院教授。

第三卷：向明友，博士，北京航空航天大学外国语学院教授，博士生导师。

第四卷：高彦梅，博士，北京大学语言学与应用语言学研究所副主任。

第五卷：张克定，博士，河南大学外语学院教授，博士生导师。

第六卷：刘世铸，博士，山东大学外国语学院教授，博士生导师。

第七卷：何伟，博士，北京科技大学外国语学院教授，博士生导师。

第八卷：胡壮麟，北京大学资深教授，博士生导师。

第九卷：刘承宇，博士，西南大学外国语学院教授，博士生导师。

第十卷：苗兴伟，博士，北京师范大学外国语言文学学院教授，博士生导师。

可见，《韩礼德文集》中译本的出版翻译工作有赖于我国高校众多老师和研究生的积极参与。谨在此向各位译者多年来的辛勤劳动致以衷心的感谢和祝贺。

胡壮麟

北京大学资深教授

2014 年 7 月末

## 参考文献

［1］ 胡壮麟. 王力与韩礼德［A］. 张谷，王辑国编. 中外学者论王力：
龙虫并雕 一代宗师［C］. 南宁：广西教育出版社，1993.

［2］ 胡壮麟，朱永生，张德禄，李战子. 系统功能语言学概论［M］. 北
京：北京大学出版社，2005.

# 欢呼学术繁荣

# 杨敏:《爱国主义语境的话语重构》序 [1]

语境理论在系统功能语言学理论体系中是一个重要方面。国内外系统功能语言学者们从不同角度对语境理论研究曾做过孜孜不倦的研究和介绍。如今,作为中国人民大学"985 工程""积极话语分析理论重构当代中国爱国主义语境"项目的成果,杨敏的新著《爱国主义语境的话语重构》是一项可贵的有意义的工作,是符合Halliday 近几年倡导的建立一个"适用语言学"的精神的。

就我所知,运用系统功能语言学理论进行语境实践分析的报道还不太多。杨敏的研究采用中国运动员的获奖感言作为分析语料,意义深远。首先,该语料在国内外语篇分析领域的研究很少,本研究运用系统功能语言学理论分析汉语语料,既是对系统功能语言学理论的检验,又是对汉语研究的贡献。其次,考虑到优秀运动员是青年人的楷模,他们的获奖感言对青年人的国家认同和爱国热情有极大的感召力,因此,研究获奖感言中爱国主义表达方式,在当前经济全球化的时代,极具实践价值,关系到对青年人的正确引导,也关系到我国的社会稳定。

本研究运用"积极话语分析"(positive discourse analysis,PDA)理论,这是对"批评话语分析"(critical discourse analysis,CDA)理论的反拨与补充。后者虽然能够揭露社会的对立和阴暗面,揭露话语与意识形态的关系,但我始终认为在不同层次的人类交际中,应更多地强调理解、团结、合作和融合,以利于社会的健康、和平发展。积极话语分析既然旨在以积极态度分析语篇、产生语篇和理解语篇,从而努力缔造一个和平共处的美好社会,本课题的积极意义显而易见。

---

1　杨敏. 爱国主义语境的话语重构［M］. 北京:中央编译出版社,2013.

本课题采用中国运动员的获奖感言作为分析语料，这意味着我们不仅要用所学到的国外语言学理论分析英语语篇和其他外语语篇，也应思考如何使这些理论对我们自己的母语——汉语的研究做贡献。本书作者杨敏在对汉语语料进行探索分析，是一种努力的尝试，值得鼓励。

本书作者在将理论应用于实践后，也注意到从实践提升到理论。例如，作者论证了"物质情景背景"（即情景语境）和"语篇的背景"（即语篇语境或上下文），结合了作者所论述的历时符号系统（即社会文化语境）。在此基础上，作者细致地审视了三个语境参数：语篇的语场（如社会－符号行为）；语篇的语旨（如社会－符号关系）；语篇的语式（如社会－符号接触）。这是论述本书的4—6章有关话语发生、个体发生和种系发生的基础。

通过上述讨论，作者阐明了语篇分析本身就是一门交叉学科，它综合了理论语言学、语言哲学、文化学、社会语言学等多门学科的发展成果。如果把说话人和听话人的因素考虑在内，这就必然联系到心理语言学和认知语言学。顺着这个思路，我认为这将使系统功能语言学在21世纪获得进一步的发展，尽管有的系统功能语言学家试图把心理学拒之门外。

作者在第7章提出了爱国主义语境的语言学重构，我认为这"重构"一词点出了本书的最亮点，具体说，最创新之点。要领悟作者的用心良苦，便得进一步吃透作者在第8章"结语"中讨论的有关语篇语境互动的观点。

胡壮麟

北京大学外国语学院外国语言学
及应用语言学研究所
2012 年 4 月 5 日

# 孙毅：《认知隐喻学多维跨域研究》序 [1]

　　西安外国语大学孙毅博士最近邮寄给我他即将出版的书稿《认知隐喻学多维跨域研究》，我眼前顿时一亮，因为我本人在 2004 年曾经写过《认知隐喻学》一书。正如我在该书的序言中所坦陈的，那是我根据 1997 年给复旦大学外文系研究生讲授 "语言和隐喻" 课程的讲稿整理的。严格地说，那是我当时边学习、边写讲稿、边教课的作业，还没有真正敲开认知隐喻学的大门，但在我心目中已意识到认知科学将大大推进隐喻学的研究，特别是概念隐喻的研究，所以才取了那个书名。我很高兴，孙毅博士的《认知隐喻学多维跨域研究》实现了我多年在能力上和时间上所未竟的理想。

　　《认知隐喻学多维跨域研究》以 6 章的篇幅作理论建构。第 1 章介绍研究目标、研究方法和研究框架。第 2 章除回顾传统的隐喻研究外，作者也能从语义学和语用学两个方面分别介绍，特别是介绍了生成语法图景下的隐喻阐析，这些内容在一般论著中很少见到。当然作者的重点放在第 3、4、5 章，分别介绍概念隐喻学说、概念整合理论和体验哲学，内容充实，条理清楚，论述有力。第 6 章有关认知隐喻学的文化意蕴维度起到承上启下的作用，为以下各章的对比研究作了理论上的铺垫。

　　作者在研究框架中指出："自第七章正式开始了多维视角、跨域研究的学术征程"，即本书标题的第二部分。我倾向于把这大部分再切分一下，即第 7 章到第 17 章偏重深入阐述认知隐喻学研究的若干具体内容，如身体隐喻、情绪隐喻、情感隐喻、时间隐喻、颜色隐喻、动物隐喻、习语隐喻、语法隐喻和转喻。这些章节的主

---

1　孙毅. 认知隐喻学多维跨域研究［M］. 北京：北京大学出版社，2013.

要特点是通过大量举例来论述认知隐喻学的不同方面，定量与定性兼及。第一，显然，要做到这一点，作者需要广泛阅读和深入分析，最后让材料说话。许多问题光靠"假设"而无验证行之不远。第二，不仅是英语材料，作者还提供了大量汉语材料，既从不同语言论证了一个论点的可信性，也有利于中国读者通过母语理解和掌握国内外有关认知隐喻学的研究和实践。第三，虽然作者不可能论述有关理论的所有方面，已做的工作足以为我们深入研究提供有力的指导。

我认为第 18 章"隐喻与外语教学"和第 19 章"隐喻与翻译"这两章主要介绍了认知隐喻学的应用。一个理论的生命力在于它能否解答人们实际生活中的困惑，能否对人们实际工作有所帮助。从教育系统来说，我们应当关注的是一种知识、一门课程能否提高教育质量，能否让学生受益。改革开放后，英语语言文学专业包含文学和语言两个方向，为此制定的教学大纲为各个方面规定了必读和推荐的专业课程。有些教师能接受前者，不太能接受后者。他们简单地把语言教学局限于听说读写的技能教育，不接受语言方向应当有自己的专业课程的安排，更不能接受文学方向的学生也应当接受一些语言学方向的专业知识。因此，我深信本书作者在这方面的努力有利于培养外语学科学生的专业知识，应当加以鼓励，也深信作者的努力必将取得令人满意的结果。

最后，我想谈谈本书作者的治学之道。一般来说，搞科研、做学问不外乎知识渊博和深入钻研两个方面。应该说，作者在这两个方面都下了功夫，前者表现在作者讲授的本科课程有普通语言学和文体学，讲授的研究生课程有认知隐喻学、语言学史和描写翻译交际学。作为一个登上讲台没有多少年的年轻学者，这是一个良好的开端。后者表现在作者所发表的 20 多篇文章基本上都是以隐喻学，特别是认知隐喻学为主题的。我经常遇到一些教师，不完全是年轻教师，他们或者不愿意开新课，或者忙着发表一两篇文章，就等着提副教授了。我总觉得孙毅博士与这类人士不同，他对隐喻研究情有独钟，真是做到全心全意投入了，也只有这样才能真正做到化思想为行动，取得并将继续取得丰硕成果。

是为序。

胡壮麟
北京大学蓝旗营寓所
2012 年 4 月 26 日

# 叶起昌：《语言之社会规范说与自然说——索绪尔与海德格尔语言观对比研究》序[1]

这本著作是北京交通大学外语学院叶起昌教授根据他所承担的教育部人文社会科学研究项目的成果汇报整理而成。

在此之前，起昌先后在《外语学刊》发表了《重思真理、时间和话语——海德格尔语言观解读》（2007）和《"人拥有语言"与"语词拥有人"之比较》（2008），在《外国语》发表了《"话语"概念的海德格尔式阐释》（2007）等论文。2010年，我和起昌合著过《语言学理论与流派》一书（高等教育出版社），该书的第3章"Saussure: The Path to Synchrony"便是起昌执笔的。这表明起昌对海德格尔和索绪尔这两位学者很熟悉，对他们的论著下过功夫，更表明他去北京交通大学任教除完成教学任务外，在科研上也不甘寂寞、不甘落后。

这本书的副标题提到"索绪尔与海德格尔"语言观的对比，我认为不如说"海德格尔与索绪尔"语言观的对比更为明确，因为索绪尔1913年离世时，海德格尔才24岁，他的成名作《存在与时间》直到1927年才发表。同理，如果两人之间有对话的话，该是海德格尔向已离开这个世界的索绪尔叫板。当然，我们完全可以作这样的解释，这是海德格尔和他的支持者向索绪尔和他的支持者的挑战。考虑到起昌自己在前言中交代"索绪尔与海德格尔的对话在国内外从未发生过"，这次对话原来是起昌自导自演的，不过很有创意，很有实用性。我对海德格尔不太了解，但对国内语言学界对索绪尔的热烈争论是看在眼里的。

由于索绪尔是语言学家，而海德格尔是哲学家，两人很难全面对比，因此起昌

---

1 叶起昌. 语言之社会规范说与自然说——索绪尔与海德格尔语言观对比研究 [M].
北京：北京大学出版社，2013.

把该项目限定在就两人的语言观进行对比，这是明智的。其次，我们对索绪尔总的来说比较了解，对海德格尔则有些陌生，这本书的出版正好填补了我们在这方面的空白。再者，就语言学来说，我们熟悉的是结构、功能、主谓宾、名词动词等语言学词语，对语言的本质看不到那么远，何况认知语言学正在成为今天的显学，起昌引领我们从哲学层面作寻根之旅，可谓做了一件有意义的工作。

就语言观来说，这本书围绕海德格尔和索绪尔两人有关语言的本体论、认识论和方法论展开，分章讨论。作者力求做到对两人的观点逐一深入介绍。既有肯定，也能指出其不足。不过，作者并没有袖手旁观，有时能坦陈自己的观点，特别是在每章的结论部分都有中肯的评述。需要指出的是，作者充分运用了存在论的有关世界和时间的概念，对两人思想发展的渊源和各自的同路人，以及对今后语言研究的深远影响，均有所涉。

最后该是我来汇报自己的读后感了。如果要我"解蔽"本书的话，起昌本人的立场多少有些向海德格尔倾斜。这是可以理解的。一方面，我们对索绪尔的理论了解较早较多，20世纪下半叶乔姆斯基形式主义语言学红火后，人们对索绪尔结构主义的关注并未减少；另一方面，从这本书作者这几年的学术活动来看，他的研究重点放在海德格尔上要更多一些。此其一。鉴于海德格尔是位哲学家，他在语言观的认识论和方法论上的建构还不那么显著。我很高兴，作者认识到这一点，在讨论时毫无"遮蔽"之意。与此同时，作者在现象学和阐释学上着墨较多，化被动为主动，使我们不至于在传统的认识论和方法论前止步不前。此其二。正因为有"蔽"，才要"解蔽"，以窥探知的深处和高处，探索语言和存在关系的真理。作为语言的守护者，作者多次承认海德格尔在理论上也存在困境，如海德格尔对本体论和认识论的混淆，海德格尔无法论证自己的阐释普遍有效，海德格尔的理论缺乏与他人的对话，他有关阐释的任意性和独断性，"语词拥有人"的观点不能解释"语言自身能够说话"和是否存在"先于人的独白"，等等。所有这些表明，作者的用意是号召我们共同努力去回答，去"解蔽"。在此意义上，这本书可谓发轫之作，让更多的读者从"存在"的高度思考"此在"，思考"存在"。

胡壮麟

北京大学蓝旗营

2012 年 8 月

# 张薇：《英语数字素养评价研究》序 [1]

北京大学外国语学院张薇博士的《英语数字素养评价研究》属国家社会科学基金青年项目"基于网络的大学英语研究性评价模式"（编号：04CYY012）的最终成果，现由北京大学出版社正式出版。

在 21 世纪之前，读写能力（literacy）说明一个公民受教育的程度。随着科学技术的发展，特别是数字技术的发展，当代人们对读写能力有了新的认识、新的界定、新的要求，这就是数字化时代公民所受教育状况，或作者在前言中所说的"数字素养"（digital literacy）。数字素养指利用各种数字技术查找、阅读、接受、理解、写作、评估和创建新知识的能力。它要求电子一代具有"识别和利用数字素养的能力，从而操作和改进数字媒体，进行多方面传播，并使这些媒体很方便地适应新的形势"（Jenkins，2009）。因此，数字素养涵盖人们常说的计算机读写、多媒体读写、信息读写、新读写能力、超读写、电子读写，以至 21 世纪读写等方面的内容。

在本书中，作者主要讨论数字素养的一个方面——英语数字素养。这对我国实现改革开放具有重要意义，并自 20 世纪 80 年代末，以"计算机辅助语言教学"（CALL）的形式推行多年。在一定意义上，这是我国大学英语教学改革和义务教育改革的一个重要内容。我曾碰到一些上年纪的外语教师，他们辩称不懂计算机也可以学好外语。其实，英语数字素养不仅表现在英语教师可以在教室中采用多种媒体进行教学，提高教学效果，而且有助于培养学生独立学习、查找信息和进行创新思维的能力。这与传统的英语听说读写技能教育有明显的不同。当然，我们在英语数字素养方面的经验必然会带动外语数字素养，以及其他专业的数字素养。

---

1　张薇. 英语数字素养评价研究［M］. 北京：北京大学出版社，2013.

数字素养主要在 21 世纪才获得巨大发展。在此期间，究竟取得了哪些成就？究竟存在哪些问题？应该如何建立有效的评价模式促进学生英语数字素养的发展？这需要持续地及时评估，给予实事求是的科学的回答，这是《英语数字素养评价研究》的主要目标，也是本书的真正价值所在。本书作者在第一章开宗明义，引入了数字时代的大学英语学习评价模式，可谓画龙点睛之作。完成此项任务，要求研究者除课程开发与评价理论外，还要掌握数字技术。最初我对作者如何完成这一艰巨任务不很清楚。拿到手稿后才发现，作者在北京大学英语系早就开设了 Doing English Digital 这门课程，历经 10 年。作者通过她丰富的教学经验，给我们论述了本课题的评估目标和研究项目，建构主义的网络学习环境，以及评价工具的设计。在这 10 年 8 个学期中，作者组织了 3 轮教师小组评价，终于完善了评价量规的设计（第 3 章）。这个评价量规又具体包括"内容""清晰性"和"评判性和创造性思维"三个评价维度，重点评估评价量规的稳定性（第 4 章）和有效性（第 5 章）。这种精益求精的科学的治学态度应予以肯定。

作者在本书第 6 章"结论"中除对评价量规的稳定性和有效性进行评析外，还对 10 年来的研究进行反思，提出教师应当拓展传统的大学英语教育目标、教学方式与教师角色，提高学科素养、研究意识，扩展学术视野，获得英语教育决策者的长期支持。这几点，特别是最后一点，表明作者已有意地认识到或无意地接触到如何搞好我国的（大学、高职高专和义务阶段）英语教学和外语教学这个命题，这不仅仅是一个学科建设的问题，也不仅仅是英语教师和英语学习者的问题，而是一个超学科研究的问题（胡壮麟，2012）。它涉及全国人大、教育部领导、学校领导、学生和家长、社会共识等多个方面。

本书作者张薇早在 1984 年 17 岁时考入北京大学英语系，1988—1991 年在我指导下获得硕士学位。1997 年我向美国纽约哥伦比亚大学教育学院 Clifford Hill 教授推荐张薇攻读博士学位，她勤学苦读，不负众望，于 2003 年获得国际比较教育博士学位。回北大后，2004 年升任副教授，除基础课外，先后开设"学术英语写作""英语新闻读写""英语教学法"等课程。

张薇为人低调，不事宣扬。直到最近，我才了解她 20 年来默默无闻地工作在教学第一线，成就突出。如她的教学和研究受到国内外许多高校的重视，先后在中国教育电视台讲授"踏出国门"（First Step Abroad—Berlitz Business English）；在陕西师范大学主办的中国西部地区大学英语教师暑期培训班讲授"世纪之交的语言教育";任德国国际女子大学（IFU）讲师，兼任"Future of Education"研究项目协导员；在美国纽约市立大学讲授"Pedagogical English Grammar"；应美国 ETS 考试中心邀请从事新托福考试的教师培训工作；在香港城市大学开设"话语分析"研究生课程。张薇还应邀在瑞典斯德哥尔摩大学、挪威科技大学、越南顺化大学、北京外国语大学、南京大学、北京师范大学、扬州大学等高校做过专题报告。

在完成繁重教学任务同时，张薇曾参与多个国际、国内教育科研项目。除主持国家社会科学基金青年项目"基于网络的大学英语研究性评价模式"外，还参与美国 TESOL 的 CEFLS 项目，成果为与国内外英语教育专家合著的教师发展系列著作《英语课程标准在课堂教学中的应用》（1—4 册）（McGraw-Hill/ 外语教学与研究出版社）。

张薇在国内外多家著名杂志担任编委或评审，如美国 *Computers & Composition* 杂志编委、北京大学《语言学研究》编委、美国 *The International Journal of Computer-Assisted Language Learning and Teaching*（*IJCALLT*）杂志编委、美国 *Women & Language* 杂志编委、英国 *World Englishes* 杂志评审。张薇所写的论文多半在国外著名刊物上发表。

从获奖情况看，张薇曾先后获得 2004 年教育技术协会主办的"全国大学英语教学改革暨网络环境下外语教学学术会议"论文一等奖、2005 年国家精品课程奖（北京大学"大学英语综合课程"主讲教师之一）、2007 年北京大学外国语学院优秀教师奖等。

作为张薇曾经的老师和同事，我目睹她一步一个脚印地成长，深刻领悟青出于蓝而胜于蓝的真谛，谨以此序表示我的钦佩之心和庆贺之情。愿在我有生之年仍能见到张薇获得更多更大的进步，为祖国的外语教育事业做出新的贡献。

胡壮麟
北京大学外国语学院
2013 年五一国际劳动节

## 参考文献

［1］ Jenkins, H. *Confronting the Challenges of Participatory Culture: Media Education for the 21st Century* ［M］. Cambridge, MA: The MIT Press, 2009.

［2］ 胡壮麟. 超学科研究与学科发展［J］. 中国外语，2012(6): 1+16-22.

# 陈香兰：《语言与高层转喻研究》序 [1]

本书是陈香兰 2006—2008 年在北京大学从事博士后研究的出站报告《语言中的高层转喻思维机制研究》的基础上整理的。陈香兰的指导教师是北京大学申丹教授。在此期间，我有幸参与过该课题的部分活动，并担任陈香兰出站报告的答辩委员会主席。现作者约请我作序，欣然从命。

本书内容属于认知语言学和语用学范畴的理论研究，从认知语用学角度，讨论语言现象，尤其是汉语现象中难以从字面观察到的转喻思维。如果我们回顾转喻研究的发展历程，从 Plato 和 Aristotle 把转喻作为一种修辞格起，经由 Jakobson 提出转喻与隐喻之别在于前者为"相邻"、后者为"相似"，Lakoff 和 Turner 把转喻定义为两个概念认知域之间的一种概念映射，以至转喻被用于解释间接言语行为和语法变化，就不难发现本书的高度前端性，陈香兰所从事的高层转喻思维机制研究正是国内外认知语言学的一个前端课题。

为研究本课题，陈香兰教授认真学习和采用当今学术研究中的最新成果，如将转喻分为高低层的思想、有关场境理论的思想、转喻观点和目前的种种构式观点、思维的语境条件等，并做了大量的翻译工作。这体现了陈香兰教授密切关注并掌握转喻研究的最新成果，积累多种学科的知识，为本课题研究做好学术上的准备。

本书主要讨论五种语言现象："What's X doing Y?"构式、现代汉语的间接拒绝、现代汉语疑问句的意义偏离情况、汉语伏应和汉语"的"字结构。不难看出，作者所研究的课题涵盖多个方面，并且主要是结合汉语进行的。这一方面向汉语界介

---

1　陈香兰. 语言与高层转喻研究［M］. 北京：北京大学出版社，2013.

绍了国外的先进理论，另一方面将这些理论应用于汉语实践，本书的实用性应予肯定。

但我认为本书的最大看点是作者始终采取唯真理是问的非派性立场，这就是说，作者不拘泥于一个学派的理论，或是以一派理论抨击另一派理论，而是不论哪一派该肯定的肯定，该学习的学习，该存疑的存疑。除对上述已经流行两千多年传统的转喻观指出其局限性外，作者不同意 Chomsky 从深层结构和表层结构的转化，以及约束原则来解释照应问题；作者在肯定了 Halliday 和 Hasan 的衔接理论的同时，指出他们只讨论了词汇和句子层面的衔接问题，未涉及语篇的层次；就本书主要采用的理论之一——语用学理论来说，作者坦率地指出 Grice 的合作原则、Searle 的间接言语行为理论，以及 Sperber 和 Wilson 的关联理论和传统语用推理理论无法系统解释有关的推理模式和认知基础；从认知理论看，Lakoff、Johnson、Turner 等人虽然指出隐喻和转喻是人类语言使用的两种心智策略，以后进一步把转喻看作一种概念映射，但这些学者对转喻的研究深度远远不如对隐喻的研究；在"的"字结构研究方面，作者认为我国汉语界多数学者只是从语法、语义的角度研究，等等。所有这些，表明了作者的用心所在，她能从前人的研究中构建自己继续前进的台阶。

为了回答或解决上述问题，作者经过材料收集和分析研究，在多方面取得了突破，如作者提出意义偏离不仅是语用问题，也是一个认知思维问题，因此在研究中采用高层转喻来解释意义偏离；认为构式的意义生成与语境密切相关，背景知识规定着常规的转喻思维，而情景语境影响着常规思维在具体情况下的变化；构式的转喻操作有时表现为两域操作，但在间接请求身边的人去阻止构式所涉及的行为的条件下，可表现为多域操作；拒绝言语行为必须考虑上下文的动态语境，并有狭义拒绝和广义拒绝之分，特别是语境对间接拒绝有时有决定性的作用：常见的间接拒绝的转喻类型有部分代整体、整体代部分和因果思维中的转喻三种；间接拒绝经常存在两种类型的转喻链：从直接到间接的转喻链和从间接到直接的转喻链：在伏笔照应方面，提出了区分四种不同的"伏"与"应"类型，即一伏一应、一伏多应、多伏一应和多线伏应；"的"字结构中的转喻思维可细分为领有者—领有物、地点—人/物、形状—事物、施事＋行为—对象、行为＋受事—人、时间—事物、施事＋行为＋受事—事物、行为＋形状—事物等转喻思维源域类型，等等。这样的创新性成果在本书中屡屡出现，令人欣喜。

最后，作者承认在本书中对转喻在不同语言中的特点和规律尚未充分涉及；在方法上主要采用内省法，不可避免地会带有一定的主观性；所提出的假说还有待后续研究的进一步验证和完善；有些问题有待继续思考，如反问的问题，等等。作者的治学态度是谦虚的、诚恳的。

陈香兰现为对外经济贸易大学教授，硕士生导师，理论语言学研究所所长，多次应邀赴西班牙、葡萄牙、荷兰、芬兰、波兰等国出席国际学术会议和宣读论文，是 2012 年英国华威大学访问学者。这些都说明她具有很强的独立科研的能力，并受到国内外学术界的瞩目。陈香兰为人谦和，学习刻苦，积极上进，我坚信，她在治学的道路上，将有更多的突破，将为我们带来更大的惊喜！

胡壮麟

北京大学蓝旗营寓所

2012 年 9 月 21 日

# 王铭玉：《现代语言符号学》序[1]

2004 年我曾为王铭玉教授的《语言符号学》一书写过序[2]。在该序中，我表达了如下观点：王铭玉教授自 1993 年起即开设符号学课程，是我国从事符号学研究的先驱者；他在该书中充分肯定了索绪尔对建立当时"还不存在"的这门学科的预见性，以及索绪尔从符号学的视角奠定了结构主义语言学的理论基础和方法；介绍了索绪尔、皮尔斯等 8 位学者的有关理论；对符号的 12 个具体范畴或特征作了介绍和讨论；对中国符号学研究 20 年的发展作了小结。

我万万没有想到才过了 8 年时间，在众多佳篇新著中，《现代语言符号学》书稿映入我的眼帘，书稿作者就是当年冲锋陷阵的王铭玉教授！赞叹之余，我开始琢磨起这"现代"一词该如何理解？具体说，本书有哪些新意或亮点？

翻阅书稿，我第一个感受是作者能鲜明地亮出自己的观点，在第一编中作者不但概略介绍了"语言符号学"的基本内容，并且清楚地说明"我们采取了双重意义学派的符号观，认为符号具有物质性，并且能传递一种本质上不同于载体本身的社会信息"。符号既然具有"物质性"，那它就不仅仅是声音意象；符号能传递"社会信息"，那就得探讨社会是如何"约定俗成"的。第二，作者按照指谓关系把符号概括为 5 大类，即征兆符号、象征符号、信号符号、语言符号和替代符号，这就修正了皮尔斯的传统观点。第三，作者指出现代符号学理论思想主要有自然科学、人文社会科学、现代哲学和现代语言学 4 大来源。第四，语言符号学不能简单地理解为语言学与符号学的加和，它同时也包含语言哲学和文学理论等领域的内容。

---

1  王铭玉. 现代语言符号学 [M]. 北京：商务印书馆，2013.
2  胡壮麟. 序 [A]. 王铭玉著. 语言符号学 [M]. 北京：高等教育出版社，2004.

反映作者符号学研究新视角的是本书的第二编：现代语言符号学的思想渊源。类似的内容在 2004 年一书中是在第 3 章按索绪尔、皮尔斯、莫里斯、巴特、艾柯、雅各布森、巴赫金和洛特曼共 8 人分别介绍的。在本编中则分为 10 章，按各种思想和理论逐个讨论，如最能代表上述学者理论贡献的符号系统观与语言符号观、符号的三位一体与分类、符号学的三个世界与论域类型、符号的二元分析与多元解读、符号的代码理论及生产理论、符号的功能系统与双向模式、符号的性质及对话理论、模式系统与符号域。在本书中作者还谈到了过去没有充分讨论的符号的互文性与解析符号学、符号的结构语义分析与叙事语义分析。所有这些说明，一方面在治学方面我们应该对事不对人，了解各种理论的优势和不足；一方面我们应该在符号学研究中推陈出新，加速学科研究的建设和发展。

作者在与本人的交流中谈到《现代语言符号学》除梳理历史、构建体系和打造基础外，重点放在指导语言现象的层次分析上。这就是本书第三、四、五编的主要内容，即篇章符号学研究、句层符号学研究和隐喻符号学研究。显然，在层次上作者采取了自上而下的路子，反映了当代语言学研究中以语篇为本的思想。

从事符号学研究的学者，包括本书作者都承认开创现代符号学研究的两位先驱索绪尔和皮尔斯所做的贡献，但也无法回避两位先驱者在理论上的截然对立，以至国内一些研究人员有时会为支持其中之一的观点而争论不休。从第三编的内容看，我发现本书作者在建立自己的理论框架时，力图在索绪尔和皮尔斯两者之间取得平衡，只是操作的天平似乎向后者移了一些。例如，尽管作者保住了索绪尔的组合和聚合理论，作者对"篇章"的重视是索绪尔不屑一顾的。又如，本章中的表达和内容两个平面及实体和形式两个层次的论述是继承索绪尔的叶尔姆斯列夫的结构主义理论或形式主义理论，但本编中的"语境"，如篇内语境、逻辑语境、篇外语境和认知语境及其形态又是典型的功能主义理论，由此引发的语用连贯更使人联想起皮尔斯。可以说，作者认识到对符号的产生、理解和应用离不开人与社会的观点是旗帜鲜明的，作者也没有回避这些对立，而是力图在新框架中整合这些对立，是一个大胆的创新者。

作者在第四编"句层符号学研究"中也有许多新的见解。如果说索绪尔符号学的能指 – 所指观主要体现在词语层次上，他的组合观或结构观主要体现在句子层面上，那么，本书作者的广义层次观基本上包括了语言的准符号层次（以音位为中心）、语言的符号层次（以词为中心）和语言的超符号层次（以句子为中心），但作者没有就此止步。作者认为，符号学的语构、语义、语用三分法是句子意义研究的基石。意义是语言表达的中心，句法是表现意义的手段，语用则是把握语义句法组合所传递信息的外在因素。作者下面一句话更为精彩："可以说，从符号学三平面出发来研究句子的意义是当代语言学的重要趋势，三者相互结合，突破了结构主义的桎梏，符合当代语言学发展的脉络，更符合社会科学中提倡人本中心主义的诉求。"这样，我们对"现代"一词有了进一步的更加丰满的理解。

按常理来说，语言自上而下的层面应该是语篇、句子和词语，作者在第三编和第四编中讨论了语篇和句子两个层面后，我们满以为会在第五编讨论词语，但作者把讨论的主题定为"隐喻符号学研究"，令人叫绝！我认为原因有二，一则作者主要讨论的是符号学，二则隐喻更能说明符号产生的实质和过程。在一次符号学会议上，我曾发表过这样的观点：如果我们讨论能指和所指的关系时把任意性放在第一位，那么有关语言学和符号学的一切研究都将是徒劳的。那么，人们为什么还要研究呢？本书作者就相似性和象似性的讨论回答了这个问题。用作者的话说，"我们的目的是在前人研究成果的基础上，试图用符号学的一般方法论原理对隐喻问题进行符号学阐释，……深入到语言的具体问题，发挥符号学方法论的解释力。"这就是说，作者的根本目的是实现符号学和语言学的"联姻"。在本编中，作者论述了语言符号系统的表达层、内容层、功能层的区分，人的思维活动的动态性、开放性、理据性，建构隐喻的施喻者和解读隐喻的受喻者的主体因素，等等，都是为了说明和加强两者的联系。

最后，我顺便谈一下作者在本书中提到的但尚未充分展开的一个观点，那就是："语言符号的象似性问题对应于符号的任意性，象似性与任意性是语言符号性质的两极，在任意性与象似性之间存在着一个模糊渐进的中间区域，而并非除了象似性就是任意性。"作者在这里所说的"模糊渐进的中间区域"源自逻辑学的"内在居中逻辑"（the logic of included middle）。我们知道亚里士多德逻辑中没有中间状态，然而这种中间状态确实是现实世界的一部分。这个包含中间状态的逻辑在数学上已得到证明，可解释各种复杂性现象。因此，处于许多社会、经济和政治研究机关底层的非此即彼的二元逻辑已不能包括和应对所有人类所处情境，不能回答和解决人类社会和世界中的许多问题。基于这个原因，研究人员的注意力已从20世纪兴起的学科交叉研究进入超学科研究（transdisciplinarity）。超学科模式关注的是利用"学科间、跨学科和超越所有学科"的知识，求得知识和存在的统一，以了解当前世界（Nicolescu，2002：44，56）。我们之所以在这里强调"内在居中逻辑"，在于长期以来符号学研究者只满足于在索绪尔和皮尔斯之间站队，很少考虑世界是复杂的，人对世界理解的过程也是复杂的。我们应当把注意力放在如何解决符号学研究中存在的复杂问题，才能取得成果，才能创新，才能前进。

总的来说，本书对了解符号学的来龙去脉很有帮助，是一本难得的读本。其次，本书对如何从事符号学研究，给我国学者带来不少启示和灵感，让研究者们在纷繁的意义系统中，抓规律、找趋势、选择最佳可能性，并结合汉语符号和中国文化的特点为符号学研究注入新鲜血液。

非常感谢本书作者，把我这个八十老汉拉了一把，让我跟着我国符号学的研究队伍继续向前走。

胡壮麟
北京大学外国语学院
2012 年 2 月 17 日

## 参考文献

［1］ Nicolescu, B. *Manifesto of Transdisciplinarity* ［M］. Albany, NY: State University of New York Press, 2002.

# 张勇先：《英语发展史》序言 [1]

中国人民大学外国语学院张勇先教授多年来从事"英语发展史"的课程教学，现将讲稿整理，冠名《英语发展史》正式出版，可谓教学促进科研的最佳范例。对我这个早年未接受过该课程系统教育的教师来说，这正是一个边阅读边温习的大好机会，获益良多。

《英语发展史》既是一本有分量的专著，同时又是一本很有特色的教材。本书的英语主标题"From English to Globlish"表明了作者对英语的正确定位，即它是当前通用的国际语言。为此，作者从政治、经济、科技、军事、贸易、宗教、文化、体育以及社会变迁等多个方面对英语的发展和演变加以论述，有理有据；作者对英语发展史上的"外来词的争论"以及"元音巨变"和"语音变化理论"等宏观问题的分析有自己独特的见解，论述充分，说服力强，很有现实意义。

本书的第二个特点是能较清楚地结合英格兰民族的形成，论述英语发展的四个时期，即古英语时期（449—1066 年）、中世纪英语时期（1066—1489 年）、早期现代英语时期（1489—1801 年）和现代英语时期（1801 年至今）。尽管语言变化是潜在的、渐进的，但从"史"的角度看，英国历史上的一些重大事件起了推动作用。作者对不列颠历史上的三次入侵（始于公元 449 年的盎格鲁－撒克逊入侵、始于787 年的北欧海盗入侵和发生于 1066 年的诺曼征服）交代得很清楚。

就语言史而言，本书突出了文化因素。作者介绍了公元 597 年圣·奥古斯丁在英国传播基督教引发的语言文化革命，其结果是 11 450 个拉丁词进入了古英

---

1 张勇先. 英语发展史［M］. 北京：外语教学与研究出版社，2014.

语。从全书内容看，作者的确注意到宗教在每个时期的影响，如约翰·威克里夫在 1382 年用英语翻译的手抄本《圣经》，威廉·廷代尔在 1524 年和 1525 年翻译的《马太福音》《马可福音》和《新约圣经》，1611 年的《钦定版圣经》，1928 年的《公祷书》，1963 年的现代英语版《新约》，等等。其次，作者充分注意到文学作品的规范教化作用，从 680 年英国口头文学《贝奥武夫》的出现，中世纪的英语文学，到文艺复兴时期的莎士比亚等，均有精彩论述。当然，作者也谈到工业革命和科学技术的发展。

在梳理英语语言史的同时，作者重视英语的规范问题。这表现在作者对于英语工具书作用的详尽描述，如 1604 年的《英文难字字母顺序表》、1721 年纳萨内尔·贝利的《通用词源词典》、1755 年塞缪尔·约翰逊的《英语词典》，等等。作者的功力还表现在全面阐述导致英语变化发展的前因后果，如在介绍英语"元音巨变"时，对其外来因素、社会因素、个人偏爱、食物、气候因素，以至听力误差等均能概而述之，举例丰富，易于读者领悟。这种治学精神也体现在其对数据的引用上，如英语在德国大学中的巨大影响、现代英语词汇中源自古英语的数量的统计、拉丁语和法语的影响，等等。这保证了本书的学术性、科学性。

考虑到英语是许多国家的主要语言，《英语发展史》对英语变体也有所涉及，特别是英国英语和美国英语的比较。这一正视现状的立场很重要，因为人们习惯上只看到英国英语的存在，而无视其他英语变体的存在。同样一本教材，21 世纪的"英语语言史"应该超越 20 世纪只谈英国英语的"英语语言史"。就这个问题，我曾经和英国文化委员会的专家们有过争论。讨论英语，不能停留在所谓正宗的英国英语。从实际情况看，二次世界大战后，更多人使用的是美国英语。不仅如此，加拿大英语、澳大利亚英语、新西兰英语、南非英语等都是英语大家庭的成员，English 成了 Englishes。此点不能视而不见。

《英语发展史》是为中国学生编写的，其特色之一就是作者将一些英语发展史上的关键时期与中国相应时期进行比较，如恺撒入侵不列颠之时，中国正处于汉代，并从西域引入大量境外的动植物词汇；在文化发展上，在罗马人修筑哈德良长城时，出现了许慎编写的包括 540 个汉字部首的《说文解字》。这样的比较贯彻始终，使语言学习与文化教育相结合，相互促进。在这方面，作者也能具体介绍英语对汉语的影响，内容涉及词汇、语音、语法、英式表达、缩略语、文学作品等。当然，作者如果有机会，可进一步探索汉语对英语的影响，特别是英语中的汉语借词，如 buk choy（白菜）、bonsai（盆栽）、chop suey（杂碎）、chow mein（炒面）、dim sum（点心）、judo（柔道）、kowtow（叩头）、kumquat（金橘）、Yin Yang（阴阳）等。这些借词是在不同时期通过不同途径传入英语的，从早期的丝绸之路，传教士来华，海上贸易，以至经由日本、朝鲜、越南等与汉字有密切联系的国家，各途径的传播均具有深远的历史文化意义。

最后，作者讨论现代英语的变化趋势是顺理成章之举。像语言表达和构词的简洁化，缩写字母的广泛应用，很有新意。随着中国的崛起，我个人认为汉语将对英语产生更大的影响，像 brainwashing（洗脑）、bamboo curtain（竹幕）、wushu（武术）、fengshui（风水）等，不管出于什么原因，都是 20 世纪 70 年代后大量中国移民进入英语国家后第二手传入英语的。

胡壮麟

北京大学外国语学院

2012 年 7 月 7 日

# 梁波：《英语语音与听说词汇》序 [1]

    北京大学外国语学院英语系梁波老师编写的《英语语音与听说词汇》即将付梓，感谢本书作者和出版社编辑让我为本书写序，分享他们的喜悦之情。

    我本人自愧对语音知识和语音教育钻研不够，但对其重要性却是清楚的。早在60年前的学生时期，我的老师李赋宁先生一口纯正的牛津剑桥英语令人肃然起敬。20世纪70年代初我调入北大任教后，获悉北京外国语大学新生入学后首先要接受两个月的语音教学，当时听了咋舌不已。待20世纪80年代自己开始从事语言学研究和教学后，才认识到语音学和音系学是进入词汇学、语法学、语义学的基础。就国外的学科发展看，语音学先于语言学。负面的例子也是有的。我的一位语言方向的研究生曾申请去美国某大学攻读语言学博士学位遭拒，理由是她成绩单中没有语音学的成绩，也就是说，她在北大没有学过语音学。更具体地说，我们老师没有为学生开设这方面的课程，悔之不已。再一个众所周知的实例是21世纪初，一位国家领导人对我国的外语教育提出"费时低效"的严厉批评。从日后整改的具体措施看，问题出在听说能力差，这必然涉及语音语调的教育薄弱。

    在上述背景下，梁波老师的《英语语音与听说词汇》问世，理应受到庆贺。第一，本书完全符合《大学英语课程教学要求》的规划。如果说，过去语音教育在英语专业不受重视的话，它在大学英语教学中更是一片空白。本书的出版表明大学英语老师正在沿着正确的方向前进。第二，作者思想上明确，本书的对象是大学生，因此教师不能满足于让学生像小学生那样整天价唱山歌，该说理的还得说理，充分

---

1  梁波. 英语语音与听说词汇［M］. 北京：北京大学出版社，2014.

调动大学生的逻辑思维能力。因此，作者没有放弃《国际音标》的正规教育和在理论上进行分析，此点值得肯定。第三，随着二次世界大战后国际形势的发展，语言交际更多地仰仗英语，特别是美国英语，因此，本书的讨论和举例重点放在美国英语中的单词重音、滑读、音段和发音设置。这完全符合当前适用语言学（appliable linguistics）理论的精神，即理论要结合实践，思考如何更好地为实践服务。第四，本书既然是为中国的大学英语课程教学要求编写的，作者采用了跨语音的语姿对比分析方法，注意英汉语姿对比，指出中国学生容易误读之处，有利于学生的领悟和改正。这得益于作者本人在教学实践中的经验积累和语音学理论的钻研探索。第五，作者注意到当代教育技术和多模态理论的发展，强调语音教学应充分利用多媒体授课，值得一书。这既有利于提高教学效果，更提出新世纪大学英语教师应当如何全面发展的方向。

胡壮麟

北京大学蓝旗营寓所

2014 年 7 月

# 罗维亮、杨岗：《课件工程》序 [1]

罗维亮和杨岗老师约我为《课件工程》作序，心中未免受宠若惊，又忐忑不安，因为我自己在这方面的研究可以说浅尝辄止，并不深入。

10 年前我先后介绍过大学英语课程的超文本化问题（胡壮麟，2004），课堂教学中课程意义多模态构建（胡壮麟、黄佳，2006），作为工具，语篇、语类和文体的 PPT 课件制作（胡壮麟，2007a）。在这个基础上，我提出为了适应信息社会和当代科学技术的发展，学校教育应当从传统的识读教育进入到多元识读教育（胡壮麟，2007b）。很惭愧，由于水平有限，加之最近六七年任务繁杂，老弱多病，我本人几乎没有新的建树。在这个意义上，我宁愿从普通读者的角度谈谈本书的特色。

本书的最大亮点是作者能把新世纪发展起来的属于普通符号学的多模态理论应用于课件语言的研究。作者正确地指出课件语言的本质是多模态语言，也就是说，教师应该善于采用多媒体工具和多模态表达方式来讲授课文内容，实现课程意义，即知识传递的最佳效果。

为了将多模态理论应用于课件语言的研究，作者对课件语言进行理论构建，它包括课件作品、课件画面、课件语意三个层阶以及课件语法、课件语意、课件语用三个平面，从而把我们引入应用符号学的领域。

任何理论，普通符号学的或应用符号学的，贵在应用，贵在实践。对此，作者提出"课件工程"的概念，在采用 Flash 制作工具的基础上总结了 3 种简易型课件

---

1　罗维亮，杨岗. 课件工程［M］. 北京：清华大学出版社，2014.

和 3 种完整型课件的技术结构，实现了技术的"创造—使用"统一模式。创造在使用中体现价值，创造从使用中获得启示。

有必要指出，作者多次使用"内容处理、技术处理、艺术处理"和"将技术与艺术连接起来"的表述，这一认识完全符合教育部正在全国开展课程改革的精神，即我们不仅要注意"德、智、体"教育的全面发展，也要注意"美育"。完美的课件语言无疑是灌输美育的一个重要方面。

本书具有高度的理论价值和应用价值！

## 参考文献

［1］ 胡壮麟. 大学英语教学的个性化、协作化、模块化以及超文本化［J］. 外语教学与研究，2004(5): 345−350.

［2］ 胡壮麟. PowerPoint——工具，语篇，语类，文体［J］. 外语教学，2007a(4): 1−5.

［3］ 胡壮麟. From literacy to literacies（从读写能力到多元智能）［A］. 文明的和谐与共同繁荣——人类文明的多元发展模式："多元文明冲突与融合中语言的认同与流变"外国语分论坛论文或摘要集（上）［C］. 北京，2007b: 84−101.

［4］ 胡壮麟，黄佳. 意义的多模态构建——对一次 PPT 演示竞赛的语篇分析［J］. 外语电化教学，2006(3): 3−12.

罗维亮、杨岗：《课件工程》序

# 钱军:《英语词的意义与用法》序 [1]

继 2008 年出版《英语词的构成与搭配》（商务印书馆）一书后，北京大学外国语学院钱军教授又完成新著《英语词的意义与用法》，仍由商务印书馆出版，并仍由我作序。

根据钱军教授本人在本书前言中的介绍，二书是英语词汇学课程的两个组成部分，《英语词的构成与搭配》是前 8 讲，《英语词的意义与用法》是后 8 讲。就我的理解来说，前者是英语词汇学的基本内容，后者是该课程的深入和延伸。前者谈的是英语词语的基本构成和使用时的搭配，后者重点讲解词义和在不同语境下的应用。这样，在教学安排中对英语词汇学可以是每周 2 个学时或 4 个学时，可以是一个学期或一个学年，这需要教学管理单位根据培养要求和学生程度统筹考虑。

正如我在《英语词的构成与搭配》一书中说过："我首先要了解的是本教材有没有新意？有哪些新意？"但这次为《英语词的意义与用法》一书作序时，我发现我要提的问题也变成两个，即我首先要问第一部书的优点在新著中是否得到完美的继承？然后追问本书的新意。

经过比较后，我很高兴地就第一个问题做如下回答。首先，本书保留了研究型的、分析型的说理风格，这在每个页面下的附注中表现得最为突出。其次，本书仍然保留互动的风格，作者与学生的互动，作者与国内外同行专家的互动，作者与国内外各种论著和工具书的互动。再次，在第一部教材中我曾谈到"学生友善性"，而在新著中钱军把汉语译文和练习去掉了，是否与学生不再友善了呢？非也。钱军

---

1  钱军. 英语词的意义与用法［M］. 北京：商务印书馆，2014.

自己在前言中说明，本部分重点在阅读，因而有必要"期待学生能有更多的时间去阅读"。他是为学生考虑的，用心良苦。

一部词汇学的教材如何与"阅读"联系起来？与阅读课有何区别？理清这个问题才能把握新著的新意所在，也就是我所要思考的第二个大问题。如上所述，新著的中心内容是谈词义和修辞，在语言实际使用过程中，由于上下文和语境的变化无常，像索绪尔宣称的能指和所指的对立统一很难说清问题。因此我理解的阅读，实际上就是在编写本书时，引入语篇的概念，从语篇中去推敲词义，钱军教授在这里反映了当代功能语言学的前端思想。或者说，钱军教授把语篇分析的思想应用于传统的词汇学教学。

我还注意到，钱军教授在每一讲后附有不同题材的推荐阅读书目，其用意显然是引导学生通过阅读听取不同意见和观点，对某一个问题进行深入研究。只有这样，才能培养出具有创新思维的学生。

仔细阅读全书，我们还可以发现，来自网络的材料和线索增多了。具有传统观点的学者往往会不以为然，认为学术味不够。其实不然，网络经常给我们提供新的视角，以及尚未成型的思绪。何况许多新词往往率先在网络中流传和推广。在这个意义上，钱军教授奉献的是一部信息时代的词汇学。

最后，本教材对于我国外语语言文学专业的学科建设很有帮助。数十年来，我国有的高校把外语语言文学专业的文学方向和语言方向截然切分，这不利于对学生的全面培养，其结果是有的学生缺乏理性思维，有的学生行文不够优雅。钱军教授通过词汇学的教学，让学生接触英语的不同作家、不同语类、不同语体，不愧为教学实践中的改革者！

胡壮麟

北京大学外国语学院

2012 年 11 月 13 日

# 黄衡田：《英语辞格辨析》序 [1]

　　不久前，湖南省邵阳学院黄衡田教授赐我他的手稿《英语辞格辨析》，顿时唤起我随着年龄老化而逐渐显得模糊的往事。20 世纪 80 年代初我从澳大利亚悉尼大学进修回国后，心中曾有过一个盘算：在高等教育这个岗位上，教学和科研两者不可偏废。但前者有课程和课时套住，容易做到；后者全靠个人自觉，时间一晃就过，往往抓不住。为了督促自己搞好科研，我当时决心参加一个学会，因为学会每一两年有一次年会，便会提醒自己提交论文，这样完成科研任务便有保证。从当时的实际情况看，外语界除刚成立的中国英语教学研究会外，尚未见到有关当代西方语言学理论研究的学会，而对名正言顺的中国语言学会，许多学长提醒我档次太高，且以汉语为主，非我辈所能企望。正在彷徨之际，河北师范大学的黄宏熙教授时任中国修辞学会华北分会会长，动员我参加该会活动，我欣然同意。之后我又参加过一两次中国修辞学会的活动，如曾在海口召开过的一次年会。这是我与修辞学结缘的起因。此其一。就我个人的研究活动来说，真正能与修辞学挂上钩的仅有《现代汉语言语类型及其修辞功能》（胡壮麟，1990）、《高吉亚斯修辞学与柏拉图真修辞学——西方文体学萌芽时期的一场论战》（胡壮麟，1997）、《有关语用学隐喻观的若干问题》（胡壮麟，1998）和《诗性隐喻》（胡壮麟，2003）。另有几篇谈的都是语法隐喻，偏向于系统功能语言学和认知语言学的范畴，严格说来与修辞学的隐喻关系不大。也许正是这个原因，中国修辞学会后来似乎不再邀请我参加该会活动。此其二。过了若干年，国内的外语界由北京大学申丹教授牵头的文体学者和叙

---

1　黄衡田. 英语辞格辨析［M］. 武汉：华中科技大学出版社，2015.

述学者筹备成立中国文体学研究会，我被选上"名誉会长"。研究会的筹备者找到中国修辞学会，由作为一级学会的该会批准成立中国文体学研究会。当时的会长就是已故著名修辞学者王德春教授。这样我又成了中国修辞学会下的一个分会的成员。此其三。

不管怎样，案头的《英语辞格辨析》书稿，又让我猛醒，回到了现实世界。我发现，这份书稿才是正宗的修辞学研究，书稿的作者才是正宗的修辞学者。此话怎讲？作者黄衡田教授早在1995年就发表了《易混英语修辞格刍议》一文（黄衡田，1995），2001年又经翻译大师刘重德先生推荐出版了专著《英语易混修辞格》（黄衡田，2001）。从衡田教授发表的20多篇论文看，内容多半有关英语修辞格的研究。可以说衡田教授把自己一生完全投入修辞格研究了。本来嘛，治学有人以"博大"为主，有人以"精深"为主，有人两者兼及，各显神通。衡田教授结合自己的情况，专攻英语修辞学，特别是修辞格，他那种坚定不移的钻研精神值得学习。第一，在研究方法上，衡田教授也有许多独到之处，如他对每个辞格的汉语命名、定义、表达形式、结构形式和本质特征都有交代，体现了本书的规范性和科学性。第二，衡田教授的研究重点不是泛泛地介绍英语辞格，而是着重对一些常易混淆的英语辞格进行辨析，体现了专著与教材的不同要求。第三，英语辞格多达40多种，不同辞格之间的特征有同有不同，常使学习者头疼不已。如今衡田教授能呕心沥血把这些辞格分成16大类，功劳大矣！第四，作者对当代语言学理论研究的发展还是留心的，作者发表的论文中至少有4篇将辞格研究与语用学结合（黄衡田，2002，2004，2006；黄衡田、姜忠平，2008）。如上所述，我本人在1998年写过隐喻语用观的文章。真没想到，我们两人还曾经在同一战壕里战斗过。第五，本书举例丰富，便于学习者掌握各种辞格的意义和用途，以及不同辞格之间的细微差别。这样，作为专著的本书也可看作一部具有实用价值的优秀教材。

衷心祝贺《英语辞格辨析》的出版！

胡壮麟
北京大学蓝旗营
2013年12月末

## 参考文献

[ 1 ] 胡壮麟. 现代汉语言语类型及其修辞功能［A］. 修辞的理论与实践［C］. 北京：语文出版社，1990：173–183.

[ 2 ] 胡壮麟. 高吉亚斯修辞学与柏拉图真修辞学——西方文体学萌芽时期的一场论战［J］. 外语与外语教学，1997(4): 4–8+55.

[ 3 ] 胡壮麟. 有关语用学隐喻观的若干问题［J］. 外语与外语教学，1998(1): 7–10.

[ 4 ] 胡壮麟. 诗性隐喻［J］. 山东外语教学，2003(1): 3–8.

[ 5 ] 黄衡田. 易混英语修辞格刍议［J］. 玉林师专学报，1995(1): 73–85.

[ 6 ] 黄衡田. 英语易混修辞格［M］. 长沙：湖南大学出版社，2001.

[ 7 ] 黄衡田. 英语易混辞格语用功能对比研究［J］. 上饶师范学院学报（社会科学版），2002(2): 110–112.

[ 8 ] 黄衡田. 英语易混辞格语用功能探微［J］. 邵阳学院学报，2004(1): 124–126.

[ 9 ] 黄衡田. 英语中 Euphemism 语用功能和语义真值研究［J］. 邵阳学院学报，2006(5): 98–101.

[ 10 ] 黄衡田，姜忠平. 英语中易混辞格语用值对比研究——系列论文之五［J］. 牡丹江大学学报，2008(2): 51–53.

# 胡加圣:《外语教育技术——从范式到学科》序 [1]

　　21 世纪初,中国教育开始进入网络及人工智能时期的后课堂时代。基于计算机和网络的信息技术在教育学原理的指导下,开始与外语课程及教学有机结合、生态化整合甚至逐步进入深度融合。

　　在此背景下的外国语言教学实践中,如何处理课内与课外、教师与学生、教学与设计、教材与资源、主体与主导、自主与被动、传统与现代、技术与主体、技术与课程、技术与环境等等各种教学过程中的新哲学关系,成为后课堂时代外语教学研究不得不面对和验证的科学命题。传统的外语教学这时候面临着艰巨的转型与挑战。此时,教育技术为处理这些复杂关系提供了逻辑和现实基础,教育技术学理论为外语教学研究范式的转变提供了革新的可能,范式转变后的外语教学研究就成为一种新型的学科教学论——外语教育技术学研究。新学科不仅有逻辑基础、理论基础,还有实践基础。

　　这是我读后,对本专著所总结和构建的外语教育技术学主旨的理解。胡加圣博士请求我为他即将出版的这本专著作序,我自然是非常高兴,也非常乐意。

　　我与加圣认识已经十多年了。当年他刚刚从事外语期刊的编辑工作时,经清华大学杨永林教授引导,专程来我北京的家中拜访,向我约稿。此后一直保持不断的联系,我去上海休假时他也时常赶往我上海的住所看我。由于我对信息技术时代的多媒体、多模态语言研究也比较感兴趣,所以也经常给他们写写稿子。因为接触比较多,我对他还是比较了解的,也很喜欢他认真、直爽的个性。

---

1　胡加圣. 外语教育技术——从范式到学科 [ M ]. 北京:外语教学与研究出版社,2015.

加圣同学硕士出身文学与翻译学，他谦虚好学，抓住一切机会向国内外著名专家学者学习、请教，在繁忙的编辑工作之余，又不断提升自己的业务素养和专业理论水平。后来他又刻苦攻读语言学专业学位课程，并以优异的论文答辩获得英语语言文学博士学位。他喜欢钻研，虽年过不惑，但对信息技术及应用情有独钟。对技术的敏感和熟悉使他能够面对手头工作驾轻就熟。他视野宽广，观点公允，编辑工作的杂家特性使他养成既喜欢外文专业也不排斥其他学科的宽容心态。为了提高外语教育技术学的研究水平，他通读和钻研了中国教育技术学派的主要理论著作，掌握了教育技术学的理论精髓，为跨学科研究外语教学储备了理论基础。他还有十多年的高校外语教学经验，这为他理解和阐释各种教育理论提供了感知基础。最重要的，是他对本学科研究抱有持之以恒的兴趣和热情，能够全副精力投入思考和研究之中，这不仅表现在他自己的学术论文中，还表现在他突出的工作业绩和成就上。这样一本高度抽象、凝练，具有严密逻辑性、思辨性和形而上学思维的科学发展史著作，应该说是其从事外语教育技术学刊编辑工作十几年来所有学识和经验的总结，也是其热情和心血的结晶，实属不易。

　　外语教学是应用语言学研究的一种。学界常常有人认为外语教学没什么理论可言，只要"肚子里有货就能教好"，殊不知外语教学其实是应用语言学里面学问最深、知识最广、方法最难、变量最多的一门复杂应用性科学，远不是一两种理论或学派所能概括得了的。我们国家学科建设中对外语教学作为一门跨学科的教学论的关注还远远不够。另外，由于教育信息技术显而易见的物理性难度，使得许多外语学者对其望而却步、敬而远之，对教育技术学科的认知更是如此。许多外语教学研究专家宁愿选择罗列、分析一些舶来的理论概念，也不愿意花大功夫静下心来仔细琢磨一下中国外语信息化教学实践中具体的、特殊的时代性规律，比如究竟是外语教学还是二语教学？二语习得理论对外语教学实践有什么指导意义？外语教学需要什么样的学习环境和学习模式？应该如何结合二语习得理论进行基于计算机网络技术的外语教学？现代信息技术条件下的外语教学研究适应什么样的方法论？应该运用哪些研究方法？关键的是过程研究，即在信息技术化教学环境下，如何利用教育技术学理论的指导来进行外语教学课程的设计与实施？等等。这显然是一种非常复杂而又具体、琐碎，同时又需要高技术素养的专业研究活动，非某些特殊能力者所不能为，非特殊兴趣者所不愿为。因为这需要研究者保持公允的科学研究观，既无学科门户之见，又得具备丰富的跨学科知识、深厚的教学研究基础以及充沛的专业热情。在当下浮躁、功利的学术界，我们很需要这种踏实、专业、敬业的研究精神，有时候不啻是一种喊破皇帝的新衣的勇气。尤其在中国外语教学期刊方阵里，专事外语教学理论研究的刊物本来就不多，能从教育技术角度来专门、长期进行外语教学学科信息化转向研究的更是唯此《外语电化教学》一家。所以，胡加圣博士能"板凳一坐十年冷"，尝试推出这样一部"呐喊"似的创新之作，对于他来说，既可谓"十年磨一剑"，又显得难能可贵、意义非凡。

首先，从理论上来讲，外语教育技术学学科理论体系的构建，是对外语教育现实的总结和思考的结果，是对既有外语教育理论和现实教育信息技术相结合的逻辑论证和实践考察，是对传统外语教学研究范式的推动和促进。不仅丰富和发展了语言学、外语教学的理论体系，也将丰富和完善教育学和教育技术学等学科的理论体系和学科结构。

其次，外语教育技术学的建立和发展还有重大的实践意义。从国家教育政策层面上来讲，外语教育技术学理论的创立，将会给国家高等外语教学和教育学学科建设提供借鉴和参考。从相关师资培养，到专业课程体系建设置，以及最重要的，再到国家层面对外语教育信息技术政策的制定、经费的投入、决策的实施甚至师生信息技术素质的提升，等等，都将有重要的推动作用。学科意识的觉醒不仅会极大地促进和推动中国外语教学实践的高效发展，也会带来相关学科实践和社会实践的巨变。

一门科学的发展和建立绝不是凭空杜撰起来的。本专著所推出的成果就是作者根据多年来中国外语教育信息化发展的大规模现实实践和历史成就所做出的基于元科学发展角度的论证。该书基本具备了作为学科必备的基本框架和要素，具备严密的理论基础和实践基础。当然，该书在研究方法等方面还稍显理论有余、实证不足，但我相信作者会在今后的研究中继续提炼和改进。我们期待着他不久的将来为我们奉献出更加科学的研究成果来。

胡壮麟

2014 年 3 月

# 高彦梅：《语篇语义框架研究》序 [1]

 

2010 年北京大学外国语学院外国语言学与应用语言学研究所高彦梅老师申请到教育部人文社会科学规划项目"语篇语义框架研究"。经过三年多的勤奋工作，已圆满结项，其最终成果以《语篇语义框架研究》专著形式由北京大学出版社出版。作为彦梅的导师和同事，除了表示欣喜和祝贺外，在本书出版前，有必要谈谈自己的认识。

首先，20 世纪语言学研究的重点主要表现在句法学。许多学者在当时的条件和认识下，对语义学或是不研究，或是刚刚起步。前者表现为结构主义语言学家和形式主义语言学家宣称语义学研究不在他们视线之内，后者表现在功能主义语言学家，特别是系统功能语言学家对本学派工作的实事求是的评价，如系统功能语言学的创始人韩礼德在 *An Introduction to Functional Grammar* 第二版的引言中有一番自问自答。问的内容是，为什么他写的是一部"功能语法"，而不是"功能语义学"？韩礼德又如何回答呢？他谦虚地说，就当时人们掌握的知识深度来说，还不足以描写一个语言的语义系统。功能语言学家能做到的只是对一个语篇做出语义解释，描写一个受到相当严格限制的语域的语义系统，以至对一个语言的某些语义特征做一般的描述。因此，语义研究多少还处于局部的、特定的阶段 [2]。应该说，这些话真实地反映了他当时的认识，也反映了语言学界对语义学研究的进展情况。了解这个背景，就不难理解本书内容的创新意义。本书作者，与其他系统功能语言学家一样，

---

1 高彦梅. 语篇语义框架研究［M］. 北京：北京大学出版社，2015.
2 Halliday, M, A. K. *An Introduction to Functional Grammar*（Second Edition）［M］. London: Edward Arnold, 1994.

正在向实现韩礼德挑明的"功能语义学"方向前进。

本课题的研究是对悉尼学派提出的语篇语义理论的重要发展。就当代的功能语义学研究来说，本书作者关注的是语篇语义学。具体有两点值得称道，第一点是对20世纪50年代以来有关语篇语义的研究做了比较全面的回顾和梳理，从而帮助人们掌握这方面研究的发展脉络；第二点是作者从中发现已有的研究存在两个问题：那就是宏观结构研究与微观语义研究之间缺乏衔接，对语篇中自下而上的语义发展的描述不够。上述两点对我们搞教学科研的非常重要。搞学问，就要多读书，但是光读书也不行，这只能培养书呆子。读书必须与思考相结合，具体说，眼光与定力（钱冠连，2011）。本书作者能从浩如烟海的语篇语义研究文章中发现这两个问题，殊非易事。这表明作者具有钱冠连先生所倡导的学术眼力和定力。这为她的学术研究找到了突破口。

作者坦言，本项目从认知框架的角度对语篇语义做系统阐述。这就是说，作者在认知框架内纳入了系统功能语篇语义学的基本内容，具体说，将马丁1992年发展起来的6个系统扩展为包括指称框架、事件框架、评价框架、立场框架、关系框架、协商框架和信息框架的7个框架系统，分别成为本书第3—9章的主体内容。虽然这些框架的内容与系统功能语言学的三大元功能有联系，作者毕竟从认知语言学引入了框架的概念，因为作者需要一个崭新的模式，既能说明自下而上的语义结构发展，也能解决微观与宏观语义框架的建构。其次，在作者模式中新增的"立场框架"既是社会的，也是个体的，这解决了系统功能语言学和认知语言学过去在社会语言学和心理语言学之间不相往来的割裂现象。例如立场框架可以说明在语篇产生过程中，有文化层面和意识形态的影响，也有来自个人立场观点的影响，这样可以说明为什么在同样的社会和家庭背景下、同样的语境条件下，语言使用者有时在系统中会做出不完全相同的选择。就教学来说，同一学校、同一老师虽然采用同一课本，规定同量的时间，班上学生的语言知识接受能力和掌握程度仍会参差不齐。

本书的第三部分（第10章）探讨语篇语义研究与语言教学的关系。作者在研究中所用语料均为现代英语的自然语篇，取自英语国家知名刊物和网络媒体。在这个基础上，作者不时考察如何将语篇语义的研究成果应用于写作、阅读、翻译、口语、听力教学等实践。这些要求甚为重要。这涉及如何处理语言学理论研究和实践的关系，或者如何正确看待功利主义的问题。为了在理论研究中创新，我们不能受近视的功利主义的拖累，需要进行专心的、抽象的思维和分析，这是肯定的。但是评价一项理论研究的价值，最后还是要结合它在实践中的应用前景和可操作性，这也是肯定的。这正是韩礼德近几年号召系统功能语言学家为建立"适用语言学"而奋斗的用心所在。我想，韩礼德先生如能读到本书，一定会非常高兴。

胡壮麟

北京大学蓝旗营

2014 年 12 月末

## 参考文献

［1］ 钱冠连. 思在昆仑山下——眼光与定力［J］. 当代外语研究，2011(10):
1-4.

# 韩礼德：《汉语语言研究》序 [1]

由香港城市大学汉语、翻译和语言学系系主任 Jonathan J. Webster 教授主编，并由英国 Continuum 公司自 2002 年起陆续出版的 *Collected Works of M. A. K. Halliday*，共 10 卷，2007 年已全部出齐。北京大学出版社获得 Continuum 公司的授权后，该文集在中国境内出版，无疑是我国出版界和语言学界的一件大事。

就当代语言学研究来说，20 世纪下半叶一直表现为生成语言学和功能语言学的对峙，说得具体些，乔姆斯基在 20 世纪 50 年代末一度以他的转换生成语法掀起一场革命、成为国际上特别是美国的语言学研究的主流时，能揭竿而起并与之抗衡的便是韩礼德的系统功能语法学派（胡壮麟等，2005）。如果说乔姆斯基的理论得益于后来成为他"革命"对象的美国结构主义，韩礼德则宣称他继承和发展了欧洲的弗斯学派、布拉格学派和哥本哈根学派。正是这两种力量的冲突、挑战和互补推动了 20 世纪下半叶精彩纷呈的语言学研究。

*Collected Works of M. A. K. Halliday* 在中国的出版还具有重要的意义，那就是韩礼德的成就除了受到欧洲语言学传统的影响外，也从中国语言学传统获得滋养。韩礼德在新中国成立前后来华求学，师从罗常培先生和王力先生，在韩礼德的论著中不时绽放出这些大师的思想火花（胡壮麟，1993）。在这个意义上，*Collected Works of M. A. K. Halliday* 的出版是一次学术上的回归，为我国语言学研究如何实现全球化和本土化结合提供了宝贵的经验。

---

1 韩礼德. 汉语语言研究［M］. 胡壮麟等译. 北京：北京大学出版社，2007/2015.

*Collected Works of M. A. K. Halliday* 充分反映了韩礼德所走过的治学道路，其轨迹分见于各卷的主要内容。韩礼德早年研究现代汉语，第 8 卷《汉语语言研究》的第一篇论文是最好的历史见证。这段经历也为韩礼德打好了音系学和方言调查的扎实基础。回英国后，韩礼德进入对普通语言学的研究，从而为继承、发展和建立科学的语言学理论奠定基础，把握前进的方向。这见之于第 1 卷讨论语法的 16 篇论文，内容涉及语言系统、结构、类和级阶，范围包括从词到篇各种语法现象。第 3 卷《论语言和语言学》的 18 篇论文，进一步从系统功能理论角度探讨语言的各个方面。为了在欧美学术界获得一席之地，韩礼德在第 7 卷中的 10 篇论文把英语作为研究分析对象，也是从社会符号的角度研究语言，收录了许多已经绝版的重要文献。在研究方法上，韩礼德注意第一手材料的收集，如第 4 卷有关"婴幼儿的语言"的 16 篇论文，涉及婴幼儿和原始母语，从儿童语向成人语言的过渡，以及早期语言和学习三个部分。在这方面，韩礼德的另一贡献是将语言学研究从句子层面提高到在具体语境中出现的语篇和话语，如第 2 卷中的 8 篇论文；韩礼德还在这里探讨了语法是如何创造意义并改变我们的生活的。韩礼德特别注意语言学理论的价值在于它的应用、能否说明和解决社会生活中的问题，并为社会服务。前者见之于第 10 卷的 10 篇有关从社会角度探讨语言的论文，后者反映于第 9 卷有关语言与教育以及文化关系的 19 篇论文。我国曾经有位学者向韩礼德提问：为什么转换生成语法在中国国内打不开局面，而系统功能语法却响应者如此众多？这两卷的内容有助于人们找到正确答案。第 5 卷的主题为"科学语言"，共 8 篇论文。在本卷中，韩礼德系统探讨了著名的语法隐喻现象，说明语法以至语言的变化和发展，来自人们对主客观世界的观察、认识和表达。20 世纪下半叶是现代科学技术，特别是电子技术，获得飞速发展的时代。韩礼德时已进入耄耋之年，仍能关注语言与科学技术的关系。第 6 卷《语言的可计算性与可量化研究》的 11 篇论文，包括范畴的概率问题，探讨区别于他前期经典语言模式的扩展模式。这种活到老、学到老的治学精神令人钦佩不已。

有必要指出，*Collected Works of M. A. K. Halliday* 只概括了韩礼德 2007 年以前的主要论著和节选，因此有关韩礼德的学术思想和成就有待我们进一步挖掘和学习。其次，这几年韩礼德本人一直是老骥伏枥，笔耕不辍，勤于思索。2006 年 3 月 26 日韩礼德教授在香港城市大学的"韩礼德语言研究智能应用中心"成立大会上，做了题目为"研究意义：建立一个适用语言学"的主旨报告。韩礼德提出适用语言学（appliable linguistics）的长期目标是为了建立语言的意义发生系统，其工作机制是以社会理据来解释和描写语义发生，可见韩礼德已经认识到语言学研究最终要解决对"意义"的描写问题。对此，结构主义和生成主义学派不很重视，系统功能语言学在功能语义学方面也只是刚刚起步，因此，这将是语言学界在新世纪为之共同奋斗的目标。

最后，谈谈本次出版的《韩礼德文集》中译本。当北京大学出版社 21 世纪初将 *Collected Works of M. A. K. Halliday* 纳入出版计划时，由于时间和力量所限，匆忙中我们只完成了对第 8 卷的翻译。令人高兴的是，在北京师范大学彭宣维教授的倡议和组织下，将《韩礼德文集》的翻译工作纳入北京师范大学功能语言学研究中心的五年规划之一，并作为 2007 年度国家社会科学基金项目（项目编号：07BYY063）之下的一个子课题申报成功。因此，这次推出的《韩礼德文集》中译本既是全面向国内汉语界介绍韩礼德博士的研究成果，也向国内其他学习和研究语言学、哲学、教育学、符号学和所有涉及语言应用学科的师生和研究者提供了国际前沿成果的研究资料和学习资料。可以肯定，中译本的出版对港澳台地区和国外华人学术界也将产生巨大影响。

根据项目总负责人彭宣维教授的介绍，《韩礼德文集》中译本的胜利完成有赖于国内多所高校的教授和学者的参与和负责译校工作。这里只能列举各卷的主要负责人。

第一卷：杨炳均，博士，上海交通大学外国语学院教授，博士生导师。

第二卷：潘章仙，博士，浙江工商大学外国语学院教授。

第三卷：向明友，博士，北京航空航天大学外国语学院教授。

第四卷：高彦梅，博士，北京大学语言学与应用语言学研究所副主任。

第五卷：张克定，博士，河南大学外语学院教授，博士生导师。

第六卷：刘世铸，博士，山东大学外国语学院教授，博士生导师。

第七卷：何伟，博士，北京科技大学外国语学院教授，博士生导师。

第八卷：胡壮麟，北京大学资深教授，博士生导师。

第九卷：刘承宇，博士，西南大学外国语学院教授，博士生导师。

第十卷：苗兴伟，博士，北京师范大学外国语言文学学院教授，博士生导师。

可见，《韩礼德文集》中译本的出版翻译工作有赖于我国高校众多老师和研究生的积极参与。谨在此向各位译者多年来的辛勤劳动致以衷心的感谢和祝贺。

胡壮麟
北京大学资深教授
2014 年 7 月末

## 参考文献

［1］ 胡壮麟. 王力与韩礼德［A］. 张谷，王辑国. 中外学者论王力：龙虫并雕 一代宗师［C］. 南宁：广西教育出版社，1993：200-216.

［2］ 胡壮麟，朱永生，张德禄，李战子. 系统功能语言学概论［M］. 北京：北京大学出版社，2005.

# 赵玉荣：《日常自发性会话中叙事活动的三维分析》序 [1]

　　2013 年和 2014 年，清华大学外文系多次邀请我参加该系多名博士生的中期交流会、预答辩会和答辩会。我印象最深的就是 2014 年元月参加当时还在清华大学攻读博士学位的赵玉荣的中期交流会。我和评审小组其他成员都给以很高评价，虽然她只是做了一个对自己博士论文进展情况的中期报告，汇报的内容却比那些已进入预答辩阶段的同学准备得还充分；汇报时能侃侃而谈，说理清楚。如今赵玉荣已完成她的学业，获得了博士学位，回原单位河北科技师范学院任教，边教学边科研。本专著便是她在博士论文的基础上整理完成的。谨在此表示祝贺。

　　本专著《日常自发性会话中叙事活动的三维分析》最能说明当时评审小组对赵玉荣和她的期中报告为什么会有如此深刻的印象和肯定的评价。具体有以下几点。

　　赵玉荣能意识到近数十年来兴起的叙述学离不开对各种叙事活动的研究，但学术界一般关注小说叙事、戏剧叙事、电影叙事、教育叙事、新闻叙事等的研究，唯独对自发性叙事研究不是很多。因此他决定研究这个课题，以弥补这方面的空缺。我认为这个认识具有深远意义，因为她抓住了叙事研究的源头，所有叙事都是从日常叙事发展起来的。从语言功能的视角，它既包括了交际性会话——语言是社会人相互之间的交际活动，也包括了个人经验叙事——叙事者对在一定环境下的事物和发生过程的认识。这里，作者试图在社会语言学和心理语言学，功能主义语言学和认知科学之间搭建一个对话的桥梁，奔向一个共同的目标——回答叙事的本质和规律。

---

1　赵玉荣. 日常自发性会话中叙事活动的三维分析 [ M ]. 北京：中国社会科学出版社，2015.

作者的深刻认识在于她对认知叙事学、修辞叙事学、会话分析、社会语言学，以及系统功能语言学等有关理论掌握比较全面。难能可贵的是作者也能对某些理论的不足之处，能提出个人见解。例如，她发现关于会话叙事承担的人际和社会交往的研究比较零碎，有待深入系统研究；现有的叙事身份研究主要是针对访谈中的互动叙事，很少涉及自发性会话中的身份构建问题及其间牵涉的交际活动；关于会话叙事中的认知活动没有任何经验性的分析；会话叙事研究尚未成为独立的研究领域，未能全面探讨这一活动的基本性质，也未能全面解析会话叙事特征的分析模式；等等。

　　正是在发现问题、查找缺陷的基础上，本书作者构建了进行创新思维的平台。作者提出了 5 个层次的意义空间观，即意义自上而下源自处于交际时空的故事话语，元叙事话语，会话交际，和处于交际者心智空间的经故事世界和验世界。此观点修订了 Ochs 和 Capps 2001 年的会话叙事活动的叙事分析框架，提出自发性会话叙事是叙事、交际和认知三维活动的复合结构体。它也发展了 Fludemik 1996 年立足于文学叙事自然化过程的原型观，新的研究理论可呈现所有叙事类型的叙事、交际与认知的三维特性。赵玉荣的这些认识和研究工作为其他叙事类型的研开启了新的思路。

　　从上述讨论不难发现贯穿全书红线的是作者倡导的三维观。叙事维度显示了互动性、变异性和建构性特征，或可概括为非线性特征；交际维度显示了复调性，建构性和社会实践性特征。认知维度的意义建构和认知理解活动则充分反映交际双方经验主义和主体性认识的交融，体现了社会性交互认知特征。这三个维度相互渗透，相互影响，相互依赖，相互交融，说明它们既有差异，也有共性。

　　在研究方法上，作者能做到定性与定量的结合，以来自实际的语料来论证自己的观点，具有相当的说服力。特别值得一提的是作者的语料较多来自周围的同学，有人情味，便于理解，可信度高。这些语料也可成为汉语自发性会话叙事的小型语料库。

　　最后，作者趁本书出版之际能冷静思索本项研究的不足之处，如：语料不够全面，局限于大学生，特别是女生；英汉对比注意不够，如汉语的时态主要表现为完成体，不如英语全面；等等。我之所以谈这一点，在于指出作者没有把本书作为自己学术人生的句号，而是在找差距的基础上，正在为自己搭建新的平台，寻找新的研究目标，攀登新的高峰。最近，在一些高校中流传一种怪论，认为高校教师应主要搞教学，不要搞科研，企图让我国正在向国际一流大学迈进的种种努力半途而废，让中国重新回到 20 世纪 50 年代把科研与教学分家的做法。愿赵玉荣老师以自己的行动表明一个好教师应当是两者具备，书教得好，科研也搞得好！

胡壮麟
北京大学蓝旗营
2015 年元月

# 刘援：《学论经纬——〈中国外语〉创刊十周年文集》序[1]

昂首一跃，霎间十载。

《中国外语》经过十年的苦心栽培，已跻身我国 CSSCI 之列，在外语学术出版领域享有盛誉。我有幸目睹这个刊物在刘援、张后尘、黄国文、常少华、艾斌等领导和编委的爱护下孕育、诞生和成长的整个过程，有时也置身其间，敲敲边鼓，最能感受和分享各位老友的喜悦之情。如今，由创始人、原高等教育出版社副社长、杂志社社长兼总编刘援主编的《学论经纬——〈中国外语〉创刊十周年文集》即将问世，使我们通过这些选文能如实地回忆这一段历史，也能更正确地把握今后的前进方向。

本选集中提到的《中国外语》最响亮地、最清楚地告示我国外语界，它不是某个高校的机关刊物或研究刊物，也不是只局限于文学，或教学法，或语言学，或翻译的专刊，而是专事报道与我国高校发展有关外语政策、学科发展、学术理论、科研和教学的方方面面。作为教育部所辖单位领导的刊物，它要站得高，看得远，面向全国，面向世界。

《学论经纬——〈中国外语〉创刊十周年文集》以《中国外语》创刊十年的品牌栏目"学论经纬"所刊发的文章为主体，荟萃了六个方面的选文，即"语言学研究""应用语言学""翻译、文化""研究方法""教师教育"和"外语教育"。值得我们注意的是编者的主导思想，即贯穿办刊始终的红线——立足改

---

1　刘援. 学论经纬——《中国外语》创刊十周年文集［C］. 北京：高等教育出版社，2015.

革，高扬创新，面向教学，强化应用。首先，《中国外语》特别关注经济全球化背景下的外语教育，国家外语能力的理论构建，我国外语教育的回顾、问题和出路。其次，对各种语言学理论能不偏不倚地做客观深入的介绍，呼唤学界重视理论思维，关注新兴交叉学科和超学科研究的发展。在教学和教材建设方面，重视报道多模态教学和立体化教材，外语教师的跨学科发展，大学英语教学改革的思路，英语专业、大学英语和研究生英语的测评体系等。在翻译学科方面，总结我国的翻译理论，为实现中国文化梦而努力。特别值得一提的是，《中国外语》的编者积极支持国内自创的理论和研究方法，如"外语写长法"和"体验式外语"等。

《中国外语》的领导和编者为何能够取得上述成绩？为何能够保证这个刊物的健康成长呢？我认为这在于他们设计了许多创新之举，关注和支持国内外语界的各项学术活动。就定期召开的"中国外语教授沙龙"来说，其主题有"外语教学与外语教学研究方法论""学术规范和学术创新""外语科研现状与前景""外语研究学术创新的准备与途径：科学精神与人文精神的协调发展"等。他们积极组织的第二项重大活动是定期召开"中国外语博士论坛"。我所知悉的若干主题有"外国语言文学研究的创新与学科发展""交叉、整合、创新""语言学理论研究的前沿与动向""外国文学研究的新视野""翻译文化与社会发展需求""中国外语教育政策与规划思辨""外语学科的方法论与研究范式"等。受到国内广大教师瞩目的第三项重大活动是定期召开"中国外语中青年学者科研方法研讨会"，伴同此会议同时举行"科研写作高级研修班"。因此，这个研讨会的特色是帮助全国广大中青年外语教师提高科研能力，提高语言理论与教学实践水平，帮助中青年学者正确确立外语学科科研选题，提高学术写作规范，掌握学术评价与论文发表标准，学习语言技术与科研方法等。《中国外语》积极推动与国际学术界的交流。在创刊第二年，《中国外语》成功举办了第三届亚洲英语教师协会年会，来自世界 31 个国家和地区的 1 100 多名学者与会。此外，2014 年还在香港合作举办了以"数字化翻译教学"为主题的翻译教育国际研讨会。

正因为上述活动，《中国外语》的领导和编者成为我国高校外语界师生的知心朋友，同呼吸，共战斗！除此以外，他们还积极参与各项社会活动，如北京市民讲

刘援：《学论经纬——〈中国外语〉创刊十周年文集》序

外语活动等。在编辑工作之余能够走出大楼，走出北京，走向高校，走向社会，走向世界，这种独创的无私投入精神，将继续引导《中国外语》胜利前进！

胡壮麟
北京大学外国语学院
2015 年 6 月

# 侯建波:《英语指称语的焦点化心理空间模型分析》序 [1]

本书作者西安外国语大学侯建波博士、副教授,于 2005—2009 年在北京大学外国语学院英语系攻读博士,前期由姜望琪教授指导,后期由我指导。2009 年获得博士学位。

我和建波接触后,便注意到他对 21 世纪前后发展起来的认知语言学情有独钟。我感到我和建波之间不是简单的传统的师生关系,而是两种思潮两种理论相互融合的关系。此话怎讲? 就当时的建波来说,这体现了年轻人对新思潮、新理论的追求,我应该放手让他去闯荡这个学术空间;就从学习系统功能语言学成长起来的我本人而言,不仅我对认知语言学所知甚微,我还要摆脱不同学术理论的门户之见的束缚。有困难的时候,我便会请教他原来的导师姜望琪教授。很高兴,我和建波合作得很好,他顺利地完成了他的学习任务,获得博士学位。

建波当年的博士论文研究英语指称语在语篇中的分布。他将认知语言学和系统功能语言学结合作为理论指导,在方法上有前沿性。在写作过程中,他能对先前研究的不足提出评论,如: 先前的研究对同一类语言现象没有采用统一的分析方法,也没有给出动态原因来解释选择指称语的动机。最后,该论文主要论证了:(1) 理想的焦点化心理空间可以作为语篇的一个抽象单位。(2) 对指称表达式的选择是由观察聚焦时的方式和认知客体的突显程度两种因素共同决定。(3) 指称表达式在语篇中的分布不但体现了意向内容,而且体现了聚焦者的意向内容。这些观点均具有一定新意。

---

1 侯建波. 英语指称语的焦点化心理空间模型分析 [M]. 北京:中国社会科学出版社,2015.

如今建波在该论文基础上完成本书，令人欣喜。不难发现，建波认真地对原书稿做了修正和补充。从《英语指称语的焦点化心理空间模型分析》的书名看，他突出了本书的核心思想——"认知分析模型"的构建。他对具体的研究目标做了清晰的归纳，即本书旨在解释英语指称语在语篇中的分布，追寻选择指称语的过程中聚焦者的意图。我们从中可以看到作为本项研究的理论基础——认知语言学和功能语言学结合框架的形成过程。本书除了保持原来的观点"指称表达式是对焦点化心理空间中结构化认知客体的体现"外，对"元意向"，特别是不同层级中聚焦者的"元意向"有了精彩的论述，从而使我们了解元意向的建构功能。

建波离开北大后在西安外国语大学任教，除开设语言理论课程外，还承担一定的教学管理工作，注意全面发展。我也有机会看到他的一些优秀论文，如《评Tomlin 的认知功能语法》《语法隐喻：新解与反思》等。作为他的导师，在我有生之年能看到他的健康成长，此情此景，难以言表。有一次我在西安开会期间，与建波曾在西安高高的辽阔的城墙上漫步畅谈，几乎转遍整个城墙，不愿止步。愿建波继续奋勇前进！

胡壮麟

2014 年 9 月

北京大学蓝旗营寓所

# 外语教学与研究出版社：《新世纪英汉大词典》序 [1]

《新世纪英汉大词典》的编纂工作历时八年，即将付梓。这是我国外语辞书出版界的一大喜讯。

就我国常见的英语词典而言，有多种形式。我国学者自行编著的，一般为英汉词典或汉英词典；从国外直接原版引进或购置版权在国内影印的，一般为英英词典；也有国内组织力量对国外英语词典加以翻译的，成为英汉词典或英英／英汉双解词典。《新世纪英汉大词典》与上述套路不同，它是中英两家出版社强强合作的成果。柯林斯出版公司依托大规模的英语语料库 the Collins Corpus，对当代国际通用的英语词语和例证科学地进行精选。外语教学与研究出版社则借助先进的 DPS 词典编纂平台，组织百余人的力量进行翻译、审订和编校。这便为本词典的科学性、系统性、时代性奠定了基础。

英语作为如今全球最为重要的国际通用语，存在诸多区域性变体，而且新的变体还在不断产生。通常所谓的"英汉大词典"，有的以英国英语为主，有的以美国英语为主。本词典的一个突出之点在于，它除了同时收录大量的英国英语和美国英语的词条外，也收录了取自加拿大、澳大利亚、新西兰、南非、印度、加勒比等英语国家及地区的特有英语词汇，如：bachelor apartment *n*〈加拿大〉(one-room flat)（配卫生间和小厨房的）单室公寓房；单身公寓；fadeout *n*【体】〈澳，方〉（尤指澳式橄榄球比赛中球队的）竞技状态走低，表现渐差；califont *n*〈新西兰〉燃气热水器；baas *n*〈南非〉老板（南非有色人种对白人经理或老板的称呼）；dabba *n*（印度的）

---

1 外语教学与研究出版社. 新世纪英汉大词典［M］. 北京：外语教学与研究出版社，2016.

保温提锅，金属保温饭盒；backra *n*（牙买加的）白人，像白人一样生活的人。不仅如此，我们还可以不时看到英语语料中源自其他非英语国家的信息，如以下各例所示：burqa *n* 布卡（穆斯林妇女在公开场合穿的罩衫）；café au lait〈法〉*n* 牛奶咖啡；dacha *n*（俄罗斯的）乡间邸宅（或别墅）；keirin *n* 竞轮（起源于日本的自行车竞速运动）；paenula *n*【服】佩奴拉（古罗马人穿的带风帽斗篷）。

本词典以语词为主，博采百科，是一部百科全书式的英汉词典。我们随意翻阅，就会发现本词典除收录英语国家的古今人物、地名、事件、宗教、神话相关词外，其他国家的也赫然在列。在人物方面，单以德国的作曲家 Bach（巴赫）为例，就有 5 位之多，如 Bach, Johann Christian［1735—1782，德国作曲家，J. S. 巴赫（J. S. Bach）第十一子，因自 1762 年起居于伦敦而称作"英国巴赫"（the English Bach）］；Bach, Johann Christoph（1642—1703，德国作曲家，J. S. 巴赫的远亲，一些作品被误认为是 J. S. 巴赫所作）；Bach, Johann Sebastian［1685—1750，德国作曲家、管风琴演奏家，作品极为丰富，多用复调音乐写成，充满激情与创新，代表作有《勃兰登堡协奏曲》（Brandenburg Concertos）、《B 小调弥撒曲》（Mass in B Minor，1733—1738）等］；Bach, Karl［1714—1788，德国作曲家，J. S. 巴赫第三子）；Bach, Wilhelm Friedemann（1710—1784，德国作曲家，J. S. 巴赫长子）。显然，这些信息对从事音乐研究和翻译的人员极有帮助。在城市和古迹方面，我们在 C、D 字头中可以找到如下非英语国家地名：Calabar *n* 卡拉巴尔（尼日利亚东南部港市）；Calissia *n* 卡里西亚（波兰城市 Kalisz 的古称）；Dalmatia *n* 达尔马提亚（克罗地亚西南部地区）；Da Nang *n* 岘港（越南中部港市）；Dasht-i-Kavir *n* 卡维尔盐漠（伊朗高原中部盐质荒漠）等。至于有关神话和宗教词条收录之广，从下例便可知其梗概：Daimoku, daimoku *n* 1.（words）（佛教日莲宗的）"南无妙法莲华经"；2.（act of chanting）（佛教日莲宗）唱念"南无妙法莲华经"的修行。

与此同时，本词典对其他词语的收录和释义大大拓宽。以 turf war 这个短语条目为例，除列出常规义项"黑帮火并；帮派地盘争斗"外，本词典还列出衍生义项"争权夺势；争夺控制权"，并分别设置例证说明其在具体语境中的用法。再以 East 的名词条为例，它有如下 5 个义项：1.（Asia）东方（指相对欧洲和其他西方世界来说具有独特文化特色的亚洲）；2.（Communist countries）东方国家（指多位于东半球的历史上和现存的共产党领导的国家）；3.（area east of the Mississippi）美国东部地区（指美国俄亥俄河以北、密西西比河以东地区）；4.（area east of the

Alleghenies）美国东部地区（指美国马里兰州以北、阿勒格尼山脉以东地区）；5.【牌】坐在东首位置的人；东首位置。作为"新世纪"的英汉大词典，本词典追踪并甄选收录 21 世纪涌现的新词语、新义项，及时反映最新语言动态。其中令国人倍感亲切的如: Shenzhou *n*【航天】"神舟"号飞船（中国研制的载人飞船系列）；taikonaut *n* 中国宇航员；中国太空人。域外的如 Facebook 就立有 3 个词条——作为名词: 脸谱网（著名社交网站）；作为动词: *vi* 用脸谱网, *vt* 在脸谱网搜索（某人）的信息；作为修饰语:［+page, profile, account, status］脸谱网的。再以与 data（数据）有关的复合词语为例，词条竟多达 32 个，如 databank（数据库）、data carrier（数据载体）等。即使像"-mania（表示'狂''狂热'）"这样的后缀也极具时代气息，如: Trudeaumania *n*【政】〈加拿大〉特鲁多狂热（加拿大民众对前总理特鲁多的狂热）。

本词典在编排上也有较多特色。其中特别值得一提的是，开创性地为多义项条目的每个义项添加义项区分导航，包括近义词、搭配词、学科标签等，使查阅者能清楚区分各义项，迅速查得准确汉语解释，了解其具体如何搭配使用。其次，以尖括号（〈〉）标记词语或义项通行的国家或地区，如〈英〉〈美〉〈南非〉等，也用于提示适用场合，如〈正式〉〈非正式〉〈褒〉〈贬〉〈古〉〈罕〉等。涉及特定学科或专业领域的词语或义项，采用鱼尾号（【】）标记，如【考古】【生】【军】【物】【医】【生理】【海】等，共区分自然科学、人文社会科学 130 余个学科领域的百科条目，这在其他同类词典中实不多见。有的条目标记得非常精细，如有关体育运动的词语就区分到【足】【冰】【美橄】【英橄】【板】等诸细分领域。此外，本词典对一些词条的处理更为清楚，如 abridgement 这个词，在一般词典中要在 abridge 条内找到 -ment 形式，才能了解到该词是前者的名词形式；而在本词典中我们可以发现除 abridgement 这个词条为 abridgment 的异体词外，在 abridgment 条内还可以找到 3 个义项: 第 1 个义项解释为"删节本；简本；缩略版"；第 2 个义项解释为"删节；压缩"；第 3 个义项则标明是法律用语，表示"限制；约束"之意。

秉承做使用者良师益友的理念，本词典还专门辟有众多 USAGE NOTE（用法专栏）、CULTURE NOTE（文化专栏）、IDIOM（习语专栏）和 PHRASAL VERB（短语动词专栏）。"用法专栏"详细讲解词语间的细微区别和正确用法，如对作为助动词的 dare（敢；竟敢）释义后，编者在"用法专栏"框内提醒读者"在否定句或疑问句中，第三人称的 dare 通常不加 -s: *he dare not come; dare she come?* 在过去时态的否定句中，dare 通常加 -d: *he dared not come*。"这往往是我们在使用 dare 这个助动词时难以把握的。同样，对 factor（因素；要素）这个词条，"用法专栏"特地指出"factor 仅指导致某种结果的因素，而不指计划或安排等的一部分，要表达此意时应用 component 或 element 等词"。这样，我们不仅知道 factor 的词义，而且掌握它的正确用法，更学到在表示计划或安排时该使用的其他词语。

"文化专栏"为我们提供某个词语的历史文化背景。以常见的 café（咖啡馆）为例，我们被告知在咖啡馆里"除了喝咖啡、品茶、吃便餐，人们还可以会见朋友、读书、看报、上网。大城市步行区的咖啡馆常常设有露天咖啡座（pavement café），供人们在户外就餐"。该专栏还告知"英国的咖啡馆不供应酒类，但美国的咖啡馆开始出现了一些变化。"这有助于我们不仅了解 café 的词义，而且提醒自己在不同情况下应有的举止行为。

在"习语专栏"和"短语动词专栏"中，我们可以了解某个词语和其他词语的搭配用法，及其特定的意义，如在 eat（吃）这个词条下的专栏中，我们可以查到的习语和短语动词就有 10 余条，如：*to eat your heart out* 伤心去，嫉妒去；*to eat sb out of house and home*〈非正式〉把某人吃穷，吃光某人的家当；*to eat your words* 收回说过的话；*to have sb eating out of your hand* 完全控制某人，把某人攥在手心里。这些短语的语义均有细微变化，有的根本没有"吃"的原意，如：*I'll eat my hat.*〈非正式〉（要是……）我就把我的名字倒过来写；*What's eating sb?*〈口〉什么事让某人烦恼？这些习语和短语动词一般都有斜体形式的例证详解其在具体语境中的用法。

综上所述，这样一部巨制的编写和出版绝非易事。它有赖于柯林斯出版公司英语语料库的支持；它有赖于外语教学与研究出版社辞书工作室姚虹和申葳两位领导的决策、规划、组织和近 20 名编辑的编校工作；它有赖于上百名英语教师和翻译经年累月、埋头苦干的辛勤劳动，特别是申雨平、李明、高永伟、赵翠莲、李子亮、高晓燕、赵根宗、彭娟、申迎丽、曾艳、王莹、张轶蓓、周汉等学者参与的审订工作；它也有赖于其他各领域众多专家对专业条目所做的不可或缺的审订工作或有益指教，他们是本词典专业条目质量的有力保证，谨列名谨于下：王有志、刘冰、刘凤、武春生、郑光美、李新正、徐正会、张锋、张志升、车云峰。这里，我要特别感谢申雨平、李明、高永伟和赵翠莲四位老师担负了副主编的重任。他们都是国内辞书编辑的专家，水平高超，经验丰富：申雨平是北京外国语大学教授，外研社特聘专家，《汉英词典》（第三版）审订者之一；李明是苏州大学教授，《牛津－外研社英汉汉英词典》定稿人之一；高永伟是复旦大学教授，复旦大学外文学院副院长，《英汉大词典》（第二版）执行主编，《新英汉词典》（第四版）主编；赵翠莲是解放军外国语学院教授，《中华汉英大词典》执行主编，《牛津－外研社英汉汉英词典》定稿人之一。同时还要特别感谢王有志、刘冰、刘夙、郑光美和武春生五位专家，他们为各自领域专业条目的定稿付出了大量心血。王有志先生现为全国科学技术名词审定委员会通信委员会委员、第二炮兵军语编审特约专家，承担了十余个细分学科领域的审定工作；中国科学院植物研究所的刘冰博士和上海辰山植物园的刘夙博士是植物分类及中文名拟定方面的专家，承担了植物物种中文名及相关义项的审定工作；郑光美院士是我国著名的鸟类学家，他主编的《世界鸟类分类与分布名录》是我们确定本词典中鸟类名称时参阅的不二之选，我们发现的所有相关疑难条目均从郑先生那里得到了圆满解答；武春生先生是中国科学院动物研究所昆虫学专家，他长期以来不惮其烦地为我们答疑解惑，是我们始终可以信赖的坚强后盾。

愿外语教学与研究出版社和柯林斯出版公司今后有更多合作！愿参与本词典翻译和审订的各位老师和专家会有更多成果，为我国外语教育事业的发展做出更大贡献！

胡壮麟
北京大学外国语学院

# 商务印书馆：《牛津中阶英汉双解词典（第 5 版）》序 [1]

牛津大学出版社所编著的牛津词典系列，在国际学术界和教育界素享盛名。其权威性在于该词典系列根据不同使用者的需求，对收词量、选词重点、释义和举例、附录配置等进行不同程度的编排和搭配，品种多样，精美质优。该词典系列又能随时间推移和用户反映，更迭版本，与时俱进，力图创新完美。

《牛津中阶英汉双解词典（第 5 版）》便是牛津大学出版社与我国出版界百年老店商务印书馆多年合作而推出的最新成果。本词典在 *Oxford Wordpower Dictionary* 2012 年第 4 版和 *Oxford Student's Dictionary* 2012 年第 3 版各自特色的基础上，结合中国读者实际需要，规划编译而成。*Oxford Wordpower Dictionary* 1993 年发行第 1 版，对象为英语属中等程度的使用者。1998 年在香港发行英汉双解版，供中国学生和双语学习者使用。*Oxford Student's Dictionary* 第 1 版发行于 2001 年，原是供开始学习多种科目的英国高中学生使用，其特色是收词范围全面，并提供词源、同义词、用法注解、派生词、文体和科目标识等信息。因此，《牛津中阶英汉双解词典（第 5 版）》融合了上述两部词典的特色，又提供简体字的英汉双解，相互对照，帮助使用者理解和记忆，既为我国英语中等水平的学生服务，也可供国内外双语工作者、海外华侨和华裔使用。

就收词量而言，《牛津中阶英汉双解词典（第 5 版）》的单词、释义、短语和派生词等达 11 万个左右，保证了本词典能收录大量专科词语，涵盖电脑科技、商业金融、天文地理、数理生化、文学艺术、政治法律等，以满足各科学习需要。示

---

1 商务印书馆，牛津大学出版社. 牛津中阶英汉双解词典（第 5 版）[M]. 北京：商务印书馆，2016.

例均选自"牛津英语词库",具有科学性、实用性、时代性。对词典所收集的单词和词组的最新用法做了详尽而鲜活的释义,释义用牛津 3 000 核心词撰写,浅显易懂。词典英美并重,对英、美不同拼法、语词用法等方面都提供相关资料。

《牛津中阶英汉双解词典(第 5 版)》的另一个特色表现在大力扩展和增加便于读者自主学习和应用的板块,标识醒目。除人们常见的,并在上述两部词典中均有采用的 GRAMMAR(语法)、CULTURE(文化)和 ILUSTRATION(插图)这三个板块外,具有创新意义并对使用者极有帮助的板块尚有:

·HELP(提示):如在介绍不定冠词 a 的一个用法,即指一类事物时,提示读者既可以用单数 An elephant can live for up to eighty years,也可以使用复数 Elephants can live for up to eighty years。

·MORE(补充资料):如对英语词 actress 提供了"女演员"的本义后,在补充资料中进一步说明"现在许多女演员更愿意被称作 actor",便于使用者理解和灵活应用。

·OTHER WORDS FOR(其他词汇):如对 allow(允许)一词释义后,编者在本板块内引导使用者与 permit 和 let 这两个词语进行比较,从而了解 allow 常以被动形式 be allowed to 出现,permit 的用法较为正式,let 是非正式用语,且不能用于被动式。

·SPEAKING(说话):本板块强调某些词语更多地在口语中使用,并指出其使用场合,如 all right 一般在听到"别人表示感谢或抱歉时"的场合下使用。

·TOPIC(主题):以某个词语为主题,介绍有关内容的表述方式,如对 baby(婴儿)释义后,编者在本板块内引导使用者了解如何以英语表述孕妇分娩、孩子出生、双胞胎婴儿、父母照顾、蹒跚学步等不同情况。

·COLLOCATIONS AND PATTERNS(搭配与句型):以 agriculture 这个单词为例,通过本板块,用户被告知常与 agriculture 一起出现的名词有 plant、vegetable、grower、crop、tree、orchard、grove、nut、climate、harvest、apple、fruit、pineapple、strawberry、pear 等;动词有 grow、pick、produce、collect、eat、expect、enjoy 等;形容词有 ripe、sweet、bumper 等。在此基础上,使用者也熟悉了"Pineapples grow in tropical climates""Those pears are not quite ripe yet""Growers are expecting a bumper harvest this year"等句型。

·WRITING TIP(写作提示):如在解释 because(因为)这个连词后,通过本板块进一步提示作者在给出原因时,也可使用 as 和 so,并提供实例进行比较。

·EXAM TIP(考试提示):本板块提示学生在准备考试前首先要多次检查自

己的作业，如拼写、语法结构和想要表达的内容。借助这些检查步骤，记下要点并列出考试准备清单 (last minute list)，这样才能有准备地应对考试。

　　需要指出的是，最后三个板块，即"搭配与句型""写作提示"与"考试提示"，加上"同义词辨析"都属第 5 版新增。

　　《牛津中阶英汉双解词典（第 5 版）》完全保留了 *Oxford Wordpower Dictionary* 的两个附录："牛津写作指南"（Oxford Writing Tutor）和"彩页"（colour pages）。前者配合互动学习指南 Intermediate iwriter，以 17 页的版面指导用户掌握各类文章的写作方法，如议论文、对比文、报告、书评和影评、正式信函、求职信、简历，以至当今信息时代不可或缺的电子邮件，从而提升应对不同情况的写作技巧。彩色分页则介绍动物界、乐器、服装、职业和工作、休闲活动、体育运动、交通工具、房屋、住宅、景观、水果、蔬菜、食品饮料共 13 大类。其中多达 3 页的"乐器"为第 5 版新增。使用者通过视觉了解有关英语词语的意义，印象深刻，易于记忆。这充分体现了多模态教学的实际应用。

　　第 5 版除对词语释义外，附有较多"参考专页"。其中"语法专页"是在 *Oxford Wordpower Dictionary* 的基础上重新整理，内容包括动词、不规则动词、助动词、短语动词、名词、形容词、关系小句等。

　　其他参考专页有"英式英语和美式英语""英国和爱尔兰""美国和加拿大"，以及"地理名称"等。

　　《牛津中阶英汉双解词典（第 5 版）》保留了 *Oxford Student's Dictionary* 的一个附录，即指导使用者进行内容与语言的综合学习。这些分页包括雅思练习、运用学术词汇表提高写作技巧、与学术和学习有关的词汇表、打电话、解读图表、记笔记、标点符号、文学批评用语、有关健康和计算机的词语搭配、元素周期表、数字表达法、前级和后级。这些深入浅出的百科知识尤其适合学生和英语自学者。

　　概而言之，《牛津中阶英汉双解词典（第 5 版）》继承了牛津词典系列的一贯优点，编排条理清晰、图文并茂、内容丰富实用、与时俱进、释义深入浅出、融会贯通、译文通顺流畅、符合国情，诚为一部不可多得的英汉词典，教学皆宜。

胡壮麟

北京大学资深教授

2016 年 2 月

# 曲长亮：《北美历史文化实践教程》序 [1]

大连外国语大学副教授曲长亮博士编著的《北美历史文化实践教程》（*Reading North American History and Culture: A Course of Practice*）即将由世界图书出版公司出版。

承蒙他的导师、北京大学钱军教授的推荐，本人有幸读到该书的电子稿，感慨良多。

书名中首先映入我眼帘的是"北美"二字，其意义深远。自 2013 年 9 月习近平主席提出"一带一路"倡议后，国内外都认识到这是一条贸易之路，更是一条友谊之路。此后，中共中央政治局在 2016 年 4 月 29 日的会议上指出，它"赋予古代丝绸之路以全新的时代内涵"。如何理解这里提到的"全新的时代内涵"？除上面提到的"友谊之路"外，我认为还有一个元素是，"一带一路"的概念已延伸到北美。今年 4 月，习近平主席访美与美国特朗普总统会谈时，便提出中方欢迎美方参与"一带一路"框架内的合作。至于加拿大，早在去年 5 月便有关于"一带一路"倡议为加拿大企业带来发展机遇的报道。可见，这本书的编者充分认识到编写有关北美教材的适时性和必要性。

这本书虽然是为高校英语专业本科生开设有关报刊选读和英美文化一类课程设计的，但我认为它也回答了我国外语教学界的一个重大问题，那就是我们过去开设课程时只注重课程设置对个人发展的实用性，往往忽略了课程设置对国家战略的意义。我们对于外语的战略意识是缺位的，因此开设的课程有的不能有效对接国家发

---

1　曲长亮. 北美历史文化实践教程［M］. 北京：世界图书出版公司，2017.

展战略，不能为社会需求有效服务。如今，这本书既注意到北美历史文化的内容，也注意到它的实践性，这对我们培养既了解所学英语国家的文化，又具有实际工作能力的英语人才，起到引领作用。

这门课程的设置和这本书的内容对如何办好英语语言文学专业很有启迪。在讨论院系任务时，我们过去习惯于讨论文学方向、语言方向和翻译专业的区别并开设相应的不同课程，分强于合。实际上，21世纪对人才的培养已不能完全停留在过去所谓的"专业"和"方向"上，而是要关注不同专业、不同方向、不同课程的互通和融合，合强于分。这样，才能培养出能根据不同情况不同需求完成不同任务的创新人才。"北美历史文化实践教程"就是这样一门涉及历史、地理、文化和语言的课程。

最后，有必要谈谈我对本书编写者的印象。曲长亮博士2011年毕业于北京大学英语语言文学系，师从钱军教授研究语言学史。从他的科研成果看，多半也是语言学史、音系学、英语史，还涉及布拉格学派。那么，他又是如何完成这本书的编写的呢？答案是他是从多方面抓住一切机会来提高自己。他将在北京大学英语语言文学系学习时所学到的语言学知识充分反映在了本书的某些部分。他曾经在美国伊利诺伊大学语言学系访学一年，这段经历既提高了他的语言学知识，也让他有机会接触到北美文化。但我认为最重要的一点是，他在大连外国语大学工作后，能按照学校要求和院系领导布置，开设非语言学的课程，在干中学，边教边学，才取得了今天的成果。一个人在学校中的学习时间毕竟是有限的，更多的知识来自在日后工作中的学习和提高。曲长亮博士为我们提供了宝贵的经验。

祝贺曲长亮博士胜利完成本书的编著工作！祝愿曲长亮博士取得更多的成就！

胡壮麟

2017年4月22日

# 许葵花：《多义化识解的多维度研究》序 [1]

英语的"polysemy"一词，可译为"多义性""多义化"和"一词多义"。"多义性"强调多义特征，"多义化"强调不同意义延伸的演变过程，"一词多义"则强调词语的多义现象。鉴于上述情况，"polysemy"一词本身就是多义的，被广泛应用于不同学科和生活领域，如符号中有符号多义性、括弧多义性，文学中有文学多义性、诗歌多义性，建筑中有建筑多义性、城市多义性，数学中有函数多义性，生活中有梦幻多义性，商业中有股票走势的多义性，等等。正因为如此，多义化的研究日益受到学界重视。从新中国成立至1979年末的30年中，我国仅发表了两篇有关多义化的文章，此后每10年的发表数日益增多，先后为97、204、1 446、1 837篇，2010—2016年的6年中已多达1 837篇。因此，许葵花的专著《多义化识解的多维度研究》的出版反映了学科发展的这一趋势。

许葵花的专著除对多义化从不同视角，如术语界定、涵义和与相关概念区分外（第1—3章），也涉及范畴理论、概念隐喻和转喻、意象图式视角下的多义化、框架理论视角下多义化等现象（第5—8章）。即使就语言本身来说，作者也不仅限于词语的多义现象，而是从多层面考察多义化现象，如语音语调、词缀、构式、语法、话语，即语言各个层次的多义化，并从词语进入语篇的多义化研究（1.4节；第12—13章），反映了当代语言学研究的发展趋势。这是本专著的第二个特色。

如同英语语法研究经历了规定语法—描写语法—认知语法的变化，作者也能扩大视野，对多义化的研究从描写（第4章）进入到对语言意义产生的认知机制的探

---

1  许葵花. 多义化识解的多维度研究［M］. 北京：清华大学出版社，2018.

讨。这就不仅从静态角度把握多义化识解的理论脉络，并对各种理论进行对比分析，也能从动态角度识解多因素的互动，从而解决了多义化的建构和解读的实时性和认知性，包括个人的和社会的（第11章）。这是本专著的第三个特色。

贯穿全书的另一个特色是，作者既能进行历时的研究，也能对不同理论进行比较；既做理论探讨，也能从词典、语料库、语言学文献中收集和积累语言实例进行论证，使本书的论述言之有理、言之有据。

本书作者许葵花之所以能取得上述成就，在于她自1995年起任教于中国人民大学外国语学院（于2006年在北京大学英语系取得博士学位）的20多年中，教学与科研并重，坚持语义学、认知语言学和语言教学的研究方向。她的科研成果最能说明这一情况，即出版专著1部（《认知语境语义阐释功能的实证研究》（中国人民大学出版社，2007），发表论文近20篇（1998—2016年），主持科研项目3项，并完成科研项目2项（2007—2010年），电视电影翻译7部、译著1部、翻译文章3篇（1997—1999年），教材参编2部、主编1部（1999—2010年），词典参编1部（1998年），讲授课程3门。

我坚信作者在今后教学和治学的道路上会取得更大成就。

胡壮麟

2017年5月16日

# 张勇先：《英语语言文化概览——英语发展史研究》序 [1]

中国人民大学张勇先教授 2014 年出版的专著《英语发展史》，在外语界产生巨大影响，并被定为"新经典高等学校英语专业系列教材"之一，至今已重印 9 次。如今，他的新著《英语语言文化概览》即将付梓。勇先教授教学科研两不误，笔耕不辍，我对此深表钦佩。

勇先教授的新著是对《英语发展史》的延伸和补充。这就是说，作者在完成英语史的撰写后，并未止步不前，而是对有关英语史的具体问题继续深入研究。如在第 1 章中，勇先教授就古英语、中世纪英语、早期现代英语以及现代英语的主要语言特点进行归纳，并对各个阶段的重要人物和重大事件进行总结。在第 2 章中，作者则以大量例证告诉我们，即使是日耳曼语族之外的语言（如日语、汉语等）也受到英语的影响。

新著的另一个特点是结合文化讨论语言。如第 3 章重点谈英语姓名文化，其中既谈到英语名字的变化，也有对爱尔兰、苏格兰、英格兰和威尔士姓氏特点的归纳整理。这表明，英语姓名是英格兰民族文化和不同民族文化相互融合的产物。第 4 章通过介绍英国历史上的"威廉"，让我们了解到英国历史的精彩片段。

第 1 章、第 2 章、第 7 章和第 8 章就英语本身展开探讨，不仅阐明了英语受法语和拉丁语的影响，追溯了澳大利亚英语的历史渊源，还剖析了英国英语和美式英语的纽带关系。这不仅有助于我们了解英语发展成一门国际性语言的历史过程，以及英语为什么会成为联合国等诸多国际组织的官方语言之一，还可以帮助我们了解

---

1 张勇先. 英语语言文化概览——英语发展史研究［M］. 北京：中国人民大学出版社，2018.

为什么我国政府在改革开放后把英语作为第一外语进行教育。

新著的特点还表现在勇先教授能从英语使用的不同领域出发讨论英语的特征及其发展，如第 5 章"法律英语"和第 6 章"英文报刊简史"。这仅仅是此类研究的开端，我们可以预见到这方面的研究将推动诸如商务英语、外交英语、科技英语、旅游英语等的发展。

第 9 章和第 10 章都涉及英语和汉语在语言上和文化上的相互影响，以及英汉翻译中的问题。这方面的知识有助于推动我国不同层次的英语教学，特别是写作和翻译教学。具体说，勇先教授的研究注意结合我国国情，充实我国人民的外语生活，并为国家"一带一路"倡议服务。

最后，我认为必须强调这样一点，勇先教授开创了新时代从事科学研究的新道路。他自 2014 年以来，通过微信公众号"英语发展史"建立起一个专家读者群，把与本专著主要内容有关的大约 48 篇文章首先在微信上发表，听取同行的意见后才整理成书。可见，本专著一方面是新时代、新技术的产物，另一方面是作者与专家和读者相互交流的产物。这预告了我国学术研究的新动向，我们应注意其深远影响。

胡壮麟
北京大学外国语学院
2017 年 11 月 6 日

# 李颖:《中国高校教师全英语教学 (EMI) 能力研究》序 [1]

2013 年杭州师范大学外国语学院副院长李颖老师获得国家社会科学基金项目"中国高校教师双语教学能力研究"项目(编号:13BYY076)。经过 4 年的努力,此项目已由专家审核通过,经整理后,冠以《中国高校教师全英语教学(EMI)能力研究》的书名,由高等教育出版社正式出版。谨在此向李颖老师和高等教育出版社表示祝贺。

顺便指出,两年多前李颖老师已经完成了浙江省哲学社会科学后期资助项目"超学科理念与高校(非英语专业)全英语授课模式研究"。此项成果以《高校全英语教学模式(EMI)的超学科研究》的书名,由中国社会科学出版社于 2014 年 12 月出版。我认为,这两个项目是李颖老师研究方向——全英语教学的两个重点,超学科研究和师资培训。正因为如此,我国高校外语界对李颖老师的研究方向和相关成果并不陌生。自 2011 年起我们便读到她的有关文章,如《高校英文模式授课的策略研究——本土师资国际化》《新形势下外语教师的发展》、本项目的早期阶段性报告《高校双语 /EMI 课堂调查与分析》《全英文授课模式的动因论——超学科分析的视角》等(李颖,2011a,2011b,2012,2013)。

我本人有幸于 2013 年 4 月参加杭州师范大学外国语学院和中国外语编辑部联合召开的"第七届中国外语中青年学者科研方法讨论会暨科研写作高级研修班"并结识了李颖老师,对她会上宣读的有关上述超学科分析的论文和会下的热情照顾,深为感动。此后,我们在其他会议上仍有多次接触。我曾就她的超学科研究专著写

---

1 李颖. 中国高校教师全英语教学(EMI)能力研究 [M]. 北京:高等教育出版社,2019.

了一篇评论《高等教育国际化任重道远——读〈高校全英语教学模式（EMI）的超学科研究〉》（胡壮麟，2015）。由于我在该文中已经谈到本总结报告中提出的不少观点和问题，如超学科研究、高校国际化、师资培训、调研工作等，这里就一些新的认识说上几句。

本书主要探讨在中国高校中推广 EMI（English as a Medium of Instruction）模式教学的必要性、可行性和方法。EMI 本义为"以英语为媒介的教学"或"英语授课教学"。作者称之为"全英语教学"，其用意是试图表示这种模式比传统的"双语教学"要求更高，某些课程是"全"英语讲授的。我个人认为有必要从以下几个方面理解作者的意图：（1）这项研究除非英语专业的其他外语教学外，主要是倡导我国高校中社会和文理专业的有些课程也可以用英语讲授。（2）作者并不是论证我国的高校应该全部用英语授课，而是如何选择一定的课程全用英语讲授。（3）这项研究的最后目的当然是提高我国学生的英语水平，帮助学生日后通过英语这一工具学习、掌握应用先进知识和科学技术的能力。

上述认识说明了作者多年来研究本课题的基本目的。从本书的绪论看，作者在认识上又有很大提高，那就是作者能从国家发展政策的更高层面去看待问题，具体说，我们要贯彻习近平主席"一带一路"的倡议。为了贯彻这一倡议，我们不仅需要大量翻译人才，还需要提高各行各业专业人才的英语和其他外语水平。另一点也值得重视。作者在本书中谈道，2015 年 11 月 5 日，国务院印发了《统筹推进世界一流大学和一流学科建设总体方案》，其最终目的是"营造良好的国际化教学科研环境，增强对外籍优秀教师和高水平留学生的吸引力。积极参与国际教育规则制定、国际教育教学评估和认证，切实提高我国高等教育的国际竞争力和话语权，树立中国大学的良好品牌和形象"。由此，如何实现高等教育国际化是我国高等教育界讨论的一个热门话题。作者探讨的增设和提高全英语教学的各种专业课程，无疑是使更多的中国高校成为世界一流大学的和一流学科建设的一个重要措施。

本报告在选题、调研、分析等方面体现出较多特色。通读全书，不难发现作者不仅掌握国际上有关研究的动向，包括联合国对 EMI 模式的肯定，也能结合国内实际，注意到研究本课题的必要性，为国家和教育部领导献计献策。为研究本课题，作者走访了清华大学、中国政法大学、北京邮电大学、复旦大学、上海交通大学、中山大学、山东大学、浙江大学、宁波诺丁汉大学、浙江师范大学、浙江理工大学、浙江农林大学和中国大学慕课网编辑部等，通过课堂观察和访谈等形式了解我国 EMI 课程开设以及师资状况。作者也能跳出英语教师的视角，掌握网络技术和超学科研究的发展信息，对 EMI 课程进行分析和设计，并对师资培训提出合理建议，使立论有根有据。

李颖老师本人的成长过程能最好地说明她的投入深度，她是提出和完成本项课题的理想人物。作者本科就读于杭州大学英语教育专业，当时已在浙江大学修读国际贸易专业的课程，因而掌握有关英语教育和国际贸易的专业知识。她在英国剑桥大学获得硕士 MPhil 学位，研究方向为跨文化第二语言教学，同时兼任剑桥大学语言中心教学助理和剑桥研究学会副秘书长等职，从而掌握了跨文化第二语言教学的知识，同时获得从事教学管理的实际工作经验。她在英国诺丁汉大学获得博士学位，研究方向为教育学，进一步巩固和掌握了教育学的丰富知识。李颖老师回国后仍致力于提高自己，在上海外国语大学博士后科研流动站从事博士后研究工作，并曾兼任杭州剑之语英语学校理事长。令人简直不可思议的是 2007 年她竟然取得中国律师执业资格！

所有这些说明，我们不仅要理解李颖老师所从事的研究，我们更要不时思考和学习这位老师和研究者的成长过程。站在我们面前的是一位勤于开拓、善于思考的年轻学霸！

胡壮麟

北京大学

2017 年 7 月 17 日

## 参考文献

［1］ 胡壮麟. 高等教育国际化任重道远——读《高校全英语教学模式（EMI）的超学科研究》［J］. 外语研究，2015(6): 53–55.

［2］ 李颖. 高校英文模式授课的策略研究——本土师资国际化［A］. 卢思源主编. 华东外语论坛第 6 辑［C］. 上海：上海外语教育出版社，2011a.

［3］ 李颖. 新形势下外语教师的发展［J］. 山东外语教学，2011b(2): 57–61.

［4］ 李颖. 高校双语 /EMI 课堂调查与分析［J］. 外语界，2012(2): 49–57+88.

［5］ 李颖. 全英文授课模式的动因论——超学科分析的视角［J］. 中国外语，2013(1): 47–53.

# 田海龙、潘艳艳：《多模态话语分析：理论探索与应用研究》序 [1]

多模态话语分析是国内外语言学界、符号学界、教育界、文艺界、传播学界等在近 20 年兴起和快速发展的研究课题。它是人类通过自身的听觉、视觉、触觉等感知能力，掌握能传递语言、图像、音响、动作等多种符号资源的多种先进的现代化科技手段，理解和表达互相在一定语境下交际时的整体意义。

有关多模态话语分析的标志性成果是 Kress 和 van Leeuwen 在 1996 年出版的合著 *Reading Images: the Grammar of Visual Design*（《阅读图像设计语法》）。在我国，国防科大在南京的国际关系学院李战子教授于 2003 年在《外语研究》率先发表了"多模式话语的社会符号学分析"一文，详细介绍了 Kress 和 van Leeuwen 的"视觉语法"。此后，国内学术界，特别是系统功能语言学者的共同努力，推动了多模态话语分析在我国的研究。到 2018 年 11 月，在中国知网收录的期刊和硕博士论文中，主题为"多模态话语分析"的多达 1 313 条，"多模态语篇分析"221 条，"多模式话语分析"9 条。

如今，由田海龙教授和潘艳艳博士主编的《多模态话语分析：理论探索与应用研究》汇集了我国学者不同时期和不同专题的代表作，共 31 篇，分理论探索和应用研究两大部分，基本上全面地反映了我国学者对本课题的研究成果。从所收录论文作者的背景看，老中青均有代表。具体情况，论文集编者会有说明，这里从略。我谨在此对两位编者作简单介绍。

田海龙教授，博士生导师，现任天津外国语大学语言符号应用传播研究中心常

---

1　田海龙，潘艳艳. 多模态话语分析：理论探索与应用研究［C］. 北京：北京航空航天大学出版社，2019.

务副主任。社会兼职有中国社会语言学会会长、中国英汉语比较研究会话语研究专业委员会副会长兼秘书长、天津市外文学会常务理事、语言学会常务理事等。海龙教授的学术研究主要集中在社会语言学及（批评）话语分析领域，特别是从跨学科视角进行话语分析的研究工作。此外，海龙教授还担任《天津外国语大学学报》常务副主编，系列丛书 Discourse Approaches to Politics、Society and Culture（荷兰 John Benjamins 出版社）的顾问委员会委员，SSCI 学术期刊 Journal of Language and Politics 编委会委员，并被国内外多家学术期刊聘为编委会成员。不论是有关学科知识，还是学术编辑经验，海龙教授是本论文集主编的理想人选。

本论文集的另一位主编潘艳艳博士，就读于国防科大国际关系学院，现在江苏警官学院工作，并为南京师范大学博士后流动站博士后。研究方向主要是认知语言学、功能语言学、多模态话语分析。目前，主持国家社科项目一个，江苏省教育厅项目一个，以及其他院级项目数个。由于在教学和科研中的突出表现，潘艳艳博士被评为 2018 年江苏省"青蓝工程"优秀青年骨干教师，入选第十五批江苏省"六大人才高峰"高层次人才选拔培养计划。2018 年，潘艳艳博士还获得了第二届江苏省高校青年外语教师奖教金。论文集的编纂能有青年学者的佼佼者参与，说明学术界后继有人，令人欣喜。

祝贺田海龙教授和潘艳艳博士主编的《多模态话语分析：理论探索与应用研究》问世，并祝两位编者今后在教学科研中取得更大成就。

胡壮麟

北京大学资深教授、博士生导师

2019 年 12 月 8 日于北京大学蓝旗营寓所

# 陆丹云:《21 世纪美军外语新战略研究》序 [1]

丹云教授要我为她的新著《21 世纪美军外语新战略研究》作序,我欣然同意。收到她发来的电子稿后,立刻感到我做了一个正确的决定,心中为她庆贺。

丹云教授自 1991 年开始在解放军国际关系学院任教,这是一所以外语为基础,多专业、多层次、多规格的综合性军事学院,是我军培养国防语言人才的重要基地,被称为"中国军事外交官的摇篮"。丹云教授长期从事军队外语教育与军事用途语言研究,密切关注美军外语工作的演变、国防语言学院的转型,她了解外语教育对于国防安全的重要意义,通读美军在外语能力建设方面的规划方案并洞察其背后的战略考量。通过开设研究生课程与系列讲座,开展专项研究以及发表成果,丹云教授将"国防语言文化战略"和"军队外语战略"理念介绍给各层次、各领域的听众和读者,引起越来越多国际政治和军事专家对这一战略维度的关注。在这本专著中,丹云教授将对美军外语战略的研究观察置入自己 30 年从事国防语言教学与研究所形成的知识体系,以军事战略的视角去解读、分析、归纳和反思,我拜读此书,深深地体会到一位军队外语专家的社会责任感、学术素养和高度。

近年来,以"语言战略"为关键词的论作很多,而全面深入地解读美军外语战略的著作独此一部。在我看来,《21 世纪美军外语新战略研究》具有鲜明的时代性、战略意义和重要的参考价值。这体现在作者通过历时、共时两个维度的研究形成对美军外语战略构架之系统描述,对于新世纪美军外语工作的规划部

---

1　陆丹云. 21 世纪美军外语新战略研究［M］. 北京:时事出版社,2019.

署和实施项目之理性解读，对于美国外语战略的"实施重镇"——国防语言学院外语中心的转型举措之逐条分析并以此案例推导透视外语战略之实施全景。作者不仅追溯了美军百年"外语史"，揭示军队外语能力建设之演变规律，还梳理了美国美军近 15 年最新的文件法案政策指令，通过多维度的总结归纳，提炼出美军外语战斗力生成模式，形成对我军外语实战能力建设的对策建议。同时，作者不吝将亲手搜集整理的重要文献、重要术语编译成列表发布在专著中，通过大量图表展示了相关战略规划、方案计划之间的逻辑关系，这为其他关注美军外语战略的研究者提供了很有价值的文献参考和学习资源，实为一部无私奉献的"良心之作"。

我曾在抗美援朝时被借调至志愿军做翻译，1954 年从北大毕业参军后被分配在总参谋部从事外语相关工作，因此也算国防语言战线的一员老兵。我研究过美国在太平岛屿的氢弹试验和武器生产的规划，也曾在《解放军报》和《光明日报》发表过有关美苏军事科学力量对比的文章。从资料的掌握、分析的透彻度、理论的高度和深度等方面远远不如本书，因此最能理解本书的军事价值和学术价值，最能体会作者的战略素养和学术功底。这使我联想到最近几年国内外语界热议的外语专业发展方向问题，这是各国在发展变革中遇到的相似问题，教育部在讨论解决如何走出困境时，不妨借用本书作者的方法，耐心细致地摹画"他山之石"以探寻"攻玉之道"。参与讨论的学者如能翻阅一下本书应该有一些新的认识。

我和丹云教授所在的国际关系学院有多重渊源，20 世纪 80 年代末曾被该校聘为顾问，与许国璋先生等参加该校的学科建设讨论，我的博士李战子是国际关系学院优秀的毕业生，而丹云又是战子教授在该校所培养的优秀博士生之一。丹云为研究生开设"语言学导论""功能语言学""话语分析理论与实践"等多门主干专业课，主持国家社科基金"功能语言学视野下的写作教育研究"、韩礼德国际基金会"军事学科英语研究"、江苏省研究生"国防语言文化战略"课程建设、"功能语言学理论、方法与实践"精品课程、国防科技大学"美军外语战略研究""国防语言学院转型"等多项课题研究，在《外国语》《外语研究》《外国语文》等重要期刊独立发表论文约 40 篇，出版专著和教材约 10 部。可见，《21 世纪美军外语新战略研究》一书既得益于她在部队多年的战斗生活，也得益于她在系统功能语言学等专业领域的学术积淀。

我很荣幸与丹云教授合作编写过《语言学简明教程》（北京大学出版社），也在一些学术会议上经常相遇。愿丹云教授在今后的教学科研中取得更大成就，为我国的国防事业和外语教学做出更大贡献！

胡壮麟

北京大学蓝旗营寓所

2019 年 3 月 16 日

# 陈建华、刘志红：《基于普通语言学的当代英语功能分析》（中译本）序 [1]

我 1950 至 1954 年在清华大学和北京大学的师姐和同志、1972 年末我调入北京大学后的同事孙亦丽教授问我，能否为钱军学生的一本译著写序。当时我还不知道书名和译者的具体情况，我仍然回答"可以，但给些时间"，共七个字。虽然常有人劝告我不要轻易答应别人的请求，少接些活，安度晚年，我还是同意了。最初我是这么考虑的，一则这是师姐的期待，二则我摆脱不了自己的处事原则，对有利于教学和科研的活动，只要我有能力、有时间、身体情况许可，一般我不会说一个"不"字。没有几天，本书第一译者陈建华老师给我提供了有关信息。我顿时眼亮了。我给自己说，我给了一个正确的许诺，再忙也要为本书写序。是什么原因增强了我的许诺呢？

首先，我见到译著介绍后，立即注意到这本译著原来是布拉格语言学派的创始人、捷克语言学家和英语教授马泰修斯（Vilém Mathesius，1882—1945）的名著《基于普通语言学的当代英语功能分析》。该书原以捷克语发表，1975 年 Libuše Dušková 博士把它译成英语（*A Functional Analysis of Present Day English on a General Linguistic Basis*）。我对布拉格学派的认识，始于 1979 年我在澳大利亚悉尼大学随导师韩礼德（M. A. K. Halliday）学习语言学，特别是伦敦学派和系统功能语言学。在此过程中我了解到系统功能语言学理论在某些方面与布拉格学派有相通之处，后者也是韩礼德学术思想三个来自欧洲的源泉中的一个。例如，关于韩礼德语言层次的三个系统，我在 1989 年曾经提到"布拉格学派的功能主义，特别是交际动

---

1 马泰修斯. 基于普通语言学的当代英语功能分析［M］. 陈建华，刘志红译. 北京：世界图书出版公司，2020.

态（Communicative Dynaimsim）理论"（胡壮麟等，1989: 19）。两年后，我在《功能主义纵横谈》一文中介绍国际上各种功能主义流派时，第一节便介绍了布拉格学派。除提到马泰修斯于 1926 年创建布拉格学派，并在 20 世纪 30 年代已经研究"语音对立""功能语体"等问题外，该文还具体谈到该学派的主要成果表现在以下领域（胡壮麟，1991）：（1）区别语音学和音系学；（2）功能句法观；（3）美学功能和前景化；（4）功能文体和语言标准化；（5）标记性。如今马泰修斯著作汉译本的出版，对国内语言学界，特别是汉语界和非英语的语言学研究者和教师会有很大参考价值。这是一项有意义的工作。写序是理所当然之事。

其次，在从事语言学教学和科研过程中，我本人逐步形成一个又是纯属个人的观点，那就是"我始终认为任何科学的发展是不同理论和不同流派相互之间创新、争鸣、和融合的过程。功能主义内部的不同流派都会对语言学的研究和功能主义的发展做出贡献"（胡壮麟，2000）。因此，1981 年回国后，尽管我学的是系统功能语言学，但我一直认为没有必要把自己局限于某一个学派，在行动上突出地表现在两个方面。第一，1995 年当国内的系统功能语言学者讨论成立语言学会时，我提出最好起名"中国功能语言学会"，而不是"中国系统功能语言学会"，这样，国内各个高校从事布拉格学派、美国层次语法、格语法、法位学和英国、法国、荷兰、丹麦等功能主义学派研究的学者都能参加，互相启迪。第二，当教育部批准我为国内第三批博士生导师后，我没有要求我的学生非得跟我学系统功能语言学不可，继高一虹（社会语言学）和王振亚（外语教育）后，1990 年我接受了钱军作为博士生。在讨论具体培养方向时，我主动、明确地跟钱军说，国内对布拉格学派了解不多，希望他把布拉格学派作为研究方向，填补国内这一空缺。钱军同意了，而且学习非常努力，取得了很大成就，如他先后出版了专著《结构功能语言学——布拉格学派》（1998）、译著《雅柯布森文集》（2012）。在国内外发表的论文大多涉及该学派的历史、人物、语言学理论等内容，获得国内外学者的认可。他的专著《结构功能语言学——布拉格学派》获得教育部第三届中国高校人文社会科学研究优秀成果奖，2009 年又获捷克共和国 Jan Masaryk 奖章和奖状。钱军指导的刘小侠于 2011 年1 月获得北京大学博士学位，现为北京大学英语系副教授。她的博士论文就是研究马泰修斯关于词序的思想。该论文后来在布拉格出版，是目前国内唯一一部研究马泰修斯的专著。出版后，捷克学者在学术期刊《布拉格语言学》上曾发表书评，予以肯定。此外，刘小侠发表了多篇有关马泰修斯和布拉格学派的论文。此刻，我完全没有想到钱军正在指导的陈建华原来也在研究布拉格学派。作为师爷爷，隔代亲之情油然而生！更令人兴奋的是我意识到虽然钱军本人虽已近退休，但是布拉格学派的研究后继有人了！这些中青年学者实现了钱军的理想，也实现了我的理想。搞研究，不是拉帮结派，而是要解决自然与社会中的种种问题，为人民谋福利。此序当然该写。

为同意写序的许诺自评打高分的另一个原因是，我发现请我写序的师姐孙亦丽教授，译者陈建华老师、刘志红老师，和我本人，都在北京联合大学这条线上被紧紧地拴在一起。此话怎讲？为了加强北京大学对兄弟单位的支持与校际合作，1993年孙亦丽教授接受北京联合大学的邀请，帮助该校建设英语专业。我完全支持师姐的决定。在此以前，作为当时的系主任，我曾经委托她帮助烟台大学健全外语学科。我本人也曾蒙师姐邀请，退休后在1997年给北京联合大学高年级学生讲了一个学期的普通语言学课程。陈建华老师就是师姐2002年后在北京联合大学任系主任期间（1993—2005年）与她面谈后应聘的，被分配在应用文理学院的英语专业任教；此后又被师姐向钱军教授推荐报考北京大学攻读博士学位。师姐任期满后仍与由北京大学调往该校任教的黄宗英教授保持联系，其中一项重大课题便是她和黄宗英合作主编《实用英语学习词典》（吉林出版集团，2011）。我有幸为该词典写过序。这次，当我再次翻阅这部词典时，发现陈建华老师是该词典的副主编之一。可见，北京联合大学这条线把我们拴得多紧啊！此序写定了！

虽然我最初不熟悉陈建华老师，不料建华老师竟然对我很熟悉。我是她导师的老师已经说了。2001年我参加在长春东北师范大学召开的第七届全国功能语言学研讨会，她在会上已见过我，她还在分会场上宣读了论文。2014年她来北京大学读博后，外国语学院语言学研究所的一些学术活动我们都参加了。看来是我本人不关心群众、脱离群众，望建华见谅。建华老师自2002年在北京联合大学任教后，已成为英语专业骨干教师，承担了包括"语言学概论""英语词汇学"在内的多门英语专业课程的教学工作，并多次获奖。与此同时，她一直坚持功能语言学、语言学史方面的研究，发表学术论文15篇。她的论文《构式焦点凸显对英汉双及物构式句法表现的限制》曾获北京大学外国语学院研究生论坛征文一等奖。她参与了国家社科基金项目"叶斯柏森音系演化思想研究（1886—1941）"的课题研究。2015年她还获邀出席了在英国举行的第十三届国际认知语言学大会并在分会场上做了题为"从信息结构看马泰修斯主语研究的双重视角"的发言，获得目前捷克"功能句子观"研究领军人物马萨里克大学 Jana Chamonikolasová 教授的肯定。

本书的另一位译者刘志红副教授自北京师范大学毕业后，就职于北京联合大学，现任该校旅游学院英语专业负责人、北京联合大学旅游学院——北京首旅集团国家级大学生校外实践教育基地指导委员会委员。志红老师善于将语言理论和教学实践结合。多年来，她致力于英语教育教学模式的研究、实践课程的创新等工作。她负责的校级精品视频课程"旅游文化概论"广受学生欢迎。她在探索高校教育教学模式改革、优化教学管理方面也积累了丰富的经验。为贯彻北京联合大学"学以致用"的办学宗旨，志红老师还多次担任全国旅游院校服务技能大赛、全国酒店服务大赛等赛事的特聘评委，多次主持或参与旅游相关企业的设计、组织和培训工作。

关于本译著，捷克学者 Libuše Dušková 教授、译者和钱军教授都会有更具体、更深入的介绍。本译著的附录由刘小侠、曲长亮和农熙提供，有助于读者正确和全面地了解马泰修斯和布拉格学派。这些内容也必然有助于国内语言学者，特别是布拉格学派和功能主义研究者开展进一步的研究。

胡壮麟

北京大学外国语学院

2017 年元月

## 参考文献

［1］ 胡壮麟. 功能主义纵横谈［J］. 外国语，1991(3): 3-9.

［2］ 胡壮麟. 序［A］. 功能主义纵横谈［C］. 北京：外语教学与研究出版社，2000：7.

［3］ 胡壮麟，朱永生，张德禄. 系统功能语法概论［M］. 长沙：湖南教育出版社，1989.

# 陆丹云：《系统功能语言学视阈下的中国小学生作文个性化分析模式研究》序 [1]

在国庆六十五周年前，有幸收到解放军南京国际关系学院陆丹云教授的书稿《系统功能语言学视阈下的中国小学生作文个性化分析模式研究》，读后感受到一种异常的节日气氛。在作者引领下，我没有远游这山那湖，在人群中挤压，而是在斗室中宁静地作了一次有关作文教育的中国梦，有时与丹云教授通过电话、电子邮件、短信，以至时尚的"微信"相互交流。总的说，书稿内容朴实，却蕴含了许多值得思考的重大命题，涉及学界在不同时期的不同观点，这就让我不时在"过去，现在，将来"的时间维度上和国内国外的空间维度上往返穿越。

尽管国人都承认作文是语文教育的重要内容之一，恰恰是多年来人们对语文教育的认识有褒有贬。从正面说，人类知识的积累和传递都仰仗语言，因此婴儿出生后都有一个学说话的过程，掌握语音这个符号系统来反映客观世界和建立人际关系，然后上学读书识字，学习另一套文字的符号系统，从而得以在这个大千世界中生存和有所作为。从负面看，当代有一种怪论只谈"习得"，不谈"教育"和"学习"，混淆了人类具有认知和学习语言的能力和出生后通过教育和社会实践积累经验和发展包括语言在内的各种符号的能力。有的怪论以"听说"挤"读写"，混淆了"听说"和"读写"是人类赖以表达意义和相互交际的两个不可或缺的符号系统，干扰了正常的语文教学和外语教学。

对语文教学的片面认识必然导致对写作教学的不适当的否定或曲解。最典型的是 20 世纪 60 年代中开始的"文化大革命"期间，假左派以搞大批判来冲击正常

---

1 陆丹云. 系统功能语言学视阈下的中国小学生作文个性化分析模式研究［M］.上海：上海外语教育出版社，2020.

的语文教学。写大字报，谁的调子高，谁骂得最脏、最凶、最毒，谁就是"好样的""革命的"。正是这个原因，我国一代年轻人语文水平一度跌落千丈。进入新世纪后，一种新的极端思潮又出现了，这表现在对 1999 年大学英语教学大纲的批判，罪名是该大纲强调读写和语法教学，是"重大失误"。所幸仗义执言的人还是有的，北京大学已故李赋宁先生在他的《人生历程》中无所畏惧地说："我有一个坚定的信念就是学好英语，必须落实在笔头。"对英语教学我们应该如此认识，对本民族的语言教学岂不更应如此？令人高兴的是本书作者如今以如何搞好作文教学为主题进行研究，这正是我们前一辈学者为之奋斗一生的信念。

什么是作文教学？如何搞好作文教学？本书作者谈到过多个层面，如："文本"——具有特定形式特征的产品，包括书写方式、编排格式、词汇语法、篇章结构等；"事件"——把作文看作在特定情景语境下使用语言进行互动以实现特定交际目标；"活动"——把作文看作作者利用社会文化语境所提供的资源进行社会文化实践，即具有社会建构功能的"话语"，关注作者如何通过写作构建身份、服务社会。应该说，对这些层面的论述都从不同侧面体现了当代语言学理论的精辟之见。但我更看重的是作者强调作文的"创造性"本质，我对此点甚为赞同，要实现我们所倡导的中国梦，除了发扬苦干实干和为人民服务的精神外，还要求我们在工作中勇于"改革"和"创新"，在我们的社会群体中，涌现出更多的"改革者"和"创新者"。可以想象，如果我们的教育部门只能培养一些没有想象力的个性缺失者，他们很难担当这一重任。当然，在小学、中学、大学不同层次的学校中，不同性质的课程内容中，以至于在不同的工作岗位上，我们都要提倡创新精神。由于本书作者曾参与两项国家社科基金项目——"评价理论、跨文化自传和英语教学的素质教育潜力研究"和"二语学术写作中的评价系统研究"，又熟悉中央教育科学研究所主持的"中小学作文个性化发展研究课题"，本书语料和举例以小学生作文的个性化为主，微言大义，应予肯定。

写作教育研究如何客观评价个性化现状？这是本书作者力图回答的问题。作者尝试采用系统功能语言学理论探讨和解决中国学生作文个性化研究，说明作者对系统功能语言学的语言发展观、写作观和适用观有很深刻的理解。值得注意的是作者的总体理论框架有其独特的一面，即这个框架必须包括语言使用者的差异理论，不然难以分析和评判学生作文的个性化。在这个问题上，作者注意到相对于系统功能语言学的语境差异和使用差异的"实例化"理论，有关个体语言使用者差异的"个体化"研究尚属起步，因此本项研究对理论框架的建立和发展具有重要意义。这就是说，从功能语言学的视角，作者在框架中增添了"个体化"研究维度，即将"语言能力"和"联盟取向"作为分析语言使用者个体差异的两大变项。因此，这是一个包括语义（组篇意义、经验意义和人际意义）、作文能力和联盟取向三个维度的"作文个性化多维分析模式"。这里，作者对系统功能语言学的发展做出了贡献。

本书作者陆丹云教授是我近年来所关注的新生代学者。她的成功在于好学，勤于思索。在一些学术会议和讲习班，都有她的踪影，如北大举办的语言学讲习班，苏州大学的符号学高层论坛，北京师范大学的韩礼德教授讲座，清华大学的马丁教授讲座，等等。我还注意到参加这些活动后，她总是会对一些发言内容发表评论，并与国内外学者进行交流和讨论，包括她与我的老师韩礼德教授的讨论。

最后，我还想占用一些篇幅，谈谈我个人和丹云教授的特殊情谊。我除了在学术刊物上经常读到丹云发表的学术论文外，在学术上，作者和我都接受系统功能语言学的基本理论，我们都重视语篇分析、外语教学、语言规划、计算机辅助教学、多模态学、评价理论、英汉对比等课题的研究，有共同目标和语言。在工作中，丹云曾参与撰写我和李战子教授合编的《语言学简明教程》英文版和中文版的"语音学"和"音位学"两章，并承担部分组织工作，同甘共苦。就我个人来说，还有两点值得一谈。一点是丹云教授在解放军国际关系学院任教，我本人 1954—1958 年曾在部队机关工作过，我的许多战友都曾去过该校讲学或工作，1990 年 5 月我被该校聘为兼职教授，并在北京参加该校的学科建设专家讨论会，最能体会在同一"战壕"里战斗工作的场景。另一点也非谈不可，丹云的老师李战子教授在我指导下，在北京大学获得博士学位后于 1999 年荣归金陵。第二年，丹云就听了战子教授讲授的"功能语法"和"话语分析"两门研究生课程，后又在战子教授指导下攻读博士学位。十多年一晃而逝，丹云前来认我这个已入耄耋之年的师爷爷，岂不令人激动。如果说战子离开北大时给我留下失落之感，如今她们师徒两人给我回报了难能可贵的"隔代亲"之情，我心领了。

祝丹云教授在教学科研中取得更大成就！

胡壮麟
北京大学外国语学院
2014 年 10 月

# 周晓康:《吟唱古诗学文化》序 [1]

　　周晓康博士于 1987—1989 年期间曾在北京大学英语系攻读语言学方向的博士生课程，1998 年在澳大利亚墨尔本大学获得语言学博士学位。2000 年至今在墨尔本半岛文法学校（The Peninsula Grammar School）从事汉语教学。

　　周晓康博士至今已发表论文 50 多篇，其中，《论汉语语序的语篇功能》一文曾获 1987 年度北京大学"五四"青年学者优秀论文奖一等奖。周晓康博士在澳大利亚的汉语教学中最突出的成就是编写了语言教学歌谣 350 余首，其中有不少收录于北京大学出版社出版的著作中，如《晓康歌谣学汉语》《晓康歌谣学文化》《晓康歌谣趣味故事》等。

　　我本人有幸为她 2012 年出版的《丁丁迪米历险记》写过序。如今，晓康博士的新著《吟唱古诗学文化》又将出版。我注意到，两书相隔虽然仅仅 6 年，但国内外情况发生较多变化，确有不少新的感受，现与晓康和读者分享。

　　首先，当我为《丁丁迪米历险记》作序时，眼前曾经突然一亮的是一本最能体现为中国学生写的课外读物，让中国学生熟悉澳大利亚的文化背景，使学生能了解英语国家中主流文化的一个重要侧面。现在却是另一种想法涌上心头，那就是我们不仅要通过"一带一路"让中国经济走出去，也要通过"一带一路"让中国文化走出去、让中国语言走出去。应该说，晓康博士的努力符合这个大方向，她用心编写了既提供唐诗中汉字的汉语拼音，也提供每个汉字的英文意义，最后提供全诗的译文，让学习者领悟和品味全诗的深层意义，从而了解中国文化。当然，编者也提供

---

1　周晓康. 吟唱古诗学文化［M］. 北京：北京大学出版社，2020.

了如何进行教学的建议。我还想指出的是，这套读物不完全是针对国外学生的，它对国内学生更具有教学意义和文化价值。试想，如果中国学者和读者不掌握英文，又如何向国外朋友介绍中国文化，特别是古诗之美呢？

其次，这套教材反映了国内外教学思想的最新发展。我曾参加教育部有关《全日制义务教育英语课程标准》的编制和审定工作，但我的了解仅仅限于对义务教育阶段的学生，应当引导学生在课堂上"听说唱游做"，等等。如今，晓康博士编的这套读物在教学理念上把我的认识提高了一个台阶，那就是这套读物既体现了当今时兴的多模态教育（multimodal education）思想，也采纳了 21 世纪刚开展的"微课"（microlecture）教学理念。两者充分体现于晓康博士在本读物特色中所说的"在传统的语言课本的基础上，借助于音乐和动漫，每首诗歌都有中文朗诵和演唱及英语朗诵三个部分，并配有一个动画／动漫和网络微课，每一首为一课，一共 33 课"。国人对多模态教育一般了解较多，对微课的概念比较生疏，因为它是最近 10 年在国内才迅速发展起来的教学模式。教育部在《教育信息化十年发展规划（2011—2020年)》中提到，要探索微课在课堂教学创新应用中的有效模式和方法，挖掘和推广各地区的典型案例和先进经验，促进优质教育资源共建共享。晓康博士在教材特色中提到她是如何实践的，如"微课程……分为诗人及背景知识简介，生词、句子／句型的读音和语言点讲解，老师领读、学生跟读，老师领唱、学生跟唱，师生齐诵、师生齐唱，学生独诵、学生独唱，学生朗诵英文翻译，播放动画等十几个环节"。这些都表明本教材的时代性、先进性，也表明晓康博士勇于探索和创新的精神。

最后，我们在对这本教材的功能和价值的评价上，不能仅限于把它看作一本供中小学学生使用的语言教材。从晓康博士的编写目标和过程中不难看到，她提供的既是能朗朗上口的配乐吟唱，也是精确押韵的英文翻译。因此，本教材更可供中国高校英语专业、翻译专业学生，翻译教师，社会上的翻译工作者，以至翻译理论研究者阅读参考。

总的来说，晓康博士主编的《吟唱古诗学文化》是一本将中华优秀文化与先进教学理念结合，供国内外学习者使用的理想教材。

胡壮麟
北京大学外国语学院
2018 年 4 月 22 日

# 黄必康：《英语散文史略》序 [1]

　　黄必康教授邀请我为他的新著《英语散文史略》作序，这出乎我的意料。种种想法于是油然而生。众所周知，我是教英语语言学的老师，英语文学非我所长。为《英语散文史略》作序，岂非自不量力？不过话又说回来，我在清华的启蒙老师，后来又在北大英语系推荐我接班的系主任，就是接收必康读博成为他关门弟子的李赋宁先生。1998 年，必康在北大获文学博士学位后留校任教。不久，他作为富布莱特学者赴美研究。回国后，他主编了一套《大学英语教程》。我应邀担任总顾问，在编写和修订这套教材的过程中对必康有了进一步的了解。后来，央视"朗读者"节目主持人董卿邀请我担任该节目的朗读嘉宾，介绍翻译大师许渊冲先生的诗歌翻译。我求助必康教授在节目中代我朗读许先生翻译的英诗。回想起这些往事，我欣然写下如下文字，是为序。

　　《英语散文史略》结合英语散文节选，纵论英国和美国的散文史。其学术价值首先在于它填补了我国英语语言文学史料的一个空白。就我所知，我国出版界在改革开放后先后出版过李赋宁的《英语史》（商务印书馆，1991 年）、诺尔斯的《英语语言文化史》（北京大学出版社，2004 年）、芬内尔的《英语语言史》（北京大学出版社，2005 年）和张勇先的《英语发展史》（外语教学与研究出版社，2014 年）。正如必康教授所言，广义的英语散文包括布道文、小品文、随笔书信、游记、历史叙事、政治檄文、哲学论文、文学评论、科普文、小说、童话、传记等文类。如今必康教授对这些文类的历史演变、语言修辞艺术等进行了系统的阐述和评论，梳理

---

1　黄必康. 英语散文史略［M］. 北京：外语教学与研究出版社，2020.

了其历史脉络，分析和概括了其艺术风格和特点。对于英语史的研究，这部《英语散文史略》可谓与上述著作相得益彰。必康教授让我国外语界教师、学生和读者分享这些成果，功不可没。

必康教授在这部书的"前言"中谈到，各种散文文类"既有传达事实、表述思想和教育的功能，又有文学陶怡和审美娱乐的功能"。我对此最能理解。这里谈谈我个人的体会和认识。新中国成立前，我念的是上海市私立圣芳济中学。这所学校的英语教学走的就是英语散文的道路。我们的高中英语课本采用的就是美国作家华盛顿·欧文（Washington Irving）的散文集《见闻札记》（*The Sketch Book*）。1952 年院系调整后，我进入北京大学西语系英语专业三年级。为了响应毛主席倡导的"三好"号召，在学好英语方面，我再次认真阅读了欧文的《见闻札记》。在日后的工作中我发现，学习英语散文作品对于学习者在政治、经济、外贸、科技、新闻等岗位的帮助很大。因为英语散文语篇中的词汇都很实用，语篇逻辑性强，结构严密合理，篇幅短小精悍。阅读者可以根据自己所从事的工作，选择有关内容阅读学习。例如，从事旅游工作的可多看游记，从事科学类工作的可多看通俗论文，从事政治新闻类工作的可多看报刊评论，等等。我非常高兴地看到，必康教授在"19 世纪美国的英语散文"一章中首先重点介绍的就是华盛顿·欧文的散文。这让我想起读英语散文学习英语的经历，也更让我看到了解英语散文史、阅读英语散文对于学习英语的有效性。

语言文学史类的专著一般是往回看，求大求远求全。必康教授在《英语散文史略》中很有创新。那就是他在"尾声"部分中带领读者一起往前看、往未来看。具体到散文，他说："21 世纪的英语散文面临的，是以互联网传播技术为导向的大众数字媒介技术引起的巨大社会变革和文化多元。"为此，必康教授引导我们结合英语散文的未来，思考一系列的问题，如：社会离心力，信息碎片化，人们的理解、思考和判断，纸质书与电子书，个人博客和公众关注，图文和声音的多模态，截屏、推送、跟帖、复制、删除、恢复等信息活动，甚至是大脑结构和生理特征的可能变化。我非常欣赏必康教授实事求是的态度。他提出问题，但不急于得出结论，而是引导读者共同思考和应对新世纪英语散文的写作和阅读中所出现的情况。我本人近年来写过一些有关阅读、信息、知识、智能的碎片化和融合的文章，与必康教授的观点有异曲同工之妙。这样的论述具有学科的前瞻意义。我建议"尾声"部分可在外语刊物中先行发表。毕竟对于学术观点来说，时间就是生命。

2013 年，必康教授在获欧盟资助去英国肯特大学进行学术交流时开始写作本书，其间多有游历和实地考察。2017 年，他又通过了严格的国际遴选，获杜伦大学研究院邀请，作为国际高级研究员（International Senior Fellow）再访英国，专事写作，终于完成了这部《英语散文史略》。这说明必康教授具有从事学术研究的坚韧性，值得学习。必康教授是研究莎士比亚戏剧的文学博士，在西方文论方面也颇有著述。他一面完成大量的教学任务，一面坚持学术研究，并拓展了自己的学术研究领域。近年来，他在美国研究方面也有著作出版。前年他还用中国古词的形式，翻译出版了莎士比亚的十四行诗集。几年前，他还担任了中国外国文学学会莎士比亚研究会副会长之职。今年他又获得美国福尔杰莎士比亚研究院颁发的"客座艺术家研究基金"（Artist-in-Residence Fellowship）。如此实现教学与科研相结合，并取得一定成绩，绝非易事。我为必康感到高兴，并期待他在学术研究上取得新的成果。我也期待着我国外语教学研究界有更多的学者，对英美以外的英语国家（澳大利亚、加拿大等）的英语文学，甚至是非洲的英语文学悉心研究，创造出优秀的学术研究成果。

胡壮麟
北京大学外国语学院
2019 年 5 月 4 日北大 121 周年校庆日

# 钱军:《英语结构入门》序 [1]

钱军教授在国内外语言学界素以专心从事布拉格学派研究闻名,如《结构功能语言学——布拉格学派》(吉林教育出版社,1998 年)、《句法语义学——关系与视点》(人民教育出版社,2001 年)。为此,他早在 2009 年便获得捷克共和国外交部 Jan Masaryk 纪念奖章。同年 12 月,《布拉格数理语言学公报》(*PBML*)主编以"编者按"的形式向他致以诚挚的祝贺,并介绍了他的科研情况。最近读罢《英语结构入门》清样,欣喜之余,谈谈我感到的如下特色。

从语言学的视角不难看出钱军写作本书的必然性,因为他的《英语词的构成与搭配》(2008,商务印书馆)和《英语词的意义与用法》(2014,商务印书馆)这两部著作研究的重点是英语词的构成、搭配、意义与用法,他必然会进一步研究在句子层面,词与词的不同组合和建构。正如钱军自己在"说明"中所言,本书可分两大部分:英语词序部分包括语法原则、强调原则、信息原则和节奏原则;英语构式部分包括被动结构、中动结构、轻动词结构和短语动词结构。具体内容可查阅本书,此处从略。

就《英语结构入门》这个书名而言,我想先谈谈我最近读到的荷兰学者 Gaston Dorren 所写的 *Lingo: A Language Spotter's Guide to Europe*(《欧洲旅游探秘》)一书。我注意到,在该书 60 篇对欧洲不同语言的介绍中,英语被放在最后一篇。其原因有二,一是英语已成为全球性通用语言,一是英语语法中不规则现象太多,有时无法可循,需要放在最后重点讨论。Dorren 甚至引用如下一个比喻:"别只看

---

1 钱军. 英语结构入门[M]. 北京:商务印书馆,2021.

见别人脸上的灰，看不见自己身上的泥，英语语法也是一样充满泥泞。"这说明英语语法不同于欧洲其他语言，后者通过词格说明词与词之间的关系和意义，英语主要依赖词序和构式。应该说，钱军注意到这些难点，在书稿中不时指明英语通过词序构建语法，但还存在例外情况。读者如能把握此点，将能更好地理解和掌握英语词序的重要性、最佳方法，以及难以解释的某些特殊情况。

那么，如何把握词序和构式呢？钱军之所以在本书中能清楚阐述英语结构与欧洲其他语言的共同性和差异性，这得益于他对布拉格学派理论的深入掌握，具体说，他采用了布拉格学派的结构功能主义观，从而解决了索绪尔结构主义语言学和乔姆斯基形式主义语言学所未能回答的问题。这就是说，词序的排列或先后是由已知信息和未知信息、主位和述位等多种功能决定的。掌握此点，便能更好地了解本书中的词序和构式。

钱军的研究方向不仅仅是通过功能研究结构形式，他还关注结构与语义的结合，如他有关定语的位置与意义相互关系的讨论指出两种排列在意义上的相同与不同。系统功能语言学家韩礼德（M. A. K. Halliday）生前一再强调，功能语法应加强功能语义学的研究。可见，钱军已走在功能语言学研究的前沿。

另要说明的是，钱军除了依循布拉格学派的语言学理论，也参考了以韩礼德为代表的系统功能语法，以及欧美其他功能语法理论。例如，他既注意 Henry Sweet（1845—1912）、George Curme（1860—1948）、Randolph Quirk（1920—2017）等英美语法学家的观点，也注意 Hendrik Poutsma（1856—1937）、Otto Jesperson（1860—1943）、Etsko Kruisinga（1875—1944）、Vilém Mathesius（1882—1945）、Susumu Kuno（1933—）等非英美语法学家的观点。前者对自己的母语了如指掌，习以为然，但说理不多，后者更能从比较语言学的立场进行客观分析。同样，语言在时间和空间的实际应用中不断发生变化，不同时期的英语语法学家能向读者提供他们所处时期的英语特征，使讨论更加全面。这完全符合韩礼德适用语言学的理论，语言学家应当探索不同语言学理论的功用，必要时进行融合。这也符合我多年前曾建议成立"中国功能语言学会"而不是"中国系统功能语言学会"的主张，为功能语言学的不同理论和观点互相交流、互相学习提供平台。这样能更好地解决与语言学和英语语法有关的各种问题。

读者也不难发现，钱军研究的是"英语词序"和"英语构式"，而不是包括多种语言的"语言词序"和"语言构式"。其原因是作为北京大学英语系的教师，钱军考虑的是如何让语言学的教学和研究与英语教学结合。再者，我国有些高校的英语教学走的是传统的文学道路，辅之以听说读写技能的培养。而实际情况是，许多英美文学教师关注的是英美文学中的故事情节和优雅描述，不善于通过语言学理论来更好地提高学生的语言技能水平，过多地依赖对英语规则的死记硬背或不作解释。在此背景下，钱军在讲课或整理讲稿时尽可能摘引英美文学名著中的语言，可以理解。当然，钱军也应当考虑，综合大学的英语专业学生毕业后更多的是在政治、外交、军事、教育、科技、经济、贸易、旅游等部门工作。选用一些非文学作品的例句有其实效性。

最后，钱军也以自己的行动回答了我国高校存在的一个重大问题：教学是否要与科研相结合，教师是否只要搞好教学即可？钱军以自己的行动回答了这个问题。他的专著便是基于他的讲稿，在不同场合与同事和学生交流、讨论和修正后完成的。显然，只有这样，才能提高我国高等院校的教学质量，才能提高外语教师的教学水平，才能培养全面发展的本科生、研究生，才能为构建"人类命运共同体"、推进"一带一路"建设输送人才，让中国走在时代的前列。

愿与钱军共勉！

# 孙毅：《汉英认知辞格当代隐喻学一体化研究》序[1]

广东外语外贸大学孙毅教授近年来专攻认知隐喻学，著述颇丰，其代表作是2013 年在北京大学出版社出版的《认知隐喻学多维跨度研究》。如今，他又让我为新著《汉英认知辞格当代隐喻学一体化研究》作序，我又惊又喜，一则此任务能让我更好地了解他的学术科研活动，二则它使我得以紧跟这门新学科近几年的迅猛发展，毕竟 15 年前我也在北大出版社出版过《认知隐喻学》一书，对这个课题略有所知，却又有掉队之感。

孙毅教授在本书书名中没有采用大家熟悉的"认知隐喻学"的提法，而是采用了"当代隐喻学"的新名称，用心良苦。我理解孙毅教授并无否定认知隐喻学之意，他主要考虑到本书所研究的内容已经不仅仅是认知科学与隐喻学的结合，而是当代隐喻研究已离不开哲学、文化学、语言学等学科的研究发展。由此可见，当代隐喻学的内涵更为深远广阔，它包括了孙毅教授第一部著作书名中提到的"多维跨度"。

同样，就认知科学而言，孙毅教授心目中的当代的认知科学也是一个不断演变的、发展的、进步的学科。这便是孙毅教授区别了第一代认知科学和第二代认知科学，前者源自英美的分析哲学和形式主义，后者依循 20 世纪 70 年代兴起的体验哲学，关注个体组成的社团共同形成的或潜在的经历。第二代认知科学的 3 个原则为心智的体验性、知识的无意识性，和思维的隐喻性。我还发现，孙毅教授在讨论认知科学时，也注意到结合以已故韩礼德教授为代表的系统功能语言学的理论观点。

---

1 孙毅. 汉英认知辞格当代隐喻学一体化研究［M］. 北京：科学出版社，2021.

当代隐喻学的一个理论依据是接受文化意识维度。就隐喻与思维的关系而言，必然涉及"语言与文化"和"隐喻与文化"两个方面。不论是语言还是隐喻，都是一定文化的产物，如地理疆域与生存环境、社会历史与文学传统、国民心态与大众性格、宗教信仰与神话传说、民俗风情与生活习惯、思维方式与哲学观念，等等。所有关于隐喻学的课题，在不同文化下，既有差异性的一面，也有共性的一面。

本书书名中出现"汉英认知辞格"的表述。这提示了本书的主要内容。本书共15 章，除了在前 3 章对当代修辞学的有关理论进行介绍和讨论以及最后一章的总结外，其余 11 章均为对各种辞格的讨论，这最能说明本书的中心内容。这就是说，孙毅教授通过汉语和英语的有关辞格对他所倡导的当代隐喻学的方方面面进行分析和验证。这是因为任何修辞学理论最后都能体现于辞格，或修辞格，或修辞方法，从而核实其可行性、正确性、科学性。

上面谈到，孙毅教授既从汉语，也从英语，收集和分析两种语料中的辞格，此举显然更能说明当代隐喻学有关理论的包容性和正确性。但我认为，孙毅教授另有一个深层次的考虑。我们知道，不同语言反映了不同文化，因此，不论是语言，还是隐喻，必然反映不同文化的差异性和共同性。两者的结合说明了本书书名中的"一体化"的概念。孙毅教授的这个思想在本书中以多种形式出现，如传统修辞学和当代隐喻学、第一代认知科学和第二代认知科学、体验哲学和经验现实主义、体验和思维，等等，都涉及差异性和共性。对此，孙毅教授归纳为"一体化""多元化"的概念，这实际上体现了辩证唯物主义的"对立统一"的概念。鉴于以上的认识，望读者在阅读本书时，能抓住上述要点，更好理解本书及其作者。也祝愿孙毅教授再接再厉，为我们提供更多佳作。

胡壮麟
北京大学蓝旗营寓所
2019 年国庆七十周年

# 丁建新：《韩礼德研究》序 [1]

2018 年 4 月 15 日，我们尊敬的导师、定居澳大利亚悉尼的英籍语言学家韩礼德（M. A. K. Halliday）先生告别人世，享年 95 岁。他奋斗的一生，他的治学精神，永远鼓舞着我们继续前进，深入进行语言学理论研究和教学实践。中山大学丁建新教授由商务印书馆出版的新著《韩礼德研究》便是一位先行者的优秀成果。

《韩礼德研究》的书名短短五个字，意义深远，因为它回答了中国学者，特别是中山大学广大师生的共同问题：韩礼德是谁？为何要研究韩礼德？韩礼德与中山大学有何关系？

第二次世界大战结束后，韩礼德在 1947—1950 年期间曾两次在北京大学中文系进修本科和研究生课程。1949 年初，经导师罗常培推荐，被广州岭南大学接纳为现代汉语研究生，导师为王力先生。1950 年，韩礼德返回英国。1952 年，我国开始全国高校院系调整，岭南大学与中山大学合校，所有档案归属中山大学，校址也成为新扩建的中山大学校址。在这个意义上，中山大学成了韩礼德的母校。但我觉得更为重要的是大家必须认定这样一个史实：就在中山大学的图书馆，我们可以查阅到 1949 年 12 月第 10 卷第 1 期的《岭南学报》，该期载有王力先生为第一作者的文章《东莞方音》，其中谈到韩礼德从事音韵分析的研究课题并给予好评。这应该是韩礼德的大名第一次出现在中国权威学者的学术论文中。

2002 年，丁建新在中山大学获得博士学位后，一直在做韩礼德语言学研究，他现在是中山大学语言研究所所长。他除担任中国英汉语比较研究会话语研究专

1　丁建新. 韩礼德研究［M］. 北京：商务印书馆，2022.

业委员会副会长外，创建了"中山大学韩礼德研究中心"，又与澳大利亚悉尼大学语言学系合作，共同成立"国际韩礼德语言学研究会"（International Association for Hallidayan Linguistics），并任会长，已召开多次会议。建新教授在世界著名的Springer出版社出版了专著 *Linguistic Prefabrication*（2018），在国内外重要学术刊物上已发表论文近50篇，并主持完成国家哲学社科、教育部及广东省科研项目10余项。

就《韩礼德研究》一书的构思而言，我认为建新教授的成功之处表现在如下方面：

第一，作者提纲挈领地把韩礼德的核心思想归结为6个，即（1）语法作为文化的思想（第1章），（2）相对论思想（第4章），（3）功能进化论思想（第2章；第3章），（4）主体间性的思想（第2章），（5）社会符号学思想（第5章）；社会生物学思想（第2章后半部）。

在其余各章中则结合语言理论和语言应用等具体问题深入讨论，重点放在词汇语法，即用系统功能语言学理论构建词汇语法（第6—10章）。建新教授在本书中另一重点有关理论的应用，如现实世界与梦幻世界的不同处理方法（第4章）、视觉语法（第11章）、反语言（第12章）。不难发现，所谓"词汇语法"是以韩礼德系统功能语言学理论具体阐述词汇学、句法学、语义学，以至语篇之间的功能和系统，更具体地说，阐明英语语法是如何构建的。有关视觉语法的讨论，把我们引入多模态语言学或多模态符号学的最新领域；有关"反语言"的内容把我们引入"批判性话语分析"的理论。

第二，作者在介绍韩礼德学术思想时基本上能做到有根有据，如韩礼德思想与 Malinowski、Bernstein、Firth 等前辈的渊源关系都能注明参考文献。我在这里要特别指出的是，建新教授不仅能引用各位学者的观点，也能指出不同学者在观点上的异同，亮明自己的观点，如有关"系统"的观点虽然来自 Firth 在"类别"中的一个次范畴，但在1996年之后的系统语法中，韩礼德对"系统"的概念有进一步发展，提出"系统"是对语言的纵聚合型式的系统网络（第8章）。又如，在讨论 Hasan 和 Martin 在"语域"概念上的分歧时，建新肯定了韩礼德明确指出"语域"是语篇与语境之间的配置关系（configuration），而 Martin 把它解释为在文化语境内定义体裁的做法。对比之下，建新赞同韩礼德的定义（第10章）。

第三，建新教授在论述观点时能列举实验数据、表格或图示进行解释，此点应该肯定。例如，在介绍韩礼德的"或然率"观点时，他提示人们 Nesbitt &

Plum 曾分析过 123 个语篇，其中话语类语篇有 86% 是并列关系，14% 是主从关系；思想类语篇有 81% 是主从类关系，19% 是并列关系。由此可以确定不同语篇类型的标记形式和非标记形式（第 8 章）。在介绍马克思主义的二分法时，建新教授重点指出：不同于欧洲流行的"非此即彼"的二分法，韩礼德引入"连续统"（continuum）的概念，即在"A<---------- 连续统 ---------->B"之间存在着程度的差别。Neshbitt & Plum 就是通过连续统的理论区分系统的标记形式和非标记形式，比重小的为标记形式，比重大的为非标记形式。

《韩礼德研究》正文共 12 章，另有两个附录。附录一的标题为"纪念韩礼德先生——一个完整的学术传记"，附录二的标题为"韩礼德先生的学术著述"。

附录一大致有如下内容：1979 年，我本人在一篇介绍澳大利亚语言学教学的文章中首次在国内提到了系统功能语言学；韩礼德自幼对中国和汉语感兴趣；韩礼德人生有三位导师：罗常培、王力和 Firth；马克思主义思想对韩礼德的影响；韩礼德学术的传承。由于作者在正文中主要讨论介绍后韩礼德时期的学术思想和理论发展的过程，也考虑到本文是两人合作完成，建新教授将这篇文章作为附录可以理解和接受。

附录二可认为是作者的创举。除了全书有"参考文献"外，建新教授收集了韩礼德所有学术著述，并按内容、写作过程和发表方式区分 11 大类：学位论文（1 部）、独著（30 部）、合著（20 部）、论文集文章（68 篇）、论文集合写文章（5 篇）、期刊文章（45 篇）、期刊合写文章（1 篇）、会议论文（35 篇）、会议合写论文（2 篇）、被转载论文（37 篇）、非英语语种论文（15 篇）。这些著述对我们掌握韩礼德科研成果信息很有帮助。

最后，请容许我表明这样一个观点：尽管作者力图在本书中全面汇报他对韩礼德的研究成果，本书不是一个终结，有些内容有待我们进一步研究和解决研究过程中的困惑和问题，如：

（1）正如建新教授所提示的，本书主要介绍后韩礼德时期的研究活动，愿建新教授再接再厉，继续研究韩礼德先生 1951 年前的活动和成果，特别是思想渊源，如在韩礼德的 3 个导师中，继续探讨罗常培、王力等学者的思想影响。当国外学者夸奖韩礼德是一位"Firthian"（弗斯主义者）时，韩礼德为何要使用被动语态？而且立即说明他受到王力先生的影响很大？韩礼德本人还向我指点好好学习高名凯的著作。

（2）在系统功能语言学派内部，韩礼德如何看待和处理悉尼学派和其他学派之争；在悉尼学派内部，如何处理 Hasan 和 Martin 之间的纷争？

（3）韩礼德为什么在 21 世纪提出或赞同"适用语言学""认知语言学""多模态语言学"等领域的思想和研究？

（4）韩礼德生前关注系统功能语言学在汉语研究中的应用和发展，而我们中国学者基本上都是外语教师，这个矛盾如何解决？

也许还有其他值得研究的课题。期待建新教授、中山大学和国内其他高校的教师和研究生共同努力，使王力、韩礼德开创的语言学研究传统得以传承，继续前进！

胡壮麟

北京大学外国语学院

2020 年 7 月

# 李翠英等：《语篇类型与读写教学》（中译本）序 [1]

.

　　在语言教学中，阅读和写作的重要性，一直受到教学界，特别是外语教学界的重视。国内如此，国外也不例外。由李翠英、张冬冰、赵文超、牟许琴、左红珊五位教师合作翻译的《语篇类型与读写教学》，向我们提供了国外学者有关阅读和写作关系的科研成果和学术观点，极有参考价值。

　　原著是澳大利亚悉尼大学语言学系的 David Rose 博士和他的导师 James Martin 教授的合著，英文书名为 *Learning to Write, Reading to Learn: Genre, Knowledge and Pedagogy in the Sydney School*（《为写作而学习，为学习而阅读：悉尼学派的语类、知识和教育理论》），2006 年由 David Brown 公司出版，2012 年纳入"Equinox 语言学教材和研究丛书"，由 Equinox 公司再版。

　　本书的主要内容是通过语言课本中语篇类型的教学实践进行理论研究，既面向语言教师，也面向语言学和教育学的理论研究者。从教学实践来说，对小学、中学、大学和职业教育均有指导价值；从理论来说，"语类"或"语篇类型"这个概念是由澳大利亚的悉尼学派在过去二三十年发展起来的一个理论，它体现了系统功能语言学语言研究和语言教学相结合的传统。悉尼学派的这个基本理论与新 Vygotsky 理论和 Bernstein 的"教育话语"（pedagogic discourse）理论有相通之处，但实验规模大、时间久，并提出有关阅读和写作的支架式（scaffolding）教学方法。支架式教学法是基于建构主义学习理论提出的一种以学习者为中心，以培养学生的问题解决能力和自主学习能力为目标的教学法。该教学法已在整个澳大利亚和国

---

1　Rose, D. & J. R. Martin. 语篇类型与读写教学［M］. 李翠英等译. 北京：外语教学与研究出版社，2022.

际上其他多个地方使用。

原著出版后在国际学术刊物上受到好评，现摘录如下：

——读者不仅学习到一种教学法，而且会感受到这与他们当时从事教育事业的信念非常吻合。[*JALT Journal* 36（2），2014]

——总的来说，这是最精彩最激动人心的一本书。它体现了两位作者在语类教学法方面的学术兴趣和广泛知识，是研究方法上共时和历时、定性和定量相结合的成果。[*Asia Pacific Journal of Education* 34（3），2014]

——就调查语言和教育之间关系的研究者来说，本书为他们提供了很有用途的框架；就教育者来说，本书对他们是有用的工具。它为学生提供有关知识本质的见识，是提高他们学习效率的捷径。它为社会工作者深入揭示社会不公正的根源，也为他们提供促进社会公正和民主的工具包。[*Applied Linguistics* 35（1），2014]

——就以 Halliday、Hasan 和 Bernstein 早期研究为基础的世界范围内教育重新语境化过程而言，本书是对系统功能语言学教育理论进一步对话和发展的有用平台；也是此后 50 年与包括 Bruner、Vygotsky、Bakhtin 等许多学者在内的发展进行相互对话的平台。[*Functions of Language* 20（2），2013]

——本书是研究教育语言学的重大贡献。本书体现了两位作者研究教育语言学30 年的发展成果。这种开创性研究与当代多民族性课堂明显地直接相关，Rose 和 Martin 做了如此先进的研究，应当受到表扬。[*Linguist List* 23（4751），2012]

原著第一作者 David Rose 博士在悉尼大学语言学系获得博士学位，导师即为 Martin 教授。Rose 博士现为悉尼大学"阅读学习"研究中心研究员兼主任。中心的任务是在大洋洲、非洲、亚洲、美洲和西欧各地培训中学和大学教师。研究范围包括：课堂话语研究和设计、早期识字教育的有效方法、课程大纲中列入读写技能的技巧、对教育学教师和语言教师的职业培训、语言类型学、语言进化和社会语义学等。作为研究员的 Rose 博士现负责一个国家项目，重点研究澳大利亚原住民的语言和教育。本书是该项目的研究成果之一。

我对原著第二作者 James Martin 教授较为熟悉，我和他亦师亦友，相识长达 40 多年。他原籍加拿大，20 世纪 70 年代中在英国读博，导师为 M. A. K. Halliday 教授。1976 年随同 Halliday 教授前往澳大利亚悉尼大学筹建语言学系。1979 年 1 月我经教育部派往澳大利亚悉尼大学语言学系进修，在语言学系旁听过 Martin 博士开设的"语篇语言学"；他去英国参加学术会议和讲学时，我曾为他代课两周。2014 年

4 月上海交通大学成立"马丁适用语言学研究中心",王振华教授是中心执行主任,Martin 是名誉主任,我是顾问。Martin 教授的学术专长有系统理论、功能语法、话语语义学、语域、语类、多模态化、批评性话语分析等,重点放在教育语言学和社会语义学等跨学科领域。

关于五位译者,我估计本译著的策划者、组织者李翠英教授会逐个深入介绍。我这里简单介绍一下她本人。李翠英教授在苏州大学获得博士学位后,2012—2015 年曾在北京师范大学外文学院从事博士后研究,导师为程晓堂教授。2016 年受国家留学基金委资助,去澳大利亚悉尼大学语言学系访学,指导教师即为 Martin 教授。她的研究领域为功能语言学、语言教育与教师发展,在《外语界》《外语教学》、*English Teaching: Practice and Critique* 等国内外重要期刊上已发表论文 20 多篇,并出版专著《语言适应论视角下的搭配动态研究》(苏州大学出版社,2011)。

我对译者感兴趣的另一点是李翠英在北师大从事博士后研究的指导教师程晓堂教授是我在北师大指导的博士生,后任北师大外文学院院长,现为外文学院学术委员会主任;另两位译者张冬冰和牟许琴的研究生导师彭宣维教授是我在北京大学指导的博士生,现任深圳大学教授、中国英汉语比较研究会功能语言学专业委员会会长;赵文超的博士生导师是厦门大学的杨信彰教授,与我多年合作,在国内推动系统功能语言学研究;左红珊的博士生导师是广东外语外贸大学的王初明教授,我在香港中文大学访学时经常去他办公室讨论问题。如今目睹年轻一代的成长,我难以掩饰内心的喜悦之情。祝各位译者今后取得更大成就;祝各位导师培养出更多优秀教师。

最后感谢王振华教授和程晓堂教授为本序提供素及宝贵意见。

胡壮麟
北京大学外国语学院

# 北京大学出版社："西方语言学前沿丛书"总序 [1]

马年甫始，喜讯频传。北京大学出版社自 2012 年起着手准备影印出版"西方语言学前沿丛书"（以下简称"丛书"），经过国内专家多方推荐和认真论证，并与国外出版社谈判版权，已取得很大进展，最近将陆续出版。就我所知悉的内容，这套丛书的选题涉及句法学、心理语言学、社会语言学、语用学、认知语言学、隐喻学、话语分析、文体学、多模态语言学等。"丛书"的出版无疑具有巨大的现实意义和深远意义。

就现实意义而言，我国外语教育界近年来不时受到种种骚扰，最典型的、危害最大的论调是有人不把高校的外语教育看作一个专业，以致我国高校的外语专业学生除了学习听说读写四个技能外，被要求到外系学习专业课；也有人不能正确认识我国改革开放后在外语教育方面所取得的成就，不图进取，走解放前老路的片面观点。在此关键时刻，"丛书"的出版，将有助于外语教育界的决策者和高校老师树立正确的全面的认识。

就深远意义而言，北京大学出版社继 2011 年出版"语言学论丛"系列论著后，再接再厉，如今又出版"西方语言学前沿丛书"，其用意无非是让国内高校和研究机构了解国际上在语言学研究方面的动向和进展。我认为此举还具有深层次的意义。第一，就我国治学情况说，这将有利于扭转我国学术研究中不重视理论研究的陋习，如改革开放前我国外语界主要为编纂词典和教材；第二，这将帮助我们了解国外不同学派的出现和争鸣以推动学术创新；第三，这也将帮助我们了解国外学者

---

1　该套丛书已出版 7 部著作。

如何注意把握理论与实践的关系，将理论应用于实践，在实践中发现问题和对理论不断修正。应该说，我们对实践还是一贯重视的，但如何以先进理论指导实践有待提高。

这里，我还想就"西方语言学前沿丛书"的"前沿"二字谈一些看法。"前沿"的一层意思指"处于领先地位的"。我们平时常说要让我国外语教学和科研达到国际水平，就是要达到国际上的前沿水平。在这一点上，我们已取得很大进步。读者会发现本次出版的 *Working with Discourse, Language And Style* 论文集中，就收录了北京大学学者申丹教授的论文，这表明我国已有学者达到"前沿"水平，与国外学者平起平坐了。我相信这一趋势将日益明显。"前沿"的另一层意思是"前部的边儿"，它隐含的意义是一个学科或一门专业必然与其他学科或专业有这样那样的相邻关系，从其他学科和专业获得营养，拓宽视野。这是反映学术发展的交叉学科得以出现的前提。因此，本语言学丛书既有传统意义的句法学、词汇学、语音学等选题，也有心理语言学、认知语言学、文体学、隐喻学等选题，特别是与现代信息技术密切结合的多模态语言学。这便为我国学者指引了努力方向。

本套丛书采取英文原版影印，同时配有中文导读，并对目录主题等主要段落进行中文翻译的方式，以促进高校教师与学生更充分地汲取国内外语言学研究的最新理论和成果。这体现了"丛书"策划者和编者能为读者着想、为读者服务的敬业精神。最后，我对各书导读作者的学术水平和辛勤劳动非常钦佩，导读作者们不仅帮助我们正确理解和掌握各书的内容和要点，而且能够勇于对一些问题或观点发表评论，引导读者批判学习，殊非易事。可见，"前沿"的丛书需要"前沿"的导读执笔者、"前沿"的编者。谨向各位致敬！

胡壮麟
北京大学外国语学院
2014 年 3 月

# 广西教育出版社："中国外语教育研究丛书"总序 [1]

由广西教育出版社策划、刘道义研究员主编的"中国外语教育研究丛书"是外语出版界和外语教学界紧密合作的一个重大项目，具有众多特色。广西教育出版社归纳了五点，即基于中国特色的比较研究，原创性、研究性和可操作性，理论与实践相结合，学科和语种融合，可读性较强。道义研究员也谈到五点，即理论性、实践性、创新性、研究性、可读性。我非常赞同来自出版社和编者两个方面的归纳和总结，尽可能不再重复。这里，只是从时代性汇报一下自己的感受，那就是本丛书上述的各个特色具有新世纪所散发的时代气息。众所周知，我国的外语教育在 20 世纪 50 年代以俄语和听说读写四项技能的教学为主。改革开放后强调的是英语交际教学法。进入 21 世纪后，我们都会同意，我国外语教育的指导思想着眼于如何更好地为"一带一路"倡议和"教书育人"的素质教育服务。应该说，外语教材和有关外语教学理念的专著在我国不同时期均有出版，但本丛书最能适应和满足新世纪的要求。第一，如果说过去出版社关心的是如何让外语教材在市场上占有一定份额，那么，本丛书更关心的是如何指导外语教师做好本职工作，完成国家和领导所交付的任务，让学生感受到更好的学习效果，让家长和社会提高对外语教学重要性的认识。当然，这套丛书也帮助外语教师实现从"教书匠"转变为真正的外语教学工作者，既是教师，又是研究者。第二，本丛书的内容不仅适用于英、俄、日、法、德等传统外语语种，也适用于其他非通用语种。第三，就丛书的选题而言，除了传统的技能教学和教育学外，有社会学、心理学、哲学、美学、神经学等内容，

---

1 罗少茜等. 英语词汇教学［M］. 刘道义. 中国外语教育研究丛书［C］.南宁：广西教育出版社，2016.

第六部分  欢呼学术繁荣                              492

这体现了当代多种学科相互融合的先进思想。随着信息技术的发展，多模态的课堂教学和网络教学已成为本丛书关注的选题内容。

我和"中国外语教育研究丛书"的主编刘道义研究员相识多年，但她从来不张扬自己，因此有必要以老大哥的身份介绍一下。第一，道义自 1960 年从北京外国语学院毕业后，便从事大、中、小学英语教学 17 年，对不同层次的外语教学具有亲身经验。第二，从 1977 年 8 月起，道义参加了历次的全国中小学英语教学大纲编制工作。编写和修订了 12 套中小学英语教材，并承担其中九套教材的主编工作；编著教师理论丛书四套、中学生英语读物两套、英语教学辅助丛书三套；发表有关英语教学改革的文章过百篇。因此除参与教学实践外，她具有长期从事外语教学理论研究的经验。最近在大中学校内时有争论，那就是教师只要教书即可，不必费神搞研究。我想道义以自己的行动回答了这个问题。第三，道义曾任教育部中小学教材审查委员会英语组组长、中国教育学会外语教学专业委员会理事长、课程教材研究所副所长、人民教育出版社副总编。这表明道义具有很高的领导和组织能力。虽然我们不一定达到她的高水平，但起码要具有管理课堂教学的能力。第四，道义曾任中共十四大代表，我认为这不单说明了道义本人的政治品质，更重要的是她回答了社会上的一种偏见：党员只会当领导，谈政治谈大道理，不会搞业务。道义坚持走又红又专的道路是我们的学习榜样。学校中的党员既要把握正确的政治方向，又要在教学科研中起表率作用。所有这些归纳成一句话，道义是本丛书主编的合适人选。

除道义外，本丛书汇聚了我国从事外语教育研究的专家和名师。以道义所在的人民教育出版社为例，就有吴欣、李静纯、唐磊三位研究员参与编写工作。我退休后曾经在北京师范大学兼课十年，见到丛书各分册的作者名单上有王蔷、程晓堂、罗少茜、曾玲、张玉美、赵海永等大名，顿时兴奋起来。这些当年的同事和年轻学者承担了 16 项编写任务的 5 项，实力雄厚，敢挑重担，我为之而感到骄傲。同为著名师范院校从事外语教育的领导和专家有华东师范大学邹为诚、华南师范大学何安平、东北师范大学高凤兰、浙江师范大学付安权、福建师范大学黄远振、天津师范大学陈自鹏。综合大学则有清华大学崔刚、范文芳和中国人民大学庞建荣。在这个意义上，本丛书是对我国外语教育研究力量的一次大检阅。难怪本丛书的一个特色是中外外语教育思想和理论的比较研究，而且重点是中国外语教育的实践和经验。上述作者中有不少是我的老相识，虽然有的多年未见，如今能见到他们仍活跃在第一线为祖国的外语教育事业奋斗，难免心怀敬意。祝他们身体健康，在事业上更上一层楼。上述作者中有两位（范文芳教授和程晓堂教授）是我在北京大学和北京师范大学分别指导过的博士生。目睹当年勤奋学习的年轻学子，迈步成为各自学校的教学科研骨干，内心里一方面感到欣慰，一方面感到自己落在后面了。

本丛书策划者广西教育出版社成立于 1986 年 12 月。就出版界论资排辈来说，时间不算太早，但本丛书的成功出版在于该社英明的办社方针。据了解，该社出版的图书主要分为四大产品板块：教师用书和学术精品板块、学生课外阅读板块、外语学习版块、教材和素质教育助学读物板块。显然，本丛书归属第一板块，是出版社最为看重的。本丛书的质量保证和顺利出版还得益于两个方面的经验。首先，早在 20 世纪 90 年代，该社已出版了一套外语学科教育理论丛书（王才仁、胡春洞主编），该丛书总结了改革开放后十多年外语学科教育学研究的成果，展示了其发展的前景，又对年轻一代学者的成长提供了帮助，在外语教学界产生了很好的影响，为本丛书的组织和编写提供了宝贵的经验。其次，21 世纪以来，广西教育出版社相继出版了数学、化学、物理、语文等学科理论研究丛书，积累了较多经验，如今策划、组织和出版"中国外语教育研究丛书"更是驾轻就熟。

天时、地利、人和。在此背景下诞生的"中国外语教育研究丛书"必然会受到国内外外语教学界和出版界的欢迎和重视。我很荣幸，成了第一批点赞人。

胡壮麟

北京大学外国语学院

2016 年 12 月 1 日

# 商务印书馆：《应用语言学年度评论》总序[1]

自 2013 年 8 月起，商务印书馆与剑桥大学出版社开始商洽出版 *Annual Review of Applied Linguistics*（《应用语言学年度评论》）事宜，至 2014 年春末签约。此后，商务印书馆英语编辑室领导栾奇和马浩岚并责任编辑杨子辉博士先后来访，约我办三件事，一是代为组织国内学者为各卷写导读，二是承担导读的审稿任务，三是为商务版《应用语言学年度评论》写一个总序。作为对我的照顾，同意我邀请复旦大学朱永生教授和北京师范大学田贵森教授参加导读审定工作。就总序而言，多次思考之后，我想谈以下四个方面。

## 1. 刊物方针

《应用语言学年度评论》（以下简称《年度评论》）是美国应用语言学学会（American Association for Applied Linguistics，简称 AAAL）主办的一部书刊结合的出版物，自 1980 年起每年一卷，至 2016 年 4 月已出版 36 卷。该刊最初由 Newbury House 出版社出版，自第 5 卷起改为剑桥大学出版社出版，延续至今。美国南加州大学美国语言研究所主任 Robert B. Kaplan 教授筹划第 1 卷《年度评论》时，邀请犹他州布里格姆 - 扬大学日耳曼语系 Randall L. Jones 教授和华盛顿大学应用语言学中心主任 G. Richard Tucker 教授三人合作主编。在他们领导下的编委会对办刊宗旨

---

1　该丛书至 2020 年底共出版 21 种。

确定了这样一个基本认识：尽管 1941 年美国密执安大学率先成立了将语言学理论应用于语言教育的英语学院，1956 年英国爱丁堡大学成立了应用语言学系，1959年美国华盛顿大学建立了应用语言学中心，1966 年 *TESOL Quarterly* 出版，1977 年美国应用语言学学会成立，《年度评论》编委会无意选定其中之一作为应用语言学界共同遵循的蓝图，而是决定走自己的路。在此基础上，编委会确定的方针有如下特点：(1)《年度评论》不是杂志，因为它一年只出一本；它又被看作一本杂志，因为它由出版社的杂志部负责编辑、发行事务[2]。(2) 该出版物不对应用语言学做面面俱到的报道，而是对应用语言学学科的现状进行专题评论、综述和文献式的归纳。(3) 应用语言学具有高度的跨学科性，因此该刊重点结合双语教育、语言教育学、心理语言学和社会语言学四个方面进行选题。考虑到这四个学科枝叶蔓生，年刊会对一个学科的某一领域做全面的综述和评论。(4) 即使上述四个学科也不是应用语言学仅有研究领域，因为该刊遵循美国应用语言学学会所倡导的功能导向，着眼于具体应用更甚于理论。(5) 所有的文章由编委会组织某一领域的专家撰写，不转载已在其他刊物上发表的文章，也不采用在某个学术会议上已经宣读的论文，更不对某一部具体的学术著作进行评论。因此，《年度评论》的主要任务是收集和突出很少被学术界报道或研究的领域，不重复已有工作，更不企图贬低某一个方面，或对本学科内某项研究的价值进行排队。这样，《年度评论》对二语习得和语言干扰等内容谈得不多，因为这方面的研究成果已经发表很多。反之，微语言学、符号语言学、计算机辅助教学等受到重视。(6)《年度评论》本身应当正确面对来自不同领域实践者的认同或挑战[3]。鉴于上述情况，《年度评论》每卷都有一个主题，如"语言和语言教育政策"（卷 2）、"书面话语"（卷 3）、"读写教育"（卷 4）等。这些选题均具有学术性、实用性、时代性和独特性。与此同时，该刊每隔四五年会有一卷就应用语言学的整体研究从不同方面进行总结式的调研和讨论，内容涉及语言学习和教学、话语分析、教学创新、二语习得、计算机辅助教学、职场语境下的语言用途、社会语言学、语言政策和语言评估（如卷 1、5、10、15、19 等）；每年向读者提供 500 多个新的文献，以帮助本学科教学科研人员深入掌握情况，点面结

---

2 《应用语言学年度评论》问世后，受到国际学术界的高度重视，被权威的社会科学期刊索引（SSCI）、艺术和人文科学期刊索引（AHCI）和社会科学期刊索引（SCI）所收录，至 2020 年共出版 21 部。

3 Rota, A. Annual Review Of Applied Linguistics (ARAL). Robert B. Kaplan (Gen. Ed.); Randall L. Jones & G. Richard Tucker (Co-Eds.).*TESOL Quarterly*, 1982, 16: 398-404.Kaplan, Robert B. Introduction［J］. *Annual Review of Applied Linguistics*, 1980 (1): vii-xi.

合。《年度评论》原计划的第 1 期在 1980 年出版，由于组稿和印刷的原因，实际上在 1981 年问世。这一脱节现象直到 1994 年第 14 卷才得到扭转，即每卷标明的年度与出版年度取得一致（Kaplan & Grabe，2000）。

## 2. 主编更迭

三十多年来，《年度评论》的总主编已更换多次。美国南加利福尼亚大学美国语言研究所主任 Robert B. Kaplan 教授从创刊起任总主编，连续 10 年。Kaplan 曾任美国应用语言学会会长、英语作为第二语言教学会会长、《牛津应用语言学手册》总主编、《国际语言学百科全书》编委等（Bruthiaux et al.，2005）。在 Kaplan 主编的《牛津应用语言学手册》中，他认为应用语言学家至少应该具备以下领域的一些知识：人类学、社会学、经济学、政治学、教育学、老年人学、历史学、国际关系、语言学习和教学、词典编纂学、政策研究、心理学和神经科学、公共管理、教师培训和文本生成等。此外，每一位应用语言学家都应精于计算机使用，能够对数据进行统计分析（Kaplan，1999；刘海涛，2007）。

自第 11 卷起，William Grabe 任主编。Grabe 是美国北亚利桑那州大学负责科研的副校长，曾先后在该校英语系和应用语言学系任教。Grabe（2000）认为应用语言学的核心是"试图解决人们在日常生活中遇到的与语言相关的问题"，是一种"研究现实世界语言问题的、实践驱动的学科"。鉴于这个原因，应用语言学必然是一个交叉学科，涉及许多其他领域。这可见之于他对每卷的选题，如读写教育（卷12）、二语教学（卷 13）、语言政策和规划（卷 14）、技术和语言（卷 16）、多语现象（卷 17）、二语教育基础（卷 18）、应用语言学的学科性（卷 19、20）。Grabe 任总主编至 2000 年卸任。在他最后一次负责的第 20 卷，他和 Robert Kaplan 合写了一篇回顾应用语言学和《年度评论》发展历程的总结性文章。

自 2001 年起任总主编的是北亚利桑那大学英语系的 Mary McGroarty 教授。她主要研究双语现象、语言政策、语言教育和课堂研究、社会语言学、二语教学的文化影响等。由于第一次出任主编，McGroarty 邀请了美国著名外语教学法专家 Wilga M. Rivers 为第 21 卷《语言和心理学》写序，题为"延着记忆巷道的漫长旅程"。此后，McGroarty 在她任期内主编了有关话语和对话（卷 22）、语言接触和变化（卷23）、语言教育学的进展（卷24）和通用语（卷26）。《年度评论》第27和28卷的主题分别为"语言与技术"和"神经语言学和语言处理的认知因素"，但未见到这两卷该由总主编执笔的引言，在目录中也未出现，原因不详。作为总主编的McGroarty在第29卷《语言政策和语言评估》中再次出现，不过她邀请了著名学者Bernard Spolsky为客座主编。Spolsky教授长期在以色列的Bar-llan大学任教，曾任该校人文学院院长，并创建语言政策研究中心。在编辑业务方面，他曾任国际刊物 Language Policy（《语言政策》）的总主编，Asia TEFL（《亚洲英语作为外语教学》）杂志的出版部主任和总编辑。Spolsky的专著都与语言政策和语言教育有关，如《教育语言学导论》（1978）、《二语学习的条件》（1991）、《社会语言学》（1998）、《以色列诸语言：政策，意识和实践》（1999）、《语言政策》（2004）、《语言管理》（2009）等。由此看来，Spolsky无力全心投入《年度评论》的编辑工作，这次只是扮演一次客串角色而已。

第30—34卷的总主编由美国密执安州立大学的Charlene Polio教授担任。Polio的主要研究领域为二语写作、二语习得、外语课堂话语、新技术和有经验教师之间的行为差异。他在编辑工作上有较多经验，除接受《年刊评论》的总主编任务外，也是 Modern Language Journal（《现代语言杂志》）的编辑，此前曾为 Journal of Second Language Writing（《二语写作杂志》）和 TESOL Quarterly 杂志编委会委员[4]。Polio为《年度评论》各卷选择的主题为"应用语言学选题调研"（卷30）、"二语教育选题"（卷31）、"公式化语言选题"（卷32）和"多语制选题"（卷33）。这体现了她作为总主编延续了该刊创办时的主导思想，即每卷的稿子都是就某一领域的特定问题而精选的。

最新出版的第35和36卷的主编为美国Georgetown大学和英国Lancaster大学的双聘教授Alison Mackey。她主攻第二语言学习得，特别是语言输入、互动、纠错反馈和基于任务的语言教学，对第二语言学研究方法也感兴趣。Mackey上任后代表美国应用语言学会，与剑桥出版社协商后，对《年度评论》的编辑方针提出了一些新的建议，主要是今后每卷的主题与美国应用语言学会年会的主题保持一致，并在会议前出版，以便在会议上讨论该主题。尽管如此，《年度评论》仍可保留一定篇幅，登载应用语言学其他领域的重大成果和讨论。因此，第35卷除以"身份

---

4　Polio, Charlene. http://www.wsu.edu/~oikui/. Accessed 05-01-2015.

认同"为主题外，仍能登载其他涉及观点、实证、新语料、方法学的研究成果、metaanalysis、metasynthesis 等。第 36 卷的主题是从不同视角对"任务教学法"进行评论。

## 3. 国人参与

我国内地（大陆）、港台地区和国际华人圈对《应用语言学年度评论》颇为重视。台湾学者郑锦全（Chan-Chuan Cheng）在第 7 卷上发表《语言和计算机》一文。他当时任台湾师范大学华语文教学研究所讲座教授，"中央研究院"语言所研究员和人文社会科学研究中心通信研究员[5]。另一位是台湾"清华大学"培养的许静芬（Ching-fen Hsu）博士，现在台湾华梵大学人文学院师资培养研究中心工作，专攻威廉姆斯综合征（Williams Syndrome）发育障碍的语言习得研究，是第 28 卷《威廉姆斯综合征：基因型和认知表型描述》一文的第一作者[6]。香港教育学院语言教学研究中心主任李楚成（David C.S. Li）教授在第 26 卷上发表《作为大中华通用语的汉语》一文[7]。在《年度评论》第 30 卷独立发表有关传承语学习的社会文化维度一文的何纬芸（Agnes Weiyun He）教授，早期毕业于北京外国语大学，现为 Stony Brook 大学应用语言学和亚洲研究专业的教授，筹建了该校多语和跨文化交际中心。何纬芸主要研究语言语境和语篇的结合，分析人们如何通过日常互动逐步构建和重构概念、社团和文化。近十年来，她专门研究不同时期和不同背景下汉语作为传承语的社会化[8]。在《年度评论》第 27 卷与 John Flowerdew 联名发表《多语制和二语写作在电子时代的关系》一文的李咏燕博士（Yongyan Li）任教于香港大学教育学院英语教育系，其研究范围包括专业写作、多语学者的研究和发表实践、言而有据的写作、科学文章的整篇抄袭现象、在职教育等[9]。第 36 卷的《语言教学中以

5　Cheng, Chan-chuan（郑锦全）. http//doc88.com/P-795557797523.html. Accessed 09-12-2014.
6　Hsu, Ching-fen（许静芬）. http://www.docin.com/p-2898691.html&key. Accessed 05-01-2015.
7　Li, David, C.S.（李楚成）. http://dfl.shufe.edu.cn/structure/xueshu-com-142410-1.htm. Accessed 09-12-2014.
8　He, Agnes Weiyun（何纬芸）. http://www.stonybrook.edu/commcms/asian/PROGRAMS.html. Accessed 09-12-2014.
9　Li, Yongyan（李咏燕）. http://www_researchgate.net/profile/Yongyan_Li/publications. Accessed 09-12-2014.

任务为基础和以任务为支撑的比较》一文的第一作者李少峰原在河北师范大学任教，现为新西兰奥克兰大学高级讲师。他在美国密歇根州立大学获得博士学位，师从 Susan Gass。令人瞩目的是，上述学者与内地（大陆）高校和研究单位保持良好的学术联系。郑锦全教授曾担任四川大学文学与新闻学院兼职教授、厦门大学嘉庚学院中文系兼职教授、北京大学汉语言语学研究中心兼职研究员；李楚成教授曾在上海财经大学举行关于中国外语学习者和使用者常见错误的纠正讲座；何纬芸教授与上海交通大学苗瑞琴副教授合作撰写了《继承语之习得及其社会化》一文（何纬芸、苗瑞琴，2007）；李少峰博士 2015 年在上海外国语大学讲学。内地（大陆）学者对《年度评论》也做出了应有的反应和贡献：早在 1981 年《年度评论》第 1 卷问世后，左焕琪教授便在语言学权威刊物《当代语言学》上作了报道，既介绍了主编 Kaplan 的背景，也对该卷 4 个部分作了近似导读的介绍。作者当时就以敏锐的眼光指出这是"近年来美国应用语言学领域引人瞩目的新刊物"（左焕琪，1983）。较近的有方秀才（2013）的《〈程式语面面观〉介绍》一文，对《年度评论》第 32 卷从认知视角、教学应用、社会学进展和未来展望四个部分做了深入介绍。作者特别注意到，为了从多种视角讨论程式语这一主题，总主编没有限定程式语的定义、内涵，也没有统一术语，而是让每篇文章的作者采用自己认同的术语和定义，这表明《年度评论》并没有因为总主编的变动而放弃原有的风格。

行文至此，有必要提一下以 Charlene Polio 为首的编委会所采取的一个重大决定，那就是她在任职第 31—34 卷编委会主编期间曾聘请我国广东外语外贸大学王初明教授任《年度评论》顾问委员会委员。这是对我国应用语言学研究发展和水平的肯定。2011 年我从北京外国语大学中国外语教育研究中心学术委员会主任退下后，他接替了此职。王初明教授现在的学术兼职有：国务院学位委员会外国语言文学学科评议组成员、中国高等教育学会外语教学研究分会副会长。他的主要研究方向为第二语言习得研究及其在外语教学中的应用；主要学术创见有：外语写长法、语境补缺假说、外语语音学习假设、外语学习的学伴用随原则、读后续写的理论和应用价值。

## 4. "商务"特色

除保留剑桥版《应用语言学年度评论》的原有特色外，商务版《应用语言学年度评论》有它自己的特色。

商务版《年度评论》从第 20 卷起在国内出版，而不是从第 1 卷开始。我认为商务印书馆此举着眼于让读者以更多的精力把握应用语言学在新世纪的发展，急读者之所急。我们还应该看到，《年度评论》第 20 卷实际上起到承前启后的作用。首先，在该卷中，为 20 世纪创刊时立下汗马功劳的 Robert Kaplan、William Grabe 和 G. Richard Tucker 分别对应用语言学和《年度评论》在 20 年中的发展作了系统的总结，帮助读者对前 20 年有个总体了解，又寄厚望于这门新学科在新世纪、新千年的发展，把握前进的方向。其次，商务版《年度评论》增加了满足中国读者需求的新内容，那就是每卷都有一篇 1.5 万字左右的中文导读。这便于帮助读者掌握每卷的基本内容和背景材料，特别是汉语界的教师、研究者和学生。

参与此任务的导读作者有国内外语界著名学者，也有新生代的中青年学者。这些专家学者对自己撰写的内容比较熟悉。作为此项目的组织者，我没有向他们摊派任务，而是让各位学者根据自己熟悉的领域自由选题。对各位作者的努力我在此谨表谢意。如前所述，导读初稿完成后均由上海复旦大学朱永生教授和北京师范大学田贵森教授分别先行审读。对两位教授退休后仍能不辞辛苦、鼎力相助的感激之情，难以言表。

由于《年度评论》涉及多个学科和领域，各卷原版的体例不尽相同，而各位导读作者的学术生涯也不尽相同，我们对导读编写体例上只作大致要求，不强调绝对统一。总的印象是，每位导读作者对本卷各章内容都能做提纲挈领的介绍和解释，帮助读者理解和抓住要点，这是共同的优点。导读作者各自的特色则表现在：（1）能在正文之前对本卷的总主编、客座编辑做介绍，并对总主编的引言深入分析，起到画龙点睛的作用。（2）对本卷主题进行了解释。（3）对有关主题在 20 世纪的研究状况或《年度评论》已经发表过的专辑作必要回顾。（4）对每卷论文内容进行归纳，指出其特点。（5）坦率指出某卷内容的不足之处。（6）结合国内现状进行讨论，并进行反思。（7）在讨论中，引入当代先进理论。（8）向我国学界和领导部门提出今后有待深入展开研究的问题。

在结束本序之际，再次感谢各位导读作者，以及永生教授和贵森教授的共同努力，使本项艰巨任务得以顺利完成；祝贺商务版《应用语言学年度评论》正式出版；祝愿商务印书馆今后在应用语言学和理论语言学等领域为外语教育界和学术界做出更多更大贡献！

胡壮麟

北京大学外国语学院

2016 年 5 月

## 参考文献

［1］ Bruthiaux, P., D. Atkinson, W. Eggington, W. Grabe & V. Ramanathan. *Directions in Applied Linguistics: Essays in Honor of Robert B. Kaplan* ［C］. Bristol: Multilingual Matters, 2005.

［2］ Grabe, W. Introduction ［J］. *Annual Review of Applied Linguistics*, 2000, 20: 1–2.

［3］ Kaplan, R. B. *The Oxford Handbook of Applied Linguistics* ［M］. Edinburgh: Edinburgh University Press, 1999.

［4］ Kaplan, R. B. & W. Grabe. Applied Linguistics and the *Annual Review of Applied Linguistics* ［J］. *Annual Review of Applied Linguistics*, 2000, 20: 3–17.

［5］ 方秀才. 《程式语面面观》介绍 ［J］. 当代语言学, 2013(4): 492–495.

［6］ 何纬芸, 苗瑞琴. 继承语之习得及其社会化 ［A］. 姬建国, 蒋楠. 应用语言学——西方人文社会科学前沿书评 ［C］. 北京: 中国人民大学出版社, 2007: 239–255.

［7］ 刘海涛. 从比较中看应用语言学 ［J］. 北华大学学报（社会科学版）, 2007(2): 42–51.

［8］ 左焕琪. 应用语言学年度述评（1980）［J］. 国外语言学, 1983(3): 46–49.

# 商务印书馆："语言学及应用语言学名著译丛" 总序[1]

商务印书馆出版的"汉译世界学术名著"丛书在国内外久享盛名，其中语言学著作已有 10 种。考虑到语言学名著翻译有很大提升空间，商务印书馆英语编辑室在社领导支持下，于 2017 年 2 月 14 日召开"语言学名著译丛"研讨会，引介国外语言学名著的想法当即受到与会专家和老师的热烈支持。经过一年多的积极筹备和周密组织，在各校专家和教师的大力配合下，第一批已立项选题 30 余种，且部分译稿已完成。现正式定名为"语言学及应用语言学名著译丛"，明年起将陆续出书。在此，谨向商务印书馆和各位编译专家及教师表示衷心祝贺。

从这套丛书的命名"语言学及应用语言学名著译丛"，不难看出，这是一项工程浩大的项目。这不是由出版社引进国外语言学名著、在国内进行原样翻印，而是需要译者和编辑做大量的工作。作为译丛，它要求将每本名著逐字逐句精心翻译。书中除正文外，尚有前言、鸣谢、目录、注释、图表、索引等都需要翻译。译者不仅仅承担翻译工作，而且要撰写译者前言，编写译者脚注，有条件者还要联系国外原作者为中文版写序。此外，为了确保同一专门译名全书译法一致，译者应另行准备一个译名对照表，并记下其在书中出现时的页码，等等。

本译丛对国内读者，特别是语言学专业的学生、教师和研究者，以及与语言学相融合的其他学科的师生，具有极高的学术价值。第一批遴选的 30 余部专著已包括理论与方法、语音与音系、词法与句法、语义与语用、教育与学习、认知与大脑、话语与社会七大板块。这些都是国内外语言学科当前研究的基本内容，它涉及

---

1 "语言学及应用语言学名著译丛"已立项约 40 本，已出版 15 本。

理论语言学、应用语言学、语音学、音系学、词汇学、句法学、语义学、语用学、教育语言学、认知语言学、心理语言学、社会语言学、话语语言学等。

尽管我本人所知有限，对丛书中的不少作者，我的第一反应还是如雷贯耳，如 Noam Chomsky、Philip Lieberman、Diane Larsen-Freeman、Otto Jespersen、Geoffrey Leech、John Lyons、Jack C. Richards、Norman Fairclough、Teun A. van Dijk、Paul Grice、Jan Blommaert、Joan Bybee 等著名语言学家。我深信，将他们的著作翻译成汉语，将大大推进国内语言学科的研究和教学，特别是帮助国内非英语的外语专业和汉语专业的研究者、教师和学生理解和掌握国外的先进理论和研究动向，启发和促进国内语言学研究，推动和加强中外语言学界的学术交流。

第一批名著的编译者大都是国内有关学科的专家或权威。就我所知，有的已在生成语言学、布拉格学派、语义学、语音学、语用学、社会语言学、教育语言学、语言史、语言与文化等领域取得重大成就。显然，也只有他们才能挑起这一重担，胜任如此繁重的任务。我谨向他们致以发自内心的敬意。

这些名著的原版出版者在国际上素享盛誉，如 Mouton de Gruyter、Springer、Routledge、John Benjamins 等，更有不少是著名大学的出版社，如剑桥大学出版社、哈佛大学出版社、牛津大学出版社、MIT 出版社等。商务印书馆能昂首挺胸，与这些出版社策划洽谈出版此套丛书，令人钦佩。

万事开头难。我相信商务印书馆会不忘初心，坚持把"语言学及应用语言学名著译丛"的出版事业进行下去。除上述内容外，会将选题逐步扩大至比较语言学、计算语言学、机器翻译、生态语言学、语言政策和语言战略、翻译理论，以至法律语言学、商务语言学、外交语言学，等等。我也相信，该名著译丛的内涵，将从"英译汉"扩展至"外译汉"。我更期待，译丛将进一步包括"汉译英""汉译外"，真正实现语言学的中外交流、相互观察和学习。商务印书馆将永远走在出版界的前列！

胡壮麟
北京大学蓝旗营寓所
2018 年 9 月

# 附　录

# 履　历

胡壮麟，男，汉族，1933 年 3 月 31 日生于上海。

## 教育、进修和访学

| | |
|---|---|
| 1938—1944 | 上海市私立淑英小学学生 |
| 1944—1950 | 上海市私立圣芳济中学学生 |
| 1950—1952 | 清华大学外文系英文组学生 |
| 1952—1954 | 北京大学西语系英语专业学生 |
| 1979—1981 | 澳大利亚悉尼大学研究生院，获优等文学硕士学位 |
| 1992.1—1992.10 | 美国加州大学圣巴巴拉分校语言学系访问学者 |
| 1995.9—1996.2 | 香港中文大学英语系访问学者 |
| 1998.8—1998.9 | 香港岭南大学英语系访问学者 |
| 1999.7 | 新加坡国立大学访问学者 |
| 2008.11—2008.12 | 香港大学教育学院访问学者 |

## 工作经历

| | |
|---|---|
| 1954.8—1958.3 | 中国人民解放军总参二部翻译、参谋 |
| 1958.4—1959.11 | 黑龙江省虎林市八五八农场职员 |
| 1959.11—1972.12 | 中国农业科学院情报室翻译、编译组组长、情报组组长 |
| 1973.1—1983.11 | 北京大学西方语言文学系英语教研室教员、讲师、副教授，英语教研室副主任、主任 |
| 1983.11—1996 | 北京大学英语语言文学系副教授、教授、博士生导师、副系主任、系主任（至 1993 年 5 月） |
| 1997.2—2015 | 北京大学澳大利亚研究中心主任 |
| 1997.10—2007.11 | 北京师范大学外文学院兼职教授 |
| 1999.7— | 清华大学外文系双聘教授 |
| 2005.1— | 北京大学人文社会科学资深教授 |

# 客座教授 / 学术兼职

清华大学

北京航空航天大学

北京师范大学

北京外国语大学

中国人民大学

中央民族大学

首都师范大学

中国农业大学

北京科技大学

北京语言大学

北京林业大学

南京师范大学

国防科技大学国际关系学院

苏州大学

中国矿业大学

南京理工大学

江南大学

西南师范大学

重庆大学

四川外国语大学

曲阜师范大学

中国海洋大学

聊城师范大学

山东大学

临沂大学

中国人民解放军战略支援部队信息工程大学

河南大学

厦门大学

福建师范大学

天津外国语大学

河北师范大学

华北水利电力大学

河北理工大学

华中师范大学

中南民族大学

中南大学

中山大学

海南大学

内蒙古工业大学

哈尔滨师范大学

牡丹江师范学院

江西师范大学

贵州民族大学

延安大学

上海杉达学院


教育部高等学校外语专业教学指导委员会委员，英语组副组长（1987—1997）

中国英语教学研究会副会长（1987—2001）

北京外国语大学中国外语教育研究中心学术委员会主任（2000—2011）

教育部基础教育课程教材专家咨询委员会委员（2010.4—　）

北京外国语大学中国外语测评中心顾问委员会副主任（2014.10.19—　）

中国高校外语慕课联盟顾问委员会学术顾问（2017.12.13—　）


国际系统功能语言学学会国际委员会委员（1992—2002）

中国语言与符号学研究会会长（1994—2016）

中国逻辑学会符号学专业委员会名誉会长（2016.7—　）

中国功能语言学研究会会长（1995.7—2003.8）、名誉会长（2003.8—　）

中国文体学研究会名誉会长（2004.10—　）

英汉语篇分析专业委员会名誉会长（1995—2015）

中国教育学会外语教学专业委员会 STEPSS 项目学术顾问（2005.11—　）

北京大学出版社"博雅语言学译丛"顾问委员会委员（2007.5—　）

北京大学出版社顾问委员会委员

北京大学出版社"21 世纪英语专业系列教材"编写委员会委员

北京师范大学功能语言学研究中心名誉主任（2006.4—　）

北京科技大学功能语言学研究中心顾问（2011.5—　）

北京市教育委员会英语学科教材编写委员会主编

北京市民讲外语活动组委会顾问（2002.12.5—　）

北京外国语大学"语言学研究丛书"主编（1998—　）

对外经济贸易大学继续教育学院学术委员会顾问（2002.9.4—　）

高等教育出版社外语出版事业部特约编审（2006.1.12—）

国家基础教育实验中心外语教育研究中心顾问（2006.2—　）

河北省小学、初中《学英语》教材顾问

美中教育机构（ESEC）顾问（2014.9.14—　）

清华大学"大中小学英语教学一条龙"实验项目顾问

全国出国培训备选人员外语水平考试（BFT）学术委员会顾问

上海交通大学适用语言学研究中心顾问委员会主任（2014—　）

商务印书馆荣誉顾问（2017.2—　）

世界图书出版公司"西方语言学视野"专家委员会主任

世界图书出版公司"中国当代语言学文库"学术顾问（2015.10.26—　）

天津外国语大学语言符号与应用传播研究中心学术委员会主任（2012.10.1—　）

中国电力出版社外语教育出版顾问（2006.6.6—　）

中国英语阅读教育研究院（北京师范大学、外语教学与研究出版社）顾问委员会主任（2016.10—　）

中山大学功能语言学研究所学术顾问（2005.9—2010.9）

*Asian Journal of English Language Teaching* 编委（香港中文大学）

*Linguistics in China* "语言学文选"学术顾问（世界图书出版公司）

《北京第二外国语学院学报》特约顾问

《北京林业大学学报（社会科学版)》第一届编辑委员会委员（2002.3—　）

《大学英语教学与研究》顾问

《当代外语研究》顾问（2010—2018）

《当代语言学》顾问委员会委员（2006.5—　）

《疯狂英语（教师版)》高等教育组学术委员

《功能语言学与语篇分析研究》顾问委员会主任

《教材周刊》编委（高等教育出版社）

《教育技术》编委

《教育语言学研究》（上海交通大学出版社）顾问

《教育语言学在中国读本》顾问

《外国语言文学研究》顾问委员会委员

《外文研究》顾问

《外语电化教学》编委

《外语教育研究前沿》编审委员会主任

《外语教学与研究》编委（2005.4—　）

《外语研究》特约编委（2006—　）

《外语与翻译》顾问

《外语学刊》顾问（2016.1—　）

"现代语言学丛书"编委

《语言学研究》编委会主任

《语言文化研究》（高等教育出版社）编委会主任

《语言与符号》（高等教育出版社）编委会主任

《中国外语》学术委员会主任、编辑委员会主任（2019—　）

《中国语言学》（北京大学出版社）学术委员会委员

1984 年任硕士生导师，1985 年任教授，1986 年任博士生导师。

# 培养硕士研究生31名（其中25人攻读博士学位）

| 1983 | 钟旭辉 | （外文出版社编辑室主任） |

1983　钟旭辉　（外文出版社编辑室主任）

　　　　林庆新　（香港大学博士，北京大学外国语学院教授）

　　　　张世耘　（北京大学外国语学院教授）

　　　　徐兆彤　（原中金公司执行总经理）

　　　　王鹿鹿　（荷兰籍作家）

1985　邓　真

　　　　章思英　（外语教学与研究出版社副总编辑）

1986　程学如

　　　　曾立诚

　　　　赵际生

　　　　张昭进

　　　　冯　坚　（新华社外事局纪委书记）

　　　　黄桂友　（美国佛蒙特州诺威奇大学副校长）

1987　李淑静　（北京大学博士，北京大学外国语学院党委书记，教授）

　　　　李冰梅　（首都师范大学博士，教授）

1988　张　薇　（美国哥伦比亚大学博士，北京大学外国语学院教授）

　　　　冯　莉　（北京大学外国语学院副教授）

　　　　张　涛　（美国加州西北中文学校校长）

1989　盛　红

1990　丁　波

　　　　马爱德　（Edward MacDonald）（澳大利亚悉尼大学博士，在新西兰任教）

1991　梁　波　（北京大学外国语学院副教授）

　　　　高晓燕　（北京航空航天大学外国语学院副教授）

1992　封宗信　（北京大学博士，清华大学外文系教授）

　　　　罗　郁　（深圳市枫叶学校副校长）

1993　童智敏

1994　田剪秋　（北京大学外国语学院副教授）

　　　　胡春春　（同济大学德国研究中心副主任，副教授）

1996　高艳丽　（北京大学外国语学院副教授）

2015　李驰阳　（中国移动企业客户销售部市场经营主任）

2016　魏　爽　（新加坡国立大学博士，中央财经大学助理教授）

## 培养博士生并获得学位者（26名）

### ——北京大学外国语学院（16名）

高一虹（北京大学教授，博士生导师，原外国语言学及应用语言学研究所所长）

王振亚（北京语言大学教授，博士生导师，退休）

钱　军（北京大学教授，博士生导师）

刘世生（清华大学教授，博士生导师，原外文系主任）

王　伟（解放军原总政治部处长）

范亚刚（广西师范大学教授）

田贵森（北京师范大学教授，博士生导师，退休）

范文芳（清华大学教授，博士生导师）

杨永林（清华大学教授，博士生导师，退休）

黄　豪（对外经济贸易大学副教授，退休）

李战子（国防科技大学国际关系学院教授，博士生导师）

彭宣维（深圳大学教授，博士生导师）

侯建波（西安外国语大学教授，博士生导师）

田剪秋（北京大学外国语学院副教授）

梁　波（北京大学外国语学院副教授）

李寒冰（北京信息科技大学外国语学院讲师）

### ——北京外国语大学（与胡文仲合作）（1名）

陈建平（广东外语外贸大学教授，博士生导师，原党委副书记）

## ——北京师范大学外文学院（9名）

高彦梅（北京大学研究员，长聘副教授，外国语言学及应用语言学研究所所长）

程晓堂（北京师范大学教授，博士生导师，原外文学院院长）

潘章仙（浙江师范大学教授）

叶起昌（北京交通大学教授，退休）

唐丽萍（浙江师范大学教授，博士生导师）

杨　敏（中国人民大学教授，博士生导师）

柴秀娟（聊城大学副教授）

杨雪燕（复旦大学教授，博士生导师）

孙迎晖（北京师范大学教授，博士生导师）

## 曾授课程

1．本科生

基础课（阅读、听力、写作、翻译）

英语教学法

应用语言学

文学文体学

英语语体

话语分析

语言测试

2．研究生

系统功能语法

英语教学法

历史语言学

语言学理论和流派

语义学

语言和隐喻

互动交际

功能语言学

语用学

## 研究方向

外国语言学、功能语言学、语用学、文体学、语篇分析、英语教学法、语言规划、符号学、认知与隐喻、中小学英语教学、多模态语言学、澳大利亚研究等。

## 专著/论文集

1.《语篇的衔接与连贯》，上海：上海外语教育出版社，1994年。

2.《当代语言理论与应用》，北京：北京大学出版社，1995年。

3.《功能主义纵横谈》，北京：外语教学与研究出版社，2000年。

4.《理论文体学》，北京：外语教学与研究出版社，2000年。

5.《认知隐喻学》，北京：北京大学出版社，2004年。

6.《胡壮麟英语教育自选集》，北京：外语教学与研究出版社，2008年。

7.《八十回眸——北京大学资深教授胡壮麟自选文集》，北京：高等教育出版社，2012年。

8.《语言·符号·教育——胡壮麟教授新世纪论文集》，北京：商务印书馆，2015年。

9.《跨越太平洋——胡壮麟澳大利亚研究论文集》，北京：北京大学出版社，2016年。

10.《新编语篇的衔接与连贯》，上海：华东师范大学出版社，2018年。

11.《韩礼德学术思想的中国渊源和回归》，北京：外语教学与研究出版社，2018年。

12.《认知隐喻学》（第二版），北京：北京大学出版社，2020年。

## 合著

1.《系统功能语法概论》（胡壮麟、朱永生、张德禄著），长沙：湖南教育出版社，1989 年。

2．《高等学校英语专业高年级英语教学大纲》（高等学校英语专业英语教学大纲工作小组编），北京：外语教学与研究出版社，1990 年。

3．《系统功能语言学概论》（修订版）（胡壮麟、朱永生、张德禄、李战子著），北京：北京大学出版社，2005 年。

4．《语言学理论和流派》（胡壮麟、叶起昌编著），北京：高等教育出版社，2010 年。

5．《系统功能语言学概论》（第三版）（胡壮麟、朱永生、张德禄、李战子著），北京：北京大学出版社，2017 年。

## 主编 / 总主编

1．《语言系统与功能》（主编），北京：北京大学出版社，1990 年。

2．《新意识 558 易用汉语词典》（主编），香港：香港新意识出版社，1996 年。

3．《全国职称英语等级考试辅导教材》（主编），沈阳：辽宁大学出版社，1997 年。

4．《中澳合作的广阔前景》（主编），北京：北京大学出版社，2000 年。

5．《英语同义词近义词例解词典》（主编），北京：北京大学出版社，2000 年。

6．《语言学教程》（修订版）（主编），北京：北京大学出版社，2001 年。

7．《英语》（北京市 21 世纪教材）（主编），北京：北京教育出版社，2001 年。

8．《语言学教程》（修订版中译本）（主编），北京：北京大学出版社，2002 年。

9．"认识澳洲"丛书（总主编），北京：北京大学出版社，2004 年。

10．《语言学教程》（第三版）（主编），北京：北京大学出版社，2006 年。

11．《语言学教程》（第三版中文本）（主编），北京：北京大学出版社，2007 年。

12．《语言学教程（第三版）练习册》（主编），北京：北京大学出版社，2007 年。

13．《英语综合教程》（第二册）（总主编），北京：北京大学出版社，2007 年。

14．《语言学教程》（第四版）（主编），北京：北京大学出版社，2011 年。

15．《语言学教程（第四版）练习册》（主编），北京：北京大学出版社，2011 年。

16．《语言学教程》（第四版中文本）（主编），北京：北京大学出版社，2013 年。

17．《新世纪英汉大辞典》（主编），北京：外语教学与研究出版社，2016 年。

18.《语言学教程》（第五版）（主编），北京：北京大学出版社，2017 年。

19.《语言学教程（第五版）练习册》（主编），北京：北京大学出版社，2017 年。

20.《语言学教程》（第五版中文本）（主编），北京：北京大学出版社，2019 年。

## 合编 / 审订

1.《语言学教程》（胡壮麟、刘润清、李延福主编），北京，北京大学出版社，1988 年。

2.《英语学习指南》（李赋宁、陶洁、胡壮麟主编），北京：高等教育出版社，1986 年。

3.《英语学习百科词典》（杨镇雄、胡壮麟主编），长春：吉林教育出版社，1994 年。

4.《英语多科词典》（胡壮麟、方立主编），沈阳：辽宁大学出版社，1997 年。

5. *Advances in Systemic Linguistics in China*（胡壮麟、方琰主编），北京：清华大学出版社，1997 年。

6.《英语学习指南》（修订版）（李赋宁、陶洁、胡壮麟主编），北京：世界图书出版公司，1999 年。

7.《全国职称英语等级考试词典》（COWIN 英语教育丛书编写组编，胡壮麟审订），北京：世界图书出版公司，2000 年。

8.《语言学高级教程》（胡壮麟、姜望琪主编），北京：北京大学出版社，2002 年。

9.《语言学简明教程》（中文版）（胡壮麟、李战子主编），北京：北京大学出版社，2004 年。

10.《语言学简明教程》（英文版）（胡壮麟、李战子主编），北京：北京大学出版社，2004 年。

11.《西方文体学辞典》（胡壮麟、刘世生主编），北京：清华大学出版社，2004 年。

12.“新课标英语”丛书（总主编），北京：光明日报出版社，2006 年。

13. *Proceedings of the Third Asia TEFL International Conference*（Editor），Beijing: Higher Education Press，2007.

14．《语言学简明教程》（第二版中文本）（胡壮麟、李战子主编），北京：北京大学出版社，2013 年。

15．《语言学简明教程》（第二版英文本）（胡壮麟、李战子主编），北京：北京大学出版社，2013 年。

16．《语言学高级教程》（第二版）（胡壮麟、姜望琪主编），北京：北京大学出版社，2015 年。

17．"剑桥应用语言学年度评论"丛书（胡壮麟、朱永生、田贵森编），北京：商务印书馆，2016 年。

# 论文（2012 年至今）

1．"认知文体学及其与相邻学科的异同"，《外语教学与研究》，2012 年第 2 期：163-172 页。

2．"《八十回眸》自序"，《中国外语》，2012 年第 2 期：12-16；22 页。

3．"人·语言·存在——五问海德格尔语言观"，《外语教学与研究》，2012 年第 6 期：803-814 页。收入胡壮麟：《语言·符号·教育》，北京：商务印书馆，2015 年。

4．"超学科研究与学科发展"，《中国外语》，2012 年第 6 期：16-22 页。收入刘援主编：《学论经纬——〈中国外语〉创刊十周年文集》，北京：高等教育出版社，2015 年。收入胡壮麟：《语言·符号·教育》，北京：商务印书馆，2015 年。

5．"积极话语分析和批评话语分析的互补性"，《当代外语研究》，2012 年第 7 期：3-8 页。

6．"鞠躬尽瘁，一代英才"，载胡壮麟：《八十回眸——北京大学资深教授胡壮麟自选文集》，北京：高等教育出版社，2012 年。收入王路江主编：《梳理逻辑之美：方立教授纪念文集》，北京：北京语言大学出版社，2012 年。

7．"谈《系统功能语言学研究现状和发展趋势》（代序）"，载黄国文、辛志英编著：《系功能语言学研究现状和发展趋势》，北京：外语教学与研究出版社，2012 年。转载于《中国外语教育》，2013 年第 2 期：70-74；81 页。

8．"我国认知符号学研究的发展"，《当代外语研究》，2013 年第 2 期：6-10 页；收入胡壮麟：《语言·符号·教育》，北京：商务印书馆，2015 年。

9．"系统功能语言学家的超学科研究"，《外语与外语教学》，2013 年第 3 期：1–5 页。

10．"第 40 届国际系统功能语言学大会开幕式致辞"，载黄国文主编：《功能语言学与语篇分析研究》（第 7 辑），北京：高等教育出版社，2019 年。

11．"让符号学与语言学'联姻'——《现代语言符号学》评介"，《中国社会科学报》，2014 年 1 月 20 日（A08 版）；《语言符号学通讯》，2014 年第 2 期：29–31 页。

12．"系统功能语言学的认知观"，《外语学刊》，2014 年第 3 期：44–50 页。

13．"自然与文化的对立统——谈生态符号学研究的理论核心"，《外语研究》，2014 年第 4 期：1–5 页。

14．"贺冠连先生七十五寿辰"，《当代外语研究》，2014 年第 6 期：5–7 页。

15．"词典编纂与语言学"，《当代外语研究》，2014 年第 8 期：8–14 页。

16．"The Study of Cognitive Semiotics in China", *Chinese Semiotic Studies*, 10(2), 2014: 181–194.

17．"On the Chief Modes of Multimodal Prose", *Language and Human Sciences*, 10(3), 2014: 207–219.

18．"论当代符号学研究的学科地位"，《语言学研究》（第 15 辑），北京：高等教育出版社，2014 年。

19．"对中国外语教育改革的几点认识"，《外语教学》，2015 年第 1 期：52–55 页。

20．"韩礼德的中国梦"，《中国外语》，2015 年第 6 期：15–19 页。

21．"高等教育国际化任重道远——读《高校全英语教学模式（EMI）的超学科研究》"，《外语研究》，2015 年第 6 期：53–55 页。

22．"语言学与外语教学的结合——纪念许国璋先生诞辰 100 周年"，《当代外语研究》，2015 年第 11 期：2–5 页。

23．"The Standardization of Chinese Characters—An Eco-linguistic Perspective", *Chinese Semiotic Studies*, 11(2), 2015: 123–133.

24．"韩礼德学术思想的中国渊源和回归"，《外语研究》，2016 年第 5 期：9–13 页。

25．"谈符号学研究的适用性"，《语言与符号》（第 1 辑），北京：高等教育出版社，2016年。

26．"发展与展望：中国符号学研究今昔谈——北京大学胡壮麟教授访谈录"（胡壮麟、吕红周），《语言与符号》（第1辑），北京：高等教育出版社，2016年。

27．"对'语言生活'的认识和期待"，《当代外语研究》，2017年第1期：1-4页。

28．"论英语语法的哲学意蕴"，《疯狂英语》（理论版），2017年第3期：6-8页。

29．"读者·作者·编委"，《外语教学与研究》，2017年第4期：496-497页。

30．"中小学英语教学的改革和发展"，《人民教育家论坛》（第4辑），中国教育报刊社人民教育家研究院，2017年。

31．"英语语法及其发展史"，《北京第二外国语学院学报》，2017年第5期：5-16页。

32．"美国新世纪的语言规划和语言政策"，《浙江外国语学院学报》，2018年第2期：1-8页。

33．"My Teacher M. A. K. Halliday's Personality and Academic Attitude"，载孙有中主编：《澳大利亚研究》（第2辑），北京：社会科学文献出版社，2018年。

34．"不忘初心，改革开放——高等教育改革40周年有感"，《当代外语研究》，2018年第3期：1-2页。

35．"多模态的碎片化时代"，《外语研究》，2018年第5期：1-6页。

36．"吾师韩礼德先生的为人和治学"，《浙江外国语学院学报》，2018年第5期：12-15页。

37．"Fragmentation from the Semiotic Perspective"，*Language and Semiotic Studies*，4(4)，2018：1-12.

38．"语言学与中国外语教学四十年"，《外语教学与研究》，2018年第6期：803-805页。

39．"我在新北大早年的那些事"，载蒋朗朗主编：《精神的魅力2018（一）》，北京：北京大学出版社，2018年。

40．"改革开放开启了我的语言学之道"，载庄智象总主编：《往事历历，40年回眸：知名外语学者与改革开放》，上海：上海外语教育出版社，2018年。

41．"初入燕园的印象"，载北京大学校报编辑部编：《历史的节点——120年历史分合中的北京大学（1898—2018）》，2018 年 5 月 4 日。

42．"新时代中国外语教育再出发"，《山东外语教学》，2019 年第 1 期：45-46 页。

43．"从语言视角看智能多元化及其融合"，《外国语言文学》，2019 年第 2 期：115-127 页。

44．"一位勇攀学术高峰的奇才"，《当代外语研究》，2019 年第 3 期：16-18 页。收入刘玉梅、赵永峰主编：《为人为学，为师为友——庆贺王寅教授七十华诞》，上海：上海外语教育出版社，2019 年。

45．"为人 为学 为师 为友"，《当代外语研究》，2019 年第 3 期：16-36 页。

46．"外语教育要为国家战略服务"，《语言战略研究》，2019 年第 4 期：4 页。

47．"隐喻翻译的方法与理论"，《当代修辞学》，2019 年第 4 期：1-9 页。

48．"多元文明交融下的国家语言战略"，《中国外语》，2019 年第 5 期：4-9 页。

49．"The Study of Metaphoric Competence in China", *Language and Semiotic Studies*, 5(3)，2019：134-144.

50．"坚守信念，服务国家——从外语实践到语言教育与研究"，载王定华、曾天山主编：《民族复兴的强音——新中国外语教育 70 年》，北京：外语教学与研究出版社，2019 年。转载于《外语教育研究前沿》，2019 年第 3 期：3-7 页。

51．"回首往事，倏忽七十载——新中国第一批大学生的追忆"，载邱水平主编：《我和我的祖国——北大老同志庆祝新中国成立 70 周年回忆文集》，北京：北京大学出版社，2019 年。

52．"我所经历的新中国外语教育"，《21 世纪英语教育》，2019 年 4 月 1 日。

53．"对外语学科人才培养的若干认识"，《当代外语研究》，2020 年第 1 期：5-8 页。

54．"语言学跨学科研究与外语教学"，《外语界》，2020 年第 4 期：3-4 页。

55．"亦'文'亦'语'，教研相长——点赞黄源深教授的治学之道"，《当代外语研究》，2020 年第 5 期：9-15 页。

56．"语用学与隐喻研究——西方古典隐喻中的语用学思维"，《当代修辞学》，2020 年第 6 期：6-13 页。

57．"美中澳三角关系中的澳大利亚"，载孙有中主编：《澳大利亚研究》（第 3

辑），北京：社会科学文献出版社，2020 年。

58．"教育国际化的战略举措——《中国高校教师全英语教学（EMI）能力研究》评介"，《山东外语教学》，2021 年第 1 期：132-135 页。

59．"后韩礼德时代功能语言学的发展趋势"，《当代外语研究》，2021 年第 1 期：44-53 页。

60．"系统功能语言学视野中的体认语言学"，《浙江外国语学院学报》，2021 年第 1 期：1-7 页。

61．"浅析'语音隐喻'的有关特性"，《中国外语》，2021 年第 4 期：26-31 页。

62．"新世纪语言研究的趋向——《韩礼德全集》第 11 卷评介"，《外语研究》，2021 年第 5 期：1-5 页。

63．"在党的外语教育政策下成长"，载王定华、杨丹主编：《人类命运的回响——中国共产党外语教育 100 年》，北京：外语教学与研究出版社，2021 年。

64．"中国符号学人王铭玉——《符号学论略——镂金文集》"，载王铭玉主编：《语言与符号》（第 7 辑），北京：北京航空航天大学出版社，2021 年。

65．"季羡林先生：语言学人的坚强后盾"，《21 世纪英语教育》，2021 年 10 月 1 日。

66．"物质与意义：新世纪符号学的两个维度"，《天津外国语大学学报》，2022 年第 1 期：1-8 页。

67．"外语教育视野下的教育语言学"，《浙江外国语学院学报》，2022 年第 1 期：24-28 页。

68．"中国功能语言学的先行者——庆贺陈望道《修辞学发凡》问世 90 周年"，《当代修辞学》，2022 年第 2 期：14-18 页。

69．"中国外语教育政策面面观"，《外语电化教学》，2022 年第 4 期：3-8 页。

## 序 / 前言 / 跋

1．"［英］弗雷德里克·托·伍德：《英语介词习语词典》（余士雄等译）"序，北京：知识出版社，1983 年。

2．"牛津大学出版社：《牛津进阶英汉双解词典》"序，香港：牛津大学出版社，1987 年。

3．"［美］Rosemary Courtney：《朗曼英语短语动词词典》"前言，北京：世界图书出版公司，1989 年。

4．"朱晓慧：《大学英语六级词汇指南》"序，北京：民族出版社，1990 年。

5．"王守元：《英语文体学教程》"序，济南：山东教育出版社，1990 年。

6．"［美］Tom McArthur：《朗曼当代英语分类词典》"前言，北京：世界图书出版公司，1991 年。

7．"朱晓慧：《大学英语动词专题突破》"序，武汉：华中师范大学出版社，1993 年 7 月。

8．"朱文俊：《现代英语语言与文化研究》"序，北京：北京语言学院出版社，1994 年。

9．"［美］鲍多因等：《读者的选择》"序（关于《读者的选择》），北京：世界图书出版公司，1994 年。

10．"胡百熙：《执笔忘字的救星——北京话与八（广）州话对照》"序，香港：新意识出版社，1995 年。

11．"林汝昌：《外语教学多学科研究》"序，北京：北京理工大学出版社，1995 年。

12．"卓如飞、刘扬主编：《英语构词一点通》"序，长春：吉林大学出版社，1996 年。

13．"李立、陈治安：《语言·文化·外语教学》"序，重庆：西南师范大学出版社，1997 年。

14．"简清国、林茂竹：《外研社建宏英汉多功能词典》"书评，《文汇报》，1997 年 5 月 22 日。

15．"胡文仲等：《大学英语》"书评，《光明日报》，1997 年 5 月 29 日。

16．"侯国金：《新世纪英语教学理论与实践》"序，武汉：中国地质大学出版社，1997 年。

17．"杨镇雄：《英语理解语法》"序，长春：吉林科学技术出版社，1997 年。

18．［美］M. A. 克拉克等："《英语精选读本》"序，北京：世界图书出版公司，1998 年。

19．"张德禄：《功能文体学》"序，济南：山东教育出版社，1998 年。

20．"余谓深等：《语言的功能：系统、语用和认知》"序，重庆：重庆大学出版社，1998 年。

21．"刘世生：《西方文体学论纲》"序，济南：山东教育出版社，1998 年。

22．"郭鸿：《英语文体分析》"序，北京：军事谊文出版社，1998 年。

23．"张朝宜：《文化像座冰山——语言与文化的探索》"序，北京：军事谊文出版社，1999 年。

24．"田祥斌：《英汉歧义与文学》"序，北京：中国环境科学出版社，1999 年。

25．"陈治安、刘家荣：《语言与符号学在中国的进展》"序，成都：四川科学技术出版社，1999 年。

26．"李战子：《语言的人际元功能新探——自传化话语的人际意义研究"序，北京：军事谊文出版社，2000 年。

27．"蓝鹦鹉中学英语听读文库"序，北京：北京出版社，2000 年。

28．"顾嘉祖：《新世纪外国语言文学与文化论集》"序，南京：东南大学出版社，2001 年。

29．"李应潭：《现代英语联想记忆词典》"序，北京：学苑出版社，2001 年。

30．"李运兴：《语篇分析引论》"序，北京：中国对外翻译出版公司，2001 年。

31．"赵艳芳：《认知语言学概论》"序，上海：上海外语教育出版社，2001 年。

32．"范文芳：《语法隐喻理论研究》"序，北京：外语教学与研究出版社，2001 年。

33．"高一虹：《'1+1>2'外语学习模式》"序，北京：北京大学出版社，2001 年。

34．"朱永生、严世清：《系统功能语言学多维思考》"序，上海：上海外语教育出版社，2001 年。

35．"钱军：《句法语义学——关系与视点》"序，北京：人民教育出版社，2001 年。

36．"华泉坤等：《英语典故词典》"序，北京：商务印书馆，2001 年。

37．"毕多：《GRE 考试词汇解析》"序，北京：外文出版社，2001 年。

38．"王寅：《语义理论与语言教学》"序，上海：上海外语教育出版社，2001 年。

39．"国家外国专家局培训中心：《全国出国培训备选人员英语考试培训教材

BFT Level One》"序，北京：世界图书出版公司，2001年。

40．"张后尘、胡壮麟：《99中国外语博士论坛》"序，北京：外语教学与研究出版社，2001年。

41．"唐祥金：《现代英语教学论——理论与实践研究》"序，北京：学苑出版社，2001年。

42．"〔英〕Richard M. Hogg:《剑桥英语史》（六卷本)"序，北京：北京大学出版社／伦敦：剑桥大学出版社，2002年。

43．"张威、邓天颖：《澳大利亚传媒》"序，北京：北京大学出版社，2002年。

44．"《牛津英汉双解词典（全新第三版)》"序，牛津：牛津大学出版社，2002年。

45．"肖文科：《大学财经英语阅读》"序，北京：外语教学与研究出版社，2002年。

46．"〔荷〕弗朗斯·凡·爱默伦、〔荷〕罗布·荷罗顿道斯特：《批评性论辩——论辩的语用辩证法》（张树学译)"序，北京：北京大学出版社，2002年。

47．"杨永林：《中国学生英语色彩语码认知模式研究》"序，北京：清华大学出版社，2002年。

48．〔美〕"玛丽安娜·塞尔斯－穆尔西亚、〔美〕黛安娜·拉森－弗里曼：《英语教学语法》（马晓蕾等译)"序，北京：北京大学出版社，2002年。

49．"向明友、徐玲：《大学英语语言教学与研究》"序，上海：上海外语教育出版社，2002年。

50．"程琪龙：《逼近语言系统》"序，南京：东南大学出版社，2002年。

51．"彭宣维：《语言过程与维度》"序，北京：清华大学出版社，2002年。

52．"李战子：《话语的人际意义研究》"序，上海：上海外语教育出版社，2002年。

53．"余士雄：《高级英汉词典》"序，北京：外语教学与研究出版社，2002年。

54．"田贵森：《禁忌语的功能研究》"序，石家庄：河北教育出版社，2003年。

55．"彭宣维：《语言导论新编》"序，北京：清华大学出版社，2003年。

56．"王松美、王萱：《英语口语考试入门》"序，北京：北京腾图电子音像出版社，2003年。

57．"王松美：《英语教学新理念》"序，北京：国际文化出版公司，2003年。

58．"傅似逸:《高校英语应用文写作教程》"序，北京：北京大学出版社，2003 年。

59．"《小学英语》教学与国际交流专业委员会:《小学英语教学论坛》"序，石家庄：河北教育出版社，2003 年。

60．"张德禄、刘汝山:《语篇连贯与衔接理论的发展及应用》"序，上海：上海外语教育出版社，2003 年。

61．"［英］Clive Upton 等: *Oxford Dictionary of Pronunciation for Current English*"序，北京：外语教学与研究出版社，2003 年。

62．"徐竹生:《英语谚语大词典》"序，南京：江苏教育出版社，2003 年。

63．"汪立荣:《语法理论与英语研究》"序，长春：吉林人民出版社，2004 年。

64．"鲁苓:《语言 言语 交往》"序，北京：社会科学文献出版社，2004 年。

65．"王铭玉:《语言符号学》"序，北京：高等教育出版社，2004 年。

66．"胡庚申:《国际交流语用学——从实践到理论》"序，北京：清华大学出版社，2004 年。

67．"杨永林:《社会语言学研究：功能·称谓·性别篇》"序，上海：上海外语教育出版社，2004 年。

68．"西方语言学原版影印系列丛书"总序，北京：北京大学出版社，2004 年。

69．"王守元等:《文体学研究在中国的进展》"序，上海：上海外语教育出版社，2004 年。

70．"程晓堂:《基于功能语言学的语篇连贯研究》"序，北京：外语教学与研究出版社，2005 年。

71．"李冰梅:《英语词汇学教程》"序，北京：北京大学出版社，2005 年。

72．"迈向 21 世纪的语言学"总序，上海：上海外语教育出版社，2005 年。

73．"王寅:《认知语言学探索》"序，重庆：重庆出版社，2005 年。

74．"语言学与应用语言学知识系列读本"总序，北京：北京大学出版社，2005 年。

75．"《牛津进阶英汉双解词典》第 3 版增补本"序言二，牛津：牛津大学出版社，2005 年。

76．"《麦克米伦高阶英汉双解词典》"序，北京：外语教学与研究出版社，2005 年。

77．"潘章仙：《中国英语变体中的语言和文化认同》"序，北京：北京大学出版社，2005年。

78．"张德禄：《语言的功能与文体》"序，北京：高等教育出版社，2005年。

79．"《牛津进阶英汉双解词典》（第四版）"序，香港：牛津大学出版社，2005年。

80．"新课标英语丛书"序，北京：光明日报出版社，2006年。

81．"刘润清、文旭：《新编语言学教程》"序，北京：外语教学与研究出版社，2006年。

82．"叶起昌：《走向话语的意识形态阐释——以超链接文本为分析对象》"序，北京：北京交通大学出版社，2006年。

83．"唐丽萍：《批评性跨文化阅读的主体间评价研究》"序，北京：北京大学出版社，2006年。

84．"刘宇红：《认知语言学：理论与应用》"序，北京：中国社会科学出版社，2006年。

85．"高登亮等：《语境学概论》"序，北京：中国电力出版社，2006年。

86．"王振光：《潜意识下的英语奇迹》"序，北京：北京大学出版社，2006年。

87．"王寅：《认知语言学》"序，上海：上海外语教育出版社，2007年。

88．"《英语综合教程》"总序，北京：北京大学出版社，2007年。

89．"Foreword", *Proceedings of the Third Asia TEFL International Conference*, Beijing: Higher Educational Press, 2007.

90．"《韩礼德文集》"总序，北京：北京大学出版社，2007年。

91．"吴一安等：《中国高校英语教师教育与发展研究》"序，北京：外语教学与研究出版社，2007年。

92．"南京师范大学外国语言文学学科博士生导师文库"总序，上海：复旦大学出版社，2007年。

93．"胡壮麟：《胡壮麟英语教育自选集》"跋，北京：外语教学与研究出版社，2008年。

94．"文秋芳：《文秋芳英语教育自选集》"序，北京：外语教学与研究出版社，2008年。

95．"《外语教学理论与实践》"贺辞，《外语教学理论与实践》，2008年第1

期: 1 页。

96．"孙迎晖:《中国学生"建立学术研究空间"过程研究——英语专业硕士论文"前言"部分的语类分析》"序, 北京: 国防工业出版社, 2008 年。

97．"马壮寰:《索绪尔语言理论要点评析》"序, 北京: 北京大学出版社, 2008 年。

98．"钱军:《英语词的构成与搭配》"序, 北京: 商务印书馆, 2008 年。

99．"钱冠连:《钱冠连语言学自选集——理论与方法》"序, 北京: 外语教学与研究出版社, 2008 年。

100．"侯国金:《语用学大是非和语用翻译学之路》"序, 成都: 四川大学出版社, 2008 年。

101．"Vilém Mathesius:《普通语言学基础上的当代英语功能分析》"序, 北京: 世界图书出版公司, 2008 年。

102．"董启明:《新编英语文体学教程》"序, 北京: 外语教学与研究出版社, 2009 年。

103．"胡文仲:《和胡老师谈学英语》"贺词, 北京: 外语教学与研究出版社, 2009 年。

104．"王正元:《概念整合理论及其应用研究》"序一, 北京: 高等教育出版社, 2009 年。

105．"王媛:《透视新课程理念下的英语教学设计"序, 北京: 北京出版社, 2009 年。

106．"Preface to Xueyan Yang: Modelling Text as Process", London: Continuum, 2010.

107．"苗兴伟:《语言学基础教程》"序, 北京: 北京大学出版社, 2010 年。

108．"王寅:《构式语法研究》"序, 上海: 上海外语教育出版社, 2011 年。

109．"张华:《澳大利亚社会与文化》"序, 北京: 北京大学出版社, 2011 年。

110．"赵永青、姚振军:《〈语言学教程〉纲要与实践》"序, 北京: 北京大学出版社, 2011 年。

111．"刘援等:《体验式外语教学理论与实践》"序, 北京: 高等教育出版社, 2012 年。

112．"[英] P. H. 马修斯:《缤纷的语言学》(戚焱译)"前言, 南京: 译林出版社，2013 年。

113．"杨敏：《爱国主义语境的话语重构》"序，北京：中央编译出版社，2013 年。

114．"孙毅：《认知隐喻学多维跨域研究》"序，北京：北京大学出版社，2013 年。

115．"叶起昌：《语言之社会规范说与自然说——索绪尔与海德格尔语言观对比研究》"序，北京：北京大学出版社，2013 年。

116．"张薇：《英语数字素养评价研究》"序，北京：北京大学出版社，2013 年。

117．"陈香兰：《语言与高层转喻研究》"序，北京：北京大学出版社，2013 年。

118．"《朗文当代高级英语辞典》（第 5 版）"序言二，香港：培生教育出版公司，2013 年。

119．"王铭玉：《现代语言符号学》"序，北京：商务印书馆，2013 年。

120．"张勇先：《英语发展史》"序，北京：外语教学与研究出版社，2014 年。

121．"《朗文当代高级英语词典》（第 5 版）"序言二，北京：外语教学与研究出版社，2014 年。

122．"梁波：《英语语音与听说词汇》"序，北京：北京大学出版社，2014 年。

123．"罗维亮、杨岗：《课件工程》"序，北京：清华大学出版社，2014 年。

124．"钱军：《英语词的意义与用法》"序，北京：商务印书馆，2014 年。

125．"西方语言学前言丛书"总序，北京：北京大学出版社，2014 年。

126．"黄衡田：《英语辞格辨析》"序，武汉：华中科技大学出版社，2015 年。

127．"胡加圣：《外语教育技术——从范式到学科》"序，北京：外语教学与研究出版社，2015 年。

128．"高彦梅：《语篇语义框架研究》"序，北京：北京大学出版社，2015 年。

129．"赵玉荣：《日常自发性会话中叙事活动的三维分析》"序，北京：中国社会科学出版社，2015 年。

130．"《新世纪英汉大词典》"序，北京：外语教学与研究出版社，2016 年。

131．"侯建波：《英语指称语的焦点化心理空间模型分析》"序，北京：中国社会科学出版社，2015 年。

132. "刘援：《学论经纬——〈中国外语〉创刊十周年文集》"序，北京：高等教育出版社，2015 年。

133. "《牛津进阶英汉双解词典》（第 5 版）"序，北京：商务印书馆，2016 年。

134. "外语学术核心术语丛书"总序，北京：外语教学与研究出版社，2016 年。

135. "剑桥应用语言学年度评论系列丛书"总序，北京：商务印书馆，2016 年。

136. "《中国外语教育研究丛书》总序，南宁：广西教育出版社：2016 年。

137. "曲长亮：《北美历史文化实践教程》"序，北京：世界图书出版公司，2017 年。

138. "罗少茜、曾龄：《青少年外语读写能力培养》"总序，南宁：广西教育出版社，2017 年。

139. "许葵花：《多义化识解的多维度研究》"序一，北京：清华大学出版社，2018 年。

140. "张勇先：《英语语言文化概览——英语发展史研究》"序，北京：中国人民大学出版社，2018 年。

141. "范文芳、庞建荣：《英语听说教学论》"总序，南宁：广西教育出版社，2018 年。

142. "李颖：《中国高校教师全英语教学（EMI）能力研究》"序，北京：高等教育出版社，2019 年。

143. "田海龙、潘艳艳：《多模态话语分析——理论探索与应用研究》"序，北京：北京航空航天大学出版社，2019 年。

144. "陆丹云：《21 世纪美军外语新战略研究》"序，北京：时事出版社，2019 年。

145. "黄远振：《英语阅读教学与思维发展》"总序，南宁：广西教育出版社，2019 年。

146. "黄必康：《英语散文史》"序，北京：外语教学与研究出版社，2019 年。

147. "陆丹云：《系统功能语言学视阈下的中国小学生作文个性化分析模式研究》"序，上海：上海外语教育出版社，2020 年。

148. "邹为诚：《基础教育英语教材国际比较研究》"总序，南宁：广西教育出版社，2020 年。

149. "唐磊等：《日语教学论》"总序，南宁：广西教育出版社，2020 年。

150. "［美］琼·拜比：《语言、使用与认知》（李瑞林、贺婷婷译）"序，北京：商务印书馆，2020 年。

151．"周晓康：《吟唱古诗学文化》"序，北京：北京大学出版社，2020 年。

152．"［美］道格拉斯·A. 奇比：《法语在英格兰的六百年史（1000—1600）》（曲长亮译）"序，北京：商务印书馆，2020 年。

153．"［英］诺曼·费尔克劳：《语言与全球化》（田海龙译）"序，北京：商务印书馆，2020 年。

154．"［英］乔纳森·卡尔佩珀、［澳］迈克尔·霍：《语用学与英语》（陈新仁译）"序，北京：商务印书馆，2020 年。

155．"［加］J. -P. 维奈、J. 达贝尔内：《法语英语文体比较》（陈国樑译）"序，北京：商务印书馆，2020 年。

156．"王任华、赖良涛：《隐喻的认知符号学研究》"序，北京：商务印书馆，2020 年。

157．"程晓堂：《核心素养下的英语教学理念与实践》"序，南宁：广西教育出版社，2021 年。

158．"付安权：《信息技术与外语教育——理论和实践》"序，南宁：广西教育出版社，2021 年。

159．"崔刚：《外语学习的心理与神经理论》"序，南宁：广西教育出版社，2021 年。

160．"王铭玉：《符号学论略——镂金文集》"序一，北京：北京大学出版社，2021 年。

161．"钱军：《英语结构入门》"序，北京：商务印书馆，2021 年。

162．"孙毅：《汉英认知辞格当代隐喻学一体化研究》"序，北京：科学出版社，2021 年。

163．"丁建新：《韩礼德研究》"序，北京：商务印书馆，2022 年。

164．"［澳］David Rose、［澳］J. R. Martin：《语篇类型与读写教学》（李翠英等译）"序，北京：外语教学与研究出版社，2022 年。

## 翻译

1. 《唐诗三百首新译》（11 首），许渊冲等编，北京：中国对外翻译出版公司 /

香港：商务印书馆（香港）有限公司，1987年。

2.《外国百家讽刺诗选》（3首），罗绍书编，贵阳：贵州人民出版社，1990年。

3.“'也'在三个平面上的体现：多义性或抽象性”，戴浩一、薛凤生主编:《功能主义与汉语语法》，北京：北京语言大学出版社，1994年。

4.《汉英对照·唐诗三百首》（2首），吴钧陶主编，长沙：湖南出版社，1997年。

5.《懂英语》，Eugene A. Nida 著，胡壮麟、黄倩译，北京：外语教学与研究出版社，1998年。

6.“Lin Lanying”, by Wang Bing, in Lily Xiao Hong Lee ed. *Biographical Dictionary of Chinese Women–The Twentieth Century 1912–2000*. M. E. Sharpe, Inc.

## 审校 / 审订

1. 方立等译:《语言学和语音学基础词典》，北京：北京语言学院出版社，1992年。

2. 方立等译:《语言要略》，北京：外语教学与研究出版社，1993年。

3. 刘润清等译:《朗曼语言学词典》，太原：山西教育出版社，1993年。

4. 邹臻主编:《研究生听说英语教程》，北京：北京大学出版社，1996年。

5. 张朝宜主编:《文化像座冰山——语言与文化的探索》，北京：军事谊文出版社，1999年。

6. 王松美、王萱:《英语口语考试入门》，北京：北京腾图电子音像出版社，2003年。

7. 朱亚莉等编:《英语》（第一册、第二册、第三册）（北京市各类中等职业学校试用教材），北京：外语教学与研究出版社，2003/2004年。

8.［澳］马丁著，王振华编:《马丁文集》总序，上海：上海交通大学出版社，2010年。

## 杂文

1.“入其门而得其道”，《英语函授报》，1994年2月15日。

2.“圣塔巴巴拉校园巡礼”，《开放日报》，1994年4月11日。

3．"往事拾遗"，《上海市时代中学校庆一百二十周年纪念册》。

4．"斯人已去，遗风永存——追思外语界的良师益友许国璋先生"，载王克非编:《许国璋先生纪念文集》，北京：外语教学与研究出版社，1996 年。

5．"默默来时路——英语系胡壮麟先生访谈记"（撰稿人：王悦），北京大学研究生会 / MBA 联合会组编:《北大名教授访谈记》，北京：机械工业出版社，1998 年。

6．"一生辉煌"，载董艳芹、王初明编:《中国的语言学研究与应用——庆祝桂诗春教授七十华诞》，上海：上海外语教育出版社，2001 年。

7．"求索述怀"，载钱军编:《语言学——中国与世界同步》，北京：外语教学与研究出版社，2003 年。

8．"在大学英语教学改革座谈会上的讲话"，《英语辅导报》，2003 年 4 月 28 日。

9．"认识钱瑗"，《香港文学》，2004 年 10 月：28-29 页。收入杨绛编:《我们的钱瑗》，北京：生活·读书·新知三联书店，2005 年。

10．"追随先生五十四年"，载北京大学外国语学院编:《李赋宁先生纪念文集》，北京：北京大学出版社，2005 年。

11．"倾听吾师的心声"，《中华读书报》，2006 年 2 月 6 日。转载于《外语教学与研究》，2006 年第 3 期：227-230 页。

12．"胡壮麟：语言的生命力在于交流"（郭彪整理），《中国教育》，2007 年 11 月 3 日。

13．"孜孜不倦的求知者"，载《徐通锵先生纪念文集》编委会编:《求索者——徐通锵先生纪念文集》，北京：商务印书馆，2008 年。

14．"A Single Spark Can Start a Prairie Fire"，*We Band of Brothers*，The University of Sydney，Sept.，2010.

15．"拓展语言学知识，训练思辨能力——北京大学胡壮麟教授专访"（黄瑞明），《21 世纪英语教育》，2010 年 7 月 12 日。

16．"我国高校澳研中心的楷模"，载张勇先主编:《澳大利亚研究纪念文集》，北京：外语教学与研究出版社，2010 年。

17．"我国系统功能语言学的一位先驱者——胡壮麟教授访谈录"（胡壮麟、于晖），载黄国文等编:《系统功能语言学研究群言集》，北京：高等教育出版社，

2010 年。

18．"爱吾清华——访著名语言学家胡壮麟学长"（魏莉薇、包雨苗），载本书编委员会编：《百年清华　百年外文　1926—2011——清华大学百年华诞暨外国语言文学系建系 85 周年纪念文集》，北京：清华大学出版社，2012 年。

19．"胡壮麟"，载张宜：《历史的旁白——中国当代语言学家口述实录》，北京：高等教育出版社，2012 年。

20．"鞠躬尽瘁，一代英才"，载王路江主编：《数理逻辑之美——方立教授纪念文集》，北京：北京语言大学出版社，2012 年。

21．"胡壮麟教授谈'读书之乐何处寻'"（采访人：任真如），北京大学新闻网，2015 年 4 月 10 日。

22．"博观而约取 厚积而薄发"（程蓉），《君子之道——北大：那些人，那些事》，北京：北京大学出版社，2016 年。

23．"发展与展望：中国符号学研究今昔谈——北京大学胡壮麟教授访谈录"（胡壮麟、吕红周），《语言文化研究》（第 5 辑），2016 年；转载于《语言与符号》（第 2 辑），北京：高等教育出版社，2017 年。

24．"斯人已去，遗风永存"，《以不息为体，以日新为道——怀念桂诗春先生》，外语教学与研究出版社，2017 年。

25．"中国符号学研究今昔谈"（吕红周整理），《上海语言学通讯》，2017 年 1月 17 日。

26．"对中国符号学之展望——胡壮麟教授访谈"（胡壮麟、彭佳），载蒋晓丽、赵毅衡主编：《传播符号学访谈录》，四川大学出版社，2017 年。

27．"在我国建立教育语言学正当其时"，载赖良涛主编：《教育语言学研究》，上海：华东师范大学出版社，2018 年。

28．"筚路蓝缕，以启山林——胡壮麟先生学术思想与治学新的访谈"（李战子、胡壮麟），《英语研究》（第 10 辑），2019 年。

29．"学无止境，贵在超越"，黄新炎著《聆听外语界前辈的声音》（第二辑），上海外语教育出版社，2021 年。

30．"坚守信念，服务国家——从外语实践到语言教育与研究"，《外语教育研究前沿》，2019 年第 3 期：3–7 页。

31．"贺词"，载康志峰主编：《翻译研究与教学》，上海：复旦大学出版社，

2020 年。

32．"同命运，共呼吸"，《21 世纪英语教育》，2020 年 11 月 1 日。

33．"Theories and Practices of Language Education: An Interview with Prof. Zhuanglin Hu" (Liangtao Lai and Zhuanglin Hu), *International Journal of TESOL Studies*, 2021(3): 80–90.

34．"征途漫漫，初心不改——胡壮麟教授语言学与外语教育再回顾学术访谈"（李战子、胡壮麟），《浙江外国语学院学报》，2022 年第 1 期：6–13 页。

35．"'十四五'规划胡壮麟教授访谈录"（中国人民大学江晓丽整理），2022 年。

## 奖励

| | |
|---|---|
| 1957 年 | 总参二部先进工作者 |
| 1993 年 | 北京市优秀教师 |
| 1984 年 | "Differences in Mode"（*Journal of Pragmatics*, No.8，1984），北京大学 1986 年社会科学优秀论文二等奖 |
| 1988 年 | 《英语学习指南》，北京大学 1988 年社会科学著作二等奖 |
| 1992 年 | 《语言学教程》，1992 年国家教委优秀教材一等奖 |
| 1992 年 | 《系统功能语法概论》，1992 年全国第二届优秀教育图书二等奖 |
| 1995 年 | 《语篇的衔接与连贯》，1995 年华东地区大学出版社优秀图书二等奖，北京大学第三届优秀教材奖 |
| 1996 年 | "巴赫金与社会符号学"，第三届北京大学学报优秀论文奖 |
| 1996 年 | "语言·认知·隐喻"，北京市哲学社会科学优秀成果二等奖 |

| 2004 年 | 《语言学教程》（修订版），入选 2004 年北京市高等教育精品教材 |
| 2005 年 | 《系统功能语言学概论》，入选北京市高等教育精品教材 |
| 2008 年 | 《系统功能语言学概论》，北京市第十届哲学社会科学优秀成果教材一等奖 |
| 2008 年 | 《语言学教程》（第 3 版），入选 2008 年北京市高等教育精品教材 |
| 2009 年 5 月 | "北京大学'普通语言学：课程建设与教学成果'"，北京市教育教学成果（高等教育）一等奖 |
| 2009 年 6 月 20 日 | "普通语言学教学实践"，北京大学教学成果奖一等奖 |
| 2012 年 3 月 | 《体验式外语教学理论与实践》（参加者），国家社会科学基金一般项目结项"优秀"等级 |
| 2012 年 9 月 2 日 | 获格里菲斯大学和北京大学共同颁发的"澳大利亚研究成果奖" |
| 2013 年 10 月 18 日 | 教育部高等学校英语专业教学指导分委员会颁发"中国英语教育特殊贡献荣誉证书" |
| 2015 年 11 月 | 北京外国语大学许国璋语言研究评奖委员会颁发"许国璋外国语言研究奖终身成就奖" |
| 2017 年 2 月 24 日 | 商务印书馆授予"荣誉顾问"证书 |
| 2019 年 12 月 | 首届北京大学离退休职工学术贡献特等奖 |
| 2020 年 7 月 1 日 | 北京大学优秀共产党员 |
| 2020 年 12 月 | 《新世纪英汉大词典》（缩印本），第八届高等学校科学研究优秀成果奖（人文社会科学）二等奖 |
| 2021 年 6 月 2 日 | 北京大学"光荣在党 50 年"纪念章获得者，代表 1600 名 50 年党龄的老党员发言 |
| 2021 年 10 月 | 《语言学教程》（第五版），教育部"全国优秀教材（高等教育类）一等奖" |

# 去港澳台地区、国外访问和参加国际会议

1. 1979 年　　　　　　澳大利亚，悉尼大学，澳大利亚应用语言学会议
2. 1980 年　　　　　　澳大利亚，阿德莱德大学，ANZAC 会议，宣读论文
3. 1984 年 1 月　　　　北京大学代表团，访问香港中文大学和香港大学
4. 1987 年 8 月　　　　澳大利亚，悉尼大学，第 8 届国际应用语言学大会，宣读论文。第 14 届国际系统功能语言学大会
5. 1989 年 6 月　　　　芬兰，赫尔辛基大学，第 16 届国际系统功能语言学大会，宣读论文
6. 1993 年 7 月　　　　加拿大，维多利亚大学，第 20 届国际系统功能语言学大会，宣读论文
7. 1994 年 6 月　　　　荷兰，阿姆斯特丹大学，第 3 届国际论辩学大会，宣读论文
8. 1994 年 10 月　　　韩国，汉城，英语教学国际会议，宣读论文
9. 1997 年 10 月　　　澳门，澳门大学，第 4 届话语分析国际会议，宣读论文
10. 1997 年 10 月 21 日—11 月 6 日　　北京大学澳大利亚中心代表团，访问澳大利亚和新西兰
11. 1997 年 11 月 12—20 日　　台北，台湾师范大学，第 6 届英语文国际研讨会，宣读论文
12. 1999 年 7 月　　　　新加坡，新加坡国立大学，第 26 届国际系统功能语言学大会，宣读论文
13. 2000 年 7 月　　　　香港，香港科技大学，英语教学研究国际会议，宣读论文
14. 2002 年 12 月　　　澳大利亚，悉尼大学中国教育中心，宣读论文
15. 2003 年 10 月　　　德国，法兰克福书展
16. 2006 年 3 月　　　　香港，香港城市大学韩礼德学术研究中心学术研讨会，宣读论文
17. 2006 年 10—11 月　　台湾，第 15 届国际英语文教学研讨会，元智大学讲学。社会语言学研讨会，宣读论文

| | | |
|---|---|---|
| 18. | 2007 年 4—5 月 | 澳大利亚，格里菲斯大学学术研讨会，宣读论文 |
| 19. | 2007 年 12 月 4—8 日 | 香港，香港城市大学韩礼德学术研究中心学术研讨会，宣读论文 |
| 20. | 2008 年 11 月 18 日—12 月 8 日 | 香港大学教育学院 |
| 21. | 2009 年 6 月 9—13 日 | 加拿大，多伦多大学，第 7 届语言与文学象似性国际会议，主题发言 |

**郑重声明**

    高等教育出版社依法对本书享有专有出版权。任何未经许可的复制、销售行为均违反《中华人民共和国著作权法》，其行为人将承担相应的民事责任和行政责任；构成犯罪的，将被依法追究刑事责任。为了维护市场秩序，保护读者的合法权益，避免读者误用盗版书造成不良后果，我社将配合行政执法部门和司法机关对违法犯罪的单位和个人进行严厉打击。社会各界人士如发现上述侵权行为，希望及时举报，我社将奖励举报有功人员。

反盗版举报电话

（010）58581999　58582371

反盗版举报邮箱

dd@hep.com.cn

通信地址

北京市西城区德外大街4号　高等教育出版社法律事务部

邮政编码

100120

**读者意见反馈**

    为收集对教材的意见建议，进一步完善教材编写并做好服务工作，读者可将对本教材的意见建议通过如下渠道反馈至我社。

咨询电话

400-810-0598

反馈邮箱

gjdzfwb@pub.hep.cn

通信地址

北京市朝阳区惠新东街4号富盛大厦1座　高等教育出版社总编辑办公室

邮政编码

100029

## 图书在版编目（CIP）数据

昂首登南山：北京大学资深教授胡壮麟自选文集 /
胡壮麟著. -- 北京：高等教育出版社，2023.3
ISBN 978-7-04-060231-9

Ⅰ. ①昂… Ⅱ. ①胡… Ⅲ. ①外语教学－中国－文集
Ⅳ. ① H09-53

中国国家版本馆 CIP 数据核字（2023）第 051986 号

ANGSHOU DENG NANSHAN :
BEIJING DAXUE ZISHEN JIAOSHOU HU ZHUANGLIN ZIXUAN WENJI

| 策划编辑 | 出版发行 | 高等教育出版社 |
| --- | --- | --- |
| 常少华 | 社　　址 | 北京市西城区德外大街4号 |
| | 邮政编码 | 100120 |
| 责任编辑 | 购书热线 | 010-58581118 |
| 常少华 | 咨询电话 | 400-810-0598 |
| | 网　　址 | http://www.hep.edu.cn |
| 封面设计 | | http://www.hep.com.cn |
| 王凌波 | 网上订购 | http://www.hepmall.com.cn |
| | | http://www.hepmall.com |
| 版式设计 | | http://www.hepmall.cn |
| 王凌波 | 印　　刷 | 河北信瑞彩印刷有限公司 |
| | 开　　本 | 787mm×1092mm　1/16 |
| 责任校对 | 印　　张 | 35.25 |
| 秦彬彬 | 字　　数 | 600千字 |
| | 版　　次 | 2023年3月第1版 |
| 责任印制 | 印　　次 | 2023年3月第1次印刷 |
| 耿　轩 | 定　　价 | 198.00元 |

本书如有缺页、倒页、脱页等质量问题，
请到所购图书销售部门联系调换